50°
40°
Äquator
Tocantins
apajós
RASILIEN
Araguaia
San Francisco
Brasília
ATLANTISCHER
OZEAN
10°
20°
30°
40°
50°
Paraná
UAY
nción
Südlicher Wendekreis
RUGUAY
Montevideo
N
W
O
S
SÜDAMERIKA
AND-INSELN
(Brit.)
0
1000 km
© Enrico Scholz
50°
40°
30°
20°
10°

Günter Wamser

Der Abenteuerreiter

11 Jahre mit Hund und Pferden
von Feuerland nach Mexiko

www.abenteuerreiter.de

Verlag Abenteuerreiter, Rauenberg, Germany

Für meine Eltern

Inhalt

Auf dem Rücken wilder Pferde

Ich möchte von Feuerland nach Alaska reiten! Verkaufen Sie mir zwei Pferde?"

Patricio, der schlaksige und arrogant wirkende Verwalter der Estancia Maria Behety schaute mich an und grinste.

„Ich weiß nicht, ob unsere Pferde das schaffen, aber wenn du willst, kannst du dir zwei aussuchen."

Ich befand mich auf dem argentinischen Feuerland, dem letzten Stück Erde vor der Antarktis. Auf diese Art hatte ich bereits sechs Gespräche mit den Verwaltern anderer Estancias begonnen. Estancias werden hier die Viehfarmen genannt - Landgüter, die von ihrem Reichtum an Schafen und Rindern leben und meist von riesigem Ausmaß sind.

Endlich! Auf einmal klappte es! Zuvor war ich immer wieder weggeschickt worden, denn jede Estancia hat nur so viele zugerittene Pferde, wie dort für die Arbeit gebraucht werden, und diese werden nicht verkauft. Ich hatte mit der Zeit einsehen müssen, dass mir die Arbeit des Zureitens keiner abnehmen würde. Das musste ich wohl selbst übernehmen, auch wenn ich darauf nicht vorbereitet war. Deshalb hatte ich meine Frage schließlich auch um das Wort „zahme" gekürzt.

Früher besaßen die Estancias mehr Pferde als sie benötigten, da diese Tiere schon immer da waren; sie gehörten einfach dazu. Die Zeiten haben sich jedoch geändert und der Estanciero, der Besitzer der Farm, kalkuliert in seinem Büro in Buenos Aires heute längst anders. Ein Pferd hat denselben Futterbedarf wie zwölf Schafe, und Schafzucht ist die wichtigste Einnahmequelle einer Farm. Es gibt bereits die ersten Estancias, deren Besitzer völlig auf Pferde verzichten und ausschließlich Motorräder einsetzen.

Ich wollte zwei Criollo-Pferde, eines zum Reiten, das andere sollte das Gepäck tragen. Die Criollos, bekannt als Arbeitspferde der berühmten Gauchos, der südamerikanischen Viehhirten, sind auf dem ganzen Kontinent verbreitet. Ich wusste, dass die Criollos Härte, Ausdauer und Genügsamkeit zu ihren Charaktereigenschaften zählen und deshalb in ihrer Heimat mit sehr harten Umweltbedingungen fertig werden. Diesen Pferden, die Kraft, Sanftmut, Schönheit und Widerstandsfähigkeit in sich vereinen, wollte ich mich anvertrauen.

Ich durfte mir zwei Pferde aussuchen. Dazu wurde eine Herde von etwa 100 Pferden in den Korral getrieben. Jene Tiere, die eine kurze Mähne und einen gestutzten Schweif hatten, waren für mich tabu; es waren bereits gezähmte Pferde. Die mit langer Mähne, die wilden, ungezähmten Pferde – aus deren Mitte durfte ich auswählen. Und genau genommen passten sie auch besser zu mir. Farblich gab es kaum Unterschiede zwischen den einzelnen Tieren. Alle waren so genannte Falben, Pferde mit gelblich-grauem bis hellbraunem Fell und einem Aalstrich, einem dunklen Streifen, der sich von der Mähne über den Rücken bis zum Schweifansatz zieht. Das Fell an den Beinen der Pferde war gestreift wie bei einem Zebra; diese Zeichnung nennt sich „gateado“.

Zu Hause in Deutschland hatte ich eine lange Checkliste zur Auswahl der Pferde erstellt. Diese wollte ich Punkt für Punkt durchgehen, ähnlich wie meine Listen bei Wartungsarbeiten an Flugzeugen – in Deutschland hatte ich zuvor als Flugtriebwerkmechaniker gearbeitet. Zwei Wallache sollten es sein, im Alter zwischen sechs und acht Jahren. Der Rücken sollte kurz und kräftig sein, der Brustkorb breit mit viel Platz für Herz und Lunge und die Hufe weder zu flach noch zu breit. Ich hatte gelernt, dass man das Alter von Pferden an der Abnutzung ihrer Zähne ablesen kann. Ich hatte mir Zeichnungen angesehen und konnte auf diesen das Alter auch bestimmen. Aber in Wirklichkeit, am Pferd selbst, war plötzlich alles ganz anders. Mir fehlte die praktische Erfahrung. Außerdem erwies es sich als nicht gerade einfach, ein wildes Pferd zu bitten, sich ins Maul und auf die Zähne schauen zu lassen. Das Beurteilen der Gliedmaßen, von vorne, von hinten, die Begutachtung der Anatomie: Knochenaufbau, Muskeln und Sehnen – das alles und noch viel mehr stand auf meiner Liste. Und schön sollten meine beiden Wegbegleiter auch sein, aber die Schönheit eines Pferdes, liegt laut einem englischen Sprichwort in seiner Leistung.

Ich holte meine Liste gar nicht erst heraus. Ich verließ mich einfach auf mein Gefühl. Letztendlich gehört auch ein Quäntchen Glück dazu. Ich entschied mich für einen sieben- und einen achtjährigen Wallach aus der großen Herde. Wie und warum ich zu der Entscheidung gelangte, kann ich im Nachhinein nicht mehr sagen. Ich war einfach überzeugt, dass es die richtige Entscheidung war.

Das Alter der Pferde stand den Tieren dieser Estancia wortwörtlich ins Gesicht geschrieben. Sie hatten die letzte Ziffer ihres Geburtsjahres als Brandzeichen zusätzlich zur Marke der Estancia eingebrannt bekommen. Dies wurde ihnen als Jährlinge angetan, sie wurden gefesselt und zu Boden geworfen und gleichzeitig kastriert, ohne Betäubung und ohne Medizin. Dieser Überfall war ihr erster und bisher einziger Kontakt mit der Spezies Mensch. Was sollten sie also von uns halten? Jetzt lag es an mir, dieses Bild zu korrigieren und mit meinen Pferden zu arbeiten.

Zunächst beobachtete ich die Gauchos bei ihrer Arbeit. Die Pferdeherde wurde jeden Morgen in den Korral getrieben, wo ein Gaucho nach dem anderen sein Arbeitspferd für den Tag mit einem gekonnten Lassowurf einfing. Waren diese Pferde erst einmal unter dem Sattel, dann gehorchten sie perfekt. Tatsache aber war, dass keiner der Gauchos sich seinem Pferd im Korral so weit nähern konnte, dass er ihm das Halfter umlegen konnte. Ich hatte mich nie mit dem Zureiten von Pferden beschäftigt. Mir fehlte jede Erfahrung, sowohl in der Theorie als auch in der Praxis. Aber ich wusste, es gab unterschiedliche Methoden, ein Pferd zuzureiten. Zum einen gibt es die totale Dominierung des Pferdes, aus dem Sattel und zu jeder Zeit. Dies schien mir bei den Pferden der Gauchos der Fall zu sein. Die Tiere tun, was man von ihnen verlangt, aber sie tun es nicht freiwillig. Sie gehorchen aus Furcht.

Die Gauchos kennen jedes einzelne Pferd ihrer Herde, obwohl sich die Tiere für einen Laien in nichts unterscheiden. In der Regel stehen einem Gaucho etwa zehn Pferde zur Verfügung, die alle er ausgebildet hat. Die

Pferde gehören dem Gaucho nicht, sie sind Eigentum der Estancia. Aber für gewöhnlich respektiert der Besitzer die Ausbildung des Pferdes und nimmt diese zugerittenen Tiere dem Gaucho nicht weg und verkauft sie auch nicht. Deshalb hatte ich am Anfang auch das Problem, dass mir keiner ein zugerittenes Pferd verkaufen wollte.

Für meine Tiere wollte ich aber keine Diktatur, ich wollte eine Partnerschaft. Ich wollte, dass meine Pferde mich als „Alphatier" anerkannten, wobei ich anständiges Benehmen und Manieren voraussetze. Ich erinnerte mich, einmal gelesen zu haben, dass das Pferd das empfindsamste aller Haustiere ist. Im Unterschied zum Hund, der gehorcht und mehr oder weniger der Sklave seines Meisters ist, lässt sich ein Pferd selten versklaven. Es behält seine Würde. Mann kann einen Hund dazu bringen zu kriechen, nie aber kann man ein Pferd dazu bringen - außer mit Liebkosungen - den Kopf zu senken. Das sollte mein Ziel sein.

Ich tastete mich langsam an die Pferde heran, fütterte ihnen Karotten aus meiner Hand, sprach mit ihnen, um sie mit meiner Stimme vertraut zu machen, streichelte sie an Nase und Kopf und hielt ihnen meinen Ärmel vor die Nüstern. Mit ihrem feinen Geruchssinn sollten sie meinen Geruch prüfen und langsam Vertrauen fassen.

Ich lief mit meinen Pferden spazieren, belächelt von den Gauchos. Durch das lange Tageslicht - es war trotz des einbrechenden Herbstes immer noch 15 Stunden hell - hatte ich viel Zeit für die Arbeit mit meinen Pferden. Die Ohren der Tiere vernahmen zum ersten Mal das Geräusch des Striegels auf ihrem Rücken und folgten dem Laut mit kleinen zuckenden Bewegungen. Ich putzte sie immer wieder, obwohl sie sauber waren, nur um Kontakt mit ihnen zu halten, um ihnen zu demonstrieren, dass alles, was ich mit ihnen tat, nicht schmerzhaft, sondern - im Gegenteil - angenehm war. Ich wollte den Pferden Sicherheit, Entspannung und Freundschaft vermitteln und ihnen zeigen, dass sie mir vertrauen können.

Um die Führerrolle über meine Pferde zu erhalten, musste ich mich nur einiger Befehlsfolgen des Herdenverhaltens bedienen. Auch wenn in der Pferdewelt immer wieder neue und clevere Möchtegern-Gurus unwissende Pferdehalter mit Techniken und Materialien verunsichern, das simple Geheimnis der erfolgreichen Zusammenarbeit heißt: Vertrauen.

Zum ersten Mal im Leben wurde mir bewusst, dass mir die Gesellschaft von Tieren lieber war als die von Menschen.

Falko, meinen Schäferhund, hatte ich aus Deutschland mitgebracht. Falko und ich waren bereits vor einem Jahr in den Wintermonaten über 3000 Kilometer gemeinsam durch Deutschland gewandert. Diese Tour war eine Art Test für mich. Ich wollte wissen, ob ich tatsächlich auf eine so lange Reise durch Amerika gehen wollte, ob ich mit vollem Willen hinter dieser Idee stand. Der Marsch durch Deutschland war eine Möglichkeit, mich ohne großen finanziellen Aufwand mit dieser Idee und dem Alleinsein auseinanderzusetzen. Hätte ich diese Tour durch Deutschland unterbrochen - aus welchem Grund auch immer - wäre ich konsequent genug gewesen, nicht nach Amerika zu reisen. Während dieser Zeit hatte Falko sich zu einem Freund und Partner entwickelt, auf den ich mich voll verlassen konnte.

Meinen beiden Pferden hatte ich die Namen Rebelde und Gaucho gegeben. Rebelde bekam seinen Namen wegen seines rebellischen Charakters. Das Zerreißen von Halfter und Lasso war für ihn eine Leichtigkeit, mich abzuwerfen wurde ihm zur Gewohnheit und das Aufheben seiner Hufe zum Beschlagen war ein Alptraum, ihn einzufangen nahezu unmöglich. Den Siebenjährigen nannte ich Gaucho. Dieser Name ist nicht nur eine Berufsbezeichnung für den südamerikanischen Viehhirten, sondern er steht auch für einen Mythos. Der Gaucho war einst frei, er lebte außerhalb der Stadt und brauchte kein Haus. Er schlief unter freiem Himmel, zog ständig weiter und es hielt ihn nie lange an einem Ort. War das nicht ein Spiegelbild meines Nomadenlebens in den nächsten Jahren?

Mein Tag begann stets mit dem Einfangen von Rebelde und Gaucho. Sie waren jetzt von der großen Herde getrennt. Sahen sie Falko und mich kommen, liefen sie in die am weitesten entfernte Ecke ihrer Weide. Kam ich näher, galoppierten sie an mir vorbei. Ich ließ die Tore offen und trieb die Pferde von einer Weide in die nächst kleinere. Ich ärgerte mich, denn das kostete mich jeden Tag fast zwei Stunden. Trotzdem brachte ich sie am Abend wieder auf die große Weide, da es dort das beste Futter gab. Manchmal ließ ich ihnen das Halfter an und band das Lasso daran fest. Zum einem gewöhnten sich die Pferde an die Berührung durch das Halfter und das Lasso, zum anderen konnte ich so das Ende des etwa zehn Meter langen Lassos am nächsten Tag beim Einfangen einfach aufnehmen.

Das Einfangen der Pferde klappte erst dann schneller, als ich sie an Hafer gewöhnt hatte. Den Hafer fütterte ich ihnen immer in einem faltbaren Stoffeimer, den ich ihnen über den Kopf hängen konnte, so dass sie kein wertvolles Kraftfutter auf dem Boden verstreuten. Daher waren sie auf diesen Stoffeimer fixiert, kamen zwar noch nicht von alleine auf mich zu, aber wenigstens liefen sie nicht mehr vor mir weg, sondern blieben stehen. Ein erster Schritt - ein gewaltiger Schritt.

Die beiden waren immer noch sehr nervös. Sie blieben beim Aufsitzen einfach nicht stehen und wurden bei der kleinsten Bewegung mit den Zügeln panisch. Selbst fühlte ich mich auch noch nicht sicher auf den Pferden, das spürten auch die Tiere. Stieg ich in den Sattel auf Rebeldes Rücken, spürte ich, wie augenblicklich sein Energiepegel anstieg. Er bog den Nacken und begann rau zu atmen. Ich versuchte ihn zu beruhigen, strich ihm über den Nacken, aber es nützte nichts. Es war ein Gefühl, als säße ich auf einem Pulverfass. Unglaublich wie viel Energie ich schon in diesem Pferd spürte, während er nur da stand. Und als ich anreiten wollte, explodierte das Pulverfass. Er fing sofort an zu buckeln und auszuschlagen, und ich saß wieder im Dreck.

Seit Tagen wehte ein starker Wind, fast schon ein Sturm. Zudem schien die Sonne und vom Sonnenbrand schälte sich bereits meine Haut auf der Nase, an den Ohren und am Handrücken. Gaucho und Rebelde hatten immer noch Angst vor der Tränke. Sie hatten ihr Leben lang nur aus Pfützen, Bächen oder Flüssen getrunken. Sie stießen kräftig Luft aus ihren Nüstern, ein Zeichen von Unwohlsein und Nervosität. Aber wie sagte mir ein Gaucho? „Selbst die wildeste Kuh wird irgendwann aus einer Tasse trinken, wenn ihr Durst groß genug ist.“

Wieder hatte ich den ganzen Vormittag mit den Pferden gearbeitet. Auf dem Weg zur Mittagspause kamen Falko und ich an einigen am Zaun angebundenen Reitpferden der Gauchos vorbei und Falko schnüffelte hinter den Pferden herum. Plötzlich hörte ich einen dumpfen Schlag, ein Jaulen, Falko überschlug sich und wirbelte durch die Luft. Offensichtlich war er einem Pferd zu nahe gekommen, es schien ihn ziemlich hart getreten zu haben. Ich war sehr besorgt, tastete ihn ab, aber er hatte anscheinend nichts gebrochen, nur an der Schulter war er empfindlich, die schien geprellt. Falko tat mir leid. Ich ahnte nicht, dass dieser Unfall, wenn auch erst nach Jahren, tragische Folgen haben würde.

Nicht zu nahe an die wehrhaften Hinterhufe eines Pferdes zu kommen, das hatte Falko nun auf schmerzhafte Weise gelernt. In vielen anderen Situationen jedoch verhielt sich Falko noch nicht optimal. Wenn ich auf meinem Pferd saß, rannte er voraus und wieder zurück, mal nach links, dann wieder nach rechts. Ich wollte, dass er ausschließlich auf der linken Seite neben mir lief, das sollte seine Position werden. Rechts von mir sollte das Packpferd gehen. Falko nur mit meiner Stimme zu kontrollieren, kostete sehr viel Aufmerksamkeit. Anbinden konnte ich ihn nicht, das war zu gefährlich. Ich saß auf einem Pferd, das ich noch nicht unter Kontrolle hatte - eine Situation, in der ich jede Sekunde mit einer Überraschung rechnen musste - und Falko war nicht vorsichtig genug. Er steckte, wenn es ihn interessierte, seine Schnauze einfach in ein Loch genau vor den Hufen der Pferde und riskierte, dass er überlaufen und getreten wurde. Wie und wo er in Zukunft auf den großen weiten Flächen laufen würde, war mir egal, das konnte er selbst entscheiden. Aber es gehörte zu seiner Ausbildung, sollten wir auf Straßen unterwegs sein, oder auch an Schafherden vorbei reiten, dass er auf seiner Position blieb; selbst dann, wenn ich ihn nicht sah. Außerdem sahen die Estancieros frei umherlaufende Hunde nicht gerne und es kam vor, dass sie kurzen Prozess machten und einen Hund einfach erschossen. Nun war aber Falko nicht ein herumstreunender Hund, sondern er war mein Freund, etwas ganz Besonderes.

Der Winter war nahe. Im Winter würde ich nicht reiten können, da hier der Schnee durch die warme Sonne tagsüber schmolz und nachts bei tiefen Minusgraden zu Eis gefror; dadurch würde der Boden gefährlich glatt werden, außerdem würde es einfach zu kalt sein. Trotzdem wollte ich aber noch vor dem Wintereinbruch aufbrechen, obwohl meine Pferde noch alles andere als gezähmt waren. Heute weiß ich, wie naiv ich damals war.

Bis jetzt hatte ich zwar einige Ritte unternommen, war jedoch abends immer wieder zur Estancia zurückgekehrt, hatte in einem Zimmer im Haus der Arbeiter geschlafen und dreimal täglich in der Gemeinschaftsküche Essen serviert bekommen. Nun wollte ich jedoch das „richtige Unterwegssein" testen, was nochmals einen sehr einschneidenden Unterschied zum bisherigen Training bedeutete. Es sollte ein zweitägiger Proberitt werden, auf dem ich nicht nur die Ausrüstung und deren Vollständigkeit testen wollte, sondern auch Antworten auf einige Fragen suchte: Hatte ich alles Notwendige für ein Lagerleben dabei? Wie würde ich die komplette Ausrüstung am Pferd verzurren und transportieren können? Wird sich mein selbst erdachtes Pack- und Befestigungssystem bewähren? Wie konnte ich die Pferde beim Zelt halten? Musste ich sie anbinden, und wo sollte ich sie in der Weite der Pampa überhaupt anbinden? Wie würde die Versorgung, speziell auch das Kochen, Wasser holen, Tiere versorgen usw. klappen?

Meine erste Nacht im Zelt lag ich lange wach. Ich konnte nicht schlafen, obwohl ich todmüde war. Ich durchlebte ein Wechselbad der Gefühle und Gedanken. Noch nie zuvor war mir die Herausforderung meines Vorhabens so bewusst geworden. Einen Moment lang spürte ich Aufregung, Angst, Unsicherheit und machte mir Sorgen. Dann fühlte ich mich wieder als Held und Abenteurer. Ich zweifelte, grübelte und stellte meine Idee in Frage.

Alles lief wie ein Film vor meinen Augen ab. Ich suchte die Eckpunkte, Stationen, die meinem Leben die Richtung gaben und mich dazu führten, dass ich hier angekommen war: Als begeisterter Motorradfahrer war ich zum Nordkap und bis nach Nordafrika gereist. Enttäuscht über die Unmöglichkeit, ein Land in vier Wochen erfassen zu können, war in mir der Wunsch entstanden, eine Reise von mindestens einem Jahr zu unternehmen. So hatte ich als 26jähriger Abschied von Familie und Freunden genommen, vom regelmäßigen Gehalt, von sicherer Existenz und war zu einer Motorradreise von Alaska nach Patagonien aufgebrochen. Ich war zwei Jahre durch Kanada, Alaska, USA und Mexiko unterwegs gewesen, als ich in Guatemala ankam. Dort erfüllte ich mir einen Kindheitstraum: Ich kaufte ein eigenes Pferd und ritt quer durch Guatemala. Dabei entdeckte ich das Reisen aus einer ganz anderen Perspektive. Das langsame Reisen faszinierte mich. Es ermöglichte mir nicht nur einen detaillierten Blick auf die großartige Landschaft, sondern vor allem Kontakt zu den Menschen. So war in mir die Idee gereift, das Motorrad zu verkaufen und meine Reise von Mittel- nach Südamerika mit Pferden fortzusetzen. Allerdings hatte ich bei diesem sechswöchigen Ritt quer durchs Land festgestellt, dass ich nicht aufbrechen durfte, ohne mir ausreichende Kenntnisse über Pferde angeeignet zu haben. Ich machte mich selbstständig, kaufte mir acht Pferde und führte Reittouren für Touristen. So arbeitete ich zwei Jahre lang mit Pferden. In dieser Zeit erwarb ich mir zwar Kenntnisse im Umgang mit Pferden, aber es kostete mich meine komplette Reisekasse, die eigentlich für Südamerika gedacht war. Mein Fazit war: Ich kann zwar Geschäftsmann sein und Tiere lieben, aber ich kann nicht mit Tieren, die ich liebe, Geschäfte machen.

Ich musste den Südamerika-Teil meiner Reise verschieben und kehrte zurück nach Deutschland, um als Flugtriebwerkmechaniker zu arbeiten und Geld zu sparen für eine neue Reise, eine Reise mit Pferden von Argentinien bis nach Alaska. Während ich meine Reise plante, feierte man den 500. Jahrestag der Entdeckung Amerikas – eine Entdeckung, die in meinen Augen nichts anders als der Beginn der Ausbeutung von Menschen und Natur war, einer Ausbeutung, die bis zum heutigen Tag anhält. Ich gab meiner Reise einen Namen: „Transhumanica“ – die Durchquerung und Entdeckung des amerikanischen Kontinents auf eine humane Art und Weise, den Menschen und der Natur gegenüber.

Nun lag ich hier, im Süden Argentiniens, in einem Zelt und konnte nicht schlafen. Plagte mich mein schlechtes Gewissen? War ich immer noch beeinflusst von meiner Familie, von Freunden, von Menschen, die mich liebten, sich um mich sorgten und nur das Beste für mich wollten? Ich versuchte mich zu rechtfertigen, als säße ich auf der Anklagebank und als ginge es darum, den Richter von meiner Unschuld zu überzeugen. Niemand war da, um mir gute Ratschläge zu geben. Ich musste mit meinen Zweifeln alleine fertig werden.

Warum machte ich mir so viele Gedanken? Warum sträubte ich mich? Schämte ich mich dafür, dass ich den Mut hatte, meinen Traum zu leben? Auszubrechen aus einer Gesellschaft, in der ich abhängig war von unnötigen Dingen, die keiner braucht. Hatte ich nicht einfach nur – wie viele andere Menschen auch – den Drang, ausbrechen zu wollen? Weg von unserer Überflussgesellschaft, hin zu einem einfacheren, naturnahen Leben, in dem es zwar keine Luxusartikel und Ablenkungen gäbe, das aber aufgrund der täglichen Herausforderungen und Begegnungen viel intensiver sein würde. Wenigstens eine Zeit lang wollte ich der täglichen Flut an Werbung entfliehen, die mich durch ihre Aggressivität beeinflussen und manipulieren will. Hieß mein Aufbruch nicht auch, mich aufzubäumen, mich nicht mit allem abzufinden was unsere Gesellschaft heute prägt, sondern noch Visionen zu haben?

Oder war ich nichts mehr gewohnt? Seit einem Jahr schlief ich das erste Mal wieder auf hartem Boden. Ich versuchte aufmerksam zu sein, zu hören, falls etwas passierte. Die Pferde waren es noch nicht gewohnt, an Seilen angebunden zu werden. Berührte das Seil sie irgendwo am Körper, gerieten sie in Panik. Sollte das passieren, so musste ich schnell aufstehen und handeln können.

Irgendwann schlief ich dann doch ein. Im Unterbewusstsein vernahm ich das Prasseln der Regentropfen auf meinem Zelt und erwachte davon. Ich hielt die Flamme eines Feuerzeugs vor meine Armbanduhr. Bis ich erkannte, dass es fünf Uhr war, hatte ich mir schon den Daumen verbrannt. Das Wetter war alles andere als zum Aufstehen einladend. Ich zündete den Benzinkocher an und brühte mir einen Instantkaffee.

Pfui Teufel – grausig. Mit diesem Zeug gewöhne ich mir garantiert das Kaffee trinken ab.

Ich begann in mein Tagebuch zu schreiben, wollte nicht eher aufbrechen, bevor ich meine Gedanken zu den vergangenen fünf Wochen aufgeschrieben hatte. Zwei Begegnungen der letzten Wochen beschäftigten mich sehr. Sie warfen Fragen auf, die mich irritierten und auf die ich keine Antwort fand.

Ich war in Argentinien mit einem Mietauto unterwegs auf der Suche nach Pferden. Auf der Nationalstraße Nr. 3, einer breiten Schotterpiste, auf einer kleinen Brücke, im Schutz der niedrigen Mauer, geduckt in sich zusammengekauert, saß ein Mensch, daneben lag ein Fahrrad. Ein Unfall? Ich stieg aus, lief auf den am Boden Hockenden zu.

„Wie geht's?" sprach ich ihn in einem Gemisch aus Spanisch und Englisch an. „Was ist passiert?"

„Scheiß Wind!" kommt es mir auf Deutsch entgegen. „Ich hab die Schnauze voll! Scheiß Wind! In Baja Californien bin ich fast verdurstet. In Kolumbien haben sie mich bis aufs Hemd ausgeraubt, aber das ist alles nichts im Vergleich zu diesem Scheiß Wind! Ich fahre keinen Meter mehr. Ich warte auf das nächste Fahrzeug, ich schmeiß das Fahrrad drauf. Scheiß Wind!"

Bernd aus Berlin war vor eineinhalb Jahren in Kalifornien mit einem Fahrrad losgefahren. In Mexiko hatte man seine komplette Ausrüstung gestohlen, in Kolumbien sein Fahrrad. Vor ihm lag nun ein Rad, das ihm ein deutscher Botschaftsangehöriger in Kolumbien geschenkt hatte und sein ganzes Hab und Gut in drei Plastiktüten.

„Magst du Wasser?"

„Verdammter Scheiß Wind!"

Ich versuchte ihn zu motivieren: „Du, bis nach Ushuaia sind es nur noch 100 Kilometer."

„Ich fahr keinen Meter mehr. Scheiß Wind!"

Zwei Tage später, auf der gleichen schnurgeraden Schotterpiste, kam mir wieder etwas entgegen, ein Punkt in der kargen Landschaft. Was mochte das sein? Kein Lkw, kein Fahrzeug, auch kein Rind. Ein Mensch!

Und was bewegte sich da hinter ihm? Ein Handwagen – mein Gott, das musste der Japaner sein!

In einem kleinen Hotel in Ushuaia hatte mir ein Reisender erzählt, ein Japaner, der einen kleinen Handwagen hinter sich herziehe, sei auf diesem Kontinent unterwegs. Er war in Venezuela aufgebrochen, sein Ziel: Ushuaia.

Ich stieg aus, ging auf den Japaner zu, um ihn zu begrüßen, um ihn zu beglückwünschen. Es trennten ihn lediglich noch drei Tage von seinem Ziel.

„Hallo! Guten Morgen, wie geht's? Hallo!"

Keine Kopfbewegung, nichts! Er nahm mich gar nicht wahr. Er lief an mir vorbei, als wäre ich gar nicht da. Es war nichts Menschliches an ihm zu erkennen. Ein kleiner, programmierter Roboter. Ausgelaugt, erschöpft, nur noch einen Schritt vor den nächsten setzend.

Ich musste immer wieder an die beiden denken. Warum nimmt ein Mensch solche Strapazen auf sich, wenn ihm das, was er tut widerstrebt, wenn er nicht glücklich, nicht zufrieden dabei ist. Warum?

Plötzlich wurde ich aus meinen Gedanken gerissen. Ich hörte das Klingen einzelner, gespannter Drähte. Es fuhr mir durch Mark und Bein. Darauf der dumpfe Hall von Pferdehufen. Nein! Ich sprang aus dem Zelt. Rebelde galoppierte ausschlagend am Zaun entlang von uns weg. Ich schaute ihm verärgert hinterher, zweifelte wieder. Seit fünf Wochen arbeitete ich mit Rebelde und fast genauso lang trug ich den Gedanken mit mir herum, ihn gegen ein anderes Pferd zu tauschen. Plötzlich wurde mir bewusst, dass ich gar keine Schuhe anhatte, sondern mit nassen Strümpfen im Matsch stand.

Ich kontrollierte Rebeldes Lasso, oder besser gesagt das, was davon übrig war. War es meine Schuld, war der Knoten aufgegangen? Von dem zwölf Meter langen Lasso fand ich noch zwei Meter am Pfosten, der Rest hing an Rebelde und baumelte zwischen seinen Beinen – daher die Panik. Das Lasso war, wie hier so üblich, aus einem drei bis vier Zentimeter dicken Streifen Rohhautleder. Bei der Herstellung werden die gut zwanzig Meter langen Lederstreifen angefeuchtet und an beiden

Enden gegensätzlich gedreht. Anschließend werden sie gespannt und stehen so unter Zug, während sie trocknen. Darum ist das Lasso rund und hält einer hohen Zugkraft stand. Durch die Nässe war es jedoch aufgeweicht, dabei aufgerollt und wieder zu einem Lederstreifen geworden. Dieser hielt dem Zug des Pferdes nicht mehr stand und war folglich gerissen.

Ich sattelte Gaucho, band Falko am Zeltgestänge fest und ritt im Galopp am Zaun entlang, um Rebelde zu suchen. Es regnete, aber ich ließ meinen Regenponcho im Zelt zurück. Das Flattern des Mantels konnte jedes meiner Pferde in Panik versetzen. Ihn auf dem Pferd zu tragen, daran war nicht zu denken. Ein paar Meter neben dem schweren hölzernen Tor erkannte ich den oben abgebrochenen Teil eines Holzpfostens. Eine frische Bruchstelle. Ich stieg ab und suchte nach Spuren. Konnte Rebelde hier über den Zaun gesprungen sein? Vor dem Zaun gab es einen fünf Meter breiten und lang ansteigenden Hügel. Dann noch der Sprung, das wäre eine riesige Leistung gewesen. Der oberste Draht des Zauns war ein Stacheldraht. Ich suchte, fand aber keine Haare an den spitzen Stacheln. Gott sei Dank, er hatte sich nicht verletzt.

In der Ferne konnte ich eine Pferdeherde sehen. Ich bildete mir ein, dort eine gewisse Hektik zu erkennen. Sie konnte durch Rebelde und das Lasso, das er hinter sich herzog, ausgelöst worden sein. Ich ritt weiter am Zaun entlang. Wildenten flogen auf, landeten nach 100 Metern wieder. In der Ferne sah ich einzelne grasende Schafe. Ich konnte keine Hektik, keinen Stress in der Schafherde erkennen. Schafe rotten sich schon bei der geringsten Gefahr zusammen. Also brauchte ich bei ihnen nicht nach Rebelde zu suchen.

Die Weide war riesig und unübersichtlich, mal ansteigend und dann wieder abfallend – wie ein erstarrter Wellengang bei Windstärke zehn. Zwischen zwei Hügeln schlängelte sich ein Bach, der über seine Ufer getreten war und eine große Fläche überschwemmt hatte. Diese wollte ich umgehen und hätte deshalb um ein Haar Rebelde nicht gesehen. Völlig ruhig stand er da, ganz entspannt, als könne ihn nichts in der Welt stören, und fraß genüsslich das kurze Gras. Auf direktem Weg konnte ich nicht auf ihn zu reiten. Dem überschwemmten und dadurch aufgeweichten Land versuchte ich im Zickzack-Kurs auszuweichen. Gaucho weigerte sich immer wieder weiter zu gehen, sank knietief ein, einmal gar bis zum Bauch. Das Lederlasso, das Rebelde nach sich zog, war völlig aufgeweicht, glitschig und aufgequollen. Ich wollte es gar nicht anfassen. Ich ritt zurück und führte dabei Rebelde, der das nasse Lasso hinter sich herschleifen musste. Er war kaum die ersten Meter gelaufen, da drehte er schon wieder durch, lief die ganze Strecke seitwärts, damit ihn das Lasso nicht an den Beinen berühren konnte. Doch dadurch berührte das Lasso die Hinterbeine von Gaucho. Der geriet in Panik, schlug aus, buckelte.

Wir kamen an einen Bach. Er war nicht über das Ufer getreten, aber er war tief, fast wie ein Kanal, mit exakt abgestochener Begrenzung. Die Wasseroberfläche deckte sich beinahe mit der Grasnabe. Ich hatte zuvor schon immer wieder mal mit den Pferden einzeln diesen Bach überquert. Auch hier benahmen sich beide Pferde völlig unterschiedlich. Gaucho setzte immer zum Sprung an, Rebelde machte einen großen Schritt darüber.

Mein Reitpferd tänzelte vor dem Bach, wollte nicht drüber, wollte ausbrechen. Noch konnte ich nicht schnell genug mit Schenkeldruck und Gewichtsverlagerung dagegenwirken. Das mussten wir alles erst noch lernen, auch zusätzlich noch ein Handpferd zu führen. Gaucho sprang, Rebelde blieb stehen. Ich konnte gerade noch stoppen, ohne dass es mir den Führstrick aus der Hand riss. Ich zog, stemmte mich gegen den Sattel, hatte aber nicht genug Kraft. Rebelde stand da, wie aus Messing gegossen.

„Sturer Esel, willst du jetzt endlich!“

Ich konnte Rebelde nicht über den Bach ziehen. Ich band das Lasso zweimal um das Sattelhorn, hielt das Ende in der Hand. So hatte ich Kraft, konnte aber im Notfall auch gleich loslassen, denn auch für Gaucho war die Situation ungewohnt, er konnte dabei ebenfalls in Panik geraten. Ich fühlte mich wie ein Fahrschüler, der zum ersten Mal Anfahren mit Kupplung üben musste und dabei gleichzeitig ein anderes

Auto abschleppen sollte. Rebelde spreizte seine Hufe nach vorn, der Hals wurde immer länger, er rollte die Augen und nur noch das Weiße war darin zu sehen.

„Sturer Bock!" schimpfte ich und stieg ab, legte Gaucho Fußfessel, an – mit diesen können Pferde nur kleine Schritte machen und nicht davon laufen – und versuchte, jetzt vom Boden aus, Rebelde zu ziehen.

„Sturer Esel, kommst du jetzt!"

Ich sprang über den Bach, zupfte an dem Führstrick, wollte, dass Rebelde in die Richtung ging, die ich bestimmte – zunächst von mir und dem Bach weg. Dann drehe ich mich um und ließ ihn mir nachlaufen, bequem, entspannt, ohne zu zupfen. Wenn er mir nachlief, störte ihn nichts. Ich lief nun auf den Bach zu und sprang. Rebelde nicht! Ich hatte mich verschätzt und den Führstrick etwas zu kurz gegriffen. Nun stand ich im Bach. Verdammt!

Irgendwann, nach weiteren Versuchen und Bemühungen, ging er ohne Druckanwendung über den Bach.

Ich band Rebelde ausreichend vom Zelt entfernt an, er sollte sich beruhigen. Das lange, glitschige Lasso hatte ich nur um den Pfosten gelegt, zwischen den zwei obersten parallel verlaufenden Drähten und immer wieder durch den Ring vom Halfter und zurück. Rebelde hatte so einen Meter Distanz zum Zaun: Genug, um bequem stehen, zu wenig, um fressen zu können oder sich in dem Seil zu verheddern. Außerdem hatte ich ihm Fußfesseln um die Vorderbeine gelegt, damit er sich daran gewöhnte.

Im Zelt wechselte ich die nassen Kleider, kochte mir noch einmal diesen scheußlichen Kaffee und arbeitete diszipliniert an den Aufzeichnungen weiter. Ich zweifelte an mir. Ich wollte an das andere Ende des Kontinents und hatte meine Pferde noch nicht mal hier in der vertrauten Umgebung unter Kontrolle.

Nein! Mein Gott, ich traute meinen Augen nicht, das gab es doch gar nicht. Rebelde rannte schon wieder davon, im Schweinsgalopp am Zaun entlang. Wie war das möglich? Ich hatte ihm doch die Fußfessel angelegt. Damit können die Pferde nur kleine Schritte machen. Doch

Galopp, so musste ich feststellen, ist ein ganz anderer Bewegungsablauf. Daran hindern diese Fußfessel wiederum nicht! Ich musste noch viel lernen.

Was war passiert? Wahrscheinlich hatte ihn eine Fliege oder ein sich bewegender Grashalm erschreckt. Vielleicht hatte er auch nur gefurzt, und es war lauter ausgefallen als gewöhnlich. Er riss den Kopf hoch und riss damit gleichzeitig den Nagel mit dem darüber liegenden Draht heraus und zog das Lasso über den Pfosten. Davon erschrak er und lief wieder davon.

Ich grübelte über diese Situation nach. Was hatte ich da für ein Pferd? War ich überfordert? Hatte ich doch nicht genügend Erfahrung? Ich musste endlich aufbrechen, war viel zu spät dran. Die Gauchos lächelten oder wetteten gar schon. „Richte dich erst mal bequem ein: Ihr kommt erst nach dem Winter los.“ Sollte ich jetzt, nach fünf Wochen Arbeit, Rebelde doch noch gegen ein anderes Pferd tauschen? Hatte ich vielleicht nur nicht genügend Ausdauer? Immerhin war mit diesen beiden Pferden zuvor noch nie gearbeitet worden. Wieso war ich mit Gaucho schon so viel weiter? Gab ich schon auf, bevor ich überhaupt unterwegs war?

Und hatte ich nicht auch schon Erfolg gehabt? Welcher Gaucho hätte auch nur einen Peso gewettet, dass ich meine Pferde bereits nach drei Wochen alleine beschlagen konnte, ohne sie in einem Holzgerüst festzuzurren, das einem Schraubstock gleicht und von den Gauchos zum Beschlagen genutzt wurde. Nein, ich durfte Rebelde nicht tauschen. Das hieße aufzugeben, bevor ich überhaupt aufgebrochen war.

Ein Pferd wird von seinem Instinkt geleitet und reagiert reflexartig auf Bedrohung. In der Wildnis hat es keine Zeit zu denken. Es antwortet auf Aktionen der Umwelt immer sofort und schnell. Flucht! Das ist ihr Instinkt, der stärkste Trieb im Tier überhaupt und der einzige Grund, weshalb diese Art Millionen von Jahren in der Wildnis überlebt hat.

Rebelde musste lernen, mir zu vertrauen. Wenn er in meiner Nähe war, durfte er keine Angst haben. Fehler und Schuld lagen bei mir. Was hatte ich Rebelde denn schon erfolgreich beigebracht? Er musste nur immer kräftig genug zerren und sich schütteln. Am Anfang hatte ich Rebelde am ledernen Halfter, das für mich stark genug aussah, angebunden. Doch es hielt nicht lange, Rebelde erschrak, zerrte am Lederhalfter, es zerriss und Rebelde war weg. Dann hatte ich ein Nylonhalfter mit Führstrick aus gleichem Material gekauft. Die Gauchos nannten es abfällig „Gringohalfter". Auch dieses hielt Rebeldes Freiheitsdrang nicht stand.

Einmal, als ich Rebelde ritt, lief er über einen Draht, der im Gras lag und für uns beide nicht erkennbar war. Der Draht verhedderte sich für ein paar Sekunden zwischen seinen Beinen und schon war Rebelde nicht mehr zu kontrollieren. Er buckelte und drehte sich, bis ich irgendwann stürzte. Rebelde lief davon. Ein andermal löste sich das Lasso, das ich immer am Sattelhorn aufgerollt aufbewahrte, und geriet ebenfalls zwischen die Pferdebeine. Rebelde erschrak, begann zu buckeln und ich saß wieder auf dem Boden. So kam er zu seinem Namen.

Trotzdem fasste ich den Entschluss: „Rebelde, ich tausch dich nicht, auch du wirst eines Tages ruhiger werden und wenn das bis nach Kolumbien dauert." Das hatte ich freilich voller Optimismus so dahin gesagt. Aber Jahre lang änderte sich nichts. Wie auch sollte ich ahnen, dass Rebelde wissen konnte, wie weit es nach Kolumbien war.

Als ich Rebelde endlich wieder eingefangen hatte, packte ich meine Sachen zusammen und setzte meinen Übungsritt fort. Es war unangenehm, bei diesem stürmischen Wind, der stärker und stärker wurde, zu reiten. Wenigstens trocknete meine Kleidung dabei.

Weit entfernt erkannte ich einige Guanakos, die ersten wilden Lamas, die ich je in meinem Leben gesehen hatte. Wachsamkeit und Neugierde sind die Wesenszüge dieser langhalsigen Tiere. Das Guanako gilt als Stammform des domestizierten Lamas und, zusammen mit dem sehr weichfelligen Vikunja, auch des Alpakas. Spielend einfach überspringen sie jeden Zaun. Natürlich hatte ich Guanakos schon auf Fotos gesehen, aber es war doch etwas ganz Besonderes, sie in freier Wildbahn zu beobachten.

Immer noch bewegte ich mich auf dem Grund der Estancia Maria Behety. Die Größe dieser Ländereien war für mich unfassbar. 50.000 Hektar, ich konnte zwei Tage in die gleiche Richtung reiten und hatte die Grenzen der Estancia noch nicht erreicht. 40.000 Schafe weideten hier. Auf meiner Skizze waren keine Wege, keine Tore eingezeichnet, nur die einzelnen Weiden, unterteilt durch schnurgerade Linien, die wie mit einem Lineal gezogen das Land schachbrettartig unterteilten. Genauso exakt gerade durchschnitten die Zäune über Kilometer die Landschaft. Welch eine Leistung der Zaunbauer, die als einziges optisches Instrument nur ihre Augen gehabt hatten. Die schneebedeckten Gipfel der Anden bildeten den Horizont.

Auf der Skizze, die mir Patricio, der Verwalter der Estancia, gezeichnet hatte, konnte ich nicht erkennen, wo Norden lag. Anhand der Gebäude der Estancia und dem Flussverlauf des Rio Grande konnte ich sie jedoch einnorden. Die Sonne irritierte mich, sie stand zur Mittagszeit im Norden. Theoretisch war mir das bewusst, ich hatte mich aber noch nicht daran gewöhnt.

Mein Blick folgte dem Zaun. Am Ende sah ich das Dach einer Hütte. Sie lag windgeschützt zwischen zwei Hügeln. Hierher hatte ich mit den Gauchos schon einmal Schafe getrieben. Auf dem Rückweg waren wir stundenlang im Trab geritten. Danach hatte mir alles weh getan. Ich war wundgeritten, ein ziemlich schwacher Ausdruck für derart große Schmerzen. Wie hielten die Gauchos das nur auf Dauer aus? Die Weide rund um die Hütte war die schlechteste von allen – die Oberfläche glich einem Waschbrett, nur Steine, keine Gräser, vereinzelte dornige Sträucher.

Der Wind hatte die ganze Zeit stark geblasen und ich genoss nun einen kurzen Moment Windstille zwischen den Hügeln. Plötzlich verharrten Gaucho und Rebelde ganz still, mit erhobenem Kopf und geblähten Nüstern. Die erneut einsetzenden Windböen peitschen die langen Schweife zwischen den Beinen auf die Bäuche der Pferde. Eine Herde Muttertiere mit je einem Fohlen stand vor uns, dazwischen ein aufgeregter Hengst, der sich ganz wichtig aufführte. Ich fürchtete einen

Augenblick, er könnte uns angreifen, doch er tat es nicht.

Wenig später traf ich auf Sergio und Gabriel. Sie reparierten einen Zaun.

„Hola Compañero, hatten dich gestern schon erwartet. Hattest du einen guten Ritt?“

Irrte ich mich oder schwang in seiner Stimme ein hämischer Unterton mit?

„Si si, alles klar. Es ist schon 20 Uhr und ihr arbeitet immer noch?!“

„Wegen dem Regen haben wir heute erst später angefangen. Das Stück wollen wir noch fertig machen.“

Schau an, dachte ich mir, von wegen Mañana Mentalität, denn den Südamerikanern wird ja nachgesagt, dass sie Arbeit gerne auf morgen verschieben. Selbst ohne Kontrolle arbeiten sie weiter. Was ich noch nicht wusste: Diese Arbeiter bekommen keinen Stundenlohn, auch kein Monatsgehalt. Sie werden nach getaner Arbeit bezahlt, nach laufendem Meter Zaun. Zu zweit schaffen sie im Monat fünf Kilometer. Dafür erhalten sie je 1200 Dollar. Ein Viehhirte im Vergleich erhält 200 Dollar im Monat. Die Arbeiter verdienen gut, sind motiviert und es liegt in ihrem Interesse, produktiv zu arbeiten. Überhaupt ist es eine vielfach angewendete Praxis in Südamerika, Arbeiter nach getaner Arbeit und nicht nach Zeit zu bezahlen.

Sergio zeigte mir grob die Richtung, in der ich den Puesto, den Außenposten, finden würde. Dort sollte ich absatteln und es mir bequem machen. Essen würde ich in der Küche finden.

Ich kannte Sergio und Gabriel ganz gut. Wir hatten uns immer wieder auf der Estancia getroffen, wenn für bestimmte Arbeiten Verstärkung gefragt war und alle zusammenkamen. Solch eine Arbeit, bei der viele Leute benötigt werden, ist z.B. die Schafschur. Schafscherer fahren von einer Estancia zur nächsten, um in Akkordarbeit - sie brauchen für ein Schaf nicht mehr als drei Minuten - die Tiere zu scheren. Die Gauchos, müssen auf den riesigen Weiden erst tagelang die ganze Herde zusammentreiben. Dabei war mir immer wieder aufgefallen, welch eine wichtige Rolle die Hunde übernahmen. Sie fungierten als verlängerter

Arm des Gauchos. Gesteuert durch Pfeifen und Rufen, trieben die Hunde die Schafe zusammen und hinderten sie daran, auszubrechen. Vor der Schurhalle werden die Schafe durch einen Pferch getrieben. In einem schmalen Gang, nur so breit wie ein Schaf, werden die Tiere durch Öffnen oder Schließen nacheinander angeordneter Türchen in verschiedene Gatter sortiert, getrennt nach jung und alt, nach gesund und anfällig, nach Schafen für Fleisch- und Wollproduktion.

Unter dem starken Wind und der erbarmungslosen Kälte im Winter, der die Tiere ausgesetzt sind, wächst das weiße Gold – die Schafwolle, der Argentinien einst seinen Reichtum zu verdanken hatte.

Der Schotterweg führte im Zickzack-Kurs um einige Hügel zum Puesto. Ich erwartete eine einfache, einzelne Hütte, fand aber ein riesiges Gebäude mit einer großen Küche, Aufenthaltsräumen und vier Zimmern, zwei weitere Hütten, einen Stall, ein Toilettenhäuschen und zwanzig aus Brettern zusammengenagelte einfache Hundehütten vor.

Ich sattelte ab, legte das Gepäck auf die Veranda und band die Pferde mit dem langen Lasso an. Sorgfältig überprüfte ich die Knoten. Würden sie sich lösen und eines der Pferde weglaufen, konnte ich das Tier hier nicht einfangen. Ich schaute mich um. Es gab nicht viel Futter, selbst wenn ich die Pferde mehrmals in der Nacht woanders festband. Die beiden Zaunbauer kamen zurück, erzählten von einer Weide hinter dem Hügel. Diese eingezäunte Wiese, fünfmal so groß wie ein Fußballfeld, hatte ausreichend Futter. Sollte ich die Pferde dort anbinden? Was aber, wenn sie sich verhedderten. Sie waren das Angebundensein noch immer nicht gewohnt. Sollte ich ihnen nicht wenigstens Fußfessel anlegen? Wie würde ich die beiden sonst wieder einfangen können? Die Zaunbauer konnten mir auch nicht helfen. Sie hatten keine Pferde und zu Fuß war es aussichtslos, Gaucho und Rebelde einfangen zu wollen. Ich ließ sie trotzdem ohne Lasso und Fußfessel laufen. So konnten sie sich gut erholen und die Nacht über ausreichend fressen. Außerdem wollte ich in wenigen Tagen aufbrechen und da sollte ich meinen Pferden doch langsam Vertrauen schenken.

Die Männer und ich saßen um den Herd mit Holzfeuer, auf dem sich sämtliche Töpfe befanden, die es in diesem Haus gab: fünf Töpfe, eine Pfanne, ein riesiges Blech, gefüllt mit Schaffleisch und Kartoffeln. Die Kartoffeln waren dunkelgelb mit bräunlichen Rändern, seit drei Tagen schon gekocht, das Fleisch sah unappetitlich aus, schmeckte aber sehr gut. Sergio und Gabriel kochten nicht jeden Tag. Wenn sie kochten, dann gleich eine große Portion, von der sie dann die nächsten Tage aßen. Frühstück, Mittagessen, Abendessen – immer das Gleiche.

„Wird es euch denn nicht langweilig hier draußen?"

„Wir arbeiten den ganzen Tag, sieben Tage die Woche, verdienen gutes Geld. Hier draußen können wir sparen, in der Stadt gibt man nur Geld aus."

Gabriel reicht mir seine Kalebasse mit Mate-Tee. Der Mate-Tee ist untrennbar mit Argentinien verbunden. Ihn zu trinken ist ein Gemeinschaftserlebnis. Er wird in einem ausgehöhlten Kürbis serviert und mit einem Metallröhrchen getrunken. Bereits die Indios kannten das bittere und anfangs gewöhnungsbedürftige, später aber fast süchtig machende Getränk als Mittel gegen Durst, Hitze, Hunger und Erschöpfung.

Noch einen Monat konnten sie hier auf den Weiden arbeiten, bevor der Winter die Saison beenden würde. Im gefrorenen Boden können weder mit einer Schaufel noch mit einem anderen Werkzeug Löcher für die Pfosten gegraben werden. Sergio wollte zurück in seine chilenische Heimatstadt Punta Arenas fahren. Er plante, noch zwei Jahre in Argentinien zu arbeiten. Hier verdiente er vier Mal so viel wie zu Hause. Dann wollte er in seiner Heimat eine Bar aufmachen. Gabriel wusste noch nicht, was er über die Wintermonate machen wollte. Er kam aus Buenos Aires und war, wie ich auch, Reisender. Vielleicht würde er Freunde in Ecuador oder Kolumbien besuchen.

Falko und ich schliefen in dieser Nacht in einem Zimmer neben der Küche, einem Abstellraum für Werkzeug und Drahtrollen. In der Ecke stand ein Metallbett. Anstelle einer Matratze gab es einen Berg Schaffelle, nicht gegerbt, nur luftgetrocknet. Ein herber Geruch stieg mir in die Nase. Falko fiel sofort in tiefen Schlaf. Ich beneidete ihn darum, ich wachte immer wieder auf.

Noch vor Sonnenaufgang packte ich die Fototasche und das Stativ, um einige Stimmungsbilder zu machen. Mir war sehr kalt, trotz Daunenjacke und Handschuhen. Auf einem nahen Hügel hatte ich einen herrlichen Blick über das Tal mit dem Rio Grande. Zum Fotografieren reichte das Licht noch nicht aus. Ich wechselte Objektive und suchte kleine Motive, wie zum Beispiel gefrorene Gräser. Aber auch hier drückte ich nicht ab. Die Sonne wollte einfach nicht kommen.

Auf dem Herd stand bereits kochendes Wasser, als ich in die Hütte zurückkehrte. Ich trank meinen Mate-Tee, mischte mir mein Müsli, bot es auch meinen Freunden an. Aber die lächelten nur.

„Das essen bei uns die Hühner."

Die beiden Zaunbauer blieben bei ihrem Hammelfleisch. Bis vor fünf Wochen hatte ich nie Schaffleisch gegessen, aber mittlerweile hatte ich mich doch daran gewöhnt. Doch morgens, wenn das Fleisch erkaltet war und das weiße Fett nicht nur geschmacklich sondern auch optisch hervorstach, brachte ich dieses Essen nicht hinunter.

Sergio bat mich, dem Verwalter eine Liste an Dingen zu geben, die sie brauchten: Drahtspanner, Schaufel, Salz und Fleisch.

„Fleisch? Schlachten nicht alle Puesteros selbst?"

„Ja, die haben aber ihre Pferde und Hunde, die die Schafe zusammentreiben. Zu Fuß ist das unmöglich."

„Ihr habt ja Recht. Ich werde gleich sehen, was ich zu Fuß ausrichte, wenn ich meine beiden Pferde einfange."

Gepäck und Ausrüstung bereitete ich auf der Veranda so weit vor, dass ich sofort zu satteln beginnen konnte. Mit beiden Halftern lief ich los, die Pferde zu holen. Das Tor, aus Draht und Latten bestehend, wurde durch einen Drahtbügel geschlossen gehalten. Ich wartete, aber Falko kam nicht zu mir auf die Weide. Er konnte nicht, er hatte eine interessante Fährte aufgenommen. Das Tor konnte ich nicht offen lassen, wenn meine Pferde entkamen, hätte ich auf der großen Weide keine Chance gehabt, sie einzufangen. Dann hätte ich zu Fuß zurück zur Estancia laufen müssen. Ich schloss das Tor. Kurz darauf winselte Falko, er wollte nun doch mit auf die Weide. Wenn ich mit den Gauchos unterwegs war, hatte ich immer bemerkt, dass sie sich nicht um ihre Hunde kümmerten. Die sind selbständig und schlüpfen schon irgendwie durch oder springen über den Zaun. Falko aber blieb nur stehen und winselte. Na ja, es war keiner hier, der uns beobachtete, also lief ich zurück und öffnete das Tor.

Gaucho und Rebelde beobachteten mich, standen zusammen. Als ich noch 50 Meter von ihnen entfernt war, hoben sie beide ihren Schweif, äpfelten wie auf Kommando und liefen los. Ein Bach teilte die Weide in zwei Hälften. Ich war mir sicher, dass sie nur in der einen Hälfte bleiben würden, denn durch das Wasser würden sie nicht freiwillig gehen. Doch die beiden rannten an mir vorbei, auch durch das Wasser. Ich versuchte trockenen Fußes durch zu kommen, sprang von einem Grasbüschel im flachen Wasser auf das andere, aber das Gras gab unter meinem Gewicht nach. Ich versuchte, meine Pferde in eine Richtung zu drängen, mit gespreizten Armen in die Ecke der Weide zu lenken. Aber irgendwann brachen sie aus der Ecke aus, galoppierten an mir vorbei und schlugen übermütig aus. Na ja, dachte ich, wenigstens habe ich keine müden Pferde. Gaucho und Rebelde rannten zum wiederholten Mal an mir vorbei durchs Wasser auf die andere Hälfte der Wiese. Falko sprang um sie herum und bellte. Vielleicht war er der Grund der Unruhe? „Platz!"

Ich ging auf die Pferde zu. Sie liefen wieder an mir vorbei. Das machten sie nur, um mich zu ärgern. Über eine Stunde war bereits vergangen. Ich war nass geschwitzt, wütend, drohte ihnen, sie nie mehr frei laufen zu lassen. Festbinden würde ich sie in Zukunft. Aber da glaubte ich ja selbst nicht daran. Ich ging zurück zum Haus, trank Mate-Tee, beruhigte mich und ließ die Pferde Abstand gewinnen. Dann nahm ich den Stoffeimer, an den die Pferde gewohnt waren. Ich hatte gleich zu Beginn daran gedacht, diesen zu holen, aber die 500 Meter bis zur Weide hielten mich davon ab. Jetzt war ich das Zigfache gelaufen und inzwischen wieder zuversichtlich, dass es diesmal klappen würde. Die beiden Pferde fraßen das kurze Gras auf der Weide. Rebelde hob seinen Kopf ganz kurz, schaute zu mir herüber. Sein Blick sagte: „Ach, der schon wieder.“ Die beiden Tiere liefen langsam los, wieder durch das Wasser. Ich stapfte hinterher, bewege den Futtersack auf und ab, damit sie das Geräusch des Hafers hörten. Gaucho blieb endlich stehen, jetzt konnte ich auf ihn zugehen. Ich reichte ihm eine Portion Hafer, legte vorsichtig das Seil um seinen Nacken, erst dann das Halfter. Von dem schmatzenden Geräusch wurde jetzt auch Rebelde angelockt und kam auf uns zu.

Während ich die Packtaschen auf Rebeldes Rücken schnallte, prasselte ein Wolkenbruch auf uns nieder, ich brachte die Pferde gerade noch rechtzeitig unter ein Dach. Ich musste den Regen abwarten. In der Küche legte ich noch ein paar Holzscheite auf die Glut, um Wasser zu kochen, denn ich erwartete die beiden Zaunarbeiter zurück. Als sie zum Arbeiten aufgebrochen waren, waren sie nicht für so einen Regenguss gekleidet.

Auf dem Weg zurück wehte wieder ein scharfer Wind. Ich verlor meinen Hut, der gleich mehrere hundert Meter flog, ohne aufzuschlagen.

Ich beobachtete einen silbergrauen Fuchs. Den wollte ich fotografieren. Ich nahm die Fototasche und das Stativ vom Packpferd Rebelde und ließ ihn stehen. Gaucho zog ich am Zügel hinter mir her. Und so wollte ich einen Fuchs fotografieren? Lächerlich. Ich gab auf. Ich musste die Fototasche wieder auf Rebelde verstauen, kam aber nicht näher als zehn Meter an ihn heran. Blieb ich stehen, blieb er ebenfalls stehen, lief ich langsam, lief auch er langsam, lief ich schnell, lief er ebenfalls schnell. Ich war kurz vorm Durchdrehen. Nach zwei Stunden kam ein Zaun, endlich blieb Rebelde stehen und ich konnte ihn fangen.

In den nächsten Tagen führte ich einige Modifikationen an der Ausrüstung durch und bereitete mich auf den Abmarsch vor. Ich machte einen Versuch: Ich band Rebelde eine Fußfessel an die vorderen Hufe, eine weitere einzelne an einen hinteren Huf. Diese verband ich mit der vorderen. Zu kurz. Rebelde machte einen Schritt und fiel. Verlängerte ich das Mittelstück, blieb er drei Stunden auf einem Fleck stehen und machte keinen Schritt. Er sollte aber fressen. Also entfernte ich die

Fessel wieder, doch dann musste ich ihm am nächsten Tag wieder hinterher laufen.

Dass ich trotzdem aufbrach, mit Pferden, die ich nicht einmal alleine einfangen konnte, hatte sicher auch etwas mit einer gewissen Naivität zu tun. Aber das sage ich aus der Distanz einiger vergangener Jahre. An der Ausrüstung war nichts zu ergänzen. Im Gegenteil, ich trennte mich von einigen Dingen, verschenkte vieles. In den nächsten Jahren sollte ich lernen, mit wie wenig ich wirklich auskommen konnte. Ich verabschiedete mich und empfand nichts Trauriges dabei. Ganz im Gegenteil, ich freute mich, denn ich wollte ja aufbrechen. Erst später lernte ich, wie schmerzhaft ein „Good bye" werden konnte.

„Ich wünsche dir viel Glück, Gringo, keine Probleme und möge Gott dich begleiten. Que le vaya muy bien - machs gut!" Ich dachte, mir keine Schwierigkeiten oder Probleme zu wünschen ist unrealistisch, hoffentlich konnte ich sie nur einfach alle lösen.

Falko winselte und heulte und konnte es kaum erwarten, dass es endlich losging. Alles war verpackt, ich stieg in den Sattel und ritt in Richtung Norden, in eine Expedition, in einen Traum, in ein unberechenbares Abenteuer, in einen unbekannten Kontinent. Eine tonnenschwere Last schien von mir zu fallen. Zum ersten Mal wurde mir meine Idee so richtig bewusst. „Ich sehe, mein Traum wird wahr - wir sind auf dem langen Weg nach Alaska", schrieb ich am Abend in mein Tagebuch und bekam diese berühmt-berüchtigte Gänsehaut. Dies war ein unvergesslicher Eindruck, ein innerliches Gefühl von überwältigender, unbeschreiblicher Schönheit.

El Condor pasa –
wo der Kondor fliegt

Durch das einzige, sehr kleine Fenster schien der rötliche Glanz der aufgehenden Sonne. Noch ganz verschlafen sah ich aus meinem Schlafsack. Mein Blick suchte die dunklen Wände ab. Wo war ich? Langsam erinnerte ich mich. Die Gesichter der Arbeiter, der Frau, der Kinder kamen mir wieder in Erinnerung.

Aus der Küche nebenan drang das unangenehme Quietschen eines Türchens herüber. Auch das Rumpeln einzelner Holzstücke im Holzkasten war unüberhörbar. Feuer, das bedeutet heißes Wasser – Kaffee. Ich versuchte mich aus dem Schlafsack zu befreien. Während der Nacht hatte ich mich ein paar Mal gedreht, nun konnte ich den Reisverschluss nicht finden. In dem kleinen Zimmer standen entlang der Wände drei Betten. Der einzige freie Platz war der schmale Gang von der Tür zu dem viel zu kleinen Fenster. Mit den beiden Packsäcken war alles blockiert. Meine komplette Ausrüstung war über alle Betten verstreut. Noch hatte ich kein System für vernünftiges Packen gefunden. Um an Sachen heran zu kommen, die ich täglich benötigte, musste ich den ganzen Sack ausräumen. Vor dem Abmarsch hatte ich mir darüber auch keine großen Gedanken gemacht. Für mich war wichtig, dass beide Säcke das gleiche Gewicht hatten. Das logische Packen ergab sich aus der Praxis während der nächsten vier Wochen von selbst.

Falko schlief auf der Veranda. Aus Rücksicht auf das kleine Kind und das Baby hatte ich erst gar nicht um Erlaubnis gefragt, Falko mit hinein nehmen zu dürfen. Alles schien noch zu schlafen, außer demjenigen, der das Feuer entzündet hatte.

Falko und ich liefen gemeinsam um das Haus auf den Hügel hinauf. Ein Hahn krähte aus einem völlig mit Draht verschlossenen Gehege. Es schien ein sehr alter Hahn zu sein, denn sein gequälter Schrei erstickte in einem Röcheln. Wir kamen an einem Hundezwinger vorbei. Die neun Hunde rissen mit ihrem aggressiven Bellen nun auch das letzte Lebewesen aus dem Schlaf. Hinter dem Zwinger lag der Korral; gegenüber, auf der linken Seite, am höchsten Punkt des Hügels, der Wassertank. Gleich hinter dem Hügel fanden wir die Herde.

Eines der Pferde am anderen Ende der Weide hatte die gleiche Farbe wie meine Pferde. Aber warum stand dort nur eines? Wo war das andere? Ich lief näher und erkannte, dass das Tier weder Gaucho noch Rebelde war. Ich hatte erst gar kein Halfter mitgebracht, hier draußen auf dieser großen Weide würde ich meine Pferde ohnehin nicht einfangen können. Die zwei Arbeiter, André und Ricardo, hatten mir angeboten, meine Pferde mit ihrer Herde zusammen in den Korral zu treiben – dort könnte ich sie fangen.

Der eigentliche Grund unseres Morgenspaziergangs war, dass ich die körperliche Verfassung meines treuen Begleiters Falko feststellen wollte. Gestern hatte er sichtliche Probleme beim Laufen gehabt. Doch durch das Abtasten der Fußballen war nichts festzustellen. Es schien nur ein Muskelkater zu sein. Wir gingen zurück zum Haus, ohne unsere Pferde zu sehen.

In der Küche war für mich gedeckt: Kaffee, Brot und Erdbeermarmelade mit Fruchtstücken. Welch ein Unterschied, wenn Frauen den Haushalt führen. Die Männer verließen gerade das Haus. Während wir nach Rebelde und Gaucho gesucht hatten, hatten sie Mate-Tee getrunken. Der Mate ersetzt Kaffee und Frühstück bis zum Mittagessen. Ich hatte es nicht eilig. Gestern hatten wir die argentinische Grenze nach Chile passiert: keine Schwierigkeiten, keine Quarantäne, weder für Falko noch für die Pferde. Ich wollte an diesem Tag nur zur Estancia kommen, in meiner Karte „China Creek" benannt, gerade mal zwölf Kilometer entfernt. Dort sollten die Tiere den Rest des Tages rasten dürfen.

Die einzige Herausforderung dieses Tages war, dass ich die Aufgaben von Rebelde und Gaucho tauschen wollte. Rebelde sollte Reitpferd und Gaucho Packpferd sein. Auf der Estancia Maria Behety hatte ich eingesehen, dass es nicht möglich war, die Pferde für beide Aufgaben gleichzeitig zu trainieren. Es war zu zeitaufwändig und wir waren im Bezug auf den Winter bereits sehr spät dran. Ich dachte mir damals, dass ich unterwegs, wenn die Pferde ruhiger werden, versuchen würde, die Aufgaben zu tauschen. Den Pferden sollte nicht immer die gleiche Aufgabe zugeteilt sein, auch um die Sättel zu rotieren. Da ich selbst viel zu Fuß gehen würde, könnte sich das Reitpferd erholen. Das Packpferd würde von dem stumpfsinnigen Hinterhertraben abgelöst.

Während des Zureitens hatte Gaucho immer den Drang gehabt, Erster sein zu müssen. Ich konnte ihn noch so kurz führen, er sprang vorne herum. Wenn ich auf Rebelde saß, musste Gaucho immer an uns vorbei. Rebelde dagegen blieb von Anfang an neben mir, etwas nach hinten versetzt, genau an der Position, an der ich ihn haben wollte. Gaucho aber war der Ruhigere, er war ausgeglichener. Ich bildete mir ein, von dem ruhigen Gaucho aus den schrecklich nervösen Rebelde besser kontrollieren zu können. Vielleicht war das aber auch nur eine Ausrede, nicht auf Rebelde reiten zu müssen, denn es steckte schon noch eine große Portion Unsicherheit und Angst in mir. Ich hatte sehr spät, erst im Alter von 30 Jahren, die Welt der Pferde entdeckt. In vielen Dingen im Umgang mit Pferden fehlte mir die Erfahrung, das merkte ich immer wieder.

André kam zurück. „Deine Pferde sind im Korral." Ich sollte sie schnell herausholen. Ich wusste gleich, warum: Meine Pferde waren fremd für die anderen, sie wurden gebissen und getreten, um die Rangordnung zu klären. Auf engstem Raum ist das gefährlich für die Schwächeren, da sie nicht fliehen können. Gaucho würde schon auch mit austeilen, Rebelde dagegen nur einstecken. André verabschiedete sich mit einem weichen, schlaffen Händedruck und wünschte mir viel Glück. Er ritt fort, um Schafe zusammen zu treiben.

Das Einfangen von Rebelde und Gaucho mit dem Lasso verursachte ein großes Durcheinander. Es waren an die zwanzig Pferde auf engem Raum. Durch den starken Wind und den durch viele Pferdehufe aufgewirbelten Staub hatte ich Sand in den Augen und Zähnen. Ich konnte kaum etwas erkennen. Plötzlich hörte ich das Jaulen von Falko. Ist er denn wahnsinnig, bei diesem Durcheinander auch hier herein zu kommen, dachte ich mir. Doch Gott sei Dank war nichts passiert.

Vor der Sattelkammer begann das tägliche Ritual, das ich auch die nächsten Jahre beibehalten würde. Ich tastete die Rücken meiner Weggefährten nach Druck- oder Wundstellen ab, massierte und striegelte sie und kontrollierte den festen Sitz der Hufeisen. Durch das schmale Tor brachte ich die Pferde in den Garten vor dem Haus und band sie an dem weißen, verblichenen Lattenzaun an.

Mehrmals den Weg vom Zimmer durch die Küche über die Veranda um das Haus herum zu gehen wollte ich mir ersparen, deshalb wuchtete ich das Gepäck durch das kleine Fenster. Der zweite Packsack kam an die Reihe. Ich hielt ihn fest, schob ihn durchs Fenster; der Sack glitt draußen an der Hauswand hinunter und schien einfach nicht anzukommen. Meine Arme wurden immer länger, der Sack immer schwerer, ich ließ aber nicht los. Und dann knallte ich mit meinem Kopf an den Fensterrahmen. Sofort tastete ich die Schmerzstelle mit den Fingern ab – Gott sei Dank kein Blut. Auf dem Bett sitzend atmete ich tief durch, schaute das geöffnete Fenster an – verdammtes kleines Drecksloch.

Draußen schwang ich die beiden Satteltaschen über den Reitsattel und befestigte sie mit den Lederriemchen. Gaucho ließ sich die beiden Packsäcke ohne jegliche Nervosität aufladen. Vor dem Haus lag ein ausgetrockneter See, so groß wie zwei Fußballfelder. Das Ufer war von den Salzablagerungen schneeweiß. Wir folgten dem Schotterweg. Gaucho, in seiner neuen Rolle als Packpferd, kam ganz nah an Rebelde und drückte die Packsäcke gegen die Satteltaschen. Auf Rebelde sitzend fühlte ich seine geballte Energie unter mir. Rebelde streckte den Kopf, die Ohren gespitzt. Ich versuchte Gaucho ganz kurz zu führen, so dass sein Kopf auf Höhe meines Knies blieb. Er aber hatte den Drang, nach vorne zu gehen. Durch die weit hinausragenden Packsäcke drückte Gaucho von hinten an die Satteltaschen und schob sie dabei in die Flanke von Rebelde. Dieser wollte sofort noch schneller laufen. Tempowechsel, leichter Trab. Aber das wollte ich nicht. Beim Packen achtete ich zwar darauf, dass nichts lose im Gepäck war, also klappern könnte. Trotzdem, vielleicht weil ich noch nervöser war als die Pferde, wartete ich darauf, etwas zu hören. Denn ein unbekannter Laut würde die beiden erschrecken, sie würden einen Sprung machen, dadurch weitere Geräusche im Gepäck auslösen und wir hätten wieder eine Panik.

Wir erreichten den ersten über dem Weg liegenden Viehrost. Um das Tor daneben zu öffnen und wieder zu schließen, stieg ich ab. Am Vortag mit Gaucho als Reitpferd hatte ich das vom Sattel aus machen können, aber jetzt mit Rebelde kam ich nicht näher als einen Meter an das Tor heran. Falko war auf einem Pfad parallel zur geschotterten Straße unterwegs, wie üblich einige Meter voraus. Wenn der Abstand zu groß wurde, wartete er unaufgefordert. Dann und wann wurde er von einer unwiderstehlichen Fährte abgelenkt und folgte ihr. Durch einen schrillen Pfiff aus dem Jagdfieber gerissen, nahm er dann aber doch wieder zur Kenntnis, dass wir einen gemeinsamen Weg hatten.

Den Führstrick am Ende haltend, Gaucho drei Meter hinter mir, kamen wir zum nächsten Viehrost. Darüber hing an einer Eisenkette zwischen zwei ausgeblichenen Holzpfählen eine braune Holztafel mit der Aufschrift „Arizona“, dem Namen dieser Estancia. Ein, zwei Meter noch, dann würde ich absteigen. Ich sprach gerade das „Ho“ für Stopp aus, verlagerte das Gewicht auf den linken Fuß im Steigbügel, um das rechte Bein über die sperrigen Taschen zu schwingen, da sprang Rebelde plötzlich nach links, wieder nach rechts, und schlug aus. Verdammt, was war jetzt wieder? Der Führstrick war unter seinen Schweif geraten. Ich ließ den Führstrick los, wollte ihn fallen lassen, er fiel aber nicht. Rebelde petzte vor lauter Angst den Schweif zusammen, so dass der Strick klemmte. Weil das für ihn ungewohnt war, schlug er weiterhin aus. Gaucho kam diesen unkontrollierten Bewegungen nicht mehr nach und so zog sich der Strick Stück für Stück unter dem Schweif hervor. Jetzt aber war es schon längst nicht mehr der Führstrick alleine, dieser war nur der Auslöser. Die Satteltaschen schlugen ebenfalls auf und ab. In einem Umkreis von zwanzig Metern schlug Rebelde aus, buckelte und änderte seine Richtung immer wieder abrupt. Ich schaffte es nicht mehr, ihn zu beruhigen.

Nun hatte ich mein eigenes Rodeo, eine spannendes Schauspiel, sicherlich amüsant für die, die nicht direkt daran beteiligt waren. Gewöhnlich werden diese Rodeos entsprechend der verschiedenen Kategorien nach acht Sekunden beendet. Mein ganz persönliches Rodeo dauerte viel länger, wenigstens hatte ich keine Schaulustigen. Ich versuchte die Zügel anzuziehen, dies wiederum war ungewohnt für Rebelde. Mit der rechten Hand umklammerte ich das Sattelhorn. Wieder und immer wieder fuhr mir ein grausamer Schmerz durch jeden einzelnen Rückenwirbel, wenn ich mit dem Hintern in den Sattel schlug. Der rechte Fuß rutschte aus dem Steigbügel. Ich bekam ihn nicht mehr rein. Drei- oder vier Mal noch fuhr der brutale Schlag durch mein Rückgrat, dann endlich war für mich das Rodeo vorbei. Ich stieg kopfüber ab, mein einziger Gedanke war: „Hoffentlich bleibe ich jetzt mit dem linken Fuß nicht im Steigbügel hängen." Ich weiß nicht wie und wo ich mich drehte, aber ich schlug mit dem Rücken auf. Ein kalter Schmerz durchschoss meinen Körper. Für einen Augenblick wurde es dunkel, war es der Schatten von Rebelde, der über mich hinweg sprang oder hatte ich durch den Aufprall nur die Augen kurz zugemacht?

Ich drehte mich auf die Knie, rang nach Luft. Falko drückte mir seine feuchte Nase ins Gesicht. Ich konnte nicht aufstehen. In der Ferne sah ich Rebelde hinter einem Hügel verschwinden. Ich drehte meinen Kopf und schaute Gaucho an, von seinem Halfter hing der Führstrick auf den Boden, die Ursache des ganzen Spektakels. Gaucho stand ganz still da, mein Gott, um wie viel vernünftiger war der im Kopf.

Ich schlug mir den Staub aus den Klamotten, sattelte Gaucho ab und band ihn an dem Holzpfosten fest, der unter der Last der schweren Holztafel mit der Namensaufschrift nachzugeben schien. Aufgrund der zahlreichen Hügel hatte ich keinen weiten Blick. Falko und ich liefen los und suchten das verrückte Pferd. Ich mochte gar nicht daran denken, der an der Trense in Rebeldes Maul befestigte Zügel hing jetzt lose herunter, er würde darauf treten und jedes Mal einen Schlag in seinem Maul verursachen und es blutig schlagen. Hinter den Hügeln sah ich eine Bergkette, sie hatte das gleiche silbrige Grau wie die Wolken. Die

Sonne schien für Sekunden auf die Hügel, und sie begannen zu glänzen. Schweiß rann mir den Rücken hinunter.

Nach einer halben Stunde schaute ich nach rechts und erkannte schwach die Umrisse der Gebäude. Und da! War da nicht auch ein Pferd? Aber in diese Richtung war Rebelde doch gar nicht gelaufen. Ich kam näher, es war tatsächlich Rebelde. Er stand am Viehrost, die Beine waren nicht in ganzer Länge zu sehen weil der Weg tiefer lag. Mein einziger Gedanke war: „Bitte, lass ihn nicht im Viehrost stehen", denn das würde gebrochene Beine bedeuten. Die Satteltaschen hingen unter seinem Bauch. Er blieb stehen. Er war völlig nass, vom Bauch tropfte der Schweiß. Er hatte keine Wunden an den Beinen, nur weißen mit Blut vermischten Schaum um den Mund. Ich führte Rebelde in Richtung Tor, wo Gaucho angebunden stand. Ich war aufgeregt und verärgert und wunderte mich über meine Selbstbeherrschung. Ich tauschte die Sättel, wollte Gaucho wieder als Reitpferd und Rebelde als Packpferd einsetzen.

Nachdem ich mit dem Umsatteln fertig war, führte ich beide Pferde nacheinander durch das kleine Tor neben dem Viehrost, dem eigentlichen Eingang der Estancia. Es war bereits zwölf Uhr. Nach wenigen hundert Metern sah ich zwei Reiter auf uns zukommen, begleitet von einer Meute Hunde. Erst dachte ich, dass es sich um André und Ricardo von heute morgen handelte und es war mir peinlich, sie zu treffen. Was würden sie denken: „Ach, der Gringo ist auch schon einen Kilometer weit gekommen?" Doch es waren andere Gauchos. Jeder Reiter hatte ein Handpferd. Wir unterhielten uns. Gerne würde ich mit diesen Menschen mitziehen. Sie wollten nach San Sebastian, an die Grenze, um dort zu arbeiten. Ich hatte Mühe, sie zu verstehen, sie benutzten ein mir nicht geläufiges Vokabular und sprachen Dialekt. Ich schaute mir ihre Packpferde an. Vielleicht konnte ich etwas lernen. Sie verwendeten keinen Packsattel, nur Decken, darüber hatten sie die Taschen ganz fest am Bauch verzurrt. Wahrscheinlich hatten sie alles, was sie besaßen in diesem Bündel, es war nicht viel. Der Dicke trug einen schwarzen Filzhut, der so wellig und zerknittert war, als hätte sein Pferd darauf geschlafen. Er streckte mir eine Flasche entgegen, halb gefüllt mit einer gelben Brühe wie Urin, der Rest war Schaum. „Trink!" forderte er mich auf. „Was ist das?" „Sei kein Dummkopf und trink." Pfui Teufel, es war kein Bier, auch kein Wein, sondern hochprozentiger Alkohol. Sie reichten die Flasche untereinander umher und tranken selbst, das beruhigte mich. Der Dicke war völlig in Jeans gekleidet, kein gewohntes Bild. Er saß auf einem Stapel Schaffelle. Die Gauchos legen jedes Jahr ein neues Schaffell auf das bereits platt gedrückte und so wird der Sattel immer höher. Der kleinere der beiden hatte das größere Pferd, er stieg ab, eigentlich sprang er herunter. Er griff nach der Vorderhand seines Pferdes, hob den Huf an und macht eine Kopfbewegung.

„Hier, schau, das brauchst du auch, Hufeisen."

„Klar, haben meine auch, sind auch ganz wichtig. Wie oft wechselt ihr die Eisen?" fragte ich.

„Alle drei Monate, kommt darauf an, wie sie drauf gemacht sind, manchmal halten sie auch vier Monate." Fast wollte ich sagen: „Und die hat jemand besonders gut aufgenagelt, so lange wie die schon drauf sind", denn das Eisen war schon eingewachsen. Mir war geläufig, dass man die Pferde alle sechs, maximal acht Wochen beschlägt. Ich sagte nichts, aus Respekt, sicherlich hatte er mehr Ahnung von Pferden und arbeitete bereits sein Leben lang mit ihnen. Die Gauchos hatten nur eine andere Vorstellung, was den Hufbeschlag betraf.

„Ist es einfach für euch, Arbeit zu finden?"

„Kein Problem."

Die beiden waren letztes Jahr auch hier. Sie kannten die Verwalter und außerdem war die Zeit der Schafschur, da gab es immer Arbeit, vor allem, wenn man ausgebildete Hunde hat, so genannte Ovejeros, Hütehunde. Jeder Hund ist um ein Vielfaches mehr wert als ein Pferd. Der Kleine sprach mich auf Falko an. Er hatte einmal auf einer Estancia gearbeitet, wo es nur Deutsche Schäferhunde gab. Diese waren aber zu schwer und konnten nicht so viel laufen.

Mit diesen Burschen mal einige Wochen mitzuziehen und viele Geschichten zu hören, das wäre ein Erlebnis. Aber wir hatten entgegen gesetzte Richtungen. Der Kleine stieg wieder auf. Dabei zog er sich regelrecht am Sattel hoch. Ich verabschiede mich, mit den Worten, die ich sonst immer hörte: „Que les vaya bien – Möge es euch gut ergehen."

Die Schotterstraße nach „China Creek" zog sich hin. Auf der rechten Seite bildete eine Hügelkette den Horizont, davor lag eine große Weide. Keine Pferde, keine Kühe waren zu sehen, ausschließlich Schafe. Einzelne Kumuluswölkchen hingen wie kleine Wattebällchen am Himmel und zogen nach Osten. Nur das Pfeifen des Windes übertönte das dumpfe Stampfen der Pferdehufe auf dem hallenden Boden. Ich sprach in mein Diktiergerät, wollte noch ein paar Gedanken über Rebeldes Aktion festhalten – es war Abwurf Nummer elf. Ich kontrollierte das Aufgezeichnete, aber außer dem Pfeifen des Windes war nichts zu hören.

Vor uns lag eine kleine Brücke mit längs liegenden Holzplanken darunter war ein kleiner Graben. Rebelde hatte ich am Zaun festgebunden. Gaucho stand vor der ersten Holzplanke, die Ohren angelegt, die Nüstern gebläht. Er war wohl überzeugt: „Da geh ich nicht drüber". Ich war mir sicher, dass er schlagartig eine 180 Grad Wendung machen würde. Die Frage war nur, links- oder rechtsherum. Mit energischem Schenkeldruck gab ich ihm keine Chance, nach links oder rechts auszuweichen. Durch die enge Zügelführung verstand er und ging ohne weiteres Zögern über die Brücke, wieder zurück und noch einmal hinüber. Ich lobte ihn jedes Mal mit einem Klaps auf seinen Nacken. „Na Gaucho, was sagst du dazu, haben wir doch prima gemacht." Dann holte ich Rebelde, da Gaucho ohne Anstalten über die Brücke ging, kam Rebelde auch gleich mit. Natürlich hätte ich auch über den Graben gekonnt, er hatte nicht einmal Wasser, ganz schnell und ohne Zeitverlust, aber nur so lernten wir täglich etwas dazu.

Aus einer riesigen Weide mit gelben Gräsern ragte eine kleine grüne Insel hervor, dahinter war eine Hügelkette. Die Sonnenstrahlen fielen in diesem Moment genau auf die grüne Fläche, auf der einige hundert Schafe grasten. Ich zögerte. Sollte ich ein Foto machen oder doch nicht? Es waren nicht die Schafe, die mein Interesse geweckt hatten, von ihnen hatte ich genug Fotos, es war dieses einmalige Licht. Ich beschloss, dass es die Mühe wert war abzusteigen, Fototasche abzupacken und die Pferde festzubinden. Falko, ohne ein Kommando, legte sich vor die Füße der Pferde.

Die Schotterstraße führte Richtung Norden durch ein Tal, schien weit vorne zusammen zu laufen und führte dann im Zickzackkurs einen Hügel hinauf. Das würde für die Pferde auch etwas Neues sein, sie waren nur flaches Land gewohnt. Gaucho senkte immer mehr den Kopf und blieb schließlich stehen. War er müde? Ich stieg ab und lief einige Kilometer. Ich hatte noch keine Übung im Schätzen von Distanzen. Ich wusste nicht, wie weit die Hütte entfernt lag, die sich auf der linken Seite fast am höchsten Punkt des Hügels vor uns befand. Mir fiel das Gehen schwer. Mittlerweile waren große Wolken aufgezogen, doch immer wieder fanden die Sonnenstrahlen für wenige Minuten eine Lücke in den Wolken und strahlten die Hügelkette im Osten an, die vollständig zu lodern schien.

Ein plötzlicher Ruck und Gaucho ging auf die vorderen Knie. Ich zog kräftig. „Steh auf! Was ist los?“ War er wirklich so fertig? Ich band beide Pferde am Zaun fest und nahm die Packsäcke von Rebelde ab. Die Sättel ließ ich bei beiden oben, sie hatten stark geschwitzt, löste aber die Bauchgurte.

Ich machte mir Sorgen. Konnte ich nicht erkennen, wann meine Pferde entkräftet waren? Wir hatten in den fünf Tagen weit mehr Kilometer zurückgelegt als geplant. Waren die Pferde überfordert? Während meiner Vorbereitungen hörte ich auf meine Frage, wie viele Kilometer man am Tag mit Pferden reiten könnte, Zahlen zwischen zehn und hundert Kilometern. Mit diesen Angaben konnte ich nichts anfangen. Erst viel später stellte ich fest, dass sie alle richtig waren. Jede dazwischen liegende Distanz war möglich, abhängig von der Wegbeschaffenheit, dem Wetter, der Kondition der Tiere oder den Futter- und Wasserstellen. Die Tageskilometerleistung ist von so vielen Faktoren abhängig, dass man sie unmöglich von Anfang an bestimmen kann.

Wir befanden uns auf der Hauptstraße zwischen Punta Arenas und

Puerto Natales. Wir kamen an einen Hof. Das Wohnhaus schien unbewohnt, daneben standen zwei kleine Häuschen mit Veranda. Beide waren neu gestrichen. Ein kleines Hündchen auf der Veranda kündigte uns an. Es war ganz aufgeregt, hoffentlich würde es keine Herzattacke bekommen.

Durch das Fenster erkannte ich ein verschwommenes Bild im Fernseher. Er stand sehr hoch, fast unter der Decke. Eine ältere, dunkelhäutige, gepflegte Frau kam heraus. Ihr Mann sei nur einer der Arbeiter, aber ich hätte Glück, denn der Besitzer sei auch gerade auf der Weide. Sie machten Heu. Den sollte ich nach einem Lagerplatz fragen.

Jorge, groß, kräftig und in meinem Alter, schickte einen seiner Arbeiter mit, mir zu zeigen, wo ich die Pferde versorgen und selbst schlafen könnte.

Ich trank Tee. Jorge, jugoslawischer Abstammung, war mir gleich sympathisch. Ich könne drei Tage bleiben. Er fuhr nach Puerto Natales, wo er mit seiner Familie wohnte und fragte mich, ob ich mit kommen wollte zum Telefonieren und Duschen. Er würde jeden Tag zurück kommen. „Morgen vielleicht“, antwortete ich.

Nach dem Essen schaute ich auf meine Karte und erschrak, wir waren ja immer noch ganz im Süden. Wir waren bereits vier Wochen unterwegs, vier Wochen, in denen ich viel hatte lernen müssen, Fehler gemacht hatte, vier Wochen, die anstrengend waren und mühsam, in denen es immer wieder Momente gab, in denen ich zweifelte. Doch die Hilfsbereitschaft und Gastfreundschaft der Menschen, die mich jeden Abend bei sich aufnahmen, die mir dabei halfen meine Pferde am nächsten Morgen einzufangen, gab mir immer wieder die Kraft weiterzugehen. Was mich aber wirklich aufbaute und bestätigte, war die Bewunderung der Gauchos. Sie verbrachten ihr ganzes Leben auf dem Pferd und wenn man alle Strecken aneinender reihte, wären sie bereits mehrfach um die Welt geritten, doch sie zeigten mir ihre Anerkennung.

Ich schlief auf dem Fußboden, Falko draußen auf der Veranda. Wenn er sich mit den Hinterläufen kratzte, vibrierte das ganze Holzhaus.

Riesige Motten, vom Licht angezogen, knallten ständig unüberhörbar an die Fenster.

Früh am Morgen brachte ich die Pferde zur Tränke. Jorge kam. Ein Arbeitstag. Wir verluden Benzinkanister, Drahtrollen und Zaunpfähle von seinem Pickup auf einen kleinen Allradlaster. Das Fahrzeug war im Falkland Krieg von den Engländern eingesetzt worden und dann für wenig Geld hier in Chile versteigert worden. Wir waren unterwegs, um den Arbeitern, die die Zäune reparierten, Material zu bringen.

Jorge erzählte mir eine Geschichte: Ein Schafzüchter verlor in einer Nacht aufgrund eines verfrühten Wintereinbruches mit heftigem Schneesturm alle seine Schafe, mehrere tausend Stück. Am Abend legte er sich zum Schlafen ins Bett. Seine Frau weckte ihn ganz aufgebracht und fragt ihn: „Wie kannst du dich ruhig ins Bett legen und schlafen, jetzt wo wir alle unsere Tiere, alles was wir hatten, verloren haben?" „Wenn ich wach bleibe und weine und meine Tiere damit retten könnte, würde ich vier Wochen am Stück durchweinen. Aber die Tiere erwachen nicht wieder zum Leben, auch wenn ich aufbleibe und weine. Que vas hacer? – Was willst du machen?" Wie oft sollte ich mich in den nächsten Jahren noch an diese Geschichte erinnern. Wann immer ich mich in einer ärgerlichen Situation befand, die ich nicht ändern konnte, dachte ich mir einfach: „Que vas hacer."

Nach vier Tagen Rast wollte ich wieder aufbrechen, unser nächstes Ziel: der National Park „Torres del Paine". Für viele Touristen ist alleine dieser Park Grund genug für die weite Reise zum Südzipfel Chiles. Aber erst in den letzten Jahren weist der Nationalpark, der bereits 1959 als Naturreservat deklariert wurde, eine zunehmende Besucherzahl auf. Vor allem in der Hauptsaison zwischen Dezember und März besuchen immer mehr Touristen dieses Naturwunder Chiles. Das Gebirgsmassiv mit seinen teilweise über 3000 Meter hohen „Torres", Türmen, zählt zu den schönsten Bergformationen der Welt. Was lag näher, als den Park nach diesen Granitsäulen zu benennen. Die „Torres" entsprachen in der Mythologie der Araukaner, den Ureinwohnern Chiles, zu Stein gewordenen Kriegern ihres Stammes.

Ich brauchte 45 Minuten, um meine Pferde einzufangen, sattelte und verabschiedete mich von dem älteren Pärchen auf der Veranda, band meine Pferde ab und ging los, ganze drei Meter. Packpferd Rebelde schlug aus, bockte, sprang wild umher. Die Fototasche flog weg, wurde aber immer wieder vom Spanngurt zurückgezogen. Ich konnte Rebelde nicht mehr halten und ließ los. Mit dem Packsack streifte er das Hauseck, erste Kleinteile flogen aus dem aufgerissenen Sack. Er bockte auf das Tor zu, drehte kurz vorher ab, Richtung Zaun - sprang aber nicht. Die beiden Alten beobachteten das Spektakel mit offenem Mund. Die Fototasche flog weg. Ein Packsack war locker, hing aber noch seitlich am Sattel. Rebelde sprang auf einen Erdhaufen und rutschte in einen Graben, dort blieb er endlich stehen. Mein Gott, was mache ich nur falsch? Was habe ich nicht begriffen?

Der alte Mann kam völlig aufgeregt zu mir: „Du musst das Pferd tauschen, mit dem kannst Du nicht weiter, der ist ja viel zu gefährlich. Hier gibt es so gute und billige Pferde, kauf Dir ein anderes."

Das wurde mir schon öfters gesagt. Was die nur alle hatten?

Der ruhige Nebenweg führte uns von Puerto Natales zum Nationalpark „Torres del Paine". Über uns glitt ein Kondor, der König der Anden. Mit einer Spannweite von drei Metern wird er ohne einen Flügelschlag vom thermischen Wind getragen - ohne Hast, ohne Eile. Wir kamen an einen Fluss. Die sehr alte und baufällige Brücke, die über ihn führte, machte mir Kopfzerbrechen. Wie sollen wir da hinüber?

In Fahrtrichtung lagen jeweils zwei Holzplanken nebeneinander und bildeten eine Fahrspur. Dazwischen waren viele Spalten, darunter sah man das Wasser. Da wollte ich nicht drüber. Ich sattelte ab und schleppte das Gepäck und die Sättel auf die andere Seite. Schwimmen?

Ich zog mich aus und ging bis zu den Knien in das Wasser. Verdammt, war das kalt. Der empfundenen Kälte nach müsste der Fluss gefroren sein. Ich hatte keine Ahnung, wie tief er war. Der Fluss hatte eine ziemlich starke Strömung. Aber selbst wenn wir abdriften würden, gäbe es genügend flache Stellen, an denen wir weiter flussabwärts wieder rauskommen würden.

Den Führstrick von Rebelde in der Hand, ohne Sattel auf Gaucho sitzend, standen wir vor dem Wasser. Gaucho dachte überhaupt nicht daran, auch nur einen Schritt ins Wasser zu gehen. Ohne die Sicherheit des Sattels vermochte ich ihn auch nicht zu überreden, außerdem wollte ich ja selbst auch nicht rein. Also mussten wir wohl doch über die Brücke. Wenn ich heute, aus der Distanz einiger Jahre, auf diesen Moment zurück blicke, wird mir klar, dass wir damals einer Katastrophe nur knapp entgangen waren, denn mit zwei Pferden gleichzeitig zu schwimmen, so sollte ich lernen, ist unmöglich. Wäre der Fluss nicht so kalt gewesen, ich hätte keine Bedenken gehabt. Manchmal wäre eine vernünftige Portion Angst doch gar nicht so schlecht.

Ich führte jedes Pferd einzeln über die Planken, versuchte ihnen gut zuzureden. „Hey, die Brücke ist nun wirklich das geringere Problem!" Ich hatte Angst, die Pferde würden diese schmalen Planken nicht abschätzen können und daneben treten. Die Bretter waren nicht befestigt und wackelig. Für die Pferde war das vorbei fließende Wasser darunter ungewöhnlich und bedrohlich. Aber wir kamen sicher auf der anderen Seite an.

„Pferde haben in einem chilenischen Nationalpark nichts zu suchen", empfing mich der Parkdirektor in seiner militärischen Aufmachung.

Ich wusste, dass es an die 80 Pferde im Park gab, mit denen Touristen herumreiten konnten. Worum ging es wirklich, hatte jemand ein Monopol oder war es Neid, weil ich die schöneren Pferde hatte? Ich wusste es nicht, aber ich wollte ohnehin hier im Park ein paar Trekkingtouren zu Fuß machen. So versuchte ich diplomatisch wenigstens zu erreichen, dass die Pferde am Eingang des Parks auf einer Weide grasen durften.

Die zahlreichen Wanderwege durch den Park geben einen Einblick in die raue Schönheit der Landschaft mit ihren widersprüchlichen Naturbedingungen. Dem starken Wind Südchiles hat sich alles zu beugen. Baumstämme wachsen nur selten senkrecht gegen den Himmel. Sie biegen sich um fast 90 Grad und entwickeln sich, vom darüber jagenden Wind geformt, weiter in der Horizontalen.

Ein bläulich schimmernder Eisbrocken trieb in dem türkisblauen See. Das patagonische Inlandeis ist die größte zusammenhängende Gletscherwelt außerhalb der Polarzonen und soll um ein Vielfaches erbarmungsloser und stürmischer sein als die Polargebiete.

Die Wanderungen in dieser Bergwelt erfordern keine besonderen alpinistischen Erfahrungen, denn sie führen zwar über Abhänge, nicht aber in die Höhe hinauf. Viele Wanderer unterschätzen jedoch die Entfernungen. Oftmals liegen zwischen den einzelnen Unterkünften Etappen von bis zu 14 Stunden Gehzeit. Sich hier ohne Zelt auf den Weg zu machen ist sträflich leichtsinnig. Doch die Strapazen und Anstrengungen werden immer wieder durch ein überwältigendes Panorama von atemberaubender Schönheit entschädigt. Ich lief stundenlang durch schmale Bergschluchten, um dann plötzlich einen blau-grünlich schimmernden klaren Bergsee vor mir zu haben. Dann wieder öffnete sich der Ausblick auf eine weite Grassteppe, die von einem weitläufigen, herbstlich gefärbten Wald abgelöst wurde. Mir fiel auf, dass die Bäume nicht sehr hoch wuchsen, maximal drei bis fünf Meter. Konnte das am rauen Klima liegen?

Leider sind hin und wieder unter den Besuchern des Parks Todesfälle zu beklagen, die ausschließlich auf Leichtsinn zurückzuführen sind.

„Der Japaner stand auf dem Weg, festgefroren, ohne Handschuhe, nur in Sandalen", schilderte mir ein Israeli entsetzt einen nur Tage zurückliegenden Todesfall. Oft wird das unberechenbare Wetter übersehen. So liegt selbst im Hochsommer an einigen Stellen des Rundwanderweges noch ein halber Meter Schnee.

Zu dieser Jahreszeit waren nur noch wenige Besucher im Nationalpark. Es war bereits Ende der Saison. Ich hatte es nicht mehr eilig, voran zu kommen. Um dem Wintereinbruch zu entfliehen, hätte ich bereits 3000 km nördlicher sein müssen. Ich hatte mich damit abgefunden, dass ich demnächst irgendwo durch den Wintereinbruch aufgehalten werden und eine längere Pause einlegen würde.

Ich war auf dem Weg nach Calafate mit seinem berühmten Gletscher Perito Moreno, ein Gletscher, der nicht abschmilzt, sondern immer noch wächst. In weiter Ferne ragten schneebedeckte Gipfel in die Höhe. Die Vegetation war spartanisch, vereinzelt wuchsen Büsche. Immer wieder sah ich zurück auf die Torres del Paine. Mittlerweile hatte es 26 Grad. Am Tag zuvor hatte ich noch gefroren. Unglaublich, was für eine Kraft die Sonne jetzt hatte. Scheue Nandus, südamerikanische Strauße, auch Pampastrauße genannt, reckten ihre langen Hälse und flüchteten in sichere Gefilde, als sie uns erblickten.

Bis nach Calafate waren es Luftlinie 100 km, allerdings trennten uns auch etliche Höhenmeter von unserem Ziel. Über uns zogen wieder Kondore ihre Kreise. Schmale Pfade führten mich auf eine Schotterstraße, die zunehmend steiler wurde. Die Pferde atmeten schwer. Gaucho, heute Packpferd, stolperte, fiel auf beide Knie, streckte das Maul nach vorne. Ich kontrollierte seine Beine, alles in Ordnung. Doch an seinem Maul klebte Blut; er hatte sich die Oberlippe beim Sturz eingerissen.

Ich erreichte die Estancia La Cumbre. Die sympathischen Besitzer Oskar und Anita Vidal luden mich ein, ein paar Tage zu bleiben. Die Rinder auf Oskars Land gehörten nicht ihm, sondern drei verschiedenen Besitzern. Er und seine Leute passten auf die Tiere auf. Zum Abendessen gab es frischen Lachs. Das hatte ich hier in den Bergen nicht erwartet.

„Wir haben hier oben eine natürliche Lagune, da züchten wir Lachse", wurde ich aufgeklärt. Ich stand am nächsten Morgen früh auf, putzte die Kameras und ging zu Fuß einen steilen Hügel hoch, um die eindrucksvolle Landschaft bei Sonnenaufgang zu fotografieren. Die steilen Berge links und rechts des kleinen Tals wurden in kräftiges rotes Licht getaucht, in weiter Ferne sah ich einige Guanakos. Es war eine Herde von etwa 30 Jungtieren, die übermütig herumtollten und spielerisch die steilen Hänge hinauf sprangen.

Am nächsten Tag, einem Montag, wurden alle Rinder im Korral zusammen getrieben. Die Besitzer waren von Puerto Natales gekommen. Ich bekam ein Pferd geliehen und half mit. Es fehlten elf Rinder. Wir ritten zu viert noch mal los, die fehlenden Rinder zu suchen: Pepe, der

Verwalter der Estancia, Carlos, Oskar und ich. Ich dachte, wir suchten nach Rindern, aber die drei anderen suchten den Boden ab, als ob sie etwas verloren hätten.

„Was sucht ihr denn?"

„Vor einem Jahr verschwand hier der Neffe von Pepe mit seinem Pferd spurlos. Wahrscheinlich ist er in einem Sumpf eingesunken. Seither suchen wir jedes Mal nach Indizien, wenn wir hierher kommen."

Wir erreichten die alten Grundmauern eines Hauses. „Hier haben meine Eltern vor 50 Jahren ihre Estancia gebaut. Sie waren die ersten Siedler hier oben. Später wurde dann die Estancia verlegt, an ihre heutige Stelle", erzählte mir Oskar. Wir fanden keine Rinder und kehrten erfolglos zurück. Beim Nachzählen stellten Carlos und Oskar fest, dass die Rinder vollzählig waren. Sie hatten sich wohl nur verzählt.

Am nächsten Morgen wollte ich früh los. Beim ersten Tageslicht schaute ich aus dem Fenster. Draußen war alles weiß. Es hatte über Nacht geschneit und schneite immer noch.

„Du kannst heute nicht weg, der Weg ist schlecht bei dem Schnee. Vielleicht morgen."

Ich nutzte die Zeit, meine Aufzeichnungen zu ergänzen. Vier Gauchos trieben die Rinderherde Richtung Puerto Natales. In zehn Tagen müssten sie spätestens dort sein. Anita und Oskar wollten in den nächsten Tagen nach Puerto Natales fahren, um jemanden zu suchen, der über den Winter die Hacienda hüten würde. Sie selbst wollten im Winter nicht hier oben bleiben, sondern hinunter ins Tal ziehen. Ich überlegte, ob nicht ich hier oben überwintern sollte. Aber es war noch zu früh, ich sollte ungefähr noch einen Monat reiten können.

Am nächsten Morgen machte ein Arbeiter Feuer in der Küche. Erst danach erwachten alle anderen und es kam Bewegung ins Haus. Bei -8°C fing es wieder an zu schneien. In der Nähe der Laguna fand ich meine Pferde. Gaucho und Rebelde ließen sich durch das Wetter nicht stören. Sie waren in diesem rauen Land geboren und gewohnt, Sturm und Schnee zu ertragen. Sie schüttelten ihre dichten Mähnen und drehten ihre Köpfe in den Windschatten, ohne sich beim Grasen unterbrechen zu lassen. Ich hatte den Futtersack dabei, aber keinen Hafer. Um sie anzulocken, hatte ich Reis in einer Plastikdose, das machte das gleiche Geräusch. Erst um 14.00 Uhr war ich mit den Pferden wieder zurück. Es schneite noch heftiger. Ich musste das Weiterreiten für diesen Tag wieder aufgeben und ließ meine Pferde im Stall bei den Schafen. Mit einem geliehenen Pferd ritt ich los, um den Weg zum Pass Baguales zu erkunden. Die Sicht war sehr schlecht, ich konnte kaum den Pfad vor mir erkennen. Ich sah eine Herde Guanakos. Immer wieder musste ich durch den Fluss, der halb zugefroren war. Starker Wind wehte, ich musste umdrehen, es war zu gefährlich. Beim Zurückreiten konnte ich meine eigenen Spuren nicht mehr erkennen, sie waren vom Wind verweht worden. Die Fläche vor mir war nicht ganz weiß, sie sah aus wie schmelzender Schnee. Das Pferd scheute, wollte nicht weiter. Ich zwang es vorwärts. Es brach ein, blieb stecken. Wenn ein Pferd in seiner gewohnten Umgebung im Sumpf versinkt, ist es die Schuld des Reiters, denn gegen die menschliche Dummheit ist auch das beste Pferd machtlos. Augenblicklich musste ich an Pepes Neffen denken, der mit seinem Pferd verschwunden war. Das Pferd kämpfte, konnte sich schlussendlich befreien.

Als wir wieder festen Boden unter den Füßen hatten, nahm ich das Zaumzeug ab und ließ das Pferd alleine laufen. Es war hier zu Hause, kannte den Weg zurück und auch die Gefahren. Alleine würde es in keine solche Falle geraten. Ich musste nur hinter ihm her laufen. Aus dieser Lektion habe ich gelernt: „Verlasse dich künftig mehr auf den Instinkt der Tiere!“

Ich war heilfroh, als ich wieder zurück war, mit vereistem Bart und vereisten Haaren. Wenn das Wetter nicht besser würde, konnte ich nicht aufbrechen. Ich überlegte nochmals, ob ich nicht fragen sollte, ob ich die Estancia über den Winter hüten könnte. Aber ich traute mich nicht zu fragen, ich weiß auch nicht warum.

Der nächste Tag überraschte mit sonnigem Wetter. Nach dem Frühstück sattelte ich die Pferde. Anita bereitete mir ein Lunchpaket mit gekochten Eiern und Marmelade. Vor der Abreise bekam ich nochmals

Frühstück, mit Whiskey im Kaffee. „Das wärmt dich von innen!“ Ich spürte, wie der Alkohol eine angenehme Wärme in meinem Bauch erzeugte.

Ich ritt in die gleiche Richtung wie am Tag zuvor. Mein Rücken war nass geschwitzt, ich trug meinen Daunenanorak. Die Sicht war gut, kein Nebel. Es gab nicht viel Schnee. Aber der ekelhaft kalte Wind hinterließ Schneeverwehungen und dadurch konnte ich keine Pfade erkennen. Der Untergrund fühlte sich gefährlich an, weich, federte nach. Worauf hatte ich mich da eingelassen? Immer wieder weigerte sich Rebelde weiterzugehen. Dort wo der Bach in den Fluss fließt, sollten wir in die Schlucht gehen. Zur Zeit kam aber von überall Wasser zusammengelaufen. Woher sollte ich wissen, was ein Bach oder nur ein vorübergehend Wasser führendes Rinnsal war? Die Schlucht war breit, links und rechts eingegrenzt von riesig hohem, sehr steilem Felsmassiv, unüberwindbar. Vor uns ein Gebirgskamm, ein steiler Anstieg, überwindbar. Wenn ich mir nur sicher sein konnte, dass dort oben unser Weg wäre. Aber nur auf gut Glück wollte ich den steilen Anstieg nicht wagen. Ich war unsicher.

Zu Fuß brach ich immer wieder ein. Manchmal gab die Grasnabe nach und es quoll braunes Wasser hervor, manchmal gab nur der Schnee nach und ich versank bis zu den Oberschenkeln. Die Grasnabe war heimtückisch, eine dünne Gras-Wurzelschicht über sumpfigem Hochmoor. Die Kälte war nicht gefährlich, nur unangenehm. Durch die Verwehungen konnte ich keinen Weg erkennen. Wir liefen kreuz und quer. Von den Pferden ging eine enorme Nervosität aus. Schweiß lief mir über den Rücken – Angstschweiß. Gaucho wollte plötzlich nicht mehr weiter, ich zerrte am Führstrick, er schnaubte, sträubte sich, ich zwang ihn jedoch weiter. „Ruhig, mein Lieber, das geht schon.“ Er machte einen großen Satz – wahrscheinlich meinte er, eine gefährliche Stelle mit einem Sprung überqueren zu können – doch das Gegenteil war der Fall: Er brach ein und versank bis zum Bauch im Morast. Ich packte schnell alles ab, öffnete den Bauchgurt, zog den Sattel herunter, vorsichtig, damit ich nicht selber einsank. Gaucho stellte sich aber auch besonders blöd an: Immer wenn der Untergrund unsicher wurde, wollte er zuerst gar nicht gehen, was ja vernünftig wäre, sprang dann aber unkontrolliert darauf los. Rebelde wiederum lief vorsichtig über den teilweise federnden Untergrund weiter und kam mit dieser Methode gut über diese Stellen mit dünner Grasnabe.

Plötzlich schwankte der Boden, Gaucho bewegte sich, kämpfte, kam von alleine heraus und brach nach ein paar Metern erneut ein.

Verdammt noch mal, wie konnte ich nur in diesen Sumpf geraten. Man hatte mich gewarnt! Ich ging langsam auf Gaucho zu, beruhigte ihn.

„Tranquilo Viejo! – Ruhig Alter! Ich hole dich da raus."

Gaucho blickte mich an und stöhnte tief. Ich zog das große Messer, schnitt um seine Beine herum das Graswurzelgeflecht ab und entfernte den kalten vereisten Matsch, damit seine Beine Bewegungsfreiraum hatten. Meine Hände schmerzten vor Kälte. Ich schlug auf Gauchos Kruppe und forderte ihn damit auf: „Komm, versuch es noch einmal!" Wieder schwankte der Boden. Gaucho befreite sich, um gleich darauf einige Meter weiter erneut einzubrechen. Ich war am Verzweifeln. Nach drei Stunden, die uns beiden sehr viel Kraft gekostet hatten, stand Gaucho endlich wieder auf festem Boden. Dreck klebte an uns beiden wie zäher Sirup. Gaucho war völlig nass geschwitzt, er brauchte unbedingt eine Pause. Aber jetzt, in seinem verschwitzten Zustand, bei dieser Kälte war das unmöglich.

Ich ärgerte mich. Wie konnte Oskar mich überhaupt alleine in dieses Gebiet ziehen lassen, mich als Gringo, der sich überhaupt nicht auskannte. Ich dachte ans Umkehren, ging aber weiter, es hatte einfach keinen Sinn, die bisherigen Strapazen noch einmal durch zu machen.

In der Ferne erkannte ich eine Hütte, nur ein paar zusammengestellte Bretter, diese hatte Oskar erwähnt. Wir hatten wenigsten die richtige „Abzweigung" genommen. Ich prägte mir die Marschzahlen auf dem Kompass ein, damit ich die Hütte notfalls auch bei starkem Nebel ohne Sicht wieder finden würde, falls ich umdrehen musste. Zwei Kilometer von dieser Hütte entfernt lag angeblich die Wasserscheide, die natürliche Grenze zwischen Argentinien und Chile. Dort sollte eine Pyramide stehen. Ich konnte aber keine erkennen. Ich ging zu Fuß los, ließ die Pferde einfach stehen und suchte nach einem Pfad oder zumindest festem Untergrund. Die Pferde blieben ausnahmsweise stehen. Sie liefen nicht davon, weil ihnen das Gelände zu heikel war.

Wolken zogen auf, hoffentlich würde wenigstens das Wetter anhalten! Das würde mir gerade noch fehlen, jetzt auch noch ein Schneesturm! Von einem Weg war weiterhin nichts zu sehen. Ich suchte meinen eigenen Weg, ging dabei immer kreuz und quer. Endlich kam ich an den Berghang mit festerem Untergrund und holte die Pferde nach. Wir überquerten mehrmals den gefrorenen Bach, die Pferde wollten nicht auf das Eis. Oft waren Gräben und Mulden mit Schnee zugeweht, die ich dadurch nicht mehr erkennen konnte, und wir sackten immer wieder bis zum Bauch in eine solche Verwehung. Das Fortkommen war sehr mühsam. Aber ich war froh, dass das Sumpfgebiet anscheinend hinter uns lag.

Der einzige, der keine Probleme, sondern Spaß hatte, war Falko. Er war anscheinend nicht müde zu bekommen, sprang um uns herum, steckte seine Nase in den Schnee, buddelte immer wieder aufgeregt, schnüffelte tiefe Löcher in den Schnee und pflügte durch den Tiefschnee, obwohl er es in unserer Spur viel einfacher gehabt hätte.

Plötzlich konnte ich die Pyramide erkennen, die nichts anderes war als ein Eisengestell mit montierten Landesschildern Argentinien/Chile. Trotzdem hielt ich einen Moment inne. Das Panorama war atemberaubend. Blickte ich zurück, konnte ich kaum glauben, dass wir diesen steilen Anstieg geschafft hatten. Tiefer weißer Schnee, soweit das Auge reichte. Links und rechts ragten hohe schneebedeckte Gipfel auf. Der Blick nach vorne lockte einen kleinen Freudenschrei hervor. Die Nordseite des Hügels wurde von der Sonne beschienen und der Schnee war geschmolzen, nun konnte ich wieder erkennen, wohin die Pferde traten. Zu meiner freudigen Überraschung war auch ein Weg nach unten zu erkennen. Ich hatte gehofft, von hier aus die Stadt Calafate und den Gletscher Perito Moreno zu sehen. Doch soweit das Auge reichte, sah ich nur Hügel, immer weiter und weiter.

Der Weg, den ich von oben gesehen hatte, war nur ein Wildwechsel-Pfad der Guanakos, und wir mussten uns wieder unseren eigenen Weg suchen. Die Pferde liefen mit hängendem Kopf, sie waren müde. Der Aufstieg war sehr anstrengend gewesen. Ich sah einen Fluss und hatte die Lösung: „Falko, wir folgen einfach dem Fluss, so kommen wir irgendwann zu einer Siedlung!" Der Fluss war schnell, das Gelände sehr steil.

Endlich! Vor uns lag der See Argentino, dahinter sah ich kilometerweite Eismassen, die sich bis hoch in die schneebedeckten Berge zogen. Zwischen dunklen, bewaldeten Gebirgshängen schiebt sich der gigantische Gletscher Perito Moreno täglich einen Meter weiter hinein in den türkis schimmernden See. Der bläulich schimmernde eisige Koloss stöhnte, er ächzte. Im Zeitlupentempo, unter peitschendem Donner löste sich ein gewaltiger Eisklotz von der Größe eines Einfamilienhauses und klatschte mit Wucht in das Wasser. Gischtfontänen schossen empor. Ein unvergessliches Schauspiel. Aufgeführt, stündlich, täglich, Jahr für Jahr. Allein dieser Anblick versöhnte mich für die bisherigen Strapazen.

Wintereinbruch in Patagonien

Patagonien wurde ursprünglich von Araukanern, Tehuelche und Mapuche bewohnt, umherziehenden Stämmen, die über Chile einwanderten. Diese Ureinwohner überlebten die europäische Kolonisation, die „Landnahme“, länger als die Hochkulturen der Mayas oder Azteken. Doch als man im vorletzten Jahrhundert den Nutzen der großen Fläche für die Haltung von anspruchslosen Schafen entdeckte, blieben auch diese Eingeborenen nicht verschont. Ihr trauriges Schicksal begann mit der „Wüstenkampagne“ 1877/1879, einem Feldzug unter dem argentinischen Kriegsminister und späteren Präsidenten des Landes, Julio Argentino Roca. Nur wenige haben diesen Völkermord überlebt. Ein Massaker, so verdienstvoll, dass das Abbild des „Helden“ einen argentinischen Geldschein zierte, bis Argentinien den Dollar übernahm. Indianische Sprachen oder Dialekte sind heute kaum noch zu finden.

Seit Stunden hörte ich nur das dumpfe Stampfen der Pferdehufe. Seit Wochen war dies der erste Augenblick ohne diese gewaltigen, unablässig fauchenden Stürme. Wie hatte ich die letzten Tage verflucht. Sandkörner stachen auf der Haut und brannten in den Augen. Zum Schutz wollte ich mich am liebsten in Erdlöchern verkriechen. Ich lernte mit Sand zu leben. Sand in der Nase, in den Ohren, Sand im Essen und sogar in der Zahnpasta.

Wir waren in der Provinz Santa Cruz, einer der vier Provinzen Patagoniens angekommen. Offiziell gehört Santa Cruz zu Argentinien, doch eigentlich gehört es nur dem stürmischen Wind.

Unser Weg war eben und bestand aus gelblicher Erde und Kieselsteinen. Hier und da sah man einzelne verstreute Büschel aus braunem, drahtigem Gras. Kein Baum, kein Busch, kein Schatten.

Ein Blick voraus. Ich traute meinen Augen nicht. Eine Windhose!

Dieses trichterförmige Phänomen mit der brutal saugenden Kraft kam direkt auf uns zu. Sand und Steine wirbelten um uns herum. Ich ritt Rebelde - ein schlechtes Omen. Der Führstrick von Gaucho war mit einem Panikknoten am Sattelhorn festgemacht - einem Knoten, den ich normalerweise mit einem Ruck öffnen konnte - nur gerade jetzt funktionierte es nicht.

Die Pferde gerieten in Panik, machten unkontrollierbare Drehungen. Ich bekam den Knoten nicht auf. Der Führstrick schlang sich um meinen Körper und riss mich aus dem Sattel. Ich stürzte kopfüber und spürte einen harten Schlag am Hinterkopf, von einem Stein oder einem Tritt vom Pferdehuf, keine Ahnung. Ich lag auf dem Boden und sah meine Pferde galoppierend in einer Staubwolke in der Ferne verschwinden.

„S c h e i ß e!" fluchte ich laut in die weite Pampa, keiner war da, keiner hatte es gehört - aber es tat einfach gut.

Falko stupste mich an, drückte mir seine feuchte Nase ins Gesicht, als wollte er mich aufmuntern. „Was soll's, auf geht's, suchen wir sie wieder, ist doch nicht das erste Mal." Ich legte meine Arme um Falko und drückte ihn fest an mich. Vorsichtig taste ich die schmerzende Stelle am Hinterkopf ab, fühlte eine drei Zentimeter lange klaffende Wunde. Das Blut lief mir den Nacken runter. Mit dem Halstuch drückte ich die stark blutende Wunde ab, die wahrscheinlich genäht werden müsste. Falko und ich liefen in die Richtung, in der ich die Pferde zuletzt gesehen hatte. Ständig flogen Daunen um mich herum, meine Daunenjacke hatte auch einen Kratzer abbekommen. Ich war verzweifelt. Ich hatte meine Pferde verloren und kam mir völlig lächerlich vor.

Ich konnte mir genau vorstellen, welche Szenen sich bei den Pferden abspielten. Gaucho, angebunden an Rebelde, lief hinter ihm her - er konnte ja gar nicht anders - und Rebelde blieb von alleine nicht stehen, weil Gaucho, das Leittier, hinter ihm herlief. Im Galopp würden sich die Packsäcke lockern, lösen und wegfliegen. Der Sattel könnte sich unter den Bauch drehen. Dies würde noch größere Panik hervorrufen, keines der Pferde würde stehen bleiben, da sie immer noch zusammen gebunden waren. Ich wollte es mir gar nicht weiter ausmalen.

Falko und ich folgten den Spuren, es schien nichts zerrissen zu sein, denn wir fanden außer dem durch den Sturz kaputt gegangenen Wasserkanister keine verlorenen Ausrüstungsgegenstände aus den Packsäcken. In meinem Kopf pochte ein Schmerz, das Blut gerann. Nach zwei Stunden fanden wir unsere beiden Weggefährten, sie standen vor einem Zaun, noch immer durch den Panikknoten miteinander verbunden. Ich wunderte mich, nichts Schlimmes war passiert. Die Sättel neu ausgerichtet, brachen wir wieder auf. Mir war schwindlig, nur zu Fuß konnte ich den Schmerz ertragen. Auf dem Pferd fühlte ich mich seekrank und dachte, ich müsste mich übergeben.

Wie gerne wollte ich mein Lager aufschlagen und einfach nur schlafen. Die Zunge klebte an meinem Gaumen. Wir hatten kein Wasser und es gab auch kein Futter. So weit das Auge reichte, war nur karge Steppenlandschaft zu sehen. Mit Karte und Kompass orientierte ich mich, bestimmte meinen Standort und entschied, schnurgerade in eine Richtung zu gehen, die uns irgendwann auf die Landstrasse bringen und dann dieser folgend zur Estancia Lucia führen sollte.

An diesem Tag schien alles noch viel größer und weiter als sonst. Es war, als erstreckten sich erstarrte Wellen aus Sand und Kieselsteinen bis ans Ende der Erde. Ich musste an ein Zitat des argentinischen Naturforschers W.H. Hudson denken, der 1893 schrieb: „Der Mensch zu Fuß ist verloren in diesen Weiten." Ich hoffte, er hatte sich geirrt.

Die Leere war bestürzend, da erschienen die dicht gedrängten Wolken am Himmel wie Hohn. Sonnenuntergang. Auf einem Hügel stand ein Guanako, bildete eine schöne Silhouette im Abendrot. Mir war nicht nach fotografieren. Wirklich nicht.

Es war bereits dunkel, als ich einige Bäume und Grundmauern erkennen konnte. Falko rannte mit aufgestelltem Schwanz voraus, wahrscheinlich roch er das Wasser. Wir erreichten einen Bach, hingen die Köpfe rein und tranken uns voll. Wasser, wie wunderbar schmeckt doch Wasser! Wasser in dieser Trockenheit ist wie eine Verheißung. Es ist wie der Frühling nach einem langen kalten Winter, wie die Liebe nach jahrelanger Enthaltsamkeit.

Wie befürchtet, war auch diese Besiedlung verlassen. Die Mauern waren eingestürzt. Genau genommen standen nur noch die Grundmauern.

Das Problem dieser Region ist die „Desertifikation", die Versteppung. Über viele Jahrzehnte hinweg, als auf dem Weltmarkt für Wolle noch hohe Preise erzielt werden konnten, wurden auf den Viehfarmen ausschließlich Schafe gezüchtet. Die Naturweiden mit ihrer kargen Gras- und Strauchvegetation vertrugen diese Überweidung nicht. Die Besitzer brachten aus lauter Habgier immer mehr Schafe auf die Weiden, weit mehr als diese verkrafteten. Die Grasnabe wurde zerstört. Die dünne Humusschicht bot keinen Widerstand mehr und wurde von den fauchenden Stürmen weggetragen, nur Sand und Steine blieben zurück. Diese erheblichen Nutzflächenverluste führten zu gravierenden ökologischen und sozialen Schäden.

Hunderte von Höfen mussten bereits aufgegeben und verlassen werden. Zurück blieben Geistergehöfte. Einige Farmer blieben und lebten nun am Existenzminimum. Die Besiedelung scheint beendet, ihre Geschichte zumindest in dieser Region, wird zur Legende. Nur ein Jahrhundert nach der Eroberung fällt Patagonien, dieses weite Land im Süden Argentiniens, das Land der riesigen Ebenen, wieder zurück an den ewig fauchenden Wind.

Was die Natur in Millionen Jahren entwickelte, zerstörte der Mensch in wenigen Jahren. Die Natur hält sich über viele Jahrhunderte und Jahrtausende im Gleichgewicht. Wo sie sich verändert, vollzieht sich der Wandel über Jahrhunderte und Jahrtausende. Aber dann kommt der Mensch und verursacht schreckliche und furchtbare Katastrophen. Die Wälder verschwinden. Die Wüste wächst. Der Reichtum des Bodens wird in weniger als einer Generation vertan. Der Wind weht ihn weg. Das Wasser spült ihn weg. Totes Kieselgestein und dürre Bäume bleiben zurück.

Wir folgten dem Bach, bis wir einige Bäume erreichten. Wir waren seit 16 Stunden unterwegs. Die Pferde waren noch verschwitzt, daher lockerte ich nur die Sattelgurte, nahm die Sättel aber noch nicht ab. Die

Akkus meiner Taschenlampe wurden tagsüber mit einer postkartengroßen Solarzelle geladen, dies reichte für ca. zehn Minuten Licht. Ich musste mir genau einteilen, wann ich das Licht einschaltete und was ich im Dunkeln erledigen konnte.

Ich war hungrig und todmüde, wie schon oft versorgte ich nur meine Weggefährten, hatte aber nicht mehr die Kraft, etwas zu kochen. Ich wollte nur schlafen. Ich gab Falko noch einen Gute-Nacht-Klaps und kroch in meinen Schlafsack. Das beruhigende Plätschern des Baches begleitete mich in einen tiefen Schlaf. Es war wie ein Versinken in die Nacht.

Am Morgen wich die Müdigkeit überhaupt nicht aus meinem Körper. Er war steif und unbeweglich, wie brüchiges Leder. Ich sah nach den Pferden, und, als hätten sie Verständnis für meine Situation, waren sie nicht weggelaufen. Die Pferde fanden ausreichend Futter am Ufer des Baches, so ging ich zurück ins Zelt und verschlief den ganzen Tag. Auf meine Kopfwunde hatte ich immer wieder Desinfektionsspray aus der Pferdeapotheke gesprüht, sie heilte aber nur langsam.

Bläulich schimmerte der Rauch über dem kleinen Gehöft. Die Gebäude aus nahezu farblosem, vom Zahn der Zeit abgenagtem Holz, lagen hinter einem Hügel. Ich spähte durch einen Lattenzaun und erblicke einen alten Mann, der im letzten Sonnenlicht zwischen Hühnern herumstapfte.

Ein Knäuel zähnefletschender Bastarde kündigte uns an. Keiner dieser verzottelten Hunde glich dem anderen. Der alte weißhaarige Mann, rief sie zurück. Seine Zähne waren bis auf ein paar wenige gelbe, dunkelbräunliche Stumpen abgefault.

„Du bist spät dran – zu dieser Jahreszeit ist keiner mehr unterwegs."

„Ja, ich weiß, der Schnee kommt bald. Können wir übernachten? Ich möchte gerne etwas Futter für die Pferde kaufen, für mich habe ich Essen dabei, ich benötige nichts, nur einen Platz für mein Zelt."

Er führte mich zu einer kleinen Hütte mit Ofen, dort konnte ich bleiben. Emilio entschuldigte sich mehrmals, er sei arm und könne mir nichts geben. Aber Mehl und Eier könne ich haben.

„Aber nur wenn ich es abkaufen darf."

Ich wollte mir Pfannkuchen machen. Für Falko bekam ich einen Hasen, musste ihn aber selbst abziehen. Den Hasen hatte er wohl vor einigen Tagen bereits mit Drahtschlingen gefangen. Er roch nicht ganz frisch, ich musste mich fast übergeben. Falko war da weniger empfindlich.

Als wir im Gespräch ein wenig vertrauter wurden, fing er an zu schimpfen. Emilio beschwerte sich über die argentinische Regierung und über die USA, unterbrach sich kurz: „Von wo sagtest du bist du?"

„Aus Europa."

Jetzt schimpfte er auch über Europa. Er konnte sich keine Herde Schafe mehr leisten, nur ein paar wenige für den eigenen Verzehr.

„Die Schafe kann man nicht mehr draußen lassen, muss sie jeden Abend reinholen. Pumas und Füchse fressen sie sonst weg, aber es ist verboten, sie zu jagen." Die Tierschützer seien sehr engagiert, so ging die Schimpftirade weiter, beeinflusst von den Nordamerikanern, auch nach Europa könne man keine Felle mehr verkaufen.

„Willst du was sehen? Komm mit, ich zeig dir was."

Wir gingen in einen Schuppen, es stank erbärmlich. Dort waren Hunderte von Fuchsfellen aufgehängt. Einige waren umgestülpt, auf einem Brett aufgezogen und wurden erst noch getrocknet.

Er hielt mir ein Fell von einem Silberfuchs entgegen, dafür gab es früher 15 Dollar und für einen etwas größeren braunen Fuchs sogar 20 Dollar. Vom Farmbesitzer gab es pro Tier auch noch mal eine Provision. Er hatte ein Vermögen im Schuppen, aber keiner kaufte es ihm ab. Wie eine ausgemusterte Währung.

„Das bisschen Futter fressen die Guanakos weg, die darf man auch nicht mehr jagen – alles verboten."

Es gab kein Futter mehr, das Ozonloch sei Schuld, es hätte seit Jahren nicht mehr geregnet.

„Kann es sein, dass man das Land überweidet hat?" wagte ich einzuwenden.

„Ja“, meinte Emilio, „das kann schon sein, bei den Großgrundbesitzern. Diese Eigentümer, die das Land weitervererbt bekommen, haben keinen Bezug mehr zu ihrem Land. Sie leben in Buenos Aires, im Luxus, kommen höchstens einmal im Jahr hierher, um ein paar Tage Urlaub zu machen und setzen einen Verwalter ein. Wir Kleine passen besser darauf auf.“

Der Herd strahlte eine angenehme Wärme aus. Ich kochte Wasser ab und wusch mir die Haare. Das Wasser verfärbte sich rot. Ich erschrak. Ich hatte mich seit dem Unfall anscheinend noch nicht gewaschen, jetzt unterzog ich mich einer gründlichen Wäsche. Wenn man unterwegs ist, kümmert man sich nicht so um sein Äußeres, die Kleidung, Haare und so weiter, denn das spielt alles gar keine Rolle. Wichtiger war, sich warm zu halten. Man gewöhnt sich daran, im Dreck zu schlafen und verzichtet auf jeglichen Luxus.

Am nächsten Morgen war alles weiß. Die trockene, öde Landschaft war über Nacht mit einer jungfräulichen, weißen Schneedecke überzogen. Trotz der eher dünnen Schneeauflage konnte man aufgrund der Verwehungen keine Geländeformen mehr erkennen. Alles war unter einem gleichmäßigen sanften Weiß verborgen. Unter diesen Bedingungen war ein sicheres Vorankommen nicht mehr möglich. Außerdem hatte ich ja bereits ohne Schnee Schwierigkeiten, in der kargen Landschaft Futter für die Pferde zu finden, bei Schnee war das nun unmöglich. Es war Zeit, ein Winterlager zu finden. Laut Karte war der nächste Ort Gobernador Gregores nur zwei Tagesritte entfernt.

Wir erreichten den kleinen Ort mit vielleicht 1000 Einwohnern spät an einem Nachmittag. Ich sah mich nach einem Platz für den Winter um und wurde an Zapato Viejo, was übersetzt „alter Schuh“ heißt, verwiesen. Zapato Viejo, der in Wirklichkeit Fernando hieß, hatte seinen Spitznamen seiner sehr lebhaften Zunge, die gerne große Sprüche und Lügengeschichten erzählte, zu verdanken, denn wie bei einem alten Schuh funktionierte auch bei diesem Mann die Zunge immer noch am besten. Fernando vermietete mir seine Chacra, einen kleinen Acker mit einem nicht bewohnten Häuschen, etwa fünf Kilometer vom Dorf entfernt. Die nächsten vier Monate verbrachte ich in dieser einsamen und sehr einfachen Hütte ohne fließendem Wasser. Das kleine Häuschen war eigentlich ganz geräumig, allerdings stopfte ich das ganze Wohnzimmer voll mit Heuballen, als Wintervorrat für die Pferde. Tagsüber kam ich gar nicht dazu, mich einsam zu fühlen, der ganze Tag war ausgefüllt damit Wasser vom Brunnen zu holen, Holz zu hacken und mit viel zu feuchtem Holz einzuheizen und meine Pferde zu versorgen. Abends setze ich mich daran, meine Aufzeichnungen weiter zu führen. An manchen Abenden war es so kalt, dass der Kugelschreiber einfror. Dann spazierte ich ins Dorf, um mit den Senioren Hallenfußball zu spielen. Merkwürdigerweise fanden die Fußballspiele immer mitten in der Nacht statt. Wir Senioren spielten um Mitternacht, die Jugendlichen um drei Uhr morgens. Schon bald hatte ich einen Spitznamen, nicht weil ich so gut gespielt hätte, sondern einfach weil ich Deutscher bin. In dem Dorf erinnert man sich noch heute an mich als „Beckenbauer".

Ich wollte die Winterpause nutzen und mir ein drittes Pferd kaufen, um auch in dieser trockenen Gegend ausreichend Futter transportieren zu können. Mit Gato, einem elfjährigen Criollo-Wallach, fand ich ein zuverlässiges und vielseitiges Pferd. Seinen Namen bekam Gato in Erinnerung an ein berühmtes argentinisches Pferd.

Wo der Wind zu Hause ist

Es war zu Beginn des zwanzigsten Jahrhunderts, als Dr. Emilio Solanet, Professor für Tiermedizin, reinrassige Criollopferde bei den Tehuelche-Indianern kaufte. Mit diesem Pferdetyp begann er auf seiner Farm eine Aufzucht, orientiert an wissenschaftlichen Grundsätzen.

In einem Schreiben an diesen Professor bat der eingewanderte Schweizer Aimé Felix Tschiffely am 22. November 1924 um zwei Criollopferde. Er wollte von Buenos Aires nach Washington reiten. Wie viele andere hielt auch Solanet die Idee des Schweizers für nicht realisierbar. Er zweifelte an dessen Erfolg. Doch schließlich gab er ihm zwei ältere Pferde, „Mancha“ und „Gato“, fünfzehn und sechzehn Jahre alt. Der skeptische Solanet wollte keine jüngeren Pferde aus seiner Zucht aufs Spiel setzen, denn er war überzeugt, der verrückte Tschiffely würde nur bis zur übernächsten Provinz kommen und von dort wieder mit der Bahn zurückkehren. Vielleicht aber wurde das Unternehmen des Schweizers gerade durch diese Wahl der Pferde mit Erfolg gekrönt, etwa nach dem spanischen Sprichwort: „El Diablo sabe más por viejo que por Diablo. Der Teufel ist weise, weil er alt, nicht weil er der Teufel ist.“

Am 23. April 1925 brach die kleine Gruppe in Buenos Aires zum großen Marsch auf. Mit jedem überwundenen Hindernis wuchs das Ansehen, das ihnen vorauseilte. In dreieinhalb Jahren legten sie die sagenhafte Strecke von 16.000 Kilometern zurück. Am 29. August 1928 wurde in New York die Fifth Avenue abgesperrt. Durch sie marschierten die drei Helden, an denen der Dreck und Staub von vierzehn durchquerten Ländern klebte. US-Präsident Coolidge empfing Tschiffely im Weißen Haus in Washington.

Der Schweizer hatte mit den beiden Wunderpferden gleich zwei Weltrekorde aufgestellt: Den längsten Wanderritt durch die verschiedensten Klimazonen und die am höchsten gelegene Überquerung zu Pferde, die Bezwingung des 5900 Meter hohen Kondorpasses in Bolivien. Durch diese unvorstellbare Leistung machte Tschiffely das Criollopferd aus Südamerika weltberühmt. Tschiffely schrieb ein Buch über dieses Abenteuer und es fiel mir zur richtigen Zeit am richtigen Ort in die Hände, damals, als ich in Guatemala dabei war, mir Pferdekenntnisse anzueignen. Diese drei Helden hatten mich inspiriert. Tschiffely, Mancha und Gato hatten bewiesen, dass solch ein langer Ritt möglich war. Aber dieser Ritt war 80 Jahre her, vieles hatte sich seither verändert. Doch vielleicht konnte ich auch heute noch einen ähnlichen Ritt durchführen? In dem Wörtchen „vielleicht“ sah ich die Herausforderung, das Abenteuer. Wie sagte Walt Disney? „Alles was du träumen kannst, das kannst du auch leben.“

Der Wind wehte Staubwolken durch das Dorf Rio Mayo in der argentinischen Provinz Chubut. Hier besaßen die Tehuelche-Indianer zur vorigen Jahrhundertwende besonders schöne, flinke und reinblütige Pferde. Diese Tiere waren Nachkommen jener Pferde, die die spanischen Eroberer zur Gründung des Forts „Santa Maria de Buenos Ayres“, der heutigen Stadt Buenos Aires, im Jahre 1535 mitbrachten. Diese edlen Tiere waren den Spaniern entlaufen, hatten sich über 400 Jahre in der kargen Wildnis unter extremen Witterungsbedingungen vermehrt und sich zu einer gedrungenen, muskulösen und instinktsicheren Rasse entwickelt – dem Criollopferd.

Rebelde, Gaucho und Gato, meine Weggefährten, waren Criollopferde. Sie hatten sich nicht nur an meine Eigenwilligkeiten und das Leben unterwegs gewöhnt, sondern auch daran, bis zu zwölf Stunden täglich unter dem Sattel zu laufen und das sieben Tage die Woche. Was lag näher, als beim Durchqueren dieses Gebietes nach der Abstammung meiner Criollopferde zu forschen?

Im Büro des Straßenbauamtes schmückte gerade eine sehr attraktive Sekretärin mit pechschwarzem, schulterlangem Haar, einen Plastik-Weihnachtsbaum. Komisches Gefühl, es war Sommer und morgen war Heiliger Abend.

„Finde ich hier Herrn Qilapan?“

Die Sekretärin kam gar nicht dazu zu antworten, da erklang vom Nebenzimmer:

„Was kann ich für Sie tun?“

„Sind Sie Herr Qilapan?“

„Nein, ich bin sein Chef.“

„Ich habe gehört, Herr Qilapan sei der Präsident der Indigenas. Ich würde ihm gerne ein paar Fragen über seine Vorfahren und deren Pferdezüchtung stellen.“

Ich sollte 15 Minuten warten, er käme gleich.

Herrn Qilapan, klein, dunkelhäutig, mit schwarzen Haaren, sah man seine Abstammung an, aber er war, eher sehr untypisch für einen Indigena, rundgesichtig und sehr dick und hatte einen watscheligen Gang.

Ich erzählte die Geschichte von Mancha und Gato, den Pferden des Schweizers Tschiffely, die aus dieser Region stammten. Er fertigte mich schnell ab. Er hatte noch nie etwas von dieser Geschichte gehört und ich sollte mich besser an den Häuptling Juan Tramaleo in einem 50 km entfernten Reservat wenden. Und so machten wir uns auf den Weg ins Reservat Pastos Blancos.

Der Wind pfiff durch die Gassen und vor lauter Staub konnte ich kaum Häuser erkennen. Vor einigen Tagen wurde ich von meinen Gastgebern gefragt, wie mir denn Patagonien gefalle. Ich schwärmte, nannte ein paar Superlative, weil sie das gerne hören, weil es aber auch stimmte. Dann fügte ich aber noch hinzu: „Aber dieser Wind, ich glaube, daran werde ich mich nie gewöhnen.“ „Ach der Wind, ich lebe schon seit 70 Jahren in La Patagonia, aber auch ich habe mich an den Wind bis heute noch nicht gewöhnt.“

Falko hinkte seit Tagen, seine Fußballen hatten Risse durch die Trockenheit. Auch meine Fingerspitzen waren durch die Kälte und Trockenheit aufgeplatzt. Dadurch waren meine Finger sehr empfindlich, schmerzten schlimmer als eine Schnittwunde. Falkos Schmerzen konnte ich nachempfinden. Falko sollte, bis seine Pfoten wieder besser wurden, von Gato getragen werden. Ich befestigte die Packtaschen so am Pferd, dass sich oben eine Ablage ergab, auf die ich noch meinen Schlafsack als Polster legte. Hierauf wuchtete ich Falko, der nun wie auf einer Sänfte reisen konnte.

Rebelde und Gaucho drehten wegen dem brutalen Wind fast durch. Eine enorme Unruhe war in der ganzen Truppe. Nach fünf Metern glitt Falko vom Pferd. Der Schlafsack war nach unten weggerutscht. Ich wuchtete die 35 Kilogramm Hund wieder auf den Sattel, doch nach ein paar Metern lag er schon wieder unten. Wieder band ich etwas zusammen und wuchtete Falko hoch. Er wusste nicht auszugleichen, schaukelte hin und her, rutschte wieder runter. Er warf mir einen Blick zu, als ob er sagen wollte: „Schau, ich kann wirklich nichts dafür" und als Zeichen, dass er alles versuchte, bewegte er sich überhaupt nicht. Nicht nur, dass er das Gleichgewicht nicht halten konnte, der starke Seitenwind schien ihn von seinem Sitz zu blasen. An der Seite, neben Gato laufend, hätte ich Falko gegen den Wind halten, ihn unterstützen können. Aber so lief Gato nicht; ich musste vor ihm gehen.

Falko fiel noch einige Male vom Pferd, bis wir endlich am Dorfausgang eine Brücke und eine Baumreihe entlang des Flusses erreichten. Unter der Brücke, im Windstillen, packte ich ein wenig um und verknotete eine vernünftig funktionierende Unterlage.

Ein kleiner drahtiger Mann, mit dem vom Wetter gegerbten Gesicht einer Schildkröte, stellte mir ein paar Fragen, die belanglos waren. Vielleicht suchte auch er nur einen Augenblick Ruhe vor dem Wind. Mit einem weichen, schlaffen Händedruck verabschiedete er sich.

Ein junger, gepflegter Man kam auf mich zu: „Warum gehst Du nicht zur Polizei, die können dir helfen." Ich wusste nicht, wobei sie mir helfen sollten. Aber er meinte es gut, darum bedankte ich mich.

Unser Weg führte nun entlang der Nationalstraße 40. Sie ist Teil der Panamericana, breit wie eine Autobahn, der Zustand der Strasse glich jedoch einem Feldweg. Während der Dämmerung erkannte ich ein paar Bäume und ein Gebäude – ein zusammengefallenes Haus. Zwei Wände standen noch, in der Ecke war ein Kamin – wahrscheinlich hielt er die beiden Wände zusammen. Ich räumte den Dreck etwas beiseite, um mir neben dem Kamin Platz für eine Schlafstelle zu schaffen. Die Wände gaben mir Windschutz. Hoffentlich würde sich der Wind nicht drehen. Das Zelt wollte ich nicht aufbauen, das wäre ein Kampf gegen den Wind gewesen. Selbst wenn ich das Zelt nach allen Regeln der Kunst aufbaute, der Wind würde die ganze Nacht am Zelt zerren und rütteln. So würde ich nicht schlafen können.

In einem Brunnen fand ich frisches Wasser, weichte Mais ein und tränkte die Pferde. Eine Stunde später kamen die Pferde, die ich frei laufen gelassen hatte, zurück und stellten sich für ihre Ration Mais an. Gaucho war der Boss, an ihm lag es, wie weit sie sich entfernen würden, die beiden anderen trotteten nur hinterher.

„Gaucho, nicht so weit weg laufen, bitte," versuchte ich ihn noch zu mahnen, doch ich wusste schon - er würde nicht auf mich hören.

In der Nacht schlief ich sehr schlecht, hatte Angst, die Wand würde auf mich einstürzen. Am Morgen war alles mit einer dicken Staubschicht überzogen, die Farbe des Schlafsacks war nicht mehr erkennbar. Meine Haare waren ganz starr vom Staub.

Über eine Stunde musste ich die Pferde suchen. Aber ich war ihnen nicht böse. Wer mochte es ihnen verübeln, wenn sie die ganze Nacht durchgelaufen wären, nur um einen windgeschützten Platz zu finden.

Mit Hilfe des Kompasses erreichten wir nach einer Stunde wieder die Nationalstraße 40. Laut Karte führte sie schnurgerade nach Pastos Blancos - so gerade, dass man nichts abkürzen konnte, so langweilig, dass man fast freiwillig einen Umweg suchte. Während ich über die weite Landschaft ritt, hatte ich die Vision immer kleiner und unscheinbarer zu werden. Ich ritt einem Horizont entgegen, der unendlich weit war. Begleitet wurde ich von einem Wind, der nie von meiner Seite wich, als hätte er ein Gelöbnis gegeben: „Wir bleiben zusammen, bis dass der Tod uns scheidet."

Der Boden war mit Sand und gleich großen Steinchen übersät, es war die einzige Struktur. Auf einmal, fast schlagartig, wehte kein Wind mehr. Jemand schien den riesigen Propeller abgestellt zu haben. Diese Ruhe war so angenehm, schwer zu beschreiben. Sofort stieg die Temperatur auf 28 Grad und ich konnte meine Daunenjacke ausziehen. Ich ritt Rebelde, holte meine topographische Karte heraus und wollte sie aufschlagen. Rebelde drehte durch, ich ließ die Karte augenblicklich fallen - das hatten wir öfters, eine typische Episode.

Vor dem kleinen Tafelberg am Hang erblickte ich einige Bäume und Häuser. Dieser auffallend grüne Streifen stach aus dem trockenen Gebiet hervor. Eine Staubwolke kam auf uns zu, verursacht von einem weißen Fiat Uno - mächtig viel Staub für so ein bisschen Auto. Ein Italiener mit langem, schwarzem Haar hielt seine Kamera in der einen Hand, mit der anderen zeigte er mit dem Daumen nach oben. „Fotografieren o.k.?" Aber selbstverständlich.

„Wie weit ist es nach Rio Mayo?" fragte er mich. Er hatte kaum noch Sprit.

„War der Ort, durch den du gerade gefahren bist, Pastos Blancos?"

„Wie, war da gerade was? Ich habe nichts gesehen."

„Wenn das Pastos Blancos war, hast du jetzt noch 50 km vor dir."

Er hatte das Auto in San Carlos de Bariloche gekauft und würde eine Staubwolke bis nach Ushuaia hinter sich herziehen. In Pastos Blancos wollte ich ein oder zwei Tage bleiben und Informationen über die Herkunft der Pferde Tschiffelys suchen.

Ich stand vor einem Tor, pfiff und rief, doch niemand antwortete, dann band ich die Pferde fest und öffnete das Tor. Vor dem Haus, dachte ich, sei ein Kind bis zum Hintern im Sand eingegraben. Aber der junge Mann bewegte sich. Er hatte keine Beine und rutschte anscheinend auf dem Hintern herum, ich konnte nicht genau erkennen, wie er sich fortbewegte, da ihm auch der linke Arm fehlte. Er trug eine Baseball Kappe und sein rotes T-Shirt stand vor Dreck.

„Wo finde ich Juan Tramaleo? Ist er nicht der Häuptling?"

„Der ist kein Häuptling, der nennt sich nur so. Der kam irgendwann mal vom Norden hierher. Er lebt dort vorne."

Erst dachte ich, er deutete in das freie offene Gelände. Dann erkannte ich ein paar Hütten.

Auf der Weide durfte ich mein Zelt aufstellen. Ich richtete mein Lager ein und ließ die Pferde frei. Dann genoss ich meinen Nachmittags-Mate und teilte ein paar Kekse mit Falko. Durch die Zeitverschiebung saßen in diesem Moment daheim in Deutschland alle am Weihnachtsbaum, in Gedanken war ich bei ihnen. Welch eine Wohltat, fast den ganzen Tag schon wehte kein Wind.

Ich lief zur Hütte von Tramaleo und begrüßte ein altes Männlein. Neben ihm hinkte ein trübsinnig aussehender Hund.

„Señor Tramaleo?"

„Ja?"

Ich erzählte ihm meine Geschichte und fragte wieder nach Mancha und Gato. Er konnte mir nichts sagen.

„Der Häuptling, Juan Tramaleo, das ist der Alte dort, hundert Meter von hier."

Damals lebte dort draußen nur eine Handvoll Menschen und die beiden Brüder, die einander nicht im Geringsten ähneln, waren seit Jahren zerstritten und sprachen kein Wort miteinander.

Juan Tramaleo, der Häuptling ohne Volk, gab ein erbärmliches Bild ab. Er hatte einen eingefallenen Brustkorb, hustete stark, der Tod war vielleicht nicht weit entfernt. Die Hose hatte unverhältnismäßig große Knöpfe, die Gürtelschnalle war dreimal so breit wie der Gürtel. Ich erzählte ihm die Geschichte von Mancha und Gato. Sie sollten hier von einem Häuptling gezüchtet und verkauft worden sein. Vor dem Haus spielten drei kleine Kätzchen.

Juan Tramaleo war hier geboren. Seine Familie hatte von Guanakos gelebt, die sie wegen dem Leder jagten. Aber das Leder ist heute nichts mehr wert. Jetzt besaß er ein paar Ziegen und Schafe. Von der Regierung bekam er Geld, aber „poco" - wenig. Er hatte einen Sohn, der seit dreißig Jahren in Feuerland lebte und so lange hatte er ihn nicht mehr besucht. Sein Vater, mit dem gleichen Namen, kam um 1900 mit dreihundert anderen Menschen hierher.

„Früher haben hier viele gelebt."

„Ein Dorf?"

„Nein, jeder hatte sein Zelt aus Guanakofellen. Heute leben nur noch zwei hier. Ich und der dort drüben."

„Ihr Bruder?"

„Der Verrückte."

„Wie hat man denn früher die Guanakos gefangen?"

Ich erwartete eine Geschichte, die auch den Einsatz von Pferden beinhaltete. Aber Herr Tramaleo war schnell fertig: „Ich war damals noch zu klein. Ich war zuständig für das Feuerholz." Trockene Zweige oder Wurzeln hatte er gesammelt. So ein Bündel lag auch vor seiner Hütte. Das hatte er jetzt fast hundert Jahre lang gemacht.

„Wir lebten vom Jagen. Dann entstanden Estancias, auf denen wir arbeiteten, und wir verloren immer mehr unser Land. Ich habe ein Schreiben, das besagt, dass ich der Häuptling bin. Aber ich kann es nicht finden." Man hatte es ihm gestohlen. „Der dort, der Verrückte", meinte er auf seinen Bruder deutend.

„Stimmt es, dass die Pferde hier von einem Tehuelche Häuptling waren?" Er unterbrach mich: „Hier lebte nur die Großfamilie der Tramaleos. Wir waren Mapuches."

„Kamen die nicht von Chile?"

Er ging nicht auf meine Zwischenfrage ein, sondern fuhr fort: „Wir Mapuches hatten unsere eigenen Pferde."

Am ersten Weihnachtsfeiertag stand ich gemütlich auf und trank in Ruhe meinen Mate. Ich hatte keinen Spiegel, aber ich fühlte mich zerzaust, meine Haare waren fettig. Ich wusch mich und besuchte meine Nachbarn. Helario, der Vater des behinderten Jungen, bereitete einen Asado vor, indem er ein Lamm auf den Grill spießte. Asado, wörtlich übersetzt „grillen", hat mit unserem Grillen wenig Gemeinsamkeiten. Der typische argentinische Grill besteht aus einem Eisenkreuz mit zwei Querstreben, auf die ein ganzes, aufgeklapptes Schaf oder eine Ziege gespannt und langsam über einem Bodenfeuer gegart wird. Fleisch zählt in Argentinien zu den Grundnahrungsmitteln wie Mehl und Eier. Asado ist in Argentinien eine Lebensphilosophie und ein soziales Ereignis. Die Familie und Freunde stehen um den Asado, haben Zeit zu reden und zu genießen, denn das Fleisch wird sehr langsam gegart, also nicht wie unsere Steaks oder Würstchen. Die Männer sind für die Zubereitung des Fleisches zuständig, während die Frauen Beilagen und Desserts bereiten. Ich fragte, ob wir noch einen Tag bleiben könnten.

Die Großmutter sah mich fotografieren und bat mich ins Haus. Sie zeigte mir ganz stolz ihr wahrscheinlich einziges Bild. „Indio, das war mein Mann, er ist 86 Jahre alt geworden und wurde hier geboren."

Während in Deutschland die Geschenke ausgepackt wurden und Sektkorken knallten, saß ich vor dem Zelt und genoss den zweiten Tag ohne Sturm. Das war für mich das schönste Weihnachtsgeschenk. Ich liebe die Kälte, aber ich hasse den Sturm. Diese Stürme wehten mir Sand, der wie tausende Nadelstiche schmerzt, ins Gesicht und in die Augen.

Von meinem Platz vor dem Zelt bot sich mir ein unendlich weiter Blick in die Ferne. Ich fing an zu träumen und stellte mir vor, wie es hier früher ausgesehen haben könnte, als all die Zelte der Indigenas noch standen. Ob es hier damals Bäume gegeben hatte?

Nach den Feiertagen kamen wir in das Städtchen Alto Rio Senguer. Die Vegetation änderte sich schlagartig. Bereits fünf Kilometer vor der Stadt gab es grüne Chacras, ebene Äcker, die mittels Kanälen bewässert wurden. Saftiges grünes Futter, eine Art Luzerne, wurde hier angebaut. Hier wollte ich einige Tage Pause machen.

Über eine Brücke querten wir den Fluss Rio Senguer. Das Licht tanzte auf den Wirbeln des Wassers, das über glatt geschliffene Steine sprudelte. Das Wasser war glasklar, Schmelzwasser aus den Anden.

Ich besuchte den Bürgermeister Carlos Levrier. Er war in meinem Alter und ich sprach ihn auf Tschiffelys Pferde Mancha und Gato an. Auch er wusste nichts, denn er war nicht von hier. „Warum gehen Sie nicht ins Krankenhaus, dort finden Sie Dr. Perea. Er hat einige Bücher über diese Region geschrieben."

Eine Krankenschwester mit kognakflaschenboden-dicken Brillengläsern suchte den Doktor. Dr. Perea, ein kleines Männlein, rief mir nur im Vorbeilaufen zu: „Was gibt's?"

„Ich bin nicht krank. Mir fehlt nichts. Ich suche nur ein paar Informationen über die Pferde Gato und Mancha."

„Ich kann Dir ein paar Kopien machen. Wie viel Zeit hast du?"

„Wenn ich einen guten Platz für meine Pferde hätte – alle Zeit der Welt."

Er rief den Krankenpfleger Angel und erklärte ihm kurz die Sachlage. Wer könnte die Pferde aufnehmen?

„Angel wird Dir behilflich sein, einen Platz für die Pferde zu finden. Schlafen kannst Du hier im Krankenhaus."

„Ich schlafe lieber bei meinen Pferden, außerdem habe ich noch einen Hund dabei."

Im Aufenthaltsraum wurde ich erst einmal von zwei Krankenschwestern zum Mate eingeladen. Eine Schwester, die dickere der beiden, hatte die Gesichtszüge der Ureinwohnerinnen und einen großen schwarzen Leberfleck auf der Wange, die andere, eine hübsche schlanke, hatte glänzendes, langes schwarzes Haar und kirschgroße, schwarze Augen.

Angel und ich warteten auf den Fahrer des Ambulanzwagens. Mit dem Ambulanzwagen, aber ohne Blaulicht, suchten wir eine Unterkunft für die Pferde und mich. Im Dorf fanden wir nichts Geeignetes. Außerhalb, einige Kilometer entfernt, lag ein kleines Gehöft. Der Besitzer arbeitete gerade am Schurstall. Seine Kinder zeigten mir den Weg. Ein paar zusammengenagelte Bretter, abgedeckt mit einem einzigen Wellblech, boten gerade ausreichend Schatten für einen Schafscherer und ein Schaf. Vor mir befand sich der vielleicht kleinste Schurstall ganz Patagoniens. Die sehr freundliche und liebenswürdige Familie zeigte mir eine leer stehende Lehmhütte, 500 Meter von ihrem Haus entfernt, mitten auf einer Weide.

Die Hütte gefiel mir. Die Familie überschlug sich vor Hilfsbereitschaft und half die Lehmhütte aufzuräumen. Eine der Töchter trug zwanzig getrocknete Fuchsfelle weg. Trotzdem stank es noch eine Weile. Sie brachten einen Tisch und Stühle und wollten sogar noch ein Bettgestell herbei schleifen, was ich gerade noch abwehren konnte. Meist schlief ich lieber in meinem Zelt als anderswo, deshalb baute ich trotzdem mein Zelt auf. In der Hütte konnte ich lesen, schreiben, kochen und meine ganze Ausrüstung wegschließen. Gerade am Stadtrand ließ ich ungern meine Sachen herumliegen, um keinen Diebstahl zu provozieren.

Florentino, der Besitzer, kam noch einmal vorbei und brachte Fleisch für mich und Falko. Er war vom Stamm der Mapuche. Darauf war er stolz. Er konnte weder lesen noch schreiben, war jedoch ein schlauer und intelligenter Kerl.

Aus der Stadt hatte ich Äpfel und Mandarinen, je ein Kilo, mitgebracht. „Wie viele Kinder hast du?" Ich wollte jedem Kind ein Stück Obst geben. „Elf." Na in diesem Fall, dachte ich, ist es vielleicht einfacher, wenn ich mir einen Apfel nehme, und verschenkte die beiden Obstbeutel.

Dr. Perea gab mir den Schlüssel zu seiner Wohnung über dem Krankenhaus. Dort war auch sein Arbeitszimmer und darin befand sich das Bücherregal. Hier standen ausschließlich Bücher zum Thema „La Patagonia" – hunderte Bücher. Dr. Perea gab mir eine kurze Einweisung und meinte noch: „Wenn Du was brauchst, komm einfach runter", und ließ mich mit seinem Bücherschatz alleine. So verbrachte ich Stunden und stöberte in seinen Büchern. Ich wusste gar nicht, worauf ich mich konzentrieren sollte. Dr. Perea kam vorbei: „Komm, lass uns was essen. Im Speisesaal ist eine sehr interessante Person für dich: Juan Sacamata. Er ist der Enkel des Häuptlings, der angeblich die Pferde an den Pferdezüchter Solanet verkauft hat."

Juan saß am Tisch und wartete auf sein Essen. Ich setzte mich neben ihn und legte meine Hand auf seine, wartete, bis er sie ergriff und begrüßte ihn. Der 70jährige Juan hatte einen starren Blick geradeaus. Seine Augen waren ganz schwarz und hatten in der Mitte einen weißen Kreis. Juan war blind. Er konnte oder mochte sich an nichts mehr erinnern. Er war freundlich, aber sein Leben blieb hinter seinem starren Blick verborgen. An eine Antwort jedoch kann ich mich heute noch gut erinnern. Ich fragte ihn, ob man früher auch dieselben Essgewohnheiten hatte wie heute, drei Mahlzeiten am Tag?

„Nein", erinnerte sich der alte Juan, „damals war das ganz anders, wir haben gegessen, wenn wir Hunger hatten und wenn es etwas gab."

Dr. Perea aß das gleiche wie alle anderen auch, ob Angestellte oder Kranke, und im selben Saal. Es war ein einfaches Essen. Salat, Kartoffeln, Innereien vom Schaf, und eine kalte Karotte.

Zurück im Arbeitszimmer zog Dr. Perea immer neue Bücher hervor. Tschiffely brachte Mancha und Gato nach seinem Ritt von New York wieder per Schiff nach Argentinien zurück, wo sie einen langen Lebensabend genossen und fast 40 Jahre alt wurden. Im Zuge meiner Nachforschungen fand ich heraus, dass die beiden Pferde heute im Verkehrsmuseum von Lujan, einer Stadt eine Stunde von Buenos Aires entfernt, einbalsamiert bewundert werden konnten. In mir entstand der Wunsch, die beiden zu besuchen.

Am Nachmittag wollte Dr. Perea Krankenbesuche auf dem Land machen, er lud mich ein, mitzukommen. Mit Hilfe des Sozialamtes konnte er Lebensmittel an hilfsbedürftige Menschen verteilen. Wir beluden den Ambulanzwagen mit Lebensmitteln, Arzneimitteln und Decken und fuhren los. Dr. Perea, als Beifahrer, hielt sich mit der rechten Hand am Griff fest und schlief, völlig überarbeitet, sofort ein. Unser erster Stopp war ein kleines, einfaches Lehmhaus.

„Komm mit."

In dem kleinen, dunklen Raum stand ein Metallbettgestell mit Schaffellen. Ein kleines Männlein saß vor einem fürchterlich stark qualmenden, offenen Feuer in dem schwachen Lichtstrahl, der durch das glaslose Fenster fiel. Sein Gesicht war schwarz von Asche. Seine Augen waren tiefschwarz mit einem weißen Kreis. Auch er war blind.

„Wie geht's, fehlt dir was?" fragte Dr. Perea gefühlvoll. Der Alte wehrte ab: „Nein, nein, alles o.k.."

Dr. Perea erzählte mir später, dass er den Alten schon oft eingeladen hatte, im Krankenhaus zu wohnen, aber er zog es vor, hier draußen zu sterben. Er lebte alleine. Sein Sohn wohnte einige Kilometer entfernt und kam hin und wieder, um nach seinem Vater zu schauen und ein Schaf für ihn zu schlachten. Alles andere erledigte er selbst. Draußen, von der Haustür bis zum dreißig Meter entfernten Toilettenhäuschen, hing eine Schnur. Zog er daran, klingelte es auf der Toilette. So wusste er, wohin er sich orientieren musste. Einmal, im Winter, fand er nicht zurück und blieb die ganze Nacht draußen, bis ihn jemand fand und nach Hause brachte.

„Was, wenn er sich wieder verirrt?“ „Dann verliert die Welt....“ Ich verstand nicht, was Dr. Perea mir damit sagen wollte.

Den nächsten Besuch statteten wir Vicente Nahuel Pillan ab. Die Namen in Patagonien setzen sich aus verschiedenen Begriffen zusammen. Dieser Name bedeutet in der Sprache der Indigenas Tiger und Vulkan.

Wir stoppten an einem Platz, auf dem, so dachte ich, zwei große Haufen Reisig lagen. Es handelte sich aber um eine „Cueva de Ramas“, eine Höhle aus Reisig. Eigentlich war es ein kleiner, schmaler, etwa zwei Meter tief im Erdreich ausgegrabener „Raum“. Es gab keine Möbel. Die Abstellflächen für Geschirr und Töpfe und auch eine Sitzmöglichkeit waren in die Erdwände integriert und als Decke diente ein Berg Reisig. Einige Meter nebenan war ein ähnlicher Wohnraum.

Die eine Räumlichkeit war die Küche, die andere die Schlafstelle. Grund der Trennung war die Angst und der Schutz vor Feuer. Würde ein „Zimmer“ abbrennen, verlor Herr Nahuel Pillan nicht alles und er konnte ausweichen.

Danach besuchten wir Paulina Lefi Pan. Ich hatte den Eindruck, dass all diese Leute, die Dr. Perea besuchte, nicht wirklich akut krank waren, sondern er sah immer wieder nach ihnen, weil sie alt und gebrechlich waren. Paulina setzte sich für mich an ihren Webstuhl, damit ich ein Foto machen konnte. Ihr breites, freundliches Lächeln brachte ihre beiden einzigen Zähne gut zur Geltung.

Überall, wo wir hin kamen, wurde Dr. Perea freundlich begrüßt und wir wurden zum Mate-Tee eingeladen. Ich spürte eine besondere Fröhlichkeit, eine Wärme, die ihm entgegenstrahlte, nicht wegen der Lebensmittel, die er verteilte, sondern weil die größte Persönlichkeit der Stadt zu den einfachen Menschen kam und ihnen Zeit schenkte.

Er gab sich mit ihnen ab, das imponierte auch mir. Dr. Perea redete nicht viel, jedoch das, was er sagte, überzeugte mich. Er betrachtete seine Arbeit dort draußen als sehr wichtig. „Viele hier verstehen diesen Aufwand nicht, den ich mache, um die Leute zu besuchen. Was ist aus uns Menschen nur geworden? Wir Menschen sind die einzige Spezies, die sich nicht zu helfen weiß, ihre Kinder zur Welt zu bringen und dann geben wir ihnen als Nahrung auch noch die Milch von einem anderen Lebewesen. Ja, wir können nicht einmal mehr ohne Hilfe sterben."

Er hielt nichts von seinen Kollegen, den „Weißkitteln", die ihren Patienten mehr Angst als Vertrauen entgegen bringen. Mir fiel auf, dass Dr. Perea ein sehr gutes Verhältnis zu seinem Krankenhauspersonal hatte, Vertrauen und Zuneigung, die einfach spürbar waren. An anderen Orten habe ich erlebt, dass Ärzte wie Götter angesehen werden.

Wieder zurück bei meiner Behausung, musste ich feststellen, dass Falko verschwunden war. Das Halsband lag, noch mit der Hundeleine verbunden, auf dem Boden. Er musste rausgeschlüpft sein. Auf mein Rufen und Pfeifen tauchte Falko plötzlich auf. Sein Kopf und seine vorderen Pfoten waren blutverschmiert. Eine Rauferei? Es sah schlimm aus. Aber er hatte keine Wunde. Seltsam, hatte er vielleicht einen anderen Hund gebissen? Ich ging zu Florentino. Vielleicht hatte einer seiner Hunde etwas abgekriegt. Florentinos Hunde waren unverletzt, nicht so sein Zuchtbock, den hatte Falko anscheinend gerissen. Der Schafbock hatte eine Bisswunde am Hals. Ich entschuldigte mich bei der Familie und gab Florentino 100 Dollar, die der Bock wert war. Die Familie hatte nur fünf Zuchtböcke und dieser war der beste gewesen.

Am Abend hörte ich Deutsche Welle. Dort lief gerade ein Interview mit dem Schauspieler Karlheinz Böhm, Sohn des bekannten Dirigenten Karl Böhm. Er sprach über sein Projekt „Menschen für Menschen" in Äthiopien, zweifelte an unserer Gesellschaft und kritisierte sie. Er sprach vom Altersheim, ein Wort, dass man in Äthiopien gar nicht kennt. Dort ist es unvorstellbar, dass man alte Menschen abschiebt. Schon komisch, dass ich gerade an diesem Tag dieses Interview hörte, ich hatte beim Krankenbesuch mit Dr. Perea ähnliche Gedanken gehabt.

Der Abschied aus Alto Rio Senguer fiel mir schwer. Wir zogen weiter Richtung Norden entlang der östlichen Ausläufer der patagonischen Cordillera. In Trevelín, dem Dorf der Windmühlen, so die Übersetzung des walisischen Namens, machte ich drei Wochen Pause. Auf der Estancia La Verdadera Argentina konnte ich mithelfen, Holzhäuser und Zäune zu bauen, während meine Pferde sich auf der für die lokalen Verhältnisse guten, weitläufigen Weide ausruhen konnten. Eines Tages, als ich gerade gemeinsam mit Pedro am Fluss war, um mit dem Traktor Sand für Mauerarbeiten zu holen, machte mich Pedro auf die Geier aufmerksam, die in einiger Entfernung über uns kreisten. Ich dachte mir nichts weiter dabei, wahrscheinlich war irgendwo ein Schaf verendet. Auf dem Rückweg zum Hof begegneten wir Esteban, einem Gaucho, der von seinem Kontrollritt zurückkam. Er überbrachte mir eine traurige und schockierende Nachricht: Eines meiner Pferde war abgestürzt und lag tot im Abgrund.

Auch Jahre später kann ich mir nicht erklären, was an diesem Tag auf der Weide in Trevelín passiert war. Warum war Gato, das kleinste meiner drei Pferde, abgestürzt? War der Boden unter seinen Füßen an der Abbruchkante abgerutscht, war er unachtsam gewesen, oder hatten ihn die beiden anderen etwa gar abgedrängt? Er war in der Hierarchie der drei Pferde an unterster Stelle. Was auch immer die Ursache war, ich war tief betroffen und traurig. Ich schnitzte als Erinnerung an Gato ein Schild aus Holz mit der Inschrift „Nos recordamos, tus companeros - Wir erinnern uns an dich, deine Gefährten“, nagelte eines seiner Hufeisen darauf und stellte es an der Stelle auf, an der er abgestürzt war.

Von Bankräubern, Hippies und anderen Aussteigern

An einem Bach schlug ich mein Lager auf. Für einige Zeit waren das Knistern des Feuers und die kauenden Bewegungen der Pferde die einzigen Geräusche in dieser urtümlichen und leeren Welt. Falko hatte sich auf die Sattelunterlagen und Pferdedecken zurückgezogen und bewegte höchstens noch die Augenbrauen. In der Pfanne über dem Lagerfeuer brutzelten zwei kleine Forellen. Der Wind trieb den Geruch weit ins Tal, hinein in das Land der Legenden.

Unweit von unserem Lager stand eine zerfalle Blockhütte, nach nordamerikanischem Vorbild gebaut. Sie gehörte Robert Leroy Parker, alias „Butch Cassidy". Er und sein Freund „Sundance Kid" waren Mitglieder der „Wild Bunch" Bande. Bekannt wurde diese Bande durch spektakuläre Raubüberfälle auf Banken und Züge in einigen Staaten der USA. Für diese Vergehen wurden sie auch steckbrieflich gesucht. Zur vorigen Jahrhundertwende mussten sie daraufhin die USA verlassen. Butch Cassidy kaufte sich ein Stück Land in der Nähe des Dorfes Cholila und wurde Farmer. Am Nachmittag besuchte ich dieses Anwesen. Irgendwie konnte ich mich der Magie nicht entziehen und fühlte mich mitten in die Szenerie eines Western versetzt.

„Das hier ist der Eingang zum Wohnzimmer", riss mich Aladin Sepulveda aus meinen Gedanken. Der ergraute und in 73 Jahren krumm gewordene Mann führte mich zwischen den heruntergekommenen Gebäuden umher. Sein Vater war nach der Flucht des amerikanischen Bankräubers hier eingezogen. Selbst Butch Cassidy würde nach über 90 Jahren hier an seinem einstigen Gehöft kaum Veränderungen erkennen können, ging es mir durch den Kopf. Einzige Ausnahme waren die verrosteten Wellblechtafeln, die die vermoderten Holzschindeln auf dem Dach ersetzten und die mit Brettern vernagelten Fenster, dort wo das

Glas zerbrochen war. Warum wohl hatte Butch Cassidy sein braves Farmerleben aufgegeben? Stimmte es, dass er in Argentinien wieder seinem erlernten Beruf nachging und seine Kriminalkarriere fortsetzte? Zweifelsohne war ich bei den Fragen, die mich beschäftigten, von der Verfilmung dieser Geschichte aus dem Jahr 1969 mit Paul Newman und Robert Redford in den Hauptrollen beeinflusst.

Um mehr darüber zu erfahren, ritt ich am nächsten Tag in das Dorf Cholila, um mich mit Raul Victor Cea zu treffen. Herr Cea war Historiker des Dorfes und Experte in Sachen Butch Cassidy. Unser Gespräch verlief sehr einseitig, ich gab ein Stichwort und schon sprudelten die Worte aus ihm heraus, wie von einem Tonband abgespult. Er ließ sich durch nichts unterbrechen und erzählte mir routiniert, abgeklärt und überzeugend seine Geschichten, wie wahrscheinlich schon einigen Hunderten vor mir. Unzählige Artikel und Bücher wurden bereits über diese Legende geschrieben und noch immer kommen neue hinzu. Herr Cea hatte seine eigene Theorie über das Ende Butch Cassidys, und deshalb wollte er in einigen Monaten sein eigenes Buch verlegen.

Es blieb meiner Phantasie überlassen, welcher der verschiedensten Versionen des Ablebens Butch Cassidys ich Glauben schenken wollte: War Butch Cassidy nun durch Messerstiche in den Rücken in den Slums von Paris ungekommen, von Bleikugeln in einem Bordell in New Mexiko durchsiebt oder von der Polizei in Chile, Argentinien, Bolivien oder gar Uruguay hingerichtet worden?

Das Hotel und Restaurant El Trebol in Cholila wurde von Deutschen geführt. Ich kam mittags, zur Zeit der Siesta an. Es war still. Die Tür war verschlossen, durch ein Fenster sah ich drei Personen – sie schienen auf ihren Sesseln zu schlafen. Luzzi, Lore und Hans aber schliefen nicht, sie waren in die Bibel vertieft. Mit Hans fuhr ich zum See Cholila. Er hatte dort ein kleines Boot, dessen Außenbordmotor nicht funktionierte. Wir wollten ihn reparieren. Hans beherbergte zur Zeit vier Hotelgäste, die in den nächsten Tagen einen Ausflug über den See unternehmen wollten. Mit dem Wechsel der Zündkerze war die „Reparatur“ bereits erledigt.

Hans erzählte mir, wie er nach Argentinien gekommen war. Nach dem zweiten Weltkrieg waren 70 Erwachsene und Kinder aus Pforzheim aufgebrochen, von dem Wunsch besessen, fern von allen menschlichen und kirchlichen Unzulänglichkeiten ein neues, besseres Leben zu beginnen. Über die Falkland Inseln, britischem Kolonialboden im Südatlantik, waren sie in eines dieser gottverlassenen Täler Patagoniens gekommen. Ihr Ideal war ein Kommunismus, in dem als einzige Richtlinie das Alte Testament anerkannt wird. Ein Streit spaltete die Immigranten in zwei Gruppen. Hans erzählte mir von der Estancia Paso Flores, wo die größte Gruppe heute noch lebt.

Am nächsten Tag kam Gertrud auf Besuch zu den Hotelbesitzern. Sie lebte mit ihrem Mann in El Bolson, vier Tagesetappen entfernt im Norden. Die beiden hatten sich ebenfalls von der deutschen Kolonie Paso Flores getrennt. Sie gab mir ihre Adresse und lud mich ein.

Nach dem Frühstück und vor dem Satteln der Pferde schrieb ich eine kleine Widmung ins Gästebuch und klebte ein Foto dazu. „Was brauchst du sonst noch?“ Luzzi und Lore brachten mir Brot, zwei Gläser Marmelade, Margarine und Wurst. Im Garten vor einem Busch Margariten baute ich meine Kamera auf. Ich wollte ein Erinnerungsfoto mit den beiden alten Damen Luzzi und Lore machen. Ihre Mütterlichkeit rührte mich. Es gibt wohl nicht viele Orte auf der Welt, dachte ich, wo man so einfach als Fremder hereinschneien kann und so freundlich aufgenommen wird. Lore sprach mich auf den Gästebucheintrag an. In diesem Eintrag bedankte ich mich für die Gastfreundschaft und erwähnte, wie wichtig und schön es immer wieder sei, so „Buena Gente“, gute Menschen, zu treffen, ohne die so eine Reise nicht möglich wäre. Lore stieß sich an dem „Buena Gente“. Sie korrigierte mich: „Wir sind keine guten Menschen, das muss ich strikt ablehnen. Wir sind alle Sünder, alle schlechte Menschen, nur der Vater von Jesus war ein guter Mensch, wir anderen sind Sünder.“

Ich habe es satt, ständig für etwas schuldig zu sein, nur weil ich geboren bin.

„Hätte ich das nicht schreiben dürfen?“

„Nein, nein, ich verstehe, es kommt von Herzen, ich darf es aber nicht akzeptieren."

Ich war so gut bewirtet worden. Kaffee, Kuchen und Schokoladepudding mit Sahne, nicht einmal das Bier durfte ich bezahlen. Das war mir peinlich. Lore sagte, sie würde jeden Tag beten, dass Gott mich begleite. Ich drückte die beiden noch einmal ganz fest, es war ein schwerer Abschied.

Ein paar schüchterne Wolken hingen über dem „Piltriquitron Massiv", an dessen Ausläufer das Städtchen El Bolson in der Provinz Rio Negro liegt. Ich war Gertruds Einladung gefolgt und nach El Bolson geritten. Sie und ihr Mann hatten sich zwar von der Kolonie Paso Flores getrennt, aber die Bibel leitete nach wie vor ihr Tun und Handeln. Ihren Lebensunterhalt verdienten sie durch die Herstellung von Marmelade in den verschiedensten Geschmacksrichtungen, nach biologischen Grundsätzen.

Für ein paar Tage hatten sie Arbeit für mich. Ein Regal sollte eingebaut, ein Wasserhahn repariert, eine Lampe installiert werden und einige Wände sollten einen neuen Farbanstrich bekommen. Dafür bekam ich Kost und Logis und einen guten Platz mit ausgezeichnetem Futter für meine Pferde und sogar noch ein Taschengeld.

Ich telefonierte mit Franz Krämer, er wohnte hier in der Nähe. Franz hatte ich vor einigen Wochen während einer dreiwöchigen Pause für meine Pferde auf einer Estancia kennen gelernt. Er hatte mit seinem Lastkraftwagen eine Ladung Rundhölzer angeliefert, die wir auf der Estancia beim Zaunbau verarbeitet hatten. Franz meinte damals, ich solle ihn anrufen, wenn ich in die Nähe von El Bolson komme. Ich hatte mir an seine Adresse ein Päckchen Diafilme aus Deutschland schicken lassen und diese wollte ich nun abholen.

Aber vorher stattete ich der „Feria Artesanal", dem Kunsthandwerksmarkt, einen Besuch ab. El Bolson erwacht zweimal in der Woche aus seinem Dornröschenschlaf, dann entsteht so etwas wie Geschäftigkeit. Busse rollen an und bringen zahlungskräftige Touristen von dem Winter

Nobel-Skiort San Carlos de Bariloche im Norden. Auf Klapptischen und auf am Boden ausgebreiteten Tüchern werden Schmuck- und Lederartikel, Kunstgegenstände aus Keramik, Holz und Textil angeboten.

Ende der 60er Jahre ließen sich Hippies und Weltenbummler in großer Zahl in und um El Bolson nieder. In den Jahren der argentinischen Militärdiktatur wurde das Städtchen zu einem heimlichen Zufluchtsort für Großstadtflüchtlinge. Junge Leute, darunter viele Akademiker, verließen Buenos Aires. Sie waren müde von der Politik, die man in der großen Stadt machte. Sie verzichteten auf bürgerliche Karrieren und zogen es vor, sich hier in der Provinz niederzulassen, wo das Regime sie nicht so leicht erreichen konnte.

Ich spazierte von einem Verkaufsstand zum nächsten und fragte hier und da, ob ich fotografieren dürfe. Plötzlich sprach mich eine junge Frau an:

„Hallo, du bist der, der mit den Pferden unterwegs ist."

„Ja, ich reise mit Pferden."

Ihr Lächeln legte strahlendweiße, gepflegte Zähne frei.

„Ich bin Claudia. Ich habe dich schon gesehen."

„Wo?"

„Dort, wo deine Pferde jetzt sind. Ich helfe manchmal bei Gertrud im Haushalt, aber heute verkaufe ich meinen Schmuck. Dort ist mein Stand."

Claudia hatte sich auf Lederarbeiten spezialisiert, knüpfte und knotete Hals- und Handbänder.

„Wie läuft's?"

„Manchmal verkaufe ich was, heute noch nicht, so ist das Leben."

Sie stellte mir einige Fragen. Es waren nicht die üblichen Standardfragen. Ich spürte das Verlangen, mich mit ihr länger und ausführlicher zu unterhalten. Sie wirkte auf den ersten Blick nicht sehr attraktiv. Sie trug ein weites Kleid, einen schwarzen Hut, den sie nie abzunehmen schien und ihre schulterlangen Haare bekamen nicht die Pflege, die sie gebraucht hätten. Wann hatte ich mich eigentlich das letzte Mal im Spiegel betrachtet?

„Wollen wir uns irgendwo treffen und einen Kaffee trinken?"

„Gerne."

„Wann?"

„Sofort."

„Aber dein Geschäft?"

„Ach, Touristen kommen jeden Tag. Jemand mit Pferden nur einmal."

Claudia lebte von der Hand in den Mund. Sie stammte aus Buenos Aires, war italienischer Abstammung und hatte in den letzten Jahren viele Länder Lateinamerikas bereist und sich immer mit dem Verkauf von irgendwelchen Schmuckgegenständen durchgeschlagen. Sie machte mir eine Skizze, wo ich sie finden könnte, wenn ich sie besuchen wollte.

„Von Gertruds Haus, dort wo du jetzt wohnst, musst du dem Hauptweg nur folgen, dreißig Minuten, es ist zwar abgelegen, es gibt keinen Strom, aber es ist wunderschön."

„Schade, ich breche morgen schon auf, nach Majin Ahogado."

„Bleibst Du dort? Hast Du dort Freunde?"

„Nein, dort gibt's einen Landsmann. An seine Adresse ließ ich mir ein paar Filme schicken, die hole ich ab."

So brach ich auf in das einen Tagesritt entfernte Majin Ahogado. Die Landschaft gefiel mir gut. Unser Weg führte uns durch ein schmales Tal, eingebettet zwischen Bergen. Überall sah ich grüne Weiden, scheinbar gab es hier fruchtbaren Boden. Das Klima war angenehm. Kaum Verkehr, ruhig, fast friedlich erschien es mir. Ein Junge kam mit seinem Fahrrad auf mich zu, stoppte. Joschka, ein Sohn der Familie Krämer, begrüßte mich. Ein bisschen später kam sein Bruder Milosch, ebenfalls mit dem Fahrrad. Ihre Eltern wären zu Hause und warteten bereits auf mich. Die beiden Jungs fuhren zu Freunden, jeden Sonntag spielten sie dort Volleyball.

Plötzlich lag ein riesiges Gebiet trostloser Vegetation vor mir. Alles war schwarz. Hier musste ein schreckliches Feuer gewütet haben. Zwischen großen Pappeln erkannte ich einige Gebäude, das musste der Hof der Krämers sein, nur dieser schien vom Feuer verschont. Eine Hundehütte beherbergte einen aufgebrachten Schäferhundmischling, der an seiner Kette riss, jaulte und die Zähne bleckte, als wollte er uns vernichten, wenn er gekonnt hätte. Vor dem Wohnhaus spielten Josef und Caspar, zwei weitere Söhne der Krämers. Sie trugen Baskenmützen, hatten rosige Backen und eine Rotznase, richtig gesunde Kinder. Am Hühnerstall sattelte ich ab, hielt kurz inne und blickte hinunter in das Tal, dorthin, woher wir gerade gekommen waren. Mein Gott, ist das schön hier, dachte ich. Da der Hof von Franz und Maria ganz oben auf einem Hang lag, hatte man einen herrlichen Ausblick ins Tal und die abgebrannte Fläche im Rücken störte im Moment nicht.

Franz meinte: „Dein Zelt brauchst du nicht, kannst im Blockhaus schlafen."

Franz und Maria Krämer lebten schon seit 13 Jahren hier. Die beiden waren von Deutschland, mit ihren zwei Söhnen, die ich auf ihren Fahrrädern bereits getroffen hatte, ausgewandert. Ich sprach Franz auf den Brand an. Brandstiftung vermutete man, konnte aber nichts beweisen. 90 % des Waldes hatten die Krämers verloren. Das Geld aus dem Verkauf dieses Waldes war für ihre Altersversorgung vorgesehen gewesen. Der Wald war nicht völlig zu Asche abgebrannt. Die Bäume waren angebrannt und abgestorben. Franz hatte versucht, das Beste aus dieser Situation zu machen. Er hatte sich Geld geliehen, einen Lastkraftwagen gekauft und verkaufte und lieferte nun selbst das angekohlte Holz als Brennholz, oder - sofern noch brauchbar - als Pfosten für Zaunbau.

In der romantischen Blockhütte hatten Franz und Maria selbst zehn Jahre lang gewohnt, bevor sie direkt daneben ihr jetziges Wohnhaus errichtet hatten. Hier hatte Maria zwei Kinder zur Welt gebracht. Welch ein Selbstvertrauen, sich so weit von den sterilen Geburtskliniken zu entfernen, ohne Strom, ohne Telefon. Schon bald wurde ich den Freunden und Nachbarn der Krämers vorgestellt. Beim sonntäglichen Volleyball lernte ich weitere interessante Menschen kennen.

In den 80er Jahren hatte die Region um El Bolson noch einmal eine

Einwanderungswelle von Menschen aus aller Welt erlebt. Sie hatten ihre Heimat, zumeist Industrieländer, verlassen, weil sie der Meinung waren, dass die Menschen dort zu Maschinen wurden und nur Geld verdienten, um falsche Bedürfnisse zu befriedigen. Einige Europäer wollten die Umwelt- und Atompolitik der Industrielobbys nicht akzeptieren. Sie hatten das Unglück im Atomkraftwerk Tschernobyl als Anlass genommen um auszuwandern. So traf ich hier auf eine Gesellschaft verschiedenster Kulturen, Sprachen und Traditionen, die jedoch alle eine ähnliche Vorstellung vom Leben hatten. Ich blieb einige Wochen.

Das Nachbargrundstück der Krämers war ebenfalls abgebrannt, auch das Haus, bis auf die Grundmauer. Nun stand alles zum Verkauf. Franz zeigte mir das Grundstück und rechnete mir vor:

„Wenn du den ganzen abgebrannten Wald als Brennholz verkaufst, kannst du damit das Land bezahlen. Das ist sehr, sehr viel harte Arbeit, aber es ist möglich."

Ich hatte kein Geld, konnte mir nirgendwo in der Welt ein Stück Land kaufen, aber das hörte sich verlockend an. Ich war von der Idee begeistert.

Jeden ersten Montag im Monat kamen die Nachbarn zusammen, um sich gegenseitig bei größeren anfallenden Arbeiten zu helfen. Handwerker konnten sie sich nicht leisten. Wir trafen uns zum Einsatz bei Roby. Roby, der Engländer, lebte seit achtzehn Jahren hier mit Frau und Kindern. Er hielt sich mit der Herstellung von Töpferwaren über Wasser, die er auf dem Kunsthandwerksmarkt verkaufte. Während wir mit der Isolierung des Daches begannen, gab Roby der Tageszeitung La Nacion aus Buenos Aires ein Interview. Nebenbei machte der Journalist in weniger als einer Stunde 350 Fotos. Robys Werke, sein Geschirr, die Tassen, Teller, Krüge und Vasen waren etwas ganz Besonderes - Kunsthandwerke. Leider fand sich niemand, der ihren Preis bezahlte.

Der Zusammenhalt, der lockere und fröhliche Umgang und die Tatsache, dass jeder seine eigene Arbeit liegen ließ, um Freunden zu helfen, faszinierten mich. Auch die Frauen und Kinder waren gekommen, um mit anzupacken. Am Ende des Arbeitseinsatzes gab es ein gemeinsames

Essen, Früchte aus dem eigenen Garten. Auch hier trug jeder seinen Teil dazu bei. Alle, ob Mann, Frau oder Kind schienen glücklich und zufrieden zu sein. Sie hatten ihr Paradies gefunden. In der Zwischenzeit traf ich mich gerne und immer öfters mit Claudia, die ich in El Bolson auf dem Markt kennen gelernt hatte, und die Idee mit dem Landkauf ging mir nicht aus dem Kopf.

Ich fuhr für drei Tage nach Esquel, zu einem Rodeo. Ich hatte in den letzten Monaten immer wieder Gauchos getroffen, die von diesem Rodeo schwärmten. So ein argentinisches Volksfest wollte ich hautnah miterleben, einige der Gauchos wieder treffen und fotografieren.

Als ich zurückkam, erfuhr ich, dass Roby Selbstmord begangen hatte. Konnte ich mich so sehr getäuscht haben? War die Zufriedenheit, die er ausgestrahlt hatte nur Fassade gewesen? Doch auch seine engsten Freunde konnten die Kurzschlussreaktion nicht nachvollziehen. Auf der Suche nach einer Antwort ging ich mit Falko zur Weide, auf der meine Pferde sich seit sechs Wochen erholen durften. Mit ihnen sprach ich wie mit Freunden, wenn ich Schwierigkeiten hatte oder mir etwas auf der Seele lastete. Vielleicht konnten sie mir aus dieser gedrückten Stimmung helfen. Hatte ich zuvor erwogen zu bleiben, so wurde mir beim Anblick meiner Weggefährten bewusst, dass ich etwas vermisste. Es war das Besondere an meiner Art des Reisens, das jeden Tag zu einem Fest machte, diese kleinen Abenteuer am Rande, die unerwarteten Ereignisse, die fast unerträgliche Spannung darauf, was mich wohl hinter der nächsten Biegung erwarten würde. Vergessen war die Möglichkeit, eigenes Land kaufen zu können. Die Unruhe in mir siegte - der Weg nach Alaska war wichtiger. Wieder einmal blieb eine Frau enttäuscht zurück, die geglaubt hatte, mich für immer behalten zu können.

Als ich die verschlafene Region am Fuße der Anden verließ, lag der Gipfel des Piltriquitron wieder in den Wolken. Es war bewölkt und kalt, als ich an der Abzweigung stand. An der Weggabelung stand ein Hinweisschild: „Hotel & Restaurant Paso Flores“. Ich zweifelte, sollte ich wirklich zu der deutschen Kolonie reiten? Eigentlich hatte ich nur Gutes gehört und neugierig genug war ich auch, sie kennen zu lernen. Sollte mir ihr Verhalten unangenehm sein, könnte ich ja sofort weiterziehen. Vielleicht würde ich auch Werkzeug bekommen und könnte meine Pferde wieder neu beschlagen? Ich folgte dem Weg. Es war ruhig, kein Hundegebell, wie sonst überall üblich. Eine grüne, abgemähte Wiese stach zwischen dem Sand und den trockenen gelben Grasbüscheln hervor. Der Hof glich einem kleinen Dorf. Alles war sauber und gepflegt.

Manfred unterbrach seine Arbeit mit dem Traktor. Er bot mir ein Hotelzimmer an. Ich fragte, ob ich nicht vielleicht in meinem Zelt schlafen und mitarbeiten könnte für Futter für meine Tiere. Ich bekam ein Zimmer im Haus der Arbeiter. Manfred war erst sechs Jahre alt, als seine Eltern aus Pforzheim ausgewandert waren. Seine Tante Lore kannte ich bereits, vom Hotel El Trebol in Cholila. Manfred war mit einer Argentinierin verheiratet. Sie hatten fünf Kinder. Er war 43 Jahre alt, sah aber etwas jünger aus. „Das kommt davon, weil wir innerlich zufrieden sind. Das hat was mit der Suche nach Gott zu tun. Alle hier werden jünger geschätzt."

Ich versorgte die Pferde im Korral, sie hatten sogar ein Dach über dem Kopf. Manfred holte mich abends um 19.00 Uhr zum Essen ab. Die ganze Kolonie aß gemeinsam in einem großen Speisesaal, bis auf Samstagabend, da kochte jede Familie für sich zu Hause. Samstag war der einzige Tag, an dem sie nicht arbeiteten. Ich saß mit Manfred und seiner Frau am Tisch. Die Kinder aßen am Nebentisch. Viele ältere Menschen waren hier, auch viele alleinstehende ältere Frauen. Nach dem Abendessen lud Manfred mich ein, an der Bibelstunde teilzunehmen.

Es herrschte eine unheimlich religiöse Stimmung, mit einer spürbaren Energie, wie ich sie zuvor noch nie gefühlt hatte. Es wäre leicht, über die Kolonie und ihre Bibelstunde zu spotten. Aber über diese kleine Menschenmenge mit ihren verzückten und ehrfurchtsvollen Gesichtern, mache ich mich bestimmt nicht lustig.

Am Morgen half ich Hans, acht Kühe zum Melken in den Stall zu bringen. Eigentlich musste ich nur die Gatter aufmachen, die Kühe gingen von selbst in ihre Boxen. Die Kühe wurden von Hand gemolken.

„Warum benutzt ihr keine Maschinen – hat das etwas mit eurem Glauben zu tun?"

„Nein, gar nicht, wir haben sogar eine Melkmaschine. Wir haben unsere Kühe nur noch nicht daran gewöhnt."

Die erste Kuh, die ich in meinem Leben molk, hatte kleine Zitzen und nach einer Weile bekam ich bereits einen Krampf in meinen Händen. Beim Zusehen schaut Melken so spielerisch einfach aus. Hans und ich brachten die Milch in die Küche. Dort war richtig was los. Frauen kochten auf verschiedenen Herden das Mittagessen für vierzig Personen. Andere kochten Marmelade, backten Brot oder verarbeiteten Milch zu Butter und Käse. Jede Familie hatte ihr eigenes Haus, mit dem gleichen Grundriss und aus gebrannten Backsteinen gemauert.

„Hans, wie kommt das, dass dein Haus als einziges einen anderen Grundriss hat?"

„Die anderen Häuser gehören der Kolonie. Ich war mal für ein paar Jahre ausgestiegen, ging zurück nach Deutschland und arbeitete dort. Habe etwas Geld verdient, dann bin ich wieder zurückgekommen und habe mir mein eigenes Haus gebaut."

Hans wollte mir die versteinerten Bäume zeigen, die es ganz in der Nähe gab. Wir fuhren einige Kilometer mit dem Traktor. Ich fotografierte diese markanten Formationen mit den holzidentischen Strukturen versteinerter Baumstämme. Auf der Rückfahrt verlor ein Reifen Luft und wir mussten zu Fuß zurückgehen. Unterwegs erzählte mir Hans etwas Persönliches, sehr Trauriges. Wieder zurück in Deutschland hatte er geheiratet und seine Frau eine Tochter bekommen. Seine Frau hatte sich vor einigen Jahren vor einen Zug geworfen. Als er mir das erzählte, hatte er Tränen in den Augen. Daraufhin war er mit seiner Tochter zurück nach Argentinien gekommen und die Kolonie hatte ihn wieder aufgenommen. Er war dankbar dafür, und einen Halt hatte er nur im Glauben wieder gefunden.

Während der nächsten Tage sollten mehrere hundert Rinder auf verschiedenen Weiden zusammen getrieben werden. Dafür bekam ich ein

Pferd der Kolonie. Es machte Spaß, im Galopp den Rindern hinterher zu jagen und ausbrechende Rinder einzufangen. Eine brüllende Rinderherde vor sich, dem weiten Horizont entgegen zu reiten, hatte etwas Romantisches, ein Gefühl von Freiheit, genau wie ich es mir nach zahllosen Western vorgestellt hatte. Ich freute mich wie ein kleines Kind. Plötzlich aber musste ich erfahren, dass monatelanges ruhiges Sitzen im Sattel nichts war im Vergleich mit der Arbeit hier. Jäh wurde mir bewusst, dass „wundgeritten“ ein schwaches Wort für einen unglaublichen Schmerz war. Ich hatte das Gefühl, mein Körper war nicht mehr meiner. Ich bewegte mich, als hätte ich gerade gehen gelernt.

Mich beeindruckte, wie harmonisch das Zusammenleben in der Kolonie ablief. Dieser kommunistische Gedanken, dachte ich, funktioniert vielleicht nur deshalb, weil es eine kleine Gruppe ist, überschaubar und weil sie ihren Glauben haben. Jeder, ob Frau, Mann oder Kinder, hatte eine Aufgabe. Ich fühlte mich sehr wohl hier und bevor ich nach zwei Wochen aufbrach, wollte ich noch mit Paul über das Problem der Versteppung Patagoniens sprechen. Paul war quasi der Betriebsleiter. Für mich war diese Kolonie das Beispiel schlechthin, wie man die Versteppung bekämpfen könnte. Es war der erste Ort, wo trotz Trockenheit und Wind Heu gemacht wurde, sogar mehr als für den Eigenbedarf benötigt wurde, genug um sogar Futter verkaufen zu können. Dafür wurden die Wiesen mit Hilfe von Wasserkanälen bewässert. Die Flächen, groß wie Fußballfelder, waren mit Baumreihen umrandet worden, die den Wind brachen.

Paul berichtete stolz: „Es kommen immer wieder Professoren mit ihren Studenten aus Buenos Aires, um dieses beispiellose Projekt zu besichtigen.“

„Habt ihr schon einmal etwas von der Deutschen Gesellschaft für Technische Zusammenarbeit (GTZ) gehört? Die haben ein Büro in San Carlos de Bariloche und unterstützen mit sehr viel Geld aus Deutschland die Bekämpfung der Versteppung in Patagonien.“

„Natürlich kennen wir die, die besuchen uns fast regelmäßig.“

„Wirklich? Welche Fragen stellen sie euch, arbeitet ihr zusammen?

Von euch können sie doch wohl nur lernen, ich meine, wenn einer weiß, was man wie machen kann, dann doch ihr?"

Paul lachte: „Aber nein, die kommen wegen unserem Hotel und Restaurant, kaufen Brot und andere Lebensmittel."

„Ja, aber euer Projekt, eure Methode, den Wind zu stoppen, die Bewässerung?"

„Das interessiert die überhaupt nicht, in deren Augen wissen und machen wir da ohnehin schon viel zu viel."

Ich war enttäuscht, aber es passte zu dem Bild, das ich von dieser Gesellschaft hatte. Vor längerer Zeit hatte ich erfahren, dass die GTZ sich mit einem Beitrag von 4,6 Millionen Euro an der Bekämpfung der Desertifikation in Patagonien beteiligte und geplant hatte, diesen Beitrag nochmals um 2,5 Millionen Euro aufzustocken.

Ich war dreitausend Kilometer, der Länge nach, durch ganz Patagonien geritten, hatte Meter für Meter, Schritt für Schritt zurückgelegt und die Problematik der Versteppung am eigenen Leib erfahren. Daher interessierte es mich natürlich, welche Aktivitäten meine Landsleute hier zur Bekämpfung der Versteppung setzten. Mein erster Kontakt mit der GTZ lag einige Wochen zurück. In San Carlos de Bariloche sah ich ein Fahrzeug mit der Aufschrift GTZ. Ich sprach die Person auf dem Beifahrersitz direkt an. Wie ich später erfuhr, war es Herr Görgen, der auf seinen Fahrer wartete. Er war Projektleiter. Ich stellte mich kurz vor und erzählte von meiner Reise der letzten zwei Jahren mit meinen Pferden. Herr Görgen war nicht gerade freundlich, wenig hilfsbereit und er wollte sich erst recht nicht mit mir auf der Straße unterhalten. Wenn mich das Projekt interessierte, könnte ich mir ja einen Termin geben lassen, die Adresse seiner Organisation würde ich in jedem Telefonbuch finden.

Ich war anschließend dreimal im Büro der GTZ. Der Chef, Herr Görgen, war nie anzutreffen. Er befand sich jedes Mal in Buenos Aires. Das erste Mal war der Deutsche Wirtschaftsminister Rexroth, ein andermal der Entwicklungsminister Spanger, das dritte Mal ein weiterer Politiker aus Deutschland auf Staatsbesuch in Argentinien. Ich hatte gar nicht den

Anspruch, mit dem Chef sprechen zu müssen. Ich wollte nur wissen, was die GTZ in Patagonien machte, welche Zukunft das Land hätte und ich hatte gehofft, vielleicht doch von dem einen oder anderen Fortschritt zu hören. Mehr nicht. Meine Erkenntnis über den deutschen Beitrag zur Bekämpfung der Versteppung in Patagonien war sehr ernüchternd: Für kostspielige Büroorganisation und aufwendige Satellitenaufnahmen, mittels derer man farblich erkennen kann, wie weit die Versteppung schon fortgeschritten ist und die man mit Aufnahmen, die vor einigen Jahren gemacht worden waren bzw. die in den kommenden Jahren gemacht werden würden, vergleichen kann, wird sehr viel Geld verschwendet. Für mich sah das eher nach einer Dokumentation, nicht aber nach einer Bekämpfung der Versteppung aus.

Eisige Höhen und Träume vom Amazonas

Über eine Woche war ich bereits zu Fuß unterwegs und hatte Blasen an den Füßen. Ich wollte auf den Berg Aconcagua, mit seinen 6962 Metern ist er der höchste Berg außerhalb Asiens und wird auch das Dach Amerikas genannt. Warum musste ich da rauf? Während der Planung der Reise hatte ich ein Foto des Berges gesehen und gewusst: Da muss ich hoch! Es gibt Dinge, die kann ich nicht erklären. Es ist halt so. Bis zum Aconcagua waren es noch 700 km. Diese wollte ich, als Konditionstraining, zu Fuß gehen.

Mit der Höhenluft hatte ich noch keine Erfahrung, wusste nicht, was da auf mich zu kam, aber ich konnte mir vorstellen, dass eine gute Kondition Grundvoraussetzung für die Besteigung ist. Ein bisschen quälen würde ich mich wohl auch müssen. Als Masochist sehe ich mich nicht, aber an meine Grenzen würde ich stoßen, dies war mir bewusst. Auch würde ich den inneren Schweinehund ab und zu überwinden müssen. Dafür war die „Übung“, ein gesatteltes Pferd zu führen und trotzdem selbst zu laufen, anstatt bequem auf dem Pferd zu sitzen, eine willkommene Stärkung der Disziplin und Willensstärke.

Die Provinz Neuquen lässt mich an Wind, schmerzende Füße und an das Land der Ziegen denken. Die Erde war rau und steppenhaft. Kein Gras, keine Bäume, nur Kakteen und polstrige Dornensträucher breiteten sich auf braunem, geröllreichen Boden aus. Strauchgewächse, deren Namen übersetzt in die Deutsche Sprache schon ziemlich struppig klingen: Katzenkralle, kleiner Pfeil, böser Dorn und Ziegenbart. Immer wieder sah ich Viehhirten, die Maultiere ritten – magere Tiere. Was fressen die Tiere hier nur, fragte ich mich immer wieder.

Eine Brücke überspannte den Fluss Barrancas und brachte uns in die Provinz Mendoza. Damit verließen wir Patagonien. Ich schrie laut hinaus: „Yeeh, wir haben es geschafft!“, und gab jedem meiner Weggefährten einen Klaps zur Belohnung. Was hatten wir geschafft? War dieser Stolz nicht etwas übertrieben? In drei Jahren Patagonien zu durchqueren ist ja nun keine so tolle und großartige Leistung. Es waren vielleicht mehr die Widrigkeiten und Hindernisse, die wir überwunden hatten, die mich stolz sein ließen. Außerdem war Patagonien der erste Abschnitt, eine erste Etappe, die wir geschafft hatten.

Obwohl ich in die Zukunft blickte und voller Erwartung war, was alles an Neuem auf uns zukommen würde, schweiften meine Gedanken zurück und ich erinnerte mich an atemberaubende Szenerien im Gebirge, an einsame Gebirgsseen, an die Weiden am Fuße der Anden mit ihrem reichhaltigen saftigen Gras, mit dem sich die Pferde rund und voll gefressen hatten und, obgleich satt, hier und da noch ein duftendes Blatt abrupften und genießerisch zermalmten.

Ich erinnerte mich an die Frucht Calafate, die einer Brombeere ähnelt und nur etwas säuerlicher schmeckt. Ich habe sie immer wieder gerne gegessen. Sie ist mit einer Sage behaftet: „Jeder, der die Frucht dieses Strauches isst, kann Patagonien nie wieder verlassen.“ Ich hatte noch eine andere Version gehört: „Jeder, der die Frucht dieses Strauches isst, wird immer wieder nach Patagonien zurückkehren.“ Zufrieden vor mich hin lächelnd dachte ich, mit letzterer Version kann ich leben.

Wir kamen gut voran. Über 120 km in den letzten drei Tagen – für unsere Verhältnisse beachtlich. Vor der Stadt Malargüe kamen wir auf die asphaltierte Nationalstraße Nr. 40. Bei jedem vorbei fahrenden Fahrzeug erschraken die Pferde und sprangen zur Seite. Wegen des lauten Windes bemerkten wir die Fahrzeuge erst im letzten Moment. Falko lief auf Asphalt besser und hatte weniger Probleme. Vor der Stadt lagen einige bewirtschaftete Felder. Ich brachte die Pferde auf eine Weide und verstaute meine Ausrüstung in einer mir zur Verfügung gestellten Hütte. Plötzlich wurde es dunkel. Weltuntergangsstimmung. Eiergrosse Eisbrocken stürzten aus einem pechschwarzen Himmel herab und hämmerten auf das Blechdach. Sobald es einigermaßen möglich war, lief ich auf die Weide. Rebelde und Gaucho hatten sich zum Schutz unter einen Baum zurückgezogen. Es war ihnen nichts passiert. Gott sei Dank. Bald darauf schien die Sonne und verwandelte mit ihren kräftigen Strahlen die gerade noch komplett weiße Landschaft in eine goldene. Das ganze Spektakel und das Farbenspiel spielten sich innerhalb von nur zehn Minuten ab.

Die Stadt Malargüe war umgeben von fruchtbaren Feldern. Die Landschaft davor und danach war jedoch so trocken und traurig, dass der Kontrast geradezu schockierte.

Unser Weg wurde wieder sandig und steinig. Falko hatte Schmerzen beim Laufen. Die Trockenheit machte uns allen zu schaffen. Die Hufe der Pferde hatten Risse. Meine Fingerspitzen waren aufgeplatzt. Falko hatte das gleiche Problem, seine Fußballen waren ebenfalls aufgeplatzt. Ich wollte ihm helfen, aber darauf war ich nicht vorbereitet, dafür hatte ich nichts dabei. Spontan schnitt ich einen Streifen aus dem Hosenbein meiner Jeans und nähte Falko ein paar Schühchen. Falko passte aber nicht auf seine Sachen auf und verlor einen Schuh. Ich nähte ihm einen neuen, den er auch wieder verlor und meine Hose wurde immer kürzer. In Malargüe besorgte ich mir Leder, denn während der nächsten Pause wollte ich ihm Lederschühchen nähen.

Unweit von hier war vor Jahren mitten im Winter ein Flugzeug abgestürzt. An Bord saß ein Rugby Team aus Uruguay. 16 junge Männer überlebten. 72 Tage lang, bis zu ihrer Rettung, schlugen sie sich in der Wildnis der Anden bei meterhohem Schnee durch, wurden Kannibalen, befanden sich an der Schwelle des Todes. Nando Parrado war einer von ihnen. Er schrieb ein Buch über diese Tragödie: „Überleben in den Anden".

Wegen Falko mussten wir einige Tage pausieren. Weit und breit gab es dafür keine andere Alternative als einen Ort, der in meiner Karte als „Mine Buitres" eingezeichnet war. Er lag in der Nähe der Nationalstraße Nr. 40. Die Mine Buitres war ein Erdölförderfeld. Diese Anlage gehörte einer Handvoll Teilhaber. Tito Romero, einer der Besitzer, bot mir an zu bleiben. Es gäbe zwar kein Futter für die Pferde, aber am gleichen Tag noch würde der Lkw die wöchentliche Versorgungsfahrt nach Malargüe machen, wenn ich wollte, könnte ich mir Heu, Hafer und Mais mitbringen lassen.

Am nächsten Tag saß ich fast ausschließlich über meiner Südamerikakarte. Da lag er nun vor mir, der ganze südamerikanische Kontinent, auf einer drei Meter großen Karte - zerfetzt, als hätte sie schon jeder Südamerikareisende nach den Spanischen Eroberern benutzt. Zwei Linien zeichnete ich ein, bis ganz in den Norden, nach Kolumbien. Dabei wurde mir bewusst, wie weit unten im Süden ich noch war. Zwei mögliche Routen waren denkbar. Eine führte weiterhin entlang der Anden, über Bolivien, Peru und Ecuador nach Kolumbien. Die andere, die Alternativroute, verlief durch Bolivien und Brasilien, über Puerto Velho nach Manaus, also durch das Amazonasgebiet, hoch nach Venezuela und dann nach Kolumbien. Letztere Variante würde ca. 4000 km „Umweg" bedeuten. Wie vernarrt war ich in diesen Gedanken, „die Route durch die grüne Hölle" zu nehmen. Statt mein Tagebuch auf einen einigermaßen aktuellen Stand zu bringen, kritzelte ich Skizzen auf und stellte Überlegungen an, wie wir uns auf Wasserwegen durch Amazonien nach Venezuela fortbewegen könnten.

Ich hatte gedanklich ein Floß entworfen. Angetrieben würde es von den Pferden über ein Laufband, indem ich die Neigung des Laufbandes verstellte, könnte ich die Geschwindigkeit regulieren. Wie ließe sich das mechanisch umsetzen? Der Auftrieb des Floßes könnte durch drei Reihen zusammen geschweißter Ölfässer erfolgen. Wie viele Rollen müssten unter das Laufband? Der Antrieb, müsste er ein klassischer Propeller oder doch lieber ein Schaufelrad sein? Sollten Rebelde und Gaucho gleichzeitig laufen oder in getrennten Arbeitsschichten? Welche Konstruktion würde für einen angenehmen Schatten sorgen? Könnte ich das Außenzelt auf Stangen befestigen? Aber dann würden die Pferde vor dem Zeltmaterial erschrecken. Besser, ich nahm doch ein natürliches Dach aus Palmwedeln.

Wie kam ich eigentlich auf die Idee, noch Tausende von Kilometern vom Amazonas entfernt, mir darüber Gedanken zu machen? Ich wünschte es mir nicht nur, ich hatte riesiges Verlangen danach endlich wieder

Bäume und die natürliche Farbe Grün zu sehen. War es eine Entzugserscheinung? Immer nur diese verteufelte Trockenheit. Ich wünschte mir, meine Pferde grünes, saftiges Futter fressen zu sehen. Die Farben der Umgebung um mich herum konnten nicht gegensätzlicher sein. Trocken, gelb und schwarz. Schwarz? Hier wurde Rohöl gefördert und in offene Behälter gepumpt. Überall schien die Anlage zu lecken, der Boden war getränkt von einer schwarzen, zähen, zu Teer vertrockneten Masse. Vielleicht war das alles ausschlaggebend für das Verlangen nach dem Amazonas.

Ich beobachtete das Tagesgeschehen auf der Förderanlage und wunderte mich, wie sich diese wirtschaftlich tragen konnte. Der Besitzer, Tito, der Ingenieur Carlos und die Arbeiter Pedro und André förderten das Erdöl, in der Woche keine zehn Kubikmeter. Das Rohöl war von schlechter Qualität und darum nur für die Verarbeitung zu Teer zu gebrauchen.

Ich spazierte um die Anlage und zählte zehn Bohrlöcher. Es gab keine dieser typischen Pumpen, die wie ein übergroßer Hammer aussehen und sich auf und ab bewegen. Die Anlage förderte mittels Rohren, die teilweise 300 Meter tief im Boden versenkt waren. In diese Rohre wurde Pressluft geleitet. Durch diese wurde das Öl zutage gefördert und floss nicht, sondern „schwappte" aufgrund seiner Zähigkeit in einen offenen, runden Behälter im Durchmesser von fünf bis zehn Metern. In diesen Behältern spiegelte sich der Himmel im Rohöl, durstige Vögel verwechselten die Oberfläche mit Wasser und viele verendeten darin. Die Betreiber hatten die Auflage bekommen, diese offenen Behälter mit feinem Maschendraht abzudecken, so dass keine Vögel mehr hinein fliegen konnten. Gerne half ich hier mit. Eigentlich ergaben sich immer wieder und überall Gelegenheiten, während einer Pause mitzuarbeiten. Diese Arbeiten waren weniger dafür gedacht, meine Reisekasse aufzubessern, eher konnte ich einen Beitrag dazu leisten, Unterkunft und Futter für meine Tiere zu bekommen. Diese Arbeiten unterwegs hatten noch einen Vorteil. Ich glaube, bei keiner anderen Gelegenheit kommt man so schnell in Kontakt mit Einheimischen wie bei der Arbeit.

Irgendwie schien mir der Betrieb der Anlage hier sehr unproduktiv, gar nicht so, wie sich das ein Mechaniker aus der „Westlichen Welt“ vorstellt. Jeden Abend diente die Batterie des Lkws im Aufenthaltsraum als Energiequelle für Licht, Funkgerät und einen Fernseher, der, nebenbei bemerkt, nicht ein einziges scharfes Bild lieferte. Am Morgen war die Batterie leer, aber von ihr war der ganze Tagesablauf abhängig, so wurde sie wieder in den Lkw gebracht. Da die Batterie sehr schwer war und der Lkw weit entfernt stand, an einem Ort, wo sich die Möglichkeit bot ihn anrollen zu lassen, musste die Batterie mit einem Schubkarren transportiert werden. Der Reifen vom Schubkarren war platt und musste jeden Morgen umständlich mit einer Handpumpe aufgepumpt werden. Nachdem die Batterie wieder eingebaut war, rollte der Lkw mit der leeren Batterie einen Hügel hinunter und sprang an. Bei laufendem Motor wurde nun die Batterie wieder ausgebaut und in einen Traktor eingebaut, der wiederum vom Lkw angeschleppt werden musste, da der Motor anscheinend ein Problem mit dem Anspringen hatte. Gequält gab er nach einem Kilometer nach und sprang an. Obwohl das eigentlich zum täglichen Ablauf gehörte, gab es kein vernünftiges Abschleppseil, sondern die Arbeiter improvisierten mit Seilen, die im Durchschnitt dreimal pro Aktion rissen. Der mittlerweile angesprungene Traktor fuhr dann in einen Schuppen, der zu niedrig für den Lkw war. Vom Traktor aus wurde überbrückt und ein Aggregat gestartet, das einen Generator antrieb, mit dem die leere Batterie wieder aufgeladen wurde, weil man sie ja am Abend wieder im Aufenthaltsraum benötigte. Alleine bis die Batterie angeklemmt war, wäre eigentlich von der vergangenen Zeit und vom Energieverbrauch her schon wieder eine Brotzeit angebracht gewesen.

„Die letzte Herausforderung Amerikas“, mit diesen Worten wird der 6962 Meter hohe Aconcagua im Werbeprospekt angepriesen. Der Aconcagua kann gleich mit drei Rekorden aufwarten: Er ist der höchste Berg Amerikas, der höchste in der südlichen Hemisphäre und der höchste außerhalb des Himalajas. In der Sprache der Aymara, einem Andenvolk, bedeutet „Acon Cagua“ „eingeschneiter Berg“, in der Sprache der Inka bedeutet „Ackon-Cahuac“ „steiniger Weg“.

Südlich der Stadt Mendoza suchte ich nach einem Platz, wo ich meine Pferde für einige Wochen unterbringen könnte und sie gut versorgt würden. Grund dafür war, dass ich den Aconcagua besteigen wollte. So fragte ich nicht nur nach einem Platz für die Pferde, sondern auch nach Möglichkeiten, auf den Berg zu gehen. Denn eines war mir klar, ich würde auf keinen Fall alleine und auf eigene Faust diesen Berg besteigen.

Der Sohn meiner Gastgeber erzählte mir, sein Freund sei Mitglied im „Club Andinista“, der Bergsteigervereinigung Argentiniens. Eine Gruppe aus dieser Vereinigung wollte in den nächsten Wochen den Aconcagua besteigen. So lernte ich Gerardo und seine zehn Freunde kennen. Sie befanden sich in der Ausbildung zu Bergführern einer staatlichen Bergführerschule und die Besteigung des höchsten Berges gehörte zur Ausbildung. Gerardo, der die Besteigung leiten würde, fragte mich, ob ich mir denn diese Tour ohne alpine Erfahrung zutrauen würde. Er schlug vor, dass ich in einigen Tagen Sergio, Iwan und Ricardo zu der Berghütte „Real de la Cruz“ begleiten sollte, denn auf dieser Tour würden sie über 4000 Meter kommen. Zwei Wochen später gingen wir als Vorbereitung auf den 6100 Meter hohen „El Plato“. Beim Aufstieg sah ich zum ersten Mal den Aconcagua und war von dessen Anblick überwältigt. Obwohl hoch motiviert gab ich auf 5300 Metern wegen starker Kopfschmerzen auf. Dennoch hatte ich mich in den Augen Gerardos qualifiziert und durfte in zwei Wochen beim Besteigen des Aconcagua dabei sein. Qualifiziert hatte sich erst recht Falko, er schien überhaupt kein Problem mit der Höhe, der dünnen Luft und dem geringen Sauerstoffgehalt zu haben.

In der darauf folgenden Woche war Einkleidung. Ich selbst hatte für die Besteigung eines hohen Berges nichts dabei. Es gab eine Art „Tauschbörse“ im Club Andino. Jeder brachte Ausrüstung und Kleidung, die er doppelt hatte, und alle tauschten untereinander. Meine Ausrüstung bekam ich größtenteils von den Clubmitgliedern unter 18 Jahren, sie durften nicht mit auf den Aconcagua. Von Alejandro bekam ich Kunststoffbergschuhe, Schuhgröße 47. Die vier Nummern Unterschied glich ich mit einigen Paar Socken aus.

Einige tausende Bergsteiger kommen jedes Jahr aus der ganzen Welt nach Argentinien, um den Aconcagua zu besteigen. Für diese Gruppe junger Bergfreunde lag der Berg vor der Haustüre, trotzdem scheiterte es beinahe am fehlenden Geld. Aber wie lautet das Sprichwort: Wo ein Wille – da auch ein Weg. Da sie sich teure Expeditionsausrüstung nicht leisten konnten, trennten sie eine alte Expeditionsjacke und -hose auf, verwendeten sie als Muster, besorgten das Material, und eine der Mütter kopierte das Schnittmuster und nähte neue Kleidung. Die Eintrittsgebühren in den Nationalpark Aconcagua und die Besteigungsgenehmigung wurden vom Tourismusbüro in Mendoza gesponsert.

Die Kosten des Transports von je 30 Kilogramm Ausrüstung und Essen mit Maultieren von Puente del Inca, dem Eingang des Parks, bis zum Basislager Plaza de Mulas, wurden von der Stadt Mendoza übernommen. Als Gegenleistung verpflichteten sich die jungen Männer, eine Reinigungsaktion am Berg durchzuführen. Dies war bis dato einmalig.

Jeder musste trotzdem noch 50 Dollar für die Verpflegung zuzahlen, was für die jungen Argentinier noch sehr viel Geld war. Der Vater eines Bergsteigers stellte am Wochenende seine Backstube zur Verfügung. Gemeinsam fertigten wir über tausend Empañadas – Teigtaschen, aus einer Art Blätterteig, mit vielen unterschiedlichen Füllungen. So verführerisch die Teigkruste auch glänzt, entscheidend ist, was drinnen ist. Wir füllten sie mit Fleisch, Käse und Zwiebeln, Hühnchen, Spinat oder Thunfisch. Die fertigen Empañadas verkauften wir von Tür zu Tür. So konnten wir das fehlende Geld auftreiben.

Am Eingang des Parks, an unserem ersten Camp, sortierten wir, was wir für die nächsten zwei Tage brauchten und wir selbst tragen könnten und was per Maultiere direkt ins Basislager transportiert werden sollte.

Wir wanderten durch das Horcones Tal und schlugen auf 3300 Metern Höhe in Confluencia unser Lager auf. Der Weg war nicht schwierig, sondern angenehm und flach, es ging immer am Fluss entlang. Beim Lager angekommen, dachte ich, ich sei im falschen Film, denn Brad Pitt war auch dort. Mit ihm war eine ganze Hollywoodfilmcrew unterwegs. Sie drehten Heinrich Harrers Geschichte „Sieben Jahre in Tibet". In den argentinischen Anden wurde versucht, Tibet nachzustellen. Im chinesisch besetzten Tibet selbst hätte dieser Film nie gedreht werden können.

Kurz vor dem Basislager „Plaza de Mulas" hatte Flavio ein Problem. Sein Gesicht war grün angelaufen und er musste sich übergeben. Ich machte mir Sorgen und hatte Mitleid mit ihm. Gerardo beruhigte mich, „Dem passiert nichts - das ist unser bester Mann. Flavio ist ein Phänomen, genau bei 4000 Metern übergibt er sich, man kann sich darauf verlassen, der ist zuverlässiger als ein Höhenmesser, danach ist alles wieder vorbei."

Im Basislager fühlte man sich wie auf einer Outdoormesse in der Zeltabteilung. Hunderte von bunten Zelten aller namhaften Hersteller standen in den verschiedensten Konstruktionen herum. Expeditionen aus allen Ecken der Welt hatten ihr Lager aufgeschlagen. Japaner, Spanier, Franzosen, Deutsche, Holländer, Amerikaner und auch Argentinier, sie alle hatten ein gemeinsames Ziel, den Aconcagua zu besteigen. Sie bewegten dieselben Probleme. Die Gespräche drehten sich um Themen wie Durchfall oder wie wichtig es ist, genügend Wasser zu trinken, selbst wenn man keinen Durst hat, weil die Höhenluft den Körper austrocknet. Sie diskutierten über nützliche und angenehme Zutaten, die man ins Wasser oder ins Essen geben sollte, über Muskelschmerzen und Entspannungstechniken und über die Gefahr der Sonne.

Wir kochten in einer Gemeinschaftsküche. Alles lief reibungslos Hand in Hand, ohne dass jemand eingeteilt werden musste. Ich genoss die Kameradschaft, die mir in den letzten Jahren gefehlt hatte.

Im Basislager blieben wir drei Tage zum Akklimatisieren, aber auch um unsere Aufgabe der Reinigungsaktion zu erfüllen. Wir mussten Löcher ausheben, über diesen wurden dann Toilettenhäuschen errichtet.

Es gibt zwar einige Verhaltensregeln unter Alpinisten, wie z. B., dass man sein Geschäft nicht näher als 50 Meter an fließendem Wasser verrichtet, aber nicht jeder hält sich daran. Das Wasser über 4000 Meter Höhe war so kalt, dass sich niemand wusch. Keiner rasierte sich oder benutzte ein Deo. Die wenigsten wechselten in den folgenden 14 Tagen ihre Wäsche öfter als einmal.

Wir wollten ein Hochlager am Nido de Condor auf 5300 Metern einrichten. Dazu mussten wir rund tausend Höhenmeter überwinden. Wir wollten Lebensmittel hoch bringen, ein paar Stunden zum Akklimatisieren bleiben und dann wieder ins Basislager absteigen. Über Nacht hatte es geschneit. Auf dem Schnee war es für Falko angenehm zu laufen. Falko überraschte mich, ihm schien die Höhe gar nichts auszumachen. Er fühlte sich für uns verantwortlich. Als wäre es seine Pflicht, unsere Gruppe wie eine Herde Schafe zusammen zu halten, rannte er vor zum Gruppenführer und dann wieder zurück zum Letzten. Er wurde von jedem unserer Gruppe gestreichelt, was er sichtlich genoss. Ab 5000 Metern kostete mich das Weitergehen Überwindung. Ich blieb alle zwanzig Meter stehen, war müde und mir fehlte die Luft. Ich hatte einen Fehler gemacht. Da ich das Team immer wieder fotografieren wollte, war ich der Gruppe, in der jeder sein eigenes Schritttempo gefunden hatte und beibehielt, vorausgeeilt, um für den Bildaufbau besondere Motive mit einzubinden. Für das Hin- und Her-Springen fehlte mir die Kondition. Ich musste mich jetzt unbedingt auf mein Schritttempo konzentrieren, rhythmisch und gut koordiniert. Im Hochlager deponierten wir Lebensmittel und Brennstoff und nach einer Pause stiegen wir wieder zum Basislager ab, wo wir einen Tag Rast einlegten, bevor wir wieder zum Nido de Condor aufstiegen. Nach einer Nacht im Hochlager ging es weiter hinauf zum Camp Berlin.

Im Camp Berlin, auf 6300 Metern, erledigten wir unseren letzten Reinigungsauftrag. Zwei Notschutzhütten, so niedrig und flach wie Hundehütten, waren voll gepresst mit Schnee, fest wie Beton. Diesen mussten wir entfernen. In einer weiteren, größeren Schutzhütte lag der Müll fast einen Meter hoch. Ich war entsetzt, was waren hier für Schweine unterwegs? Ich hätte erwartet, dass Menschen, die hier herkommen und eine solch atemberaubende Szenerie genießen dürfen, dieses Privileg zu schätzen wüssten und eine andere Einstellung ihrer Umwelt gegenüber hätten. Mit dem Abfall unzähliger Bergsteiger füllten wir etliche Müllsäcke. Damit war unser Auftrag erfüllt, abgeholt werden würden diese Müllsäcke vom argentinischen Militär mit Maultieren, denn ihre Hubschrauber können in dieser Höhe nicht mehr fliegen.

Sergio, Iwan und ich teilten uns ein Zelt im Camp Berlin. Wir kochten und schmolzen sechs Stunden lang Schnee für Trinkwasser. Ich war dankbar, dass der Geruch des Essens die unangenehmeren Gerüche um mich herum überdeckte.

In der Nacht nahm ich zwei Flaschen Wasser mit in den Schlafsack, damit sie nicht froren. Falko lag zusammengerollt neben mir. Ich packte ihn mit meiner Jacke ein, was er mit einem kleinen Wimpernschlag honorierte. Morgens um drei Uhr kochte ich Tee für meine Zeltpartner und mich. Ich hatte starke Kopfschmerzen und es war eisig kalt. Iwan las das Thermometer ab, es hatte minus 30 Grad Celsius. Um fünf Uhr früh brachen wir auf. Im Licht der Stirnlampe, einer hinter dem anderen, machten wir uns auf dem Weg zum Gipfel. Es war der große Tag.

Auf 6500 Metern begann Falko zu hinken. Seine Pfoten schmerzten ihn. Der Weg war schneefrei und die scharfkantigen Steinchen machten ihm Probleme. Um Falkos Schühchen anzubringen brauchte ich normalerweise zwanzig Minuten. Heute Morgen bei dieser Kälte 20 Minuten ohne Handschuhe zu werken war unmöglich. Ich konnte sie ihm nicht anziehen.

In einer Verschnaufpause teilte ich den anderen mit, dass ich umkehren würde, denn Falko könnte ich so nicht laufen lassen. Meine Bergkameraden waren nicht einverstanden. „Auf keinen Fall! Wir packen alle zusammen und tragen Falko abwechselnd!“ Sicher waren einige von uns in einer weit besseren körperlichen Verfassung als ich, denn ich war ohne Frage bereits an meiner Leistungsgrenze angekommen, doch einen Hund mit 30 Kilogramm auf den Gipfel zu tragen, das wäre einfach verrückt gewesen. Ich hatte mich entschlossen, Falko mit hierher zu bringen, ich alleine war verantwortlich für ihn und dieser

Verantwortung konnte ich mich jetzt nicht entziehen. Keine Diskussion. Gerardo blickte mich an, nickte kurz: „Schade."

Ich kehrte um, während meine Freunde weiter zum Gipfel aufstiegen. Ich hatte Tränen in den Augen, so gerührt war ich von ihrem Angebot, Falko zu tragen. Die Tränen froren zu kleinen Eisperlen an meinen Wimpern.

So kurz vor dem Ziel umzukehren, nach all dem Aufwand und den Strapazen, war das nicht eine wahnsinnige Enttäuschung für mich? Nein, das war es eigentlich nicht. Wann immer ich auf meiner Reise wichtige Entscheidungen zu treffen hatte, ging ich nach dem Motto vor: Zwei Dinge zur selben Zeit können nicht gleich wichtig sein. In diesem Fall hatte ich die Wahl: Mein Hund Falko oder der Gipfel? Und plötzlich war das Ziel, den Gipfel zu erreichen, gar nicht mehr wichtig.

Zurück im Camp Berlin, legte ich mich zwei Stunden schlafen und wartete, bis es wärmer wurde, um Falko die Schuhe anzuziehen. Während ich schlief, hörte ich, dass Frederico und noch zwei andere zurückkamen. Sie hatten wegen Erschöpfung und erster Erfrierungen abgebrochen. Zusammen stiegen wir ins Basislager ab.

Am nächsten Tag beobachteten wir unsere Bergkameraden, die langsam über die Geröllhalde ins Basislager herunterkamen. Wir waren bereits eifrig am Kochen und empfingen sie gebührend mit gutem Essen und feierten ihren Erfolg gemeinsam, für jeden gab es eine Dose Bier zum Anstoßen. Sie alle hatten gemeinsam den Gipfel erreicht. Am nächsten Tag brachte uns ein langer Marsch zurück nach Puente del Inca, einem durch Erosion gebildeten Steinbogen am Eingang des Parks. Am Puente del Inca hatten sich früher ein Hotel und Thermalbad befunden, das aber in den 50er Jahren durch einen Erdrutsch zerstört worden war. Ein Teil des alten Thermalbades war so geschützt unter dem rotgelb verfärbten Fels angelegt, dass man es noch benutzen konnte. Es war zwar ein bisschen verwahrlost, aber das hinderte uns nicht daran, unsere müden Körper bis in die frühen Morgenstunden im dem herrlich warmen Wasser zu entspannen, bis unsere Hände und Füße ganz verschrumpelt waren. Keiner wollte mehr aus dem Wasser, denn die

Lufttemperatur auf über 2500 Metern war immer noch eiskalt.

Am nächsten Tag brachte uns ein Bus wieder nach Mendoza, wo wir schon erwartet wurden. Fernsehen, Radio, Journalisten und Fotografen – alle waren sie gekommen, um die Helden, die aufgestiegen waren, den Berg zu reinigen, zu würdigen. Ich war erstaunt und fast beschämt über den Dank und die Begeisterung, die uns entgegen gebracht wurde. Jeder erhielt sogar einen Orden und eine Urkunde, auf der sich alle wichtigen Funktionäre der Region für unseren Einsatz bedankten. Andererseits war es auch keine leichte Aufgabe, in dieser Höhe Reinigungsarbeiten durchzuführen, wo schon das Nichtstun allein anstrengend genug ist.

Es war Sonntag Nachmittag. Wir folgten einem drei Meter breiten Wasserkanal. Daneben, unter einigen Bäumen, picknickten Familien auf dem Boden sitzend. An den Sonntagsausflüglern vorbei ließ ich Falko in den Wasserkanal springen. Gewöhnlich genoss er Wasser und kühlte sich schnell ab. Das Wasser hatte jedoch eine beachtliche Strömung, dies wurde mir erst jetzt bewusst. Falko kam alleine nicht mehr heraus, war aufgeregt, wurde panisch. Ich drehte mich um, zwei oder drei Männer riefen mir etwas zu und fuchtelten wild mit den Armen, aber ich verstand sie nicht. Der Kanal führte direkt auf ein Bauwerk zu. „Falko, hier!"

Ich wollte ihm helfen, rief ihm zu, er schwamm in der Mitte, kam nicht nah genug an mich heran, dass ich ihn fassen konnte. Die Pferde hatte ich einfach stehen gelassen und rannte neben dem Kanal her. „Soll ich springen?" ging es mir durch den Kopf.

„Falko, nun komm her!"

Zuerst bekam ich nur ein Ohr zu fassen, zog ihn etwas heran, dann fasste ich mit beiden Händen einfach irgendwo in sein Fell und riss ihn aus dem Wasser.

Die Männer holten mich ein. Völlig außer Atem standen sie neben mir und warnten mich vor dem Wehr. Es war nicht mehr zu übersehen und schon gar nicht zu überhören. Ich bedankte mich bei ihnen für ihre

Besorgtheit. Nun wurde mir erst bewusst, vor welcher tödlichen Gefahr sie uns warnen wollten. Das Wasser wurde im Moment am Wehr nicht gestaut, sondern stürzte einige Meter in die Tiefe und verursachte große Rollen und Verwirbelungen. Wären Falko und ich da rein geraten, wir wären nie wieder von alleine raus gekommen.

Ich konnte kaum mehr schlafen, Falko schnaufte so stark. Er hatte sich sehr verändert. Er war nicht mehr der Falko, mein Partner, wie ich ihn gekannt hatte. Er baute immer mehr ab. Wenn du so intensiv mit einem Hund zusammen bist, 24 Stunden am Tag, 365 Tage im Jahr, dann sprichst du mit deinem Hund wie mit einem Menschen. Falko verstand mich und an seinem Gesichtsausdruck, an seinem Minenspiel verstand ich ihn. Eines Morgens kroch Falko an meinen Schlafsack, stupste mich mit seiner feuchten Schnauze an und blickte mich aus tiefen traurigen Augen an. Sein Blick drückte aus: „Hey Kumpel, war eine tolle Zeit mit dir, aber es geht nicht mehr."

Wir gingen zum Tierarzt. Er war nicht da und sein Vertreter hatte keine Ahnung. Ich sollte das Futter wechseln. Ein anderer Tierarzt meinte, Falko hätte ein wenig Wasser in der Lunge. Mein Freund Freddy aus Buenos Aires bot mir an, Falko während der heißen Sommermonate zu betreuen. Ich war nur noch auf der Suche nach einem Ort, an dem ich die Pferde für ein paar Tage unterstellen konnte, um mit Falko nach Buenos Aires zu fahren. Bei dieser Suche lernte ich einen sehr merkwürdigen Zeitgenossen kennen.

Rafael hatte schwarzes, schulterlanges Haar, trug ein Stirnband und einen Schnauzbart, dessen Enden nach unten standen, wie bei einem Chinesen. Er sprach mich auf der Strasse an. Er hatte mich verwechselt und geglaubt ich sei Hans, auch ein Deutscher. Die beiden hatten sich in Kolumbien getroffen, Hans war mit einem Maultier unterwegs.

„In der peruanischen Hauptstadt Lima ist eine Untergrundbewegung in die Japanische Botschaft eingedrungen und hält Geiseln fest, hast du davon schon gehört?" fragte mich Rafael ganz stolz, als hätte er es selbst organisiert.

„Das sind meine Freunde, Túbac Amaru", meinte Rafael, „Sie wollen die ganze Aktion ohne Blutvergießen beenden, nicht wie die Maoisten vom Leuchtenden Pfad." Was er genau meinte, verstand ich nicht und er ließ mir auch keine Sekunde um nachzufragen. Schon erzählte er von Kolumbien. Rafael war bei den Rebellen und Guerillas in den Bergen. „Auch das sind meine Freunde."

In seinem Wohnzimmer hing ein großes Bild von Che Guevara. „Mein Idol, komm mit, ich zeig dir noch ein paar." Noch ein Poster von Che Guevara, Salvador Allende - chilenischer Staatspräsident, Saddam Hussein, Arafat, Castro. „Das sind alles meine Freunde, weil sie alle gegen die USA sind - Contra Washington." Auf seinem Bett lag ein schwarz-weißes Palästinenser-Tuch. Das Wohnzimmer war dunkel und kühl, deshalb gab es keine Fliegen und Moskitos und es war angenehm. In der Mitte stand ein großer und sehr langer Tisch, eine Tafel, an der viele Menschen speisen könnten. Aber dafür gab es keinen Platz, denn der Tisch war übervoll mit Sammelstücken: Messingteilen, Steinen, Muscheln, einer Waage und dem Schädel eines Menschen. Ein weiterer Schädel hing im Kronleuchter. Das Zimmer hatte Museumscharakter.

Rafael erzählte mir von dem Weingut Orfila, ganz in der Nähe, wo nebenbei Pferde gezüchtet wurden. Das Weingut transportierte den Wein mit einem eigenen Lastkraftwagen nach Buenos Aires. Vielleicht könnten sie mich und Falko nach Buenos Aires mitnehmen. Ein Hund in öffentlichen Verkehrsmitteln? Damit hatte ich zwar noch keine Erfahrung, ich wusste allerdings bereits, dass man Hunde schlicht nicht zuließ.

Das Weingut Orfila glich einem kleinen Dorf. Hier wurden Peruanische Passgänger gezüchtet. Diese Pferde sind bekannt für ihren natürlichen Schritt, eine Art schneller, schwebender Renntrab, der für den Reiter sehr bequem ist. Omar, Pferdepfleger und Verantwortlicher, wollte die Impfpapiere meiner Pferde sehen, weil unter der Herde von 100 Stück auch einige recht teure Pferde waren. Trotzdem lief die Pferdezucht als Hobby. Die Haupteinnahmequelle war die Produktion und der Verkauf von Wein. Diesen transportieren sie in das 1000 km entfernte Buenos

Aires. Der Fahrer wirkte überrascht, als ich ihn fragte, ob er etwas dagegen hätte, Falko im Führerhaus mitzunehmen. Scheinbar hatte er noch nie im Leben einen Hund im Führerhaus, warum sollte er das jetzt ändern. „Den Hund binden wir auf die Ladefläche", meinte er.

Ich zögerte und sprach meine Bedenken aus. Ich glaube, der Fahrer wollte dem Ganzen aus dem Weg gehen und erfand daher spontan eine Notlüge: „Die Familie von meinem Onkel zieht gerade um, und jedes Mal wenn ich nach Buenos Aires fahre, nehme ich einen Verwandten mit." Um noch den letzten Funken Hoffnung in mir zu löschen, fügte er hinzu: „Es ist eine sehr große Familie."

Omar fuhr mich mit seinem kleinen Fiat zum örtlichen Tierarzt. Falko hatte Fieber, 40°C, Normaltemperatur bei Hunden ist 38°C. Er bekam eine Spritze mit Antibiotika und Vitaminen. Im Busterminal erkundigte ich mich nach den Abfahrzeiten nach Buenos Aires. Verschiedene Busgesellschaften fuhren rund um die Uhr in die argentinische Hauptstadt. Alle lehnten den Transport von Hunden kategorisch ab.

Auf dem Weingut verstaute ich meine komplette Ausrüstung in der Sattelkammer. Der Tierarzt kam und nahm meinen Pferden Blut für einen Test ab, damit Omar zufrieden war. Der Tierarzt sah sich auch Falko noch einmal an. Die Temperatur war auf 38,5°C gesunken, es ging ihm wieder besser. In dieser Nacht wollte ich fahren. Ich hatte mich für den Nachtbus entschieden, da nachts die Temperatur kühler und somit angenehmer für Falko war. Ich kaufte ein paar Flaschen Wein für meine Freunde in Buenos Aires und suchte nach Kartons, mit denen ich eine wackelige Hundebox für Falko zusammenklebte. Damit auch keiner auf die Idee käme, an meiner Hundebox zu zweifeln, schrieb ich mit roter Farbe darauf: „Hundebox – nur für Transport von Hunden".

Omar brachte mich mit seinem Fiat zum Busbahnhof nach San Martin. Das Auto war so klein, dass es keinen Platz für die Hundetransportbox gab, so banden wir sie oben auf das Autodach. Zweimal ermahnte ich Omar, langsamer zu fahren, sonst würde sich der schwabbelige Karton zerlegen. Acht Busunternehmen weigerten sich, Falko mitzunehmen, erfanden unterschiedlichste Ausreden. Im Bus des Unternehmens Delfina gab es noch freie Sitzplätze. Ich sprach den Busfahrer direkt an, bat ihn, er möge sich doch die Transportbox anschauen. Alle Papiere für den Hund und auch eine Beruhigungsspritze wären vorhanden. Das war zwar gelogen, aber hatte ich noch eine Wahl?

Wir einigten uns. Falko durfte mit, im Karton hinter dem umgebauten Kofferraum, in dem die beiden Busfahrer abwechselnd schliefen. Unterwegs benachrichtigte ich Freddy. Freddy, deutscher Abstammung und von Beruf Fotograf, lebte in einem Vorort von Buenos Aires. Wir hatten uns in Patagonien kennen gelernt. „Ich hole euch am Busbahnhof ab." Ich war erleichtert, ich wusste, auch in der Hauptstadt würde es nicht einfach sein, in öffentlichen Verkehrsmitteln oder Taxis einen Hund zu transportieren.

Falkos Problem war entweder sein Herz oder seine Lunge. Mehr wusste ich noch nicht. Falko sollte gründlich untersucht werden. Wir suchten drei verschiedene Tierärzte auf: allgemeine Untersuchung, Röntgen und EKG. Die Herzklappe war angegriffen. Falko könnte mit der Krankheit leben, aber nie wieder 40 km am Tag laufen, war das ernüchternde Fazit. Eine traurige, schmerzhafte und enttäuschende Tatsache, die ich da zu akzeptieren hatte. Auslöser der Herzerkrankung war der Unfall am Anfang der Reise, als ein Pferd nach Falko trat. Damals konnte ich mir die Folgen nicht vorstellen. Die Herzklappe hatte sich entzündet, eine Infektion, die über Jahre die Herzklappe zerstört hatte. Ich musste eine Entscheidung treffen.

Falko sollte zurückfliegen, nach Deutschland, in mein Elternhaus, dorthin, wo ich ihn als Welpen bekommen hatte und er aufgewachsen war. Für diesen Transport engagierte ich die internationale Spedition Schenker, die alleine fürs Handling 300 US Dollar verlangte. Eine große Hundetransportbox für einen international zugelassenen Flugtransport musste ich auch noch kaufen. Das Kilo Fracht kostete 13,56 Dollar. Aufgrund des Volumens der Hundetransportbox wurden pauschal 80 Kilogramm berechnet und nicht Falkos eigentliches Gewicht. Ein Berg an Papieren musste mehrfach kopiert und anschließend beglaubigt werden. Die dafür zuständigen Notare saßen mit ihren Schreibmaschinen wortwörtlich auf den Straßen, überall vor Regierungs- und Verwaltungsgebäuden. Sie verdienten ihren Lebensunterhalt, indem sie schwungvoll ihren Namen auf Fotokopien hinterließen und in meinem Fall dafür 100 Dollar verlangten.

Der Abschied von Falko war mir noch gar nicht so bewusst, da ich durch das Zusammentragen der Papiere aus den am weitesten voneinander entfernten Winkeln der Millionenstadt beschäftigt und abgelenkt war. Telefonisch gab ich meinen Eltern die Flugnummer und die Ankunftszeit Falkos in Frankfurt durch. Ich drückte Falko noch ein letztes Mal an mich, gab ihm einen Kuss zwischen die Augen und bat ihn, in die Transportbox zu gehen. „Es ist das Beste, glaub es mir." Tränen rollten über meine Wangen. Ich nahm wieder einen Nachtbus, kam am Morgen auf dem Weingut an, sattelte Rebelde und Gaucho und wollte einfach nur noch unterwegs sein.

Der erste Tag ohne Falko. Den ganzen Tag hatte ich Wellen von Gefühlsschwankungen, die mir immer wieder Tränen aus den Augen drängten, die ich gar nicht mehr abwischte. Gelang es mir, die Gedanken an Falko zu verdrängen und mich abzulenken, dann rief ich plötzlich, geistesabwesend nach ihm, weil ich ihn nicht vorne sah. „Falko, wo bist du schon wieder?" Dann wurde es mir bewusst und wieder wurden meine Augen feucht.

Wir ritten entlang eines Bewässerungskanals in Richtung Norden. Nach Tres Porteñas waren es 30 km, mein Tagesziel. Gegen Mittag fuhr Fernando mit seinem Mofa an uns vorbei, schaltete seinen Motor ab und trat in die Pedale. Der Student des Vermessungsingenieurwesens kam von der Stadt San Martin und besuchte seine Eltern, die hier in der Nähe wohnten. Er lud mich zum Essen nach Hause ein. Mittlerweile erreichte das Quecksilber im Thermometer die 40°C Marke. Die große Familie lebte vom Weinanbau, wie viele in dieser Gegend. Wir aßen Innereien, Mais und Kartoffeln. Als Nachtisch kam ein großes Glas mit eingemachten Birnen auf den Tisch. In einem Zimmer neben der Küche lagen ein paar Matratzen auf dem Boden, ich hielt dort Siesta. Ich sollte doch da bleiben, morgen war auch noch ein Tag. Außerdem, meinten die Eltern, würde es heute noch ein Gewitter geben. Der Himmel aber war strahlend blau. Die Familie war sehr nett und es tat mir leid, dass ich ihnen nicht erklären konnte, warum ich im Moment niemanden um mich herum ertragen konnte. Ich wollte weiter ziehen, einfach weiter, am liebsten ohne irgendwo anzukommen.

Im Osten braute sich etwas zusammen, der Himmel war von Regenwolken vollends verdunkelt und es blitzte. Fernandos Familie hatte mich gewarnt, aber ich wollte nicht auf sie hören. Das Gewitter war noch sehr weit entfernt, noch war der Donner nicht zu hören.

Nieselregen setzte ein. Links und rechts neben der Straße waren Weingärten. An einem Kiosk fragte ich, wo ich mich unterstellen oder gar das Lager aufschlagen könnte. Zwei Kilometer weiter gäbe es einen kleinen Hof, dort könnte ich es versuchen, sagte man mir. Als ich an das Tor kam, gab es einen Platzregen. Ich ging auf die Hütte zu. Ein Mann stand mit freiem Oberkörper im Regen und wusch sich.

Der Boden war im Nu aufgeweicht und klebte an Stiefeln und Hufen. Wo konnte ich das Gepäck und die Sättel ablegen? In dem dunklen Haus war noch ein alter, zahnloser Mann. Er schielte und hatte ein akutes Hautproblem. Der Alte bot mir Mate-Tee an. Zum ersten Mal lehnte ich Mate-Tee ab, ich konnte einfach nicht das gleiche Trinkrohr in meinen Mund stecken. Ich hoffte, dass es aufhören würde zu regnen – in dieser Hütte wollte ich nicht schlafen. Die kleine Regenpause nutzte ich entschlossen, um das Zelt aufzubauen, aber sie reichte nicht mehr dazu aus, um mir eine Kleinigkeit am Holzfeuer zu kochen. So begnügte ich mich mit trockenem Brot. Das Gewitter war genau über uns. Es donnerte so stark, dass ich mir einbildete, mein Körper vibriere.

Ich war alleine im Zelt. Seit Jahren war dies der erste Abend ohne Falko. Wie vermisste ich ihn. Nun war das eingetreten, wovor ich von Anfang an Angst hatte, nämlich die Reise alleine zu machen.

Ein letzter Pass auf dem Weg nach Bolivien

Im Norden Argentiniens fährt der „Tren des las Nubes", der Zug in die Wolken, der bis auf über 4000m Höhe über die Anden durch die Atacamawüste nach Chile führt. Überquert der Zug das in atemberaubender Höhe gebaute Viaducto la Polvorilla, fühlt man sich tatsächlich, als reiste man in die Wolken. Bei dieser Zugfahrt lernte ich Josette kennen, eine attraktive, junge Kalifornierin. Sie war alleine und ich lud sie in das bekannte Restaurant Las Molinos in Salta ein.

Es war ein schöner Abend, ich fühlte mich sehr wohl in ihrer Gesellschaft. Erst spät nachts fuhren Josette und ich in unser Hotel zurück. Ich stand früh auf und fotografierte die Stadt im Morgenlicht. Josette und ich verbrachten den Tag zusammen und gingen am Abend ins Kino. Am folgenden Tag fuhr ich mit dem Bus zurück nach Cafayate, dort hatte ich meine Pferde während der dreitägigen Zugfahrt untergebracht. Ich träumte vor mich hin, während die wunderschöne argentinische Gebirgslandschaft an mir vorbei flog. Diese Reisegeschwindigkeit war ich nicht gewohnt. Neben mir saß Josette. Sie war mitgefahren, denn sie wollte unbedingt meine Pferde kennen lernen.

Zurück in Cafayate führte mich mein erster Weg sofort auf die Weide. Ich wollte vor allem nach Gaucho sehen. Er hatte eine lästige und langwierige Wunde an der Fessel, die er sich, als er angebunden war, mit einem Strick zugezogen hatte. Trotz meiner Behandlung mit einer Salbe war die Wunde auch nach Wochen noch nicht verheilt und immer wieder aufgebrochen. Bevor ich nach Salta zum Tren de las Nubes aufgebrochen war, hatte ein junger Argentinier mein Pferd mit – wie mir schien – Magie behandelt. Ich war gespannt, ob seine Methode Wirkung gezeigt hatte.

Carlos, der etwa 17jährige schmale, dunkelhäutige Junge, erklärte mir, er hätte die Fähigkeit des Wunderheilens von seinem Großvater geerbt. Er wollte meine Pferde nicht einmal sehen. Ich musste ihm nur eine genau Beschreibung der Verletzung, der Haarfarbe, des Alters und der Herkunft des Pferdes geben und versprechen, während der kommenden drei Tage die Verletzung nicht selbst zu behandeln. Ganz nebenbei erwähnte er, seine Magie funktioniere nur, wenn ich auch daran glauben würde. Hm, daran würde es wohl scheitern. Meine Skepsis wurde aber in dem Moment ins Wanken gebracht, als Carlos für seine Leistung kein Geld verlangte. Seine Begabung wäre ein Geschenk, das er nicht für Geld verkaufen könne und wolle. Ich fragte ihn noch, ob er nicht auch meinen Hund Falko in Deutschland heilen könnte. Doch Carlos konnte nur oberflächliche Wunden und keine Herzkrankheiten heilen. Ich konnte es kaum glauben, als ich Gauchos Wunde untersuchte. Die Verletzung war verheilt, die Wunde trocken.

Am Abend gingen Josette und ich in ein Restaurant am Hauptplatz. In dem Lokal gab es kein romantisches Eckchen. In der großen Halle mit Bahnhofsatmosphäre und Neonbeleuchtung standen unzählige leere Plastiktische und Stühle, in einer hinteren Ecke lief lautstark ein Fernseher. Vor dem Restaurant standen zwei Wohnmobile mit deutschem Kennzeichen. Sie gehörten zwei älteren deutschen Pärchen, die im leeren Restaurant nicht zu übersehen waren.

„Guten Appetit!"

„Setzt euch zu uns."

Die zwei Pärchen kamen aus dem Rhein-Main Gebiet, hatten ihre Wohnmobile von Deutschland nach Buenos Aires geschifft und machten eine mehrmonatige Tour durch Argentinien. In starkem hessischen Dialekt prasselten Fragen über Fragen auf mich ein, manchmal kam ich mir vor, als müsse ich mich verteidigen. Und bei vier Fragenden blieb keine Zeit, mich mit Josette zu unterhalten.

„Ai horsche mal, mit Pferde unnerwegs is des net gefährlisch?"

„Warum sollte es gefährlicher sein, wie mit eurem Fahrzeug? Ich denke, die Strassen sind viel gefährlicher."

„Ai sage mol, un gleisch bis Alaska? Wie lange bräuchscht de denn dafier? Ganz alleene, un was mechste wenn dir was passierd?“

„Alleine ist man vorsichtiger.“

„Un was mechste, wenn de dir die Haxe brischst?“

„Dann muss das gesunde dem andern aushelfen.“

„Un wenn de net schnell genug vorwärts kimmscht und dir die Lebensmittel ausgehen dut?

„Nach dem dritten Tag ohne Nahrung lässt bereits dieses bohrende Hungergefühl nach.“

„Ai sage mol haschte a Krankeversischerung?“

„Nein.“

„Un kriegschte mol a Rente?“

„Nein.“

Ich mache mir keine Gedanken über eine Rente. Ich mache bereits heute, was mir Freude macht und damit verdiene ich auch meinen Unterhalt. Wenn ich das „Pensionsalter“ erreiche, wird nicht eine andere Welt für mich entstehen, ich werde nicht in ein Loch fallen. Ich werde mit 65 wahrscheinlich vieles langsamer oder anders machen als mit 25, aber diese Veränderung passiert ja bereits über die Jahre hinweg und nicht von heute auf morgen.

Mich wunderten diese Fragen, denn eigentlich waren dies doch auch abenteuerlustige Pensionisten, die mit ihrem Wohnmobil durch Argentinien reisten. Ihre Reise war auch für mich keineswegs alltäglich. Es war interessant, sich mit ihnen zu unterhalten. Doch noch viel interessanter fand ich die junge Frau neben mir, der ich bei diesem Abendessen viel zu wenig Zeit widmen konnte. Josette, mit ihrem wunderschönen geschwungenen Mund und ihren blauen verführerischen Augen, wollte ich an diesem Abend etwas Wichtiges fragen und war schon ganz nervös. Schon lange wünschte ich mir, nicht mehr alleine zu reisen und so fragte ich sie:

„Josette, willst du mitkommen?“

„Ich habe auch schon dran gedacht und wollte dich fragen... aber du weißt, meine Schwester...“

Josette hatte in den nächsten Tagen einen Flug nach Santiago de Chile gebucht, dort würde sie sich mit ihrer Schwester treffen. Sie wollten gemeinsam nach Süden und von Feuerland über Buenos Aires bis nach Brasilien reisen. Davon träumten sie schon Jahre lang.

„Tja, und danach muss ich nach San Francisco, ob ich will oder nicht." Josette hatte sich vor kurzem von ihrem Mann getrennt und sie mussten die gemeinsame Wohnung auflösen.

So zog ich, wieder alleine, weiter der argentinisch-bolivianischen Grenze entgegen. Im Norden thronten zwei mächtige Berggipfel, die schneebedeckten Spitzen von San Miguel mit 5850 Metern und Nevada del Acay mit 5950 Metern.

Ich ritt entlang einer schmalen Schotterstraße, begrenzt durch eine niedrige Mauer aus Steinen und Lehm. Die Gegend schien verlassen, alles war zerfallen. Von weitem erkannte ich ein neues, weiß verputztes Gebäude, die Schule. Der Schatten des großen Hauses lud zu einer Siesta ein. Hector, ein 14jähriger Junge, kam mit einem Esel vorbei. Er hatte seinen Vater in La Poma besucht und war unterwegs zu seiner Mutter zum Puesto, um dort mit seinen jüngeren Geschwistern Ziegen und Lamas zu hüten. Der Puesto seiner Familie war der letzte Ort mit Futter vor dem Pass „Abra del Acay". Dort wollte ich übernachten, um dann am nächsten Tag den Pass zu überqueren. Hector begleitete mich die zehn Kilometer bis zu dem Puesto seiner Mutter. Sie verkaufte mir etwas Heu, das stark nach Kräutern roch, doch meine Pferde wollten es nicht fressen. Ich ließ sie frei laufen, damit sie sich ihr Futter selbst suchen konnten. Die kleinen Geschwister Hectors bestaunten jede Bewegung von mir. Sie standen da wie die Orgelpfeifen, verdreckt und verrotzt – wenn der Rotz wirklich ein Zeichen für Gesundheit ist, dann waren diese Kinder kerngesund. Das kleine Haus der Familie war aus Steinen errichtet, die einfach zu Mauern aufgeschichtet waren, das Dach war aus Stroh. Gekocht wurde in dem einzigen Zimmer in einer Ecke auf dem Boden über einem offenen, stark qualmenden Feuer. Die Familie lud mich ein, mit ihnen zu Essen. Auf kleinen Hockern saßen wir um einen alten, einfachen Tisch, auf dem Eier und Kartoffeln serviert wurden. Die Familie schlief im selben Raum, auf einer einfachen

Unterlage, wegen der Kälte eng zusammengekuschelt. Ich schlief vor der Hütte in meinem Zelt. Am nächsten Tag wollte ich den fast 5000 m hohen Pass überqueren.

Am Morgen, noch vor Sonnenaufgang, bei eisiger Kälte, packte ich alles zusammen. Ich wollte früh aufbrechen, um tagsüber immer wieder ausreichende Verschnaufpausen einlegen zu können. Ich konnte meine Pferde nirgends finden. Ich lief vorbei an den Pferchen, in denen die Schafe und Ziegen der Familie über Nacht gehalten wurden. Zwei der Jungen waren auch schon aufgestanden und halfen mir suchen. Der jüngere lief die Straße hinunter, der ältere und ich suchten oberhalb der Pferche. Auf der Schotterstraße fand ich im Sand Spuren. Die Hufabdrücke meiner Pferde waren wesentlich größer als die der einheimischen Pferde. Da ich meine Pferde selbst beschlug, kannte ich ihre Hufabdrücke genau.

Ich folgte den Spuren, holte den Kleinen ein und schickte ihn zurück. Es war eisig kalt und er trug keine Schuhe. Die Spuren von Rebelde und Gaucho führten schnurgeradeaus, als hätte jemand die Pferde weggeführt. Hatte jemand meine Pferde geklaut? Nein, das könnte sich hier keiner leisten. Die Menschen hier besaßen keine Pferde, sie hatten höchstens Esel. Meine Pferde würden sofort auffallen. Mit einem Mal war ich mir sicher, wo ich sie finden würde, unten bei der Schule, im Alfalfafeld, an dem wir am Tag zuvor vorbei gekommen waren. Dieses Feld war aber über zehn Kilometer entfernt. Na ja, wenigstens waren meine Pferde fit. Nach vier Stunden war ich wieder zurück mit ihnen beim Puesto von Hectors Familie.

Es war bereits um die Mittagszeit, als ich die Pferde gesattelt hatte und los ging. Ich hatte das Gepäck aufgrund der auch für die Tiere ungewohnten und anstrengenden Höhe auf beide Pferde verteilt und ging selbst zu Fuß. Ich wusste, dass wir spät – zu spät – dran waren. Andererseits war Vollmond, und wenn es nicht gerade bewölkt sein würde, hätten wir auch am Abend ausreichend Licht. Der Weg Richtung „Abra del Acay" führte durch ein karges Tal, durch das ein kleiner Bach floss und das mit zunehmender Höhe immer enger wurde. Die Vegetation war spärlich, es wuchsen nur einige Sträucher, die Nahrung für Ziegen boten.

Seit Patagonien hatte ich keine Guanakos mehr gesehen, hier auf 4000 Meter Höhe tauchten sie wieder auf. Aus einer kleinen Herde von sieben bis acht Tieren beobachtete uns eines aufmerksam, stieß einen Lockruf aus, und schon bewegten sich alle in ihrem Zotteltrab mit spielerischer Leichtigkeit den Berg hinauf. Eine weitere Herde von 20 bis 30 Jungtieren versuchte den anderen zu folgen. Das Leittier vertrieb sie aber immer wieder. Was das wohl für Energie kostete an diesem steilen Berg?

Der Wind war so stark, dass ich meinen Hut verpacken musste, da er ständig wegflog. Ich kam an einem kleinen Steinhaus vorbei. Das Haus schien im Boden zu stecken, nur einen Meter ragte es aus der Erde hervor, dann kam bereits das Dach. Ein alter Mann mit vom Wetter gegerbten Gesicht saß vor der Hütte. Er meinte, bis zum Pass wären es noch fünf bis sechs Stunden und bis San Antonio de las Cobres noch mindestens zwölf Stunden. Der Weg führte über viele Windungen hinauf Richtung Passhöhe. Der kleine Bach, der neben dem Weg entlang floss, war vereist. Der Blick zurück in das von Schneegipfeln umsäumte Tal war fantastisch. Das Gefühl, bereits so hoch in den Bergen mit meinen Pferden zu sein, war beeindruckend. Doch wir hatten die Passhöhe noch lange nicht erreicht. Immer wieder dachte ich, dass sich hinter der nächsten Kurve der Pass befinden würde, aber immer wieder kam ein weiterer Hügel.

Keine einzige Wolke stand am Himmel. Es war kalt, aber angenehm zum Gehen. Die Pferde blieben von selbst immer wieder stehen. Bei jeder kleinen Pause dösten sie vor sich hin und schlossen dabei die Augen. Sie atmeten schnell und heftig, ihr Bauch bewegte sich ununterbrochen. Ich musste daran denken, wie ich mich fühlte, als ich das erste Mal die 4000 Meter Höhenlinie überschritten hatte. Damals litt ich aufgrund der dünnen Höhenluft unter Atemnot, Kopfschmerzen und Muskelschwäche und fühlte mich, als hätte ich einen Tag zuvor meinen 100. Geburtstag mit viel zu viel schlechtem Bier gefeiert.

Gegen 19.00 Uhr erreichten wir mit dem letzten Sonnenlicht endlich den Pass Abra del Acay. Wir befanden uns auf 4895 Metern. Die letzten Sonnenstrahlen tauchten die Landschaft in ein herrliches goldgelbes Licht, ein Ausblick, der mich für all die Strapazen des Aufstieges mehr als belohnte. Da es schon spät war, konnten wir nur einen Augenblick verweilen. Ich erklärte den Pferden, dass wir weiter gehen würden, weiter nach unten, denn je tiefer wir kämen, umso weniger kalt würde es sein. Sie schienen zu verstehen.

Sobald die Sonne unterging, sank die Temperatur so drastisch, dass man das Quecksilber in einem Thermometer hätte fallen hören können. Der Himmel war wolkenlos. Am ungetrübten Sternenzelt funkelte das Kreuz des Südens. Jeder von uns schleppte einen kalten Mondschatten hinter sich her. Völlige Stille ringsum, herrlich. Ich hatte das Gefühl, seit Jahren unterwegs zu sein, als hätte ich nie etwas anderes getan, als mit meinen Pferden den amerikanischen Kontinent zu durchschreiten.

Etwa gegen Mitternacht kamen wir an eine eingestürzte Mauer. Sie bot ausreichend Windschatten, um mein Zelt dahinter aufzubauen. Ohne Abendbrot kroch ich todmüde in meinen Schlafsack und schlief sofort ein.

Am Morgen wartete ich, bis endlich die Sonnenstrahlen das Tal erreichten und die eiskalte Morgenluft erwärmten. Die Pferde grasten neben einem kleinen Bach, an der einzigen Stelle im Tal, an der kurzes grünes Gras wuchs. Der Zufall hatte mich in der vergangenen Nacht an diese grüne Oase geführt. Wieder einmal hatte ich das Gefühl, als ob eine schützende Hand uns geleitet hätte.

Mit dem Überschreiten des Passes hatten wir die letzte schwierige Etappe in Argentinien erfolgreich hinter uns gebracht. Bis zur bolivianischen Grenze fehlten uns noch etwa sieben Tagesmärsche, die zwar auch kein Spaziergang waren, jedoch nicht mehr in so Schwindel erregende Höhen empor führen würden.

Auf den Spuren Che Guevaras

An einem kalten und sonnigen Tag im Mai überschritten wir die Grenze nach Bolivien. Nach 7000 Kilometer verließen wir Argentinien, um ein neues Land zu entdecken, das allerdings landschaftlich zunächst nicht den geringsten Unterschied bot. Es war genau so eintönig und trocken wie die Landschaft, die ich in den letzten Wochen in Argentinien erlebt hatte. Keine Felsen, nicht einmal Steine bildeten markante Punkte in der öden Gegend, es gab nur ausgewaschene, rote Erde und Kakteen. Ich hatte noch keine detaillierte Karte, und so waren wir auf der Strasse unterwegs. Die Häuser waren aus der gleichen roten, staubigen Erde gebaut, Mauer und Boden schienen fließend ineinander überzugehen.

In den kleinen Dörfern gab es keinen Strom, auch kein fließendes Wasser, oft nicht einmal einen Brunnen. Bereits die kleinsten Kinder bis hin zu den gebrechlichen alten Menschen schleppten in allen erdenklichen Behältern Wasser vom Fluss heran. Am Fluss wurden gleichzeitig die Tiere getränkt, die Wäsche gewaschen und das Trinkwasser abgefüllt. Außerdem kamen die Menschen hierher, um sich zu waschen.

Die Kinder hüteten Kühe, Esel, Schafe oder Ziegen am Wegrand, weil ihre Familien keine eigenen Weiden besaßen. Mit Poncho und Wollmütze, aber barfuss, trotzten sie der Kälte des „Altiplanos", der Hochebene Boliviens.

Vor mir trottete eine Herde Esel auf der Schotterstrasse, beladen mit Stoffsäcken, angetrieben von zwei Brüdern. Juan und Mario stammten aus dem Gebiet von Uyuni und waren auf dem Rückweg in ihre Heimat, in der der größte Salzsee der Welt liegt. In harter Arbeit bauen die Indigenas auf dem Salzsee „Salar de Uyuni" das Salz ab und füllen es nach dem Trocknen in Stoffsäcke. Schon seit Generationen werden die Salzsäcke auf den Rücken von Eseln oder Lamas zu den Märkten der umliegenden Städte und Dörfer transportiert, um das Salz gegen Kartoffeln und anderen Bedarf des täglichen Lebens einzutauschen. Eine Tour, bei der die Indigenas von Markt zu Markt ziehen, um ihren Handel durchzuführen, dauert etwa vier Wochen. Juan und Mario gingen im schnellen Schritt den Eseln hinterher und sponnen dabei Wolle, die sie in einer Umhängetasche mit sich trugen. Dem lose herunterhängenden, hölzernen Klöppel gaben sie immer wieder mit einer Hand ein paar Drehungen, während sie gleichzeitig geschickt aus der rohen Lamawolle einen groben Faden sponnen. Diese Fäden verarbeiteten sie am Abend gleich zu Seilen und gingen von Haus zu Haus, um sie zu verkaufen.

Ein Lastwagen kam von hinten angerast, hüllte alles in eine Staubwolke, hupte, bremste aber nicht ab. Die Esel sprangen panisch zu beiden Seiten weg. Die Stoffsäcke am Rücken der Esel verrutschten. Es dauerte eine Weile, bis sie sich wieder auf die Strasse trauten und zu ihrem alten Rhythmus zurückfanden.

Da kam schon wieder ein Lastwagen angerast. Wieder flogen Steine, sprangen die Esel wild durcheinander, legte sich eine große Staubschicht über Mensch und Tier. Auch meine Pferde gerieten in Panik. Ich ärgerte mich maßlos, zeigte dem Fahrer den Finger und brüllte ihm mit geballter Faust hinterher. Juan und Mario blieben ganz gelassen, sammelten jedes mal ihre Tiere wieder ein, rückten die Säcke zurecht und gingen weiter, auf der Strasse entlang, die mit Kadavern von Rindern, Eseln, Schafen und Hunden gesäumt war, die nicht mehr rechtzeitig hatten ausweichen können. Ich bewunderte die beiden Brüder für ihre Ruhe. In Wahrheit machte es keinen Unterschied, die Lastwagen fuhren um nichts langsamer, ob ich mich aufregte oder nicht.

Einige Tage später, ich war immer noch auf der Straße unterwegs, da ich keine Landkarte der Region hatte, überholte mich eine ungewöhnlich große Anzahl an Lastwagen, voll gestopft mit Menschen, Lamas, Eseln, Pferden, Rindern und Kleingetier. Wer auf der Ladefläche oder im Innenraum keinen Platz mehr gefunden hatte, hing außen an den hölzernen Lastaufbauten. Hühner, sogar Schweine und Schafe baumelten an den Füssen zusammen gebunden kopfüber an den Bordwänden. Eine richtige Völkerwanderung, die mich sehr beunruhigte. Waren sie alle auf der Flucht? War ein Krieg oder ein Vulkan ausgebrochen und ich hatte es nicht mitbekommen?

Vater und Sohn trieben ein paar magere Rinder vor sich her. Sie beruhigten mich. Die beiden, wie auch all die Lastwagen, wollten nach Vitichi zum Markt, ein Ereignis, das nur einmal im Jahr stattfindet und zehn Tage lang dauert. Auch dieses Jahr wurden wieder Tausende Menschen erwartet. Da gab es bestimmt ein paar interessante Motive zum Fotografieren, da wollte ich auch hin.

Der Markt fand am Dorfrand statt, an den Ufern eines Flusses, der jetzt in der Trockenzeit nur noch ein Rinnsal in der Mitte des Bettes war. Aus diesem Bach holten sich die Menschen, die aus allen Himmelsrichtungen auf den Markt strömten, ihr Wasser zum Kochen und Trinken. Gleichzeitig wuschen sie aber auch ihr Geschirr und ihre Wäsche in dem Rinnsal. Der Markt fand auf dem Erdboden statt. Allerlei Waren lagen auf Decken oder direkt am Boden ausgebreitet. Angeboten wurde alles, was man sich nur vorstellen kann, von Haushaltsartikeln über sämtliches Werkzeug, Medizin, Kräuter, Säckeweise Kokablätter, Ponchos in bunten Farben, alte und neue Schuhe, aus Autoreifen hergestellte Sandalen, fertige und halbfertige Möbel bis hin zu allerlei Mittel für Wunderheiler, wie z. B. getrocknete Hühnerkrallen und Föten von Lamas. Diese werden beim Hausbau in das Fundament eingegraben, um die bösen Geister abzuwehren. An einer Seite des Marktes schloss sich der Viehmarkt an. Dort wurde intensiv um Tiere gehandelt und gefeilscht. Das Handeln am Viehmarkt war Sache der Männer. Sie standen in kleinen Gruppen zusammen und verhandelten lautstark, zwischen ihren Fingern steckten Geldscheine, die anscheinend nach irgendeinem System sortiert oder abgezählt waren. Der Markt dehnte sich über eine größere Fläche aus als das Dorf Vitichi selbst. Um von einer Seite des Marktes auf die andere zu spazieren, brauchte man etwa eine Stunde. Tausende Menschen sorgten für ständiges Kommen und Gehen und buntes Treiben. Nicht nur Waren wurden getauscht, der Markt diente auch der Brautschau und der Pflege sozialer Kontakte.

So viele Menschen mussten auch verköstigt werden. Daher wurden an vielen Ecken Tortillas, Bohnen, Reis, gegrillte Hühnchen und geröstete Maiskolben angeboten. Ein Kochplatz bestand aus einem schwarzen, verkrusteten Kessel, der auf drei Steinen über einer offenen Feuerstelle stand und in dem fetttriefendes Essen brutzelte. Das Brennholz wurde den ganzen Tag zwischen den großen Steinen nachgeschoben, so dass das Feuer nie ausging. Das Essen schmeckte köstlich, trotz der mangelhaften hygienischen Verhältnisse, die ich einfach ignorierte.

Die Frauen trugen eierbecherförmige Hüte, die wirkten, als wären sie einige Nummern zu klein. Unter ihren bunten Blusen trugen sie dicke, mehrschichtige Röcke, und wenn sie „mussten" – ob groß oder klein – hockten sie sich hin, egal wo sie gerade waren selbst wenn eine Frau daneben ihr Gemüse im Rinnsal wusch. Sie warteten, wirkten entspannt, standen irgendwann wieder auf und gingen weiter. Sie kannten keine Scham.

Mann kann sich leicht vorstellen, wie der Marktplatz nach zehn Tagen aussah, da brauchte man sich nicht wundern, dass es immer wieder zu Cholera Epidemien kam.

Ich verließ Vitichi und folgte einem Fluss. Während der Trockenzeit konnten wir im ausgetrockneten Flussbett gehen, das führte zwar nicht auf dem kürzesten Weg in unsere Richtung, dafür aber eben dahin.

In dieser Gegend bekamen meine Pferde Charla als Futter. Charla nennt man die abgeernteten Maisstangen mit den trockenen Blättern. Dies ist das Futter für die Tiere während der Trockenzeit, das meist von den Einheimischen in einem Baum zwischen den Hauptästen gelagert wird – hoch genug, dass die Tiere vom Boden es nicht erreichen. Von weitem meint man, es sei ein übergroßer Adlerhorst.

Wir überquerten die Cordillera Central und kamen in ein Tal, in dem Che Guevara 1966 begann, eine Revolution vorzubereiten, von der er meinte, dass sie sich später über ganz Lateinamerika ausbreiten sollte. Der argentinische Arzt Che Guevara lernte bei einer Motorradreise quer durch Südamerika in den 50er Jahren Fidel Castro kennen und bereitete mit ihm gemeinsam die kubanische Revolution vor. Guevaras Ziel war es, die Revolution weltweit zu verbreiten, so ging er zurück nach Bolivien, um dort in den bewaldeten Berghängen des östlichen zentralbolivianischen Hochlandes mit seinen 49 Kampfgenossen eine stahlharte Armee auszubilden. Als Jugendlicher las ich ein Buch über Che Guevara und war gefesselt von dieser charismatischen Persönlichkeit. Nun war ich so nah an dem damaligen Geschehen, dass ich mehr darüber erfahren wollte.

Ich war auf den Spuren Che Guevaras. In der Hand hatte ich eine gezeichnete Skizze, auf der der Weg in jenes Tal eingezeichnet war, in dem Che Guevara vor dreißig Jahren mit seinen Genossen trainierte und in dem er schließlich gefangen genommen wurde. Die Skizze hatte mir Senior Rodriquez gemalt, bei dem ich meine Pferde für ein paar Tage untergebracht hatte.

Ich war mir nicht mehr sicher, ob ich noch auf dem richtigen Weg war. Vor einigen Wochen gab es Hochwasser. Noch immer hingen Gräser bis zu acht Meter hoch in den Bäumen. Das Wasser war zwar zurückgegangen, doch ich konnte keine Wege mehr erkennen. Obwohl ich nicht viel Gepäck dabei hatte, war es mir zu schwer, denn ich schleppte auch noch die komplette Fotoausrüstung mit. Ich folgte einem kleinen Pfad, der vermutlich von Kühen getrampelt war. Es ging kreuz und quer durch dicht bewachsenes Gelände.

Ich hatte noch etwa eineinhalb Stunden Tageslicht und kein Zelt dabei. Senior Rodriguez hatte auf seiner Karte ein Häuschen eingezeichnet, bei diesem wollte ich übernachten. Ich glaubte, in der Ferne die Überreste zweier Häuser oder Schuppen zu erkennen. Beim Näher kommen sah ich ein Wellblechdach und einen Mann, der vor dem Haus arbeitete. Jetzt war ich mir ganz sicher, auf dem richtigen Weg zu sein. Hier in diesem Tal also war Che Guevara gewesen und hatte mit seinen Compañeros trainiert, eigentlich unmöglich zu finden, es sei denn, man wird verraten.

Die Familie, die in dieser einsamen Gegend lebte, war sehr freundlich und lud mich zu Suppe und Kaffee ein. Wir saßen draußen im Freien und unterhielten uns bei Kerzenlicht. Sie besaßen zwar einen Stromgenerator, wollten ihn aber nicht einschalten, weil sonst zu viele Insekten angelockt würden. Wir sprachen über Che. Morgen wollten sie mir zeigen, wo auf einem ihrer Felder der Unterschlupf von Che gewesen war.

Die Familie lebte erst seit zehn Jahren hier. Sie erzählten mir, dass sie, um Weideflächen zu erhalten, viel gerodet hatten. Durch die nur einige Wochen zurückliegende Überschwemmung hatten sie viele Tiere verloren, die sie nicht mehr rechtzeitig retten hatten können und der größte Teil der Weiden war im Moment unbrauchbar.

In der Nacht konnte ich nicht schlafen, überall juckte es mich, es erforderte Disziplin, mich nicht mit den Fingernägeln blutig zu kratzen. Später erfuhr ich, dass diese fiesen Biester, die uns immer wieder auch in den weiteren Ländern begleiten sollten, „Coloradillas" genannt werden. Unter den Zehen drückte ich mir an zwei Stellen die Eier von Sandflöhen heraus. Wo ich mir die wohl wieder eingefangen hatte? Ich las gerade das „Tagebuch des Che in Bolivien". Auch er schrieb von geschwollenen Füßen und Juckreiz, hervorgerufen durch Milben, Zecken und Insekten. Was mussten diese Männer durchgemacht haben? Zu den körperlichen Qualen kam noch der psychische Druck, von den Militärs gejagt zu werden. Oftmals hungerten sie über viele Tage hinweg. Am nächsten Tag zeigte mir die Familie den Unterschlupf Ches, erkennbar an den Backsteinen und Gewehr- und Granathülsen, die dort noch herumlagen.

Auch in den nächsten Tagen und Wochen sollte ich immer wieder auf Spuren Che Guevaras stoßen. Ich traf Menschen, die Che persönlich gekannt hatten und kam zu denselben Orten, die er in seinem Tagebuch erwähnte. Einer dieser Orte war das kleine Dorf La Higuera, wo Che in der Schule gefangen gehalten und exekutiert wurde. Anschließend wurde sein Leichnam in der Stadt Valle Grande der Weltöffentlichkeit präsentiert, danach verschwand er.

Als ich im Alter von etwa zwanzig Jahren ein Buch über Che gelesen hatte, war er ein Held für mich gewesen. Jetzt – auf seinen Spuren wandelnd und mich bewusster mit seinem Leben und seiner Ideologie auseinander setzend – sah ich ihn in einem anderen, kritischeren Licht. Er hatte sein Leben einem Ziel gewidmet und mit all seiner Energie dafür gekämpft und letztendlich sein Leben dafür gegeben. Doch auch sein Weg war ein gewaltsamer. Auch er versuchte mit Gewalt und Waffen gegen Gewalt anzukämpfen.

Der Rückweg ging viel schneller. Ich versuchte nicht mehr an den Engstellen zeitaufwendig am Fels zu klettern, sondern zog Schuhe und Hose aus und lief durch den Fluss gegen die Strömung. Das Wasser ging mir bis zum Hintern und es kostete mich Kraft, gegen die starke Strömung zu stapfen, aber es war trotzdem einfacher. Das Flussbett bestand aus weichem Sand und hatte etwas Unheimliches. Es war nicht vergleichbar mit Matsch, in den man durch sein eigenes Gewicht einsinkt. Es fühlte sich an, als hätte ich festen Stand, aber durch die Strömung wirbelte das Wasser um meine Füße und spülte den Sand darunter hervor. Das gab den Eindruck, als würden meine Füße nach unten gezogen. Ich wollte auf keinen Fall länger auf einer Stelle stehen. Vielleicht war das ja auch Treibsand – ich wusste nicht, wie ich Treibsand erkennen könnte.

Ich war wieder unterwegs mit meinen Pferden auf dem Weg nach Valle Grande, dem Ort, in dessen Nähe Che Guevara von der bolivianischen Armee erschossen worden war. Nach vielen Monaten, in denen wir durch die karge Hochebene gezogen waren, ritten wir nun endlich wieder durch grünen Wald. Auf dieses Grün, die angenehme Wärme des Tales und das größere Angebot an Futter hatte ich mich schon lange gefreut. Es roch auch gleich ganz anders, feuchter, erdiger. Auf den ersten Blick wirkte die schmale Schneise durch den dunklen Wald irgendwie idyllisch und romantisch, allerdings griffen die Pferde und mich ständig irgendwelche nervigen Insekten an. Ich traf einige Männer, die den Pfad zum Dorf, der durch einen Erdrutsch blockiert war, wieder frei legten. Sie würden noch Tage brauchen, bis sie den Erdhaufen mit ihren Schaufeln abgetragen hatten. Ich fragte sie, wo ich im Dorf etwas zu essen bekommen könnte. Bei einem der ersten Häuser sollte ich nach Doña Maria fragen, sie kochte manchmal für Gäste. Bei Doña Maria traf ich einen Mann wieder, der mich schon öfter überholt hatte. Er zog von Dorf zu Dorf, von Haus zu Haus, in seinem Plastiksack, den er über den Rücken geworfen trug, hatte er Arzneimittel. Er fungierte sozusagen als wandelnde Apotheke. Zu Fuß war er schneller als wir, das amüsierte ihn und war mir etwas peinlich. Der Sohn Doña Marias erklärte mir, den Rio Grande zu überqueren sei möglich, wenn man wüsste, wo. Er meinte aber, die letzte Strecke - eine Schlucht - kurz nach Las Frias sei für Tiere nicht passierbar, weil die Schlucht durch einen Steinschlag blockiert wäre. Der kürzeste Weg nach Valle Grande führte aber durch den Rio Grande und die besagte Schlucht. Dieser Weg wurde von den Einheimischen aber so gut wie nie benutzt. Ich war optimistisch und dachte mir, irgendwie würden wir die Schlucht schon überwinden können.

Entlang des schmalen Pfades parallel zu einem kleinen Bach, hinab zum Rio Grande, gab es nur mehr vereinzelte kleine Weiler. Der Weg war angenehm, etwas sandig, aber ohne Steine. Am Ufer des Baches standen hohe Farne und aus den Bäumen hingen Lianen. Die Menschen hier lebten von Subsistenzwirtschaft, sie produzierten alle Produkte, die sie für ihren Eigenbedarf benötigten. Sie züchteten Schweine, Kühe und Geflügel. Die Weidezäune bestanden aus Holzstangen, die mit Lianen zusammen gebunden wurden. Manchmal wurden auch umgefallene Bäume mit in den Zaun integriert.

Auf kleinen gerodeten Flächen, zwischen kreuz und quer liegenden Bäumen, bauten sie Mais an. Die Bretter für den Hausbau wurden direkt an Ort und Stelle mit Motorsägen aus Baumstämmen heraus gesägt. Diese Männer, die mit ihren Sägen die Bretter so exakt aus den Stämmen schneiden konnten, waren für mich Künstler. Das Anliefern von Baumaterial wäre sehr umständlich gewesen, da nur schmale, nicht befahrbare Pfade in das etwa 60-70 km entfernt gelegene nächste Dorf führten.

Es dämmerte bereits. In dieser Gegend im Zelt zu übernachten war mir unheimlich, hier sollte es Tiger geben, außerdem hatte ich kein Futter für die Pferde. Von weitem meinte ich Kinderstimmen zu hören, die das Zirpen der Grillen, das uns schon den ganzen Tag begleitete, übertönten. Es war bereits dunkel, als wir an eine Holzhütte kamen. Durch die Ritzen in den Wänden konnte ich das Flackern eines Holzfeuers erkennen. Ein älterer Mann, mit Lumpen bekleidet, kam mir mit einer aus einer Blechdose gebastelten Laterne entgegen.

Nicolas verkaufte mir Mais und zeigte mir, wo ich mein Zelt aufstellen durfte. Als ich meine Pferde versorgt und mein Zelt aufgebaut hatte, kamen Nicolas, seine Frau und seine Schar Kinder. Jeder einzelne brachte mir etwas zu essen. Einer hatte Kartoffeln, der andere Mais, der nächste ein Spiegelei und einer sogar Kaffee. Sie setzen sich zu mir und ich erzählte, woher ich kam und wohin ich wollte. Ich konnte mich aber kaum auf das Gespräch konzentrieren, da es mich an allen möglichen und unmöglichen Stellen anfing zu jucken. Die Familie schien keinerlei Probleme mit den Insekten zu haben. Anscheinend hatte es sich bei den Moskitos herumgesprochen, dass frisches Blut da war und alle stürzten sich nur auf mich.

Am nächsten Morgen, als ich zu meinen Pferden kam, erschrak ich. Rebeldes Kopf war eine einzige offene Eiterwunde, klebrig und ohne Haare. Unzählige kleine Stiche wirkten wie eine einzige große Wunde. Ich dachte immer noch, es wären Insektenstiche oder Milben, doch in Wirklichkeit waren es wieder diese Plagegeister mit dem niedlichen Namen Coloradillas, sie gehören zu der Familie der Zecken.

Ich sprühte Rebelde mit dem blauen Desinfektionsspray ab. Rebelde mochte das Geräusch des Sprühens überhaupt nicht. Nachdem ich fertig war, hatte Rebelde einen blauvioletten Kopf – so hätte ich mit ihm in der Milkawerbung auftreten können – außerdem schien ihn das Desinfektionsmittel so zu schmerzen, dass er anfing, sich zu schütteln, als fröstelte es ihn. Er wollte sich überall kratzen. Auch an den Füßen waren schon großflächige, nässende Eiterstellen zu sehen. Nicolas bot mir an, mich zu der steinigen Schlucht zu begleiten. Vielleicht könnte er mir helfen. In Las Frias trafen wir an der Schule seinen Cousin Jesus, der mir das Gebäude aufsperrte, damit ich meine Pferde und meine Ausrüstung dort unterbringen konnte, um zu Fuß in die Schlucht zu gehen.

An der Schule sammelte sich gerade eine Gruppe Jugendlicher in Fußballtrikots. Die Fußballschuhe in den Steigbügeln, saßen sie auf ihren mageren Pferdchen und Maultieren, um ins Dorf Iripiti zum Fußballspielen zu reiten. Sie würden über Nacht bleiben, dennoch hatten sie keinerlei Gepäck bei sich.

Rebelde sah unmöglich aus. Er tat mir unheimlich leid. Was musste er wohl für Schmerzen ertragen. Ich brauchte Medizin für Rebelde. Der nächste Ort, in dem ich diese kaufen könnte, war Valle Grande. Wir mussten unbedingt den Weg durch die Schlucht nehmen. Wollten wir die Schlucht umgehen, würde das zwei bis drei Wochen dauern.

Nicolas Cousin erzählte, dass Tierärzte aus Valle Grande hier waren, um Rinder für den Schlachthof zu kaufen. Auch sie wollten durch die Schlucht und über den Fluss Rio Grande. Auf der anderen Seite würde ein Lkw auf sie warten und sie nach Valle Grande bringen. Vielleicht konnte ich mich ihnen anschließen. Mit etwas Glück hätten sie sogar Medikamente für meine Pferde dabei.

Nicolas und ich folgten ihnen zu Fuß Richtung Schlucht. Nach zwei Stunden kamen wir in die schmale, hunderte Meter tiefe Schlucht Inkaquasu, die an der schmalsten Stelle nur drei Meter breit war. Links und rechts stieg die riesige Felswand senkrecht nach oben, so hoch, dass man teilweise den Himmel gar nicht mehr sehen konnte. Die Einheimischen nennen diese Schlucht daher auch den „Tunnel". Durch die dunkle Schlucht floss ein kleiner Bach, der gleichzeitig auch der Weg war. Durch die starken Regenfälle der letzten Wochen wurde eine enorme Wassermenge durch die Schlucht gepresst. Riesige, bis zu einem Kubikmeter große Steine waren in die Schlucht hinein gerollt und hatten sich verkeilt. Hinter diesen Steinen sammelten sich Sand und kleine Steinchen an. Dadurch entstanden hohe Steinstufen, über die man klettern musste. Das war zwar für Menschen möglich, doch auf keinen Fall für meine Pferde.

Gauchos, eine lebende Legende in Argentinien.

en werden in Argentinien mit Drahtschlingen gefangen.

Pedro, unser herzlicher Gastgeber in Nicaragua.

Gürteltier, vom Geschmack her mit Schweinefleisch vergleichbar.

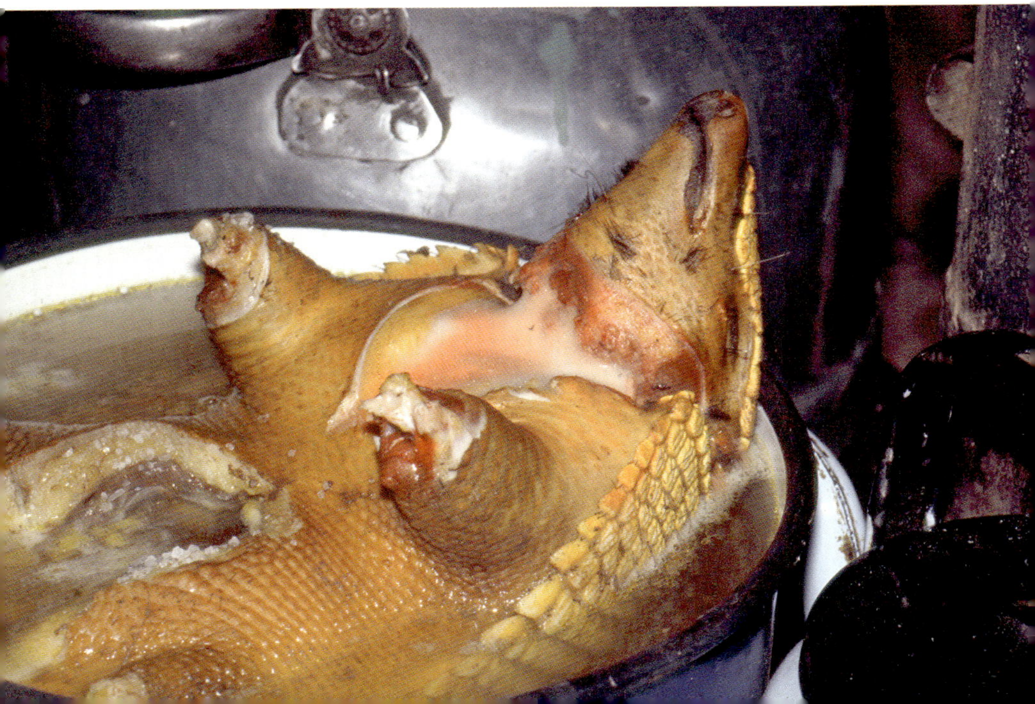

ı Falko trug Lederschuhe als Schutz gegen den rauhen Boden.

durchquerung in Nicaragua.

Kinder aus Todos Santos in Guatemala in traditioneller Kleidung.

Not macht erfinderisch: Anbindetechnik im kargen Hochland Perus.

ı beim Spinnen von Schafwolle in Bolivien.

ı-Ruinen in Ingapirca, Ecuador.

Maximo mit seinem selbstgebauten Schilfboot am Titicacasee.

Der Vulkan Maipo in Patagonien.

Steinschleuder haben südamerikanische Männer immer in der Hosentasche.

ommener Besuch an unserem Zelt.

Ein Junge zeigt uns stolz seinen Hund.

Flussüberquerung - wenn es keine Brücke gibt, muss man improvisieren.

ıter und Lobo unterwegs zum Amazonas.

indigenen Frauen Lateinamerikas weben den Stoff für ihre Ponchos noch selbst.

Wegen einer Fußverletzung durfte Falko auf Gato reiten.

Reiterin in typischer Tracht auf einer mexikanischen Pferdemesse.

‹pferd Rodeo am Volksfest der Gauchos, Esquel Argentinien.

‹irche von Satevo im Kupfer Canyon, Mexiko.

Barbara mit ihren Pferden Samurai und Pumuckl.

Esel beim Dreschen von Getreide in Bolivien.

ler werden zum Zählen im Korrall zusammengetrieben.

Stadt Antigua mit Blick auf den Vulkan Agua, Guatemala.

Unterwegs auf kleinen Wegen in Gebieten, wo kein Fahrzeug mehr vordringen kann.

Pozuzo, vor 150 Jahren von Deutschen und Österreichern im peruanischen Urwald gegründet

unges Guanako in der Steppenlandschaft Patagoniens.

ıtaktiver Besuch am Lager.

Vikunjas gehören zur Familie der Lamas. Sie liefern die feinste Wolle.

Der Gletscher Perito Moreno wächst immer noch.

Sie konnten nicht über zwei bis drei Meter tiefe Stufen klettern, die Gefahr, dass sie sich dabei verletzten würden, war zu groß. Da wir die Tierärzte mit ihren Rindern bis dorthin nicht eingeholt hatte, mussten diese durch die Schlucht gegangen sein.

„Wie kamen die darüber, das geht doch gar nicht?"

Nicolas entgegnete trocken: „Die schlagen hinten so lange drauf, bis die Kühe springen."

„Aber die brechen sich doch sämtliche Knochen!"

„Das ist denen doch egal, denen geht es doch nur ums Geld, die kriegen auf dem Schlachthof genauso viel Geld, egal, ob die Kühe mit heilen oder gebrochenen Knochen ankommen."

Da die Strecke durchs Tal keine Hauptverbindung für die Anwohner war und der Weg überhaupt nur bei Niedrigwasser des Rio Grande genutzt werden konnte, warteten die Menschen in Las Frias geduldig auf das Dynamit, das aus der Provinzhauptstadt Santa Cruz kommen sollte, um den Weg frei zu sprengen.

Nicolas meinte, es sei möglich, an diesen schwierigen Absätzen provisorische Rampen zu bauen, damit wir passieren könnten. Mit drei Leuten und dreißig bis vierzig Pesos sei das machbar. Ich war bereit, 100 Pesos zu bezahlen, wenn wir in zwei Tagen durchkommen würden. Wegen Rebeldes Problem wollte ich so schnell als möglich an Medizin kommen.

Nicolas ritt mit seinem Muli zurück. Ich folgte ihm zu Fuß. Der Weg schlängelte sich mal links mal rechts des Baches entlang, aber meistens war der Bach selbst der Weg. Ich zog immer wieder die Schuhe aus und krempelte die Hosenbeine hoch. Auf den nackten Unterschenkeln bildeten sich viele kleine Blutstropfen von Insektenbissen. Ich musste an meinen Traum denken, den Amazonas zu durchqueren. Diesen musste ich wohl vergessen. Als ich sah, wie dieser Dschungel meine Pferde in nur wenigen Tagen zugerichtet hatte, wurde mir bewusst, dass ich ihnen dies nicht über Monate zumuten durfte. An eine Durchquerung des Amazonas war mehr nicht zu denken.

Obwohl ich aufgrund der hohen Luftfeuchtigkeit völlig durchgeschwitzt war, zog ich mein Sweatshirt aus Angst vor den kleinen Fliegen nicht aus.

Beim Zurückgehen freute ich mich schon auf einen Mate-Tee, den ich mir zubereiten würde, daneben wollte ich Deutsche Welle hören. Aber vorher musste ich noch die Pferde und mich im Bach waschen, vielleicht würde das gegen die Insektenstiche helfen. Ich saß 50 Kilometer Luftlinie von Valle Grande entfernt und hörte in der Deutschen Welle, dass kubanische Wissenschaftler vor einigen Tagen in Valle Grande ein Grab mit sieben Skeletten entdeckt hatten. Eines sei angeblich das Skelett von Che Guevara. Mein Gott, ich war auf den Spuren von Che, so kurz vor Valle Grande, und hörte diese Nachricht aus dem deutschen Radio. Das konnte es doch gar nicht geben? War das ein Zufall? Wenn das stimmte, dann würde die ganze Welt ihre Journalisten nach Valle Grande hingeschickt haben. Mein Gott würde das überlaufen sein.

In der Nacht hatte ich einen bösen Traum: Ein Tiger griff uns an. Rebelde war zu schwach, um sich zu verteidigen. Ich wurde wach und suchte im Licht der Taschenlampe nach den Pferden. Ich sah nur Gaucho. Rebelde lag lang gestreckt daneben und bewegte nicht einmal den Kopf. Ich erschrak, drängte ihn zum Aufstehen. Doch er stand schnell auf den Beinen, ohne sichtliche Probleme.

Beim Frühstück am nächsten Morgen gab es Mate und seit langem wieder einmal Milchreis. Nicolas kam und meinte, ich könnte in Ruhe meine Pferde satteln, packen und nachkommen, gegen drei Uhr wären er und sein Cousin Jesus bereits mit den Rampen fertig und wir könnten die Schlucht durchqueren. Ich wusch nochmals die Pferde, sie hatten sich in der Nacht im Schlamm gewälzt, vielleicht verschaffte ihnen dies Erleichterung von den Insektenstichen. Rebelde und Gaucho bekamen je einen Packsack aufgeladen, die Fotoausrüstung trug ich selbst. Gegen 14.30 Uhr war ich an der Schlucht, sattelte ab, ging hinein, natürlich waren die beiden noch nicht fertig, sie hätten noch einige Helfer gebraucht. Ich packte mit an. Zwei lange Rundhölzer nebeneinander und viele schmale dazwischen wurden mit Lianen zusammen gebunden. Es gab keine Nägel. Dann legten wir riesige Blätter darauf, die das

Durchfallen des Sandes verhindern sollten, der oben drauf kam. Es war dunkel in der Schlucht. Nach ein paar weiteren Stunden Arbeit waren die Rampen gut genug, dass wir die Tiere darüber führen konnten. Nicolas hatte angeboten, mich noch bis zum Rio Grande zu begleiten, um mir die Furt zu zeigen.

Jesus führte Gaucho, ich Rebelde und Nicolas seine Mula. Als wir aus der Schlucht kamen, stellten wir fest, dass es auch draußen bereits dunkel war. Wir gingen noch eine halbe Stunde im Stockdunklen. Ich konnte nicht mal sehen, wo ich hintrat, noch dazu ging ich in Badelatschen, da wir seit Stunden ständig im Bach gingen. Meine Füße schmerzten, sie waren zwischen den Zehen durch Riemen und Sand wund gerieben. Meine Hose war bis oben nass. Wir kamen an eine breitere Stelle, wo ich neben dem Bach mein Zelt aufbauen konnte. Die Pferde musste ich festbinden. Es war die erste Nacht seit Beginn der Reise, in der sie nicht ausreichend Futter bekamen. Als „Strafe“, gab es für mich auch nichts zu essen, denn ich hatte mein Feuerzeug verloren, und Nicolas hatte seines Jesus geliehen, der zurückgegangen war. So konnten wir nichts kochen und am Morgen nichts Warmes trinken. Nicolas erzählt mir, er hätte begonnen, in Santa Cruz Jura zu studieren. Er wollte Rechtsanwalt werden. Doch dann hatte er sein Studium abgebrochen, weil es ihn und seine Familie nicht ernährt hätte. Mit nur einer Kuh zog er an dieses Ende der Welt. Er war einer der ersten, die dieses Tal besiedelten. Das Land war von der Regierung frei gegeben worden. Wer immer wollte, konnte sich dort niederlassen. Mittlerweile besaß Nicolas 40 Kühe, worauf er sehr stolz war. Obwohl er in sehr armen Verhältnissen lebte, wirkte er glücklich und zufrieden, als er mich mit seinem fast zahnlosen Lächeln anstrahlte.

Nicolas begleitete mich zum Rio Grande und zeigte mir die Stelle, an der der Fluss am leichtesten zu überqueren war. Das Wasser war hoch, doch wir konnten durchreiten. Bis Valle Grande waren es noch etwa vier bis fünf Tagesmärsche.

Am fünften Tag kam ich an der Flugpiste vorbei, an der die kubanischen Wissenschaftler vor zehn Tagen angeblich die Gebeine von che gefunden hatten. Ich sah von der Strasse aus auf das Flugfeld, konnte aber keine Ausgrabungen ausmachen. Zwei Männer liefen mit Brennholz über die Flugpiste, die eigentlich mehr ein Acker war. Der zerfetzte Windsack zeigte nach Süden.

In Valle Grande besorgte ich Medikamente und Flüssigkeiten zur Behandlung der Pferde. Nach wenigen Tagen waren die eitrigen Stellen trocken. Bis die verlorenen Haare nachgewachsen waren, sollte noch eine Weile vergehen.

Unterwegs auf dem Altiplano zum Titicacasee

Über den Kontakt meiner Freunde Axel und Peter hatte ich die 80jährige Lydia kennen gelernt. Lydia hatte mit der Unterstützung meiner Freunde in der Provinzhauptstadt Santa Cruz ein Projekt für Strassenkinder aufgebaut, das ich besuchen wollte. Ich war von dem Projekt, bei dem Strassenkindern eine Unterkunft, Verpflegung und vor allem eine Ausbildung gegeben wird, beeindruckt. Ich blieb zwei Tage bei Lydia, der man ihr Alter nicht im geringsten anmerkte. Die temperamentvolle Dame sprudelte vor Energie und wurde nicht müde, sich für die Ärmsten einzusetzen. In ihrem Bücherregal entdeckte ich ein Video über Hans Ertl, den bekannten deutschen Bergsteiger und Kameramann von Leni Riefenstahl. Ich fragte Lydia, ob ich mir das Video mal ansehen dürfte. Sie kannte Hans persönlich. Wenn ich wollte, könnte ich ihn jederzeit besuchen. Ertl lebte seit 1950 in Bolivien. Damals hatte er sich im tropischen Tiefland, im Urwald, eine neue Heimat aufgebaut.

Ich fuhr früh los, um Hans Ertl zu treffen. Gegen 14.00 Uhr rief der dicke Busfahrer „Dolorida!". Mittlerweile wusste jeder der dreißig Fahrgäste des Kleinbusses, dass ich dort aussteigen wollte. Der Bus verschwand in einer großen Staubwolke. Ein Schild „Dolorida" zeigte mir den Weg. Dieser führte erst hundert Meter parallel zur Straße zurück, bevor er nach rechts in den Urwald abbog. Das riesige Tor war mit einer großen, schweren Kette verschlossen, doch als Fußgänger kam man vorbei. Der Weg war ca. drei Meter breit und führte durch einen Tunnel grüner Sträucher und Äste. Es war frisch im Wald, fast ein wenig kühl. Plötzlich kroch eine etwa zehn Zentimeter große Vogelspinne über meinen Weg. Schnell holte ich meine Kamera hervor, ging ganz nah an sie heran und wollte eine Großaufnahme machen. Als die Linse nur noch wenige Zentimeter von ihr entfernt war, hob sie plötzlich die vorderen Beine, riss den Mund weit auf und stieß einen Warnschrei aus. Ich hatte gar nicht gewusst, dass Spinnen schreien können und auch nicht, dass sie fotoscheu sind.

Der Weg zog sich über zwei Kilometer dahin. Dann plötzlich, als ich aus dem Wald herauskam, lag der Hof vor mir. Die einzelnen Gebäude waren teilweise verdeckt durch viele kleine Hügel. Auf einer saftiggrünen Wiese weideten Rinder.

Ich folgte der Spur, von einer Straße konnte man nicht reden. Ich kam an einem handgemalten Schild vorbei: „Natur Reservat". Alles war ruhig, nicht mal ein genervter Hund bellte. Ich rief zwei bis drei Mal, ehe hinter dem Fenster, verdeckt von einem Fliegengitter, ein weißhaariger Mann erschien. „Que queren...?" Da rannten schon zwei Bolivianer auf mich zu. Der eine, mit freiem Oberkörper und barfüßig, hielt ein respektvoll großes Messer in der Hand. Er stand vor mir wie so ein Rausschmeißer-Typ in einer billigen Disco. Ich begrüßte Herrn Ertl, der gerade aus dem Haus kam. Ich wollte mich mit ihm unterhalten. Er entschuldigte sich, er war nicht auf Besuch vorbereitet. Es ginge ihm nicht so gut. Außerdem hatte er vor kurzem eine Morddrohung erhalten, darum auch diese Aufpasser. Rechtsextremisten aus Deutschland hätten sich auch angekündigt. Ich bestellte ihm Grüße von Lydia und ihrem Sohn Walter. Ich brachte ihm einige Lebensmittel und eine Flasche Wein von Lydia. Herr Ertl schickte seinen Aufpasser weg: „Pablo, esta bien."

„Najo, setzt di mol hi, wenn'scht scho do bist und wenn'scht Deutscher bist, könn ma jo ah glei du sogen", kam es im bayrischen Akzent. Er hatte schwarze Fingernägel und langes, dünnes, weißes, ungepflegtes Haar. Seine Augen waren eingefallen, der Mund völlig zahnlos. Seine Finger waren auffällig lang und dünn. Wir setzen uns auf Hocker im überdachten Vorraum. Er trug eine weite speckige Hose. Doch trotz der Hose konnte man erkennen, dass er spindeldürr war.

Auf dem Video, das erst zwei Jahre zuvor gedreht worden war, war Hans noch in einer viel besseren körperlichen Verfassung gewesen. Im Video hatte er hier in diesem Raum Hühner gefüttert. Diese waren frei auf den Tischen herum gelaufen. Jetzt hatte er keine Hühner mehr. Die

Nachbarn hätten alle gestohlen. Er erzählte von seinem Leben.

Nach zwei Erstbegehungen in den Alpen bekam er ein Angebot zu einer Grönlandexpedition und danach zu einer Expedition in den Himalaja. Im Zweiten Weltkrieg arbeitete er als Kriegsberichterstatter und bekam für seine Arbeit das Eiserne Kreuz. Er bestritt jegliche Verbindung mit den Nazis, er hielt aber zu Rommel, den er als Person sehr schätzte und an dessen Seite er in Afrika im Einsatz war. Später wurde er nach Leningrad versetzt. Er erzählte einige haarsträubende Geschichten aus dieser Zeit in Russland. Nach dem Krieg konnte er in Deutschland nicht mehr arbeiten. Freunde in der Schweiz hätten ihm geholfen, auch Luis Trenker. Bei einer Expedition auf dem Ilimani in Bolivien war er mit Leni Riefenstahl zusammen. Sie wollte auf über 6000 Metern Sex mit ihm haben: „Ach, die wollte immer nur das eine."

Deutschland müsste ihm Geld geben für dieses Naturreservat, das er hier geschaffen hat, „aber das sind alles Schweine". „Ich habe den Urwald gerodet, gearbeitet habe ich, wie ein Schwein." Er schien klar im Kopf, war ordinär und zitierte immer wieder Gedichte. Egal, worüber wir sprachen, Hans kam immer wieder auf das Kriegsgeschehen.

Er erzählte ganz stolz von einem Besuch der spanischen Königin in Santa Cruz, zu dem er eingeladen war. Beim Empfang stellte man ihn als bekannten Filmemacher aus München vor. Daraufhin hätte ihn die spanische Königin auf Deutsch angesprochen, das hatte ihm viel bedeutet.

Monika Ertl, seine Tochter, hatte zu einer Guerilla Gruppe gehört. Sie war mit Inti, dem Stellvertreter von Che Guevara, befreundet gewesen. Sie war beschuldigt worden, in Hamburg einen bolivianischen Konsul erschossen zu haben. In Bolivien wollte man sie festnehmen, dabei wurde sie erschossen.

Nach zwei Stunden verabschiedete ich mich. Hans sah sehr müde aus. Auf dem Rückweg sah ich auf einem Hügel einen Erdhaufen, abgedeckt mit Wellblechplatten, den Hans im Gespräch erwähnte. Hier hatte er sich seine letzte Ruhestätte ausheben lassen. Seine Tochter Heidi hatte ihm aus Deutschland Heimaterde geschickt. In dieser wollte er später liegen. Er wartete, dass noch jemand mit einer Schreibmaschine vorbeikommen würde, um die Bücher, die er noch im Kopf hatte, zu schreiben.

Zurück in Valle Grande überraschte mich Anastasio, ein gebürtiger Deutscher, der sich in Valle Grande vor über 15 Jahren niedergelassen hatte: „Ich schenk Dir einen Hund - einen Schäferhundmischling!" Ich wollte den Hund natürlich gleich sehen.

Anastasio kam als Franziskanerbruder, lernte die deutsche Entwicklungshelferin Renate kennen, hängte seine Kutte an den Nagel und heiratete. Die beiden betrieben eine kleine Landwirtschaft. Sie besaßen bereits drei Hunde, ein weiterer war ihnen zugelaufen. Von ihm wollten sie sich trennen. Ich schätzte den Mischlingshund auf etwa ein bis zwei Jahre. Ich nannte ihn „Lobo", Wolf. Er war sehr ängstlich. Ich denke, er wurde von seinem ursprünglichen Besitzer nicht gut behandelt und hatte sich deshalb entschieden, abzuhauen und bei Anastasio zu bleiben. Anastasio wies mich darauf hin, dass Lobo schon früher öfters bei ihm aufgetaucht war, immer mit einem Stückchen Strick um den Hals. Scheinbar wusste er sich zu befreien.

Lobo und ich wohnten bei einem Freund auf der anderen Seite der Stadt. Schnell musste ich lernen, dass Lobo ein sehr intelligenter Hund war. Er war die ganze Nacht angebunden, aber erst nachdem ich ihn gefüttert und er alles gefressen hatte, biss er seinen Strick durch und lief zurück zu Anastasio. Jeden Tag das gleiche. So kam eine gewisse Routine in unseren Alltag.

Bei einem der ersten Ausritte mit Lobo kamen wir an einer kleinen Wellblechhütte vorbei. Selbst die Tür bestand aus Wellblech. Gerade als wir vorbei ritten, wurde die Tür kraftvoll mit einem lauten blechernen Krach aufgestoßen. Ich erschrak. Und Rebelde erst recht. Er drehte durch, sprang und bockte durch die Gegend, bis ich ihn wieder beruhigen konnte. Lobo jaulte laut, hob sein hinteres Bein an und wagte nicht mehr, es zu belasten. Rebelde hatte ihn offensichtlich in seinem Anfall erwischt.

Mit Hilfe von Freunden konnte ich Lobo ins Menschen-Krankenhaus zum Röntgen bringen. Es war ein glatter Bruch. Einer der Krankenpfleger meinte: „Gebrochenes Bein – kannst Du nur erschießen, das wird sowieso nichts mehr."

Ich darf gar nicht daran denken. Ich selber hatte auch einmal ein gebrochenes Bein. Gott sei Dank war das nicht in Bolivien! Anastasio bot mir an, Lobo wieder zurückzunehmen. Aber Lobo gehörte bereits zu meiner Gruppe, wenn auch erst seit ein paar Tagen. Ich fühlte mich irgendwie für ihn verantwortlich. Ich wollte wenigstens abwarten und ihm eine Chance geben. Ich war überzeugt davon, dass wir das wieder hinkriegen würden. In einer Apotheke kaufte ich mir Gipsbinden und gipste Lobos Bein ein. Damit er den Gips nicht abbeißen konnte, schnitt ich einen Plastikeimer auf und legte ihn ihm als Halskrause an.

Bei dem traurigen Blick, mit dem er mich aus diesem blauen Eimer anstarrte, brachte ich es nicht fertig, Lobo auch noch festzubinden. Und was machte Lobo? Er hatte nichts anderes zu tun, als abzuhauen und hüpfte und hinkte durch die Stadt wieder zurück zu Anastasio. Diesmal aber zog er die ganze Aufmerksamkeit der Stadt auf sich, so etwas hatten die Bewohner noch nicht gesehen. Jetzt waren wir bekannt – im wahrsten Sinn des Wortes – wie ein bunter Hund.

Als ich bei Anastasio ankam, um Lobo wieder einmal zurückzuholen, fragte er mich: „Sag mal, warum ziehst Du nicht einfach um, kommst her zu mir und wohnst bei mir. Dann musst du nicht jeden Tag kommen und deinen Hund abholen." Das war nicht nur praktisch, es hatte auch den Vorteil, dass ich Lobo auf Anastasios Hof nicht festbinden musste. Hier konnten wir uns aneinander gewöhnen. Schließlich sollte Lobo deshalb mit uns mitkommen, weil er mir vertraute und nicht weil er durch einen Strick an mich gebunden war. Bei Anastasio saß ich über meinen Karten und plante meine weitere Reise. Unser nächstes größeres Ziel war der Titicacasee, von dem uns aber noch rund 700 km trennten. Anastasio erzählte mir von Pipelines, die bis La Paz führen und Rohöl transportieren. Teilweise existierten noch die Versorgungswege, die vor vielen Jahren zum Bau und Transport des Materials angelegt wurden.

Da die Straßen im Gebirge sehr schmal waren und es keinen Platz zum Ausweichen gab, die Lastkraftfahrer generell jedoch sehr rücksichtslos fuhren, wäre die Reise über die alten Wege eine willkommene Alternative gewesen. Keine Abgase und kein Lärm würden die Ruhe stören. Nach vier Wochen war Lobos Pfote wieder so gut verheilt, dass ich den Gips abnehmen und die Reise fortsetzen konnte.

So stiegen wir langsam auf in die Weite des „Altiplanos", der Hochebene Südamerikas. Im Altiplano unterwegs zu sein bedeutet brennende Sonne bei Tage und eisige Kälte bei Nacht. Vereinzelt findet man einsame Höfe. Es gibt kaum Vegetation in dieser Hochebene. Hier kämpfen nicht nur Menschen, sondern auch Lamas und Alpakas ums Überleben.

An den bunten Wollfäden in den Ohren der Lamas erkennen die Besitzer ihre Tiere, die große Strecken zurücklegen und sich mit anderen Tieren vermischen können. Die Familien kennen auch die Kennzeichnung der Tiere ihrer Nachbarn. So können sie sie leichter wieder finden und voneinander trennen.

Der Aufstieg ins Altiplano führte durch großteils trockene Landschaft, doch dort, wo das Land bewässert wurde, verwandelte es sich in Oasen. Ich wollte entlang der Pipelines reiten, wie in Argentinien, aber hier gab es viele Zäune und dort, wo die Rohre den Zaun passierten, gab es keine Tore. Welch ein Zeitaufwand, ich musste jedes Mal den Draht lösen, um einen Durchschlupf frei zu machen.

Entlang der Pipeline war es angenehm ruhig. Kein Verkehrslärm störte die Stille. Über die tiefen Täler hinweg wurde die rostige Pipeline von abenteuerlichen Eisenkonstruktionen getragen, die aussahen, als würden sie jeden Moment einstürzen. Vor den einzelnen verstreut in der kargen Landschaft stehenden Häusern wurden auf handgeschriebenen Tafeln Limonade und Zigaretten zum Verkauf angeboten. Leider war nie jemand zu Hause. Vielleicht arbeiteten sie auf den Feldern, vielleicht aber standen sie auch nur hinter den Türen und hatten Angst vor uns, warteten, bis wir vorüber gezogen waren. Nur vor der Schule herrschte reges Treiben. Egal zu welcher Tageszeit ich an einer Schule vorbeikam, die Kinder schienen immer gerade Pause zu haben.

Obwohl das Altiplano eigentlich eine Hochebene ist, war unser Weg keineswegs flach. Immer wieder ging es steil auf- und dann wieder abwärts. Ich ging zu Fuß, um wenigstens einem Pferd ein wenig zu helfen, außerdem ist es ohnehin nicht angenehm, steil bergauf oder bergab zu reiten. Die Landschaft hier auf etwa 2000 m Höhe war karg. Vereinzelt standen Sträucher und blätterlose Bäume, sonst war es wie ausgestorben, keine Menschen, keine Tiere. Der Weg war in meiner Karte nicht eingezeichnet, ich konnte seinen Verlauf aber gut erkennen. Er führte den Berghang hinunter, durch ein ausgetrocknetes Flussbett und auf der anderen Seite wieder steil empor. Auch den Verlauf der Pipeline konnte ich gut erkennen. Am gegenüberliegenden Berghang boten sich zwei Möglichkeiten, ich konnte der alten oder der neuen Pipeline folgen. Die neue Pipeline stach ins Auge, sie blinkte regelrecht, die andere war schon ziemlich verrostet und von der Farbsättigung recht stumpf. Neben der glänzenden Pipeline sah ich einen Zickzackweg, irgendjemand schien doch öfters hier unterwegs zu sein.

Ich führte Gaucho. Er trug gerade den Packsattel, an dem ich den Führstrick von Rebelde festgebunden hatte. Plötzlich hörte ich ein zaghaftes, fast schüchternes Wiehern, weit entfernt. Ich dachte: „Ach, da kommt vielleicht jemand." Da hörte ich wieder das verzweifelte Wiehern, drehte mich um und: „Verdammt, wo ist denn Rebelde?" Ich hatte mein Pferd verloren. Ich band Gaucho fest und wartete, hoffte, dass Rebelde vielleicht doch alleine kommen würde. Nichts! Zehn Minuten lang lief ich den steilen Hang wieder hinauf. Rebelde wieherte wie ein kleines hilfloses Fohlen, das zum ersten Mal im Leben von seiner Mutter getrennt war. Er kam mir aber keinen Zentimeter entgegen.

Der Führstrick hatte sich gelöst und war vor Rebelde auf den Boden gefallen. Er blieb stehen, als wäre er mit dem Strick am Boden festgenagelt. Hätte ich versucht, ihm das beizubringen, er hätte es nie begriffen.

Im Tal überquerten wir das ausgetrocknete Flussbett, dessen Ränder von den Salzablagerungen weiß waren. Mühsam kämpften wir uns im

Zickzack bergauf. Belohnt wurde ich mit einem viel versprechenden Ausblick nach Westen. Durch das Tal schlängelte sich das blaue Band eines Flusses. An seinem Ufer wollte ich mein Lager aufschlagen, auch wenn wir ihn erst spät nachts erreichen würden, denn dort erwartete uns Wasser und grünes Futter.

Vor uns lagen drei Gebirgszüge, die wir überqueren mussten. Ständig ging es hinauf und wieder hinunter, bis der Weg endlich Richtung Fluss führte. Hoch über uns glitt majestätisch ein Kondor durch die Lüfte, er schwebte ohne einen einzigen Flügelschlag. Es war unerträglich heiß, 32°C. Immer wieder standen wir vor senkrecht abfallenden Rinnen, aus denen das Erdreich weggespült worden war. Zu breit, um darüber hinweg zu springen, zu steil, um sie zu umgehen, mussten wir andere Möglichkeiten finden, sie zu überwinden. Kreuz und quer kämpften wir uns um Sträucher und kleine Bäume herum. Für das Auge war es trostlos und traurig. Die öde Landschaft bot nur einzelne, kaum drei Meter hohe Bäume und viele dünne Kakteen.

An einem senkrechten Felsen war der Pfad gerade noch breit genug, dass ein Pferd ohne an der Seite abstehendes Gepäck durchkam. Ich musste das Gepäck voraus tragen und jedes Pferd einzeln durchführen. Als wir wieder auf dem Weg neben der Pipeline waren, verschwand die Sonne gerade hinter den Hügeln und ließ ein Licht zurück, das sich nicht zwischen Tag und Abend entscheiden konnte. In der Ferne erkannte ich ein Dorf am Ufer des Flusses.

Das Licht hatte sich völlig zurückgezogen und die Nacht verschluckte alles Sichtbare, als wir das Dörfchen La Piña erreichten. Sofort bildete sich eine kleine Menschenansammlung um uns. Ich durfte das Zelt neben der Kirche auf dem Fußballfeld, das gleichzeitig der Dorfplatz war, aufstellen. Mein Zelt war genauso lang wie die Kirche breit war.

Während ich noch mein Lager einrichtete, kam eine Frau und brachte mir Tee. Ein junger Mann schenkte mir gekochte Kartoffeln und eine Suppe für Lobo. Ein anderer reichte mir einen Teller mit frittierten Kartoffelstücken und Spiegelei. Die Pferde hatte ich an den Fußballtorpfosten angebunden. Sie wirkten zufrieden mit dem üppigen, von den hilfsbereiten Dorfbewohnern zusammengetragenen Futter. Die Menschen waren sehr freundlich, so entschloss ich mich zu bleiben und den Tieren einen Tag Pause zu gönnen. Die Nacht begann angenehm ruhig. Es gab keinen Strom im Dorf, keine Lichter, kein nervend lautes Radio. Der Himmel war sternenklar, bei immer noch angenehmen 25°C. Wir befanden uns auf etwa 1500 Metern Höhe. Doch dann lärmte die ganze Nacht das aggressive Bellen der Dorfhunde. Wurde es in der einen Ecke des Dorfes ruhig, fing eine andere Meute in einer anderen Ecke wieder an. Das kann – über eine ganze Nacht hinweg – gewaltig nerven.

Gegenüber meinem Zelt wohnte Maria, die Dorflehrerin mit ihren zwei kleinen Kindern. Sie war sehr dunkelhäutig, fast schwarz. Sie kam aus der Minenstadt Oruru. Am Morgen brachte sie mir Kaffee. Maria unterrichtete die einzige Schulklasse, Kinder zwischen sechs und 13 Jahren. Ihren kleinen dreijährigen Sohn beaufsichtigte sie auch noch gleichzeitig. Wie sie alles unter einen Hut bekam, blieb mir ein Rätsel.

Maria setzte sich zu mir und schüttete mir ihr Herz aus. Sie erzählte mir von den Nachteilen, als alleinstehende Lehrerin in einem solch kleinen Dorf zu arbeiten. Als Lehrerin war sie verpflichtet, einige Jahre auf dem Lande zu unterrichten, sonst würde sie keine Anstellung in der Schule ihrer Stadt Oruro bekommen. Während wir uns unterhielten, tauchte plötzlich ihr dreijähriger Sohn auf. Er hatte das Spielen mit seinen Freunden kurz unterbrochen, ging auf seine in der Hocke sitzende Mutter zu, knöpfte ihre Bluse mit einer routinierten Selbstverständlichkeit auf und bediente sich der Verköstigung aus ihrer Brust. Maria unterbrach ihren Satz, fuhr den Kleinen kurz und etwas bissig an: „Ach, du willst immer nur das eine“, und führte ihren Gedanken fort.

Später saß ich alleine am Zelt, las und schrieb, beobachtete die Jugendlichen, die Fußball spielten, und erschrak immer wieder, wenn der Fußball ans Zelt knallte. Die Kinder wollten sich nicht fotografieren lassen. Wenn ich die Kamera in die Hand nahm, machten sie Andeutungen abzuhauen, verschwanden mit lautem Gebrüll in ihren Verstecken. Doch sie kamen immer wieder zurück, setzten sich vor dem Zelt nieder, warteten, dass ich nach meiner Kamera griff und sie unter lautem Geschrei wieder weglaufen konnten. Sie hatten ihren Spaß. Ich ließ alle Kinder der Reihe nach durch meine Kamera schauen. Besonders das Teleobjektiv, durch das sie ihre Freunde plötzlich viel größer sahen, fanden sie lustig. Begleitet wurde das ganze musikalisch, ein regelrechtes Konzert. Alle paar Sekunden zog eines der Kinder die Rotznase hoch. Das störte mich schon längst nicht mehr. Eines der Kinder aber stank derartig penetrant nach Urin, dass es schon an die Schmerzgrenze ging.

Nach einer weiteren von Hundegebell nervenden Nacht zogen wir davon. Unser Weg wurde deutlich breiter. Von einem Hügel konnte ich ein kleines Dorf erkennen. Es waren nur ein paar einzelne Häuser. Meine Aufmerksamkeit wurde jedoch durch etwas geweckt, das dahinter auf den Feldern war – etwas, das aussah wie zwanzig mit leuchtend blauer Plane abgedeckte Ballen. Hatte man die Ernte abgedeckt, alles mit dem gleichen Material? Das war hier ungewöhnlich. Ich musste es fotografieren, so sehr stachen die blauen Farbtupfer aus dieser einfarbigen braungrauen Landschaft heraus. Ich musste unwillkürlich an den Verpackungskünstler Christo denken.

Wir kamen an den ersten Häusern vorbei. Die Holztüren an den Häusern waren mit großen Vorhängeschlössern gesichert. Alles wirkte verlassen, kein Mensch war zu sehen. Etwas stimmte hier nicht. Einige Häuser hatten breite Risse in den Wänden, so breit, dass man in die Häuser hinein schauen konnte. Die Turmspitze lag am Boden vor der Kirche.

Die blauen Planen waren provisorische Zelte. Außerhalb des Dorfes, an einer Tienda, einem kleinen Laden, hatten sich die Dorfbewohner zu einem Krisengespräch versammelt. Ein Erdbeben hatte großen Schaden angerichtet. Die Menschen warteten auf Unterstützung. Verletzt worden war in diesem Dorf zum Glück niemand.

Das nächste Dorf war noch viel schlimmer dran. Die ersten Häuser boten ein trauriges Bild. Die Dächer dieser Häuser waren in sich zusammengebrochen. Die Wände aus ungebrannten Lehmziegeln mussten mit Rundhölzern vor dem Einsturz gesichert werden. Ich blickte auf die

Stadt Totora. Hier war das Zentrum des Erdbebens. Mein Blick fiel sofort auf zwei riesige Zeltstädte. Tausende von Menschen schliefen in den Zelten, aus Angst vor dem Nachbeben. An der Kirche zog sich ein breiter Riss entlang bis hinauf in die Turmspitze. Fast alle Gebäude waren beschädigt. Auch hier war niemand zu Tode gekommen. Erdbeben sind in Bolivien nicht ungewöhnlich und die Einheimischen wissen, dass sie bei den geringsten Anzeichen sofort ihre Häuser verlassen müssen. Ein junger Mann erzählte mir, dass es diese Stadt bald nicht mehr geben würde. Sie sollte komplett abgerissen werden, so groß war der Schaden. Wie und wo die Stadt wiederaufgebaut werden sollte und vor allem mit welchen finanziellen Mitteln war allerdings noch unklar. Eigentlich war es an der Zeit, ein Lager für die Nacht zu suchen. Doch ich hatte kein gutes Gefühl. Was machte ich hier? Was hatte ich jetzt hier zu suchen? Die Menschen hier hatten schon genug Probleme, sollte ich sie auch noch mit meiner Futtersuche belästigen? Ich beschloss weiterzuziehen, meine Gedanken blieben noch eine Weile bei den Erdbebenopfern. Ich konnte ihnen nur wünschen, dass sie die notwendige Unterstützung erhielten, denn eine Versicherung, die bei solchen Naturkatastrophen eintritt, gibt es in Bolivien nicht.

Einige Tage später kamen wir wieder in ein Dorf. Dieses war vom Erdbeben verschont geblieben. An einem Haus wehte an einer dünnen Stange ein vergilbter weißer Stofffetzen. Das bedeutete, in diesem Haus gab es frischen Chicha, ein alkoholisches bierartiges Getränk, das aus Mais hergestellt wird und typisch für die Andenregion ist. Eine ältere Frau reichte mir ein Glas Chicha. Sie erzählte, dass im Dorf eine „Gringa" aus meinem Land lebte. Das war ja interessant. „Was macht die denn hier?" Das konnte sie mir nicht sagen. Aber sie ritt auch ein Pferd und man sah sie öfters auf dem Markt. „Wo finde ich sie?"

Sie erklärte es mir, aber mein zweimaliges Nachfragen überzeugte sie: Der dumme Gringo findet das nie. Sie rief ihren Mann: „Antonio, venga!" Antonio kam, wie ihm befohlen. „Zeig ihm, wo die Gringa wohnt!" Mir war sofort klar, wer hier das Sagen hatte.

Mein Tagesziel für heute lag eigentlich noch fünf Kilometer weit weg. Doch als wir an einem Acker vorbei kamen, entschloss ich mich spontan, hier zu bleiben. Antonio verkaufte mir noch trockene Maisblätter und Maiskolben für die Pferde.

Dann besuchten wir beide die Gringa. Die sehr kräftige und sehr große Frau war aus den USA und arbeitete in einem Programm von Peace Corps. Sie sah sehr verschlafen aus, sie fühlte sich nicht wohl, war etwas krank. Wir unterhielten uns zwischen Tür und Angel. Sie erklärte mir kurz ihr Projekt. Sie baute Gemüse an, um den Einheimischen damit zu zeigen, dass man am Land davon leben könnte. Dieses Projekt wäre sehr wichtig, um den Dorfbewohnern zu zeigen, dass sie nicht in die Städte abwandern müssten.

Am Abend saß ich vor dem Zelt, entfachte ein kleines Feuer und kochte, alles unter den kritischen Augen von Antonio. In kurzen Zeitintervallen schaute er in meinen verbeulten Kochtopf, schüttelte immer wieder den Kopf und brummelte etwas vor sich hin. Ich kochte eine fertige Hühnersuppe aus einer Maggi Tüte. Damit wurde er anscheinend nicht fertig. Und wieder brummelte er, diesmal hatte ich es verstanden. „Eine Suppe, nur heißes Wasser, ohne Fleisch und Kartoffeln?“

Ich musste an die Entwicklungshelferin denken, die voller Selbstbewusstsein von ihrem Projekt überzeugt war. Und gleichzeitig versuchte ich mir vorzustellen, wie Antonio und seine Dorfmitbewohner auf Ratschläge von jungen Highschool-Abgängern reagieren würden. Die sprechen kein Qechua, die Sprache der Dorfbewohner, vielleicht gerade mal ein bisschen Spanisch. Antonio und seine Vorfahren bearbeiteten seit Hunderten von Jahren das Land. Was konnten sie noch lernen?

Ich hatte bereits zuvor zwei junge Peace Corps Mädchen in Bolivien getroffen. Diese waren nicht ganz so selbstbewusst und hatten mir anvertraut, dass sie nicht wirklich wussten, was sie hier eigentlich machen sollten.

Ungefähr 150 junge Peace Corps Angehörige arbeiten in Bolivien. Ihr Einsatz dauert zwei Jahre, im ersten Jahr lernen sie Spanisch, im zweiten sind sie in Projekte integriert. Ein bolivianischer Politiker hatte sich mir gegenüber mal sehr kritisch zum Peace Corps geäußert: „Die spionieren für die CIA!“

Ich lud Antonio ein, Suppe mit mir zu essen. Doch er lehnte kopfschüttelnd mein „heißes Wasser“ ab.

Als ich am nächsten Morgen das Dorf verließ, warf die aufgehende Sonne lange Schatten. Die Lehmhütten leuchteten in goldgelbem Licht. Einzelne Wolkenfetzen hingen am Himmel. Vielleicht würde es zuziehen, das wäre angenehm. Ein Rudel Hunde stürmte auf uns zu. Einer verbiss sich in Lobo. Ich musste absteigen und mit ein paar kräftigen Fußtritten aushelfen. Ich saß schon wieder auf dem Pferd, da kam ein weiterer aggressiver Hund. Er war schon älter und torkelte, dann sah ich, dass er gar keine Augen hatte. Ein Betrunkener kam auf uns zu. Er lallte mich an. Sein Gesicht war verkotzt, mir grauste es. Er streckte mir die Hand entgegen. Ich konnte sie ihm nicht geben, es ekelte mich und seine Fahne brachte mich beinahe selbst zum Übergeben. Ich hatte nicht ein Wort von seinem Gelalle verstanden. Er konnte sich kaum auf den Füßen halten. Ich wollte weiter. Scheinbar war er beleidigt, er hüpfte vor uns herum. Er trug einen Poncho und fuchtelte wild mit beiden Armen in die Luft. Dadurch breitete sich sein Poncho auf. Meine Pferde erschraken - war ja auch nicht anders zu erwarten. Gaucho sprang nach vorn. Am Sattelhorn war jedoch Rebelde angebunden. Der Zug auf Rebeldes Halfter war so abrupt, dass er vor Panik stehen blieb, die vorderen Hufen spreizte er nach vorn. Gaucho gab auch nicht nach, Rebelde lag schon auf den Knien und der besoffene Trottel hüpfte immer noch vor ihnen herum. Ich ließ einen Schrei los: „Caramba!“ Ich weiß selbst nicht wem er galt, den Pferden oder dem Besoffenen. Dieser tanzte nun vor mir herum, mit geballten Fäusten und lud mich wohl zum Kämpfen ein. Ich hatte mich im Leben noch nicht geprügelt und wollte ganz sicher nicht mit einem hilflosen Besoffenen beginnen. Ich ging ihm aus dem Weg und lief weiter. Ich hatte etwa zwanzig Meter Vorsprung. Er bückte sich nach Steinen, fiel hin, rappelte sich auf, rannte mir hinterher, zog seinen Poncho aus, warf ihn weg und beschimpfte mich und warf mit Steinen nach mir. Diese flogen aber zum Glück sonst wo hin. Eigentlich hatte ich erwartet, dass Lobo eingreifen würde, der aber war stiften gegangen. Ich wollte ja nie einen gefährlichen Hund, aber in brenzligen Situationen hätte ich mich doch gerne auf seinen Instinkt verlassen. Wenigstens bellen hätte er können.

In den vergangenen Tagen waren wir auf das Altiplano, die Hochebene, empor gestiegen. Jetzt waren wir nur mehr wenige Tagesmärsche vom Titicacasee entfernt. Auf 4000 Metern war es eiskalt. Mein Schlafsack reichte nicht mehr, also nahm ich zusätzlich die Pferdedecken, die aber voller Pferdehaare waren. Wie gewohnt, um fünf Uhr morgens aufzustehen war hier nicht mehr möglich. Es war viel zu kalt. Ich musste warten, bis die Sonne aufging.

Wir mussten auch gar nicht so früh aufstehen. Sechs Stunden pro Tag unterwegs zu sein reichte auch, es mussten nicht immer zwölf Stunden sein. Vor uns lagen zwei Hügel, der höhere war etwa 4400 m hoch, den wollten wir in zwei Tagen erreichen. Von dort würde es nur noch eben auf dem Altiplano bis nach La Paz gehen.

Von überall her dröhnte Musik. Im Dorf Panduro war Volksfest. Ich gönnte mir eine Cola - manchmal, so muss ich zugeben, war ich richtig froh über die Auswirkungen der Globalisierung -, als ich von Alex angesprochen wurde. Er war aus der Menschentraube, die sich um meine Pferde gebildet hatte, hervorgetreten und bot mir einen Platz für die Nacht an. Sein Hof war durch Häuser und Mauern sicher. Es gab Hafer und Stroh. Alex nahm mich zum Dorfplatz mit. Dort spielten drei Musikgruppen, leider alle gleichzeitig. Eines hatten sie alle gemeinsam, sie spielten sehr laut. Einzelne Instrumente waren herauszuhören, die mindestens einen ganzen Ton daneben lagen. Die Leute waren mit Begeisterung am Feiern. Die Frauen trugen die komischen Eierbecher-Hüte und tanzten voll Energie auf dem staubigen Boden. Ich war todmüde, konnte nicht spontan in das Festgeschehen einsteigen und zog mich unauffällig zurück. Im Zelt hörte ich die ganze Nacht die Musik. Sie spielten immer wieder dasselbe Stück und ich konnte nicht schlafen.

Am Morgen, bevor ich aufbrach, kamen immer mehr Erwachsene und Kinder und wollten Fotos von den Pferden und mir machen. Alex hatte schon drei Filme für die Dorfbewohner fotografiert. Es schien, als hätte er die einzige Kamera im Dorf. Die Menschen brachten ihren eigenen Film mit.

Die Landschaft der Hochebene änderte sich nun deutlich. Das gelbe Pampagras war verschwunden. Die einzige Vegetation waren kleine grünliche kniehohe Sträucher. Dazwischen lagen viele Steine. Vor uns leuchteten die weißen Spitzen des Illimani, des zweitgrößten Berges Boliviens, in der Sonne. Wir gingen über drei Stunden gerade aus, die einzige Abwechslung waren hin und wieder kleine Hügel.

Das Dorf Colchani lag idyllisch am Hang. Die Landschaft war kahl, die durch Steinmauern voneinander abgetrennten Felder abgeerntet. In weiter Ferne spiegelten die Blechdächer eines Städtchens und wirkten wie ein See. Obwohl viele Steine von den Feldern zusammen getragen wurden, um die Begrenzungsmauern zu errichten, war immer noch die Hälfte der Äcker mit Steinen bedeckt. Ich fragte einige Frauen, wo ich denn schlafen könne, doch die erklärten, sie hätten nichts zu sagen und ihre Männer seien auf einer Versammlung. Oben am Rand des Dorfes wohnte eine Frau, die hätte ein großes Grundstück. Ich sollte dort fragen.

Die Pferde durften in den großen Garten und dort konnte ich auch, beobachtet von vielen neugierigen Kinderaugen, das Zelt aufstellen. Der Garten war durch riesige Steinmauern begrenzt, daher konnten die Pferde frei laufen. Das Dorf hatte etwas Besonderes. Es war ein idyllisches Dorf. Die Häuser und Mauern waren aus naturbelassenen Steinen errichtet und selbst die Wege waren mit den gleichen Steinen gepflastert. Alles passte natürlich in die Landschaft – kein Stahleisen ragte irgendwo aus hässlichem Beton heraus.

Ich zog los, um im Dorf zu fotografieren. Einige Kinder begleiteten mich und entrissen mir fast die Fotoausrüstung. Sie wollten mir helfen. Dafür ließ ich sie immer wieder mal durch die Kamera schauen. Ich hatte gerade ein paar Fotos von der schönen Steinkirche gemacht – es fehlten noch einige Minuten für das richtige Licht –, da kamen etwa fünfzehn Männer auf mich zu. Es war der Dorfrat. Sie hatten gerade ihre Sitzung beendet. Der Bürgermeister trat vor mich hin und wollte meine Papiere sehen. Irgendetwas an seiner Haltung war sehr ungewohnt für mich. Er machte mir beinahe Angst. Er sprach mit mir in einem Ton, als wäre ich ein kleiner Soldat in der Grundausbildung und hätte gerade meinen Ausbilder verarscht. Ich glaube der Vergleich ist angebracht. Zum ersten Mal war ich auf meiner Reise nicht willkommen. Dieser aufgeblasene Kerl wollte mich doch tatsächlich aus dem Dorf jagen. Das wollte ich ihm aber schleunigst wieder ausreden. Es war viel zu spät. Außerdem hatte ich mein Zelt bereits auf Privatboden aufgestellt. Die Besitzerin hatte es mir erlaubt. Ich zeigte dem Bürgermeister ein Schreiben der bolivianischen Botschaft in Deutschland, die mich nach Bolivien einlud und um Unterstützung von öffentlichen Einrichtungen bat. Der Bürgermeister überraschte mich damit, dass ihm auffiel, dass das Schreiben schon ein paar Jahre alt war. „Warum so lang?" Na, weil wir für 8000 km so lange gebraucht hatten. Wir konnten uns einigen. Ich durfte die Nacht bleiben, durfte mein Zelt aber nicht verlassen und musste am nächsten Morgen sofort raus aus dem Dorf. Später besuchten mich zwei junge Männer am Zelt. Sie waren zuvor auch in der Gruppe des Dorfrates gewesen. Mir war bereits aufgefallen, dass sich keiner außer dem Bürgermeister traute, etwas zu sagen. Sie erzählten, sie seien die Schullehrer und entschuldigten sich für das Verhalten des Bürgermeisters. Sie meinten, er sei ein großer Wichtigtuer und ein bisschen verrückt.

Als ich am Morgen das Dorf verließ, blickten die Menschen verstohlen hinter mir her, versteckt hinter Türen und Fenstern und trotzdem erkennbar.

Das Dörfchen Machacamarca erreichte ich über eine Müllhalde. Viele Hektar Abfall lagerten rund um das Dorf. Es machte einen ausgestorbenen Eindruck. Bei vielen Häusern waren die Fenster oder Türen zugenagelt, bei einigen war sogar das Dach komplett zusammengefallen. Ich wollte Lebensmittel kaufen, Brot und wenn möglich etwas Obst. Der

Dorfplatz war hässlich. In einem kleinen Laden sprach ich zwei Frauen an und frage, ob es eine Möglichkeit zum Übernachten gäbe. Sie luden mich zu einer Cola ein. Sie meinten, im Schulhof gäbe es Platz und sie würden den Direktor für mich fragen. Das Gelände der Schule war riesig und eingezäunt. Ich konnte die Pferde frei laufen lassen. Ich sattelte ab. Der Direktor bot mir an, in einem Klassenzimmer zu schlafen. Die beiden Frauen, die ich angesprochen hatte, waren hier Lehrerinnen. Wir saßen noch eine Weile zusammen. Die beiden Lehrerinnen schliefen nebenan, zusammen, in einer kleinen Hütte. Sie waren von La Paz und mussten, um in den Lehrdienst übernommen zu werden, auch eine gewisse Zeit auf dem Land arbeiten. Mein Abendessen bestand, wie schon seit Tagen, nur aus Brot und Milch.

Am nächsten Tag sollte ich erst etwas später losziehen, denn meine Anwesenheit war ein Ereignis für die Schüler. Unglaublich, wie viele Kinder in so einem relativ kleinen Dorf zusammenkommen. Lobo wurde ob der vielen Kinder panisch und knurrte, ich musste ihn festhalten. Nicht, dass er noch zubiss. Der Direktor verabschiedete mich und die Kinder applaudierten. Zwei Tage zuvor hatte man mich aus einem Dorf verjagen wollen und hier waren alle so freundlich – krasser konnte der Unterschied gar nicht sein. Als wir das Schulgelände verließen, folgte uns eine Schar von Kindern. Ihre Lehrer pfiffen sie zurück, aber sie liefen weiter hinter uns her. Nach einer halben Stunde – wir waren entlang der Eisenbahnschienen unterwegs – waren immer noch sehr viele Schüler hinter mir. Selbst ein paar Lehrer konnte ich erkennen. Diejenigen mit der meisten Ausdauer folgten uns gleich eine ganze Stunde. Bis die wieder zurückkamen, war die Schule für sie wohl ausgefallen.

Rechts lag der 6439 Meter hohe Illimani, der höchste Berg der Königskordillere. Diese kleine Hochgebirgskette, östlich der Hauptstadt La Paz, weist sechs Sechstausender auf. Vor uns glitzerten die Wellblechdächer von El Alto, einem Stadtteil von La Paz. Über La Paz hing eine dicke, dunkle Smog-Wolke. So deutlich hatte ich das noch nie gesehen. Dahinter lagen die hohen schneebedeckten Gipfel. Ich konnte nicht erkennen, ob die Felder bepflanzt oder abgeerntet waren. Alles war trostlos und trocken. Immer wieder begegneten uns Erwachsene, aber auch Kinder, mit kleinen Herden, meistens Schafen oder Schweinen, manchmal auch Kühen oder Eseln, die zwischen dem Weg und den Feldern grasen durften. Wenn sich ein Tier in die Felder verirrte, warfen die Beobachter ganz geschickt einen Stein in die Nähe des ausgebrochenen Tieres, erschreckten es dadurch und brachten es wieder auf den richtigen Pfad.

Den ganzen Tag schon hörte ich den Flugverkehr über uns. Wir näherten uns El Alto, dem Flughafen von La Paz. In dieser Gegend war es immer wieder schwierig, einen Lagerplatz zu finden. Das Futter reichte nicht einmal für die Tiere der Dorfbewohner aus und außerdem hatte ich das Gefühl, dass die Menschen hier misstrauischer und vorsichtiger Fremden gegenüber waren. Dies mag daran gelegen haben, dass wir uns in der Nähe der Großstadt befanden.

Die Woche über hatte ich wieder ganz verschiedene Erfahrungen bezüglich Gastfreundschaft gemacht. Es ist mir nicht angenehm, nach einem Lagerplatz fragen zu müssen. Wie schön war das doch in Patagonien, wo ich über Wochen hindurch niemanden traf und einfach irgendwo, wo mir gerade danach zu Mute war, mein Lager aufschlug. Manchmal erinnere ich mich auch an die Zeit, als ich mit dem Motorrad unterwegs war. Wie einfach war das, manchmal war ich mit dem Motorrad ins Hotelzimmer gefahren, hatte es abgestellt, war fertig.

Wir kehrten der Hauptstadt den Rücken und zogen weiter nach Norden, Richtung Titicacasee. Der geheimnisumwobene Titicacasee, 3850 Meter über dem Meeresspiegel gelegen, ist der höchstgelegene schiffbare See der Erde.

Die Inkas glaubten, dass hier ihr Ursprung sei, hier wurde ihnen von der Sonne Leben eingehaucht. Einer Sage nach entsandte der Sonnengott aus der Tiefe des Sees zwei seiner Kinder mit einem goldenen Stab, um das Inkareich zu gründen. Noch heute sollen tief unten im See goldene Geräte der Sonnenherrscher verborgen sein, der Inkaschatz.

Wir erreichten den Titicacasee an einem Sonntag am späten Nachmittag. Auf dem sanft abfallenden Ufer waren terrassenförmig Felder angelegt, ein Versuch, die extrem karge Landschaft zu bewirtschaften. Nur sehr vereinzelt gab es Bäume, grüne Farbtupfer zwischen dem Rotbraun der Erde. Wolkenfetzen standen über dem blauen See, der aufgrund seiner zerklüfteten Uferlinie und der Inseln von meinem Standpunkt aus gesehen gar nicht so groß wirkte wie er eigentlich ist. Bei der Familie Cartari in einem kleinen Dörfchen am Ufer des Sees konnte ich vier Wochen bleiben. Ich wollte mich über die Einreiseformalitäten für meine Pferde nach Peru informieren und vor allem auf den Grenzübertritt vorbereiten. Erst dann, wenn die Papiere vollständig wären, wollte ich mit den Pferden an die Grenze. Die langwierige, langsame und nicht nachvollziehbare Bürokratie verursachte lange Wartezeiten, während derer ich meine Pferde gut versorgt wissen wollte.

Maximo, der Familienvater war als einer der letzten großen Schilfbootbauer weit über die Grenzen Boliviens hinaus bekannt. Expeditionen aus Europa und Amerika kamen immer wieder zu Maximo und ließen sich von ihm ein Boot bauen. Mit Rolly, einem Neffen Maximos, freundete ich mich an. Er half mir, die Pferde zu füttern und wir unternahmen gemeinsame Ausritte, bei denen mir Rolly seine Heimat zeigte. An einem strahlend schönen Tag fuhren wir frühmorgens mit Maximos kleiner Segeljolle zur Insel Suriqi. Der See wurde von einer leichten Brise gekräuselt wie ein Weizenfeld. Wir hatten guten Wind. Die Fischer am See arbeiteten in Zweierteams. Jeder hatte ein kleines Ruderboot. Zwischen den Booten spannten sie ein Netz und zogen es eine Weile hinterher, indem sie in einem Abstand von 20 Metern zueinander ruderten. Mir fiel auf, dass die meisten Fischerboote, obwohl sie sich auf dem großen See befanden, doch irgendwie in einer Reihe angeordnet waren. Rolly erklärte, dass sie eine Strömung nutzten, da es dort die meisten Fische gab. In dem kleinen Hafen von Suriqi lag ein etwa zwölf Meter langes Schilfboot am Ufer. Von dieser Insel hatte Thor Heyerdahl, der norwegische Forscher und Abenteurer, drei der Schilfbootbauer angeheuert. Heyerdahls Ziel war es, mit einem Schilfboot von Marokko nach Amerika zu segeln. Er hatte dies bereits einmal versucht, mit seinem Boot Ra I, das von afrikanischen Fischern gebaut wurde, jedoch kurz vor dem Ziel sank. Den zweiten Versuch unternahm er mit seinem Boot Ra II, das er sich eben von diesen Männern der Insel Suriqi bauen ließ. Diese Expedition im Jahre 1970 gelang und er erreichte Barbados in der Karibik.

Vier Wochen vergingen. Ich fuhr einige Male nach Peru. Bereits einige Wochen zuvor war ich das erste Mal in Peru gewesen, um mich nach den Einreisebstimmungen für die Pferde zu erkundingen. Die Behörde versprach damals, mir die Liste per Fax zu schicken. Aber wie naiv war ich, zu glauben, das würde wirklich passieren. Jetzt stand ich wieder im Landwirtschaftsministerium in der Provinzhauptstadt Puno, ca. 100 Kilometer von der bolivianisch-peruanischen Grenze entfernt. Die Beamten waren schlicht überfordert. Dass jemand Pferde auf dem Landweg nach Peru einführen will, kam vielleicht alle zehn Jahre einmal vor. Dafür gab es keine klaren Richtlinien und Gesetze, was aber einen großen Spielraum für eigenmächtige, willkürliche Entscheidungen eröffnete.

Der Chef des Landwirtschaftsministeriums beauftragte einen Dr. Alfredo, mir die nötigen Anforderungen wie Impfungen und Blutanalysen zu notiern. Dieser hämmerte kraftvoll auf seine Schreibmaschine ein. Zunächst dachte ich, er wäre zornig, tatsächlich aber musste er so fest tippen, um diese Notizen auf acht Blätter mit Blaupapier dazwischen durchzuschlagen. Nun hatte ich etwas Offizielles in der Hand, das ich Dr. Gabriel Vidakovic in La Paz übergeben konnte und der hoffentlich wusste, was er damit zu tun hatte. Dr. Gabriel arbeitete als Tierarzt im größten Reitstall von La Paz, in dem sich die Prominenz der Stadt traf. Er hatte bereits in den 80er Jahren den Franzosen Emile und Marie sowie in den 90er Jahren dem Russen Vladimir und dem Nordamerikaner Luis geholfen, die Papiere für die Grenzüberschreitung zu erhalten. Diese beiden Teams waren damals ebenfalls mit Pferden auf dem Weg von Feuerland nach Alaska unterwegs. Dr. Gabriel war ausgesprochen nett und hilfsbereit und wirkte sehr seriös. Er verlangte kein Geld für seine Arbeit und kam sogar zur Familie Cartari, um die Blutproben der Pferde zu nehmen. Er brachte seine Familie mit und machte einen

Ausflug daraus. Sie hatten einen Picknickkorb mitgebracht und wir aßen am Ufer des Titicacasees. Dr. Gabriel unterstützte mich bei allen Behördengängen und schlussendlich hatte ich alle erforderlichen Unterlagen vorliegen.

Voll Zuversicht brach ich in Richtung Grenze auf. Eine Fähre brachte uns über den See und wir erreichten das Dörfchen Copacabana. Der Wallfahrtsort Copacabana ist bekannt wegen der Wunder vollbringenden schwarzen Jungfrau - einer im 15. Jahrhundert von einem Indio geschnitzten Holzfigur -, der heutigen Schutzpatronin Boliviens. Vor etwa 200 Jahren hatten bolivianische Auswanderer eine Figur dieser Schutzpatronin nach Rio de Janeiro in Brasilien mitgenommen. So kam es, dass der weltbekannte Strand in Rio nach dem Heimatort der Schutzpatronin Boliviens benannt wurde.

Es war bereits spät am Abend, als ich endlich einen Platz für die Pferde fand. Auf einem mit Mauern umgebenen, bewachten Parkplatz konnten die Pferde frei laufen. Das Hotel gegenüber war ausgebucht, aber ich bekam trotzdem ein Zimmer angeboten. Eigentlich war es eine Abstellkammer, unterhalb der Treppe, die in den zweiten Stock führte.

Das Bett, das parallel unter der Treppe stand, füllte fast das ganze Zimmer aus. Irgendwie schaffte ich es trotzdem, meine ganze Ausrüstung unterzubringen. Zum Öffnen der Türe mussten Lobo und ich ins Bett, denn es gab nicht genug Platz im Zimmer für eine offene Türe und unsere Beine. Ich musste ständig aufpassen, dass ich mir den Kopf nicht an der Treppe stieß.

Es war kalt und regnete. Den ganzen Tag schon hatte ich mich auf eine heiße Dusche gefreut, da war mir egal, wie das Zimmer aussah. Die Dusche allerdings hatte ich mir gleich angesehen. Sie hatte einen dieser Plastikduschköpfe und war mit blanken Stromkabeln angeschlossen, bei deren Anblick jeder deutscher Elektriker einem Herzinfarkt erliegen würde.

Mit Seife und Handtuch lief ich voll Vorfreude über den Innenhof zur Dusche. Plötzlich war es stockdunkel und ruhig. Ein Stromausfall hatte die ganze Stadt lahm gelegt. Ich würde wieder kalt duschen müssen! Ich fragte den Hotelbesitzer, wie lange das wohl dauern würde. „Wer weiß das schon?“ war seine Antwort.

„Gibt es dann auch nichts zu essen in der Stadt?“ Ich hatte den ganzen Tag nichts gegessen und freute mich auf einen großen Teller Fisch und Salat. „Keine Sorge, die Restaurants sind offen, die kochen mit Gas. Wir sind das gewohnt, mit Stromausfällen zu leben.“

Schnell noch etwas Warmes essen und dann schlafen, dachte ich und gab mir keine Mühe, lange zu suchen, sondern ging in das erste Restaurant, das ich sah. Noch immer gab es keinen Stom, nur Kerzen standen auf den Tischen. Ich suchte gerade einen freien Platz, da sprach mich eine Stimme aus dem Dunkeln im Dialekt meiner Heimat an. Andreas, Günther und Eckehard stammten aus meinem Nachbardorf Mondfeld. Ich hatte die drei auf einem meiner Vorträge kennen gelernt. Damals erwähnten sie, dass sie in einem Jahr nach Peru und Bolivien reisen würden. „Prima“, sagte ich damals, „dann treffen wir uns doch in Peru oder Bolivien, in einem Jahr!“ Geplant hatten wir dieses Treffen allerdings nicht weiter. Spontan beschloss ich, den nächsten Tag auch noch zu bleiben. Wir verbrachten ihn gemeinsam mit einem Besuch auf der Sonneninsel.

Am darauf folgenden Tag trafen wir uns wieder zum Frühstück. Die drei Mondfelder halfen mir beim Satteln und begleiteten mich ein Stück am Ufer des Sees. Günther wollte einen Artikel für eine Tageszeitung in unserer Region schreiben.

Optimistisch brach ich auf, ich freute mich auf die Einreise nach Peru. Ein neues Land, was würden wir hier erleben? Der Beamte an der Grenze konnte mit all den Papieren, die ich ihm vorlegte, nichts anfangen und benachrichtigte den Chef des Landwirtschaftsministeriums. Dieser erklärte das Anliegen zur Chefsache. Ich sattelte ab, band die Pferde hinter der Polizei an – genau das wollte ich eigentlich vermeiden – und fuhr wieder zum Landwirtschaftsministerium nach Puno, das ich mittlerweile schon sehr gut kannte. Der Portier am Eingang, bei dem ich meinen Pass abgeben musste, um ins Gebäude zu gelangen, begrüßte mich bereits wie einen alten Bekannten. Der Chef, dessen Anforderungen ich ja schon längst nachgekommen war, wollte noch ein paar Unterschriften, Kopien und Bestätigungen. Wenn ein Land sich davor schützen will, Krankheiten einzuschleppen, dann muss ich das als Gast akzeptieren, ob mir das passt oder nicht, ob ich das verstehe oder nicht. Aber darum ging es überhaupt nicht. Es handelte sich um Korruption und um Schmiergeld. Damit hatte ich aber ein Problem, denn eines meiner Prinzipien, das ich von Anfang der Reise an hatte, war, dass ich mich nirgendwo an der Korruption beteiligen würde.

Das peruanische Landwirtschaftsministerium wollte ein offizielles Zertifikat der bolivianischen Behörde nicht akzeptieren. Der Chef zeigte mir eine Kopie, so ein Papier müsste ich bringen.

„Aber das ist doch genau das, was ich habe, nur grafisch etwas anders gestaltet!"

„Ja, aber das kennen wir nicht, wir benötigen dieses."

„Kann ich eine Kopie haben, um sie ihren Kollegen in Bolivien zu zeigen?"

Ich fuhr zurück, vorbei bei den Pferden, tränkte sie, besorgte Futter und fuhr weiter nach La Paz, mit der Fähre über den See und dann noch einige Stunden in verschiedenen Bussen. Als ich La Paz erreichte, war natürlich schon längst Feierabend und ich musste bis zum nächsten Morgen warten. Die ganze Zeit machte ich mir Sorgen um meine Pferde.

„Euer Schreiben ist nicht gültig, ich brauche so eines." Ich zeigte dem Beamten die Kopie, die ich erhalten hatte.

„Ach, das ist doch unser altes Formular, das gibt es schon seit Jahren nicht mehr!"

„Egal, so eines brauche ich aber."

Der Chef des Landwirtschaftsministeriums gab irgendwann nach und ich durfte mit meinen Pferden offiziell einreisen. Ich wollte gerade an der Grenze mit meinen gesattelten Pferden aufbrechen, da tauchte der Zöllner nochmals auf. In seinem Büro war ich schon vor einigen Tagen gewesen und hatte alle Formalitäten erledigt. „Ich habe gerade mit meinem Chef gesprochen, er hat es sich anderst überlegt, du kannst nicht durch Peru reiten, du musst die Pferde an Ort und Stelle auf einen Lkw verladen und auf dem schnellsten Weg durch das Land fahren."

Also sattelte ich die Pferde wieder ab und fuhr nach Puno zum Hauptzollamt. Der Chef dort erfand jeden Tag neue Gesetze. Ich als Ausländer musste ihm beweisen, dass es Lügen waren, durfte diese aber nicht so nennen.

Ich wartete vor dem Schreibtisch des Chefs, als eine alte, gebrechliche Frau indianischer Abstammung vorgelassen wurde. Völlig verängstigt und unterwürfig fragte sie mit leiser Stimme: „Entschuldigen Sie bitte, mein Sohn hat mir vor einem Jahr ein Paket geschickt. Ich wollte nur mal nachfragen, ob es nicht schon da ist?" Der Beamte blickte nur kurz auf, beachtete die alte Frau nicht weiter und verneinte ihre Anfrage mit einer abwertenden Geste, ohne auch nur nach ihrem Namen oder einer Paketnummer zu fragen. „Kommen sie in einem halben Jahr wieder."

Ich spürte kochende Wut in mir aufsteigen. Am liebsten hätte ich dem Beamten ordentlich meine Meinung gesagt. Aber ich musste mich zurückhalten. Ich hatte selbst genug Probleme mit dieser Behörde, ein Wutanfall hätte uns beiden - der alten Frau und mir - im Moment nichts geholfen. Doch für mich war diese Angelegenheit weder vergessen noch erledigt.

Irgendwann musste auch der Chef der Zollbehörde einsehen, dass er von mir kein Schmiergeld erhalten würde. So verlangte er zumindest - um sein Gesicht zu wahren -, dass ich ein offizielles Deposit für meine Pferde in einer Bank hinterlegen müsste. Damit konnte ich leben, diesen Wunsch erfüllte ich ihm, obwohl es alles andere als einfach war. Denn um ein Deposit bei einer Bank zu hinterlegen, brauchte ich ein Konto. Um als Tourist ein Bankkonto zu eröffnen, brauchte ich die Erlaubnis der Einwanderungsbehörde. Diese Bewilligung gab mir die Behörde erst, nachdem die Deutsche Botschaft bestätigt hatte, dass ich deutscher Staatsbürger bin. Die Deutsche Botschaft wiederum musste sich von meiner Heimatgemeinde bestätigen lassen, dass ich der Eigentümer meines Reisepasses bin.

Die einzige Sorge, die ich während all dieser Hürdenläufe hatte, war, wie es meinen Pferden wohl gehen würde und ob meine Ausrüstung noch da wäre, oder ob bereits alles geklaut wäre. Daher fuhr ich so oft wie möglich dazwischen an die Grenze, um meine Pferde zu versorgen. Lobo übrigens war die ganze Zeit über im Innenhof des Landwirtschaftsbüros an der Grenze eingesperrt. Ich machte mir Sorgen, dass irgendwer vergessen könnte, die Tür zu schließen. Denn Lobo wäre sicher nicht freiwillig geblieben.

Irgendwann sah dann auch der letzte Beamte ein, dass sie gegen meinen Dickkopf nicht ankommen würden und sie ließen mich passieren. Ich hatte mich während der letzten Wochen oft gefragt, ob es das wirklich wert war. Aber was bleibt, wenn man keine Prinzipien mehr hat. Was, wenn jeder immer nur den einfachsten Weg geht? In diesem Fall kann man den Preis für meine Prinzipien sogar in Zahlen ausdrücken: 32 Dokumente, 37 Unterschriften und garantiert höhere Kosten als das erwartete Schmiergeld und was wirklich wehtat: Nicht eine einzige Unterschrift machte Sinn.

Wie man in den Wald hinein ruft...

Endlich konnten wir die Grenze verlassen. Wir stiegen hinab zum Titicacasee und folgten dem Ufer. Im seichten Wasser standen Hunderte von rosafarbenen Flamingos und suchten mit ihren Schnäbeln nach Fressbarem. Am Abend zuvor hatte es ein Gewitter gegeben, der Regen schien die Luft gereinigt zu haben. Die Erde war noch feucht und so staubte es nicht. Ich hatte einen klaren Blick auf den Titicacasee. Fischer warfen Netze von ihren kleinen Booten aus, anders als ihre bolivianischen Kollegen schien hier jeder für sich alleine zu fischen.

Wir verließen das Grenzstädtchen Junguyo auf einer drei Kilometer langen, schnurgeraden Straße. Hunderte von Laternenmasten standen links und rechts Spalier. Bereits um acht Uhr war es schon sehr warm, es würde ein heißer Tag werden. Links erhob sich ein kleiner Berg, vereinzelt standen Bäume in der sonst kargen Landschaft, das Gras auf den Weiden war sehr kurz. Die Häuser wirkten geschmacklos, sie hatten keinen Stil: Zementgrau verputzt, trostlos, ohne Farbe. Aus dem Fundament oder den Dächern stand der Baustahl heraus. Sie wirkten halbfertig, jederzeit bereit für einen Weiterbau.

Die Menschen schauten mir misstrauisch nach. Ich wunderte mich, warum immer ich als Erster grüßen musste. Ich beschloss, nur noch diejenigen zu grüßen, die offensichtlich älter waren als ich. Plötzlich grüßten doch alle, allerdings – für mich ungewohnt – erst, wenn sie an mir vorbei waren. Die Kinder riefen mir „Gringo“ nach und versteckten sich lachend. Aber in ihren freundlichen Kinderstimmen klang es nach alles anderem als einer Beschimpfung.

Eine ältere Frau sprach mich an.

„Wohin?“

„Nach Puno.“

„Mit den Pferden?“

„Ja, mit den Pferden.“

„Hast du denn kein Geld? Dafür gibt es doch Busse, die kosten nicht viel, das kann sich doch heutzutage jeder leisten!“

Die Straße führte ganz nah am See vorbei, ich hörte das Rauschen und Brechen der Wellen. Den weiteren Verlauf des Ufers nach links und rechts konnte ich erkennen, aber das gegenüberliegende Ufer sah ich nicht, der Titicacasee hat Ausmaße wie ein Ozean. Ich besaß noch keine Landkarten und so musste ich mich ständig nach Wegen erkundigen. Ich war dankbar für jeden Hinweis auf Pfade, die mich von der Hauptverkehrsstraße wegführten.

Die ländliche Gegend schien friedlich und ich genoß das Vor-mich-hin-reiten. Der einzige Störfaktor war das aggressive Hundegebell, das uns ständig begleitete, von morgens bis abends, egal wo wir uns gerade befanden. Unser Pfad war mit Natursteinen gepflastert. Jeweils zwei bis vier Häuser bildeten einen Hof. Die Höfe und auch die einzelnen Felder waren mit Mauern aus losen Steinen eingegrenzt. Diese Steine waren, wahrscheinlich über Jahrzehnte hinweg, aus den Feldern zusammengetragen worden. Aber so viele Steine konnten doch unmöglich in dem Land gewesen sein. Berge von Steinen. Welch eine Arbeit!

Unser Weg führte zurück auf die Hauptstraße und vorbei an einem Kontrollpunkt der Zöllner. Quer über die Straße lag eine Kette, die bei Bedarf gespannt werden konnte. Davor waren einige Schwellen, um die Fahrer zu zwingen, ihre Geschwindigkeit zu verringern. Jeder, von dem die Zöllner erwarten konnten, sich an ihm zu bereichern, wurde angehalten und durchsucht. Ich ritt um den Kettenpfosten herum, vorbei an zwei grinsenden Zollbeamten in Uniform. Sie trugen beide dunkle Sonnenbrillen, die ihnen das Aussehen klassischer Schurken verliehen. Ich ritt gerade neben ihnen vorbei und konnte mich nicht von dem amüsierenden Gefühl lösen, dass sie zu mir „aufschauten“.

„Woher?“ Als wollte er der Frage noch mehr Wichtigkeit verleihen, machte er eine übertriebene Geste mit seiner Hand, die überhaupt keinen Sinn machte.

„Süden“, antwortete ich und machte eine noch übertriebenere Geste mit der Hand, die mit meiner Aussage überhaupt nichts zu tun und noch weniger Sinn als seine hatte.

Es war still, ich hörte für eine Weile nur den Hufschlag meiner Pferde.

„Wohin?“ rief mir einer nach.

„Norden.“

Damit war für mich die Unterhaltung beendet.

Ein schriller Pfiff.

„Hey, Senior, Mister, Gringo - stopp - zurückkommen.“

Die beiden Burschen konnten nicht wissen, dass ich unheimlich allergisch auf Pfiffe reagiere und sie grundsätzlich ignoriere. Ich bin doch kein Hund. Manchmal siegt man, wenn man ganz frech ist. Wäre ich stehen geblieben, hätten sie meine Sachen gefilzt und vielleicht etwas geklaut. Ich war mir sicher - oder zumindest hoffte ich -, schießen würden sie nicht gleich, und wenn es wirklich etwas Wichtiges gab, konnten sie mir ja hinterher laufen, was sie aber nicht taten.

Ein Geländewagen des Hauptzollamtes in Puno fuhr bereits das zweite Mal an uns vorbei. Der frech grinsende Beifahrer war derselbe Beamte, der mich so lang im Hauptzollamt in Puno genervt hatte. Er gehörte zu diesem Typ Mensch, der jeden Tag seinen Fuß in die Welt setzte, nur um jemanden zu ärgern. Irgendwie erinnerte mich sein Kopf an einen kleinen, mit einer Glühbirne ausgeleuchteten ausgehöhlten Halloween Kürbis.

Von der Zollstation, dem offiziellen Überfallkommando der Wegelagerer, waren es zehn Kilometer bis nach Puno. Ich wollte unbedingt auf die andere Seite der Stadt und Puno hinter mich bringen. Ich musste meinen Zorn und Ärger abbauen und mich dann dem Land und seinen Menschen wieder öffnen. Die Menschen grüßten mich freundlich, doch ich war teilweise ekelhaft unhöflich. Ich hatte von den ganzen Schikanen des Grenzübertritts noch eine derartige Wut in mir - so konnte es nicht weitergehen. All die Menschen, die ich traf, hatten damit nichts zu tun

– im Gegenteil, sie litten ja genauso unter der korrupten Regierung.

Ich ritt entlang des Seeufers durch Puno. Es stank zum Himmel, hörte denn der Müllplatz auch irgendwann mal wieder auf? Schweine suhlten sich im Dreck und suchten nach Fressbarem. Inmitten der Müllhalde entstand ein großes Gebäude. Eine Tafel informierte, dass dies das neue Busterminal werden sollte. Einige Häuser im Rohbau standen hoffnungslos schief, die Grundmauer hatte nachgegeben. Ringsherum roch es nach Verbranntem.

Ich ritt einen bewohnten Berghang hinauf. Müll und stinkendes Abwasser floss uns im offenen Graben entgegen und direkt in den Titicacasee. Rechts von mir lag eine kleine Insel mit einer „Festung" – einer riesigen luxuriösen Touristenanlage. Wie bringt man die Touristen dorthin? Wahrscheinlich banden sie ihnen die Augen zu. Schon den ganzen Tag litt ich unter Bauch- und Zahnschmerzen.

Jetzt konnte ich über den Hotelbetonklotz in den See blicken und erkannte dahinter die Schilfinseln, auf denen die Uros Indianer leben und jeden Tag vor unzähligen Touristen ihre Verkaufsshows abhalten.

Puno klebt am Berghang und ist von karger, rotbrauner, baumloser Landschaft umgeben. Nach Puno wollte ich wieder ein anderes Leben beginnen und den Ärger mit der Bürokratie und Korruption hinter mir lassen. Der Unmut hatte sich auch auf das Fotografieren übertragen. Ich hatte jede Lust daran verloren und auch meine Aufzeichnungen schrieb ich nur noch sehr schlampig. Nicht, dass ich sie sonst viel sorgfältiger geschrieben hätte, aber jetzt hatte ich eine Entschuldigung dafür. Es würde weiter gehen, das viele Geld, das mich die Einreise gekostet hatte, war mir egal, es gab Schlimmeres. Ich musste an den Reiseschriftsteller Paul Theroux denken, angeblich einer der erfolgreichsten. Vor einigen Wochen hatte ich sein Buch „Der alte Patagonien Express", in dem er seine Reise mit dem Zug von Boston bis ins argentinische Patagonien beschreibt, gelesen. Ich hatte es analysiert, zwischen den Zeilen gelesen und hatte mir in 15 Punkten notiert, was das Besondere ist, das einen guten Reiseschriftsteller auszeichnet. Einen negativen Punkt hatte ich mir ebenfalls notiert, mir schien, er genoss seinen Beruf – das Reisen

- nicht. Verdammt, wenn das bei mir genau so war, musste ich aufhören zu Reisen - sofort!

Ab Morgen würde es anders werden - aber zuerst hatte ich noch eine Rechnung zu begleichen.

Auf einem Hof außerhalb der Stadt fanden wir einen schönen Lagerplatz. Seit wir in Peru waren, fraßen die Pferde als Raufutter „cevada", Gerste. Es waren aber nur die Halme, denn die Frucht wurde geerntet, wir nennen das Stroh.

Der Vorarbeiter fuhr am Morgen nach Puno, um die Milch der Kühe abzuliefern und nahm mich mit, denn ich hatte einen Termin bei der Tageszeitung „Los Andes". Diese Zeitung gibt es bereits seit 1928. Der Eigentümer, ein 86jähriger, zahnloser Mann, der nebenbei noch als Rechtsanwalt arbeitete, kam mit ganz kleinen Schritten auf mich zu. Er konnte fast nicht mehr gehen, war aber noch sehr klar im Kopf. Angeblich schrieb er auch noch selbst Artikel. Ich fragte ihn, ob die Zeitung recht konservativ sei oder auch mal etwas Kritisches über die Regierung schreiben würde. Er zeigte sich offen, und ich gab ihm ein paar Informationen zu den Zollbeamten.

„Das wird höchste Zeit, dass man denen mal den Kopf wäscht! Die glauben, die können sich alles erlauben!", stimmte mir der alte Mann eifrig nickend zu.

„Genau so sehe ich das auch - dann sprechen wir ja die selbe Sprache!" freute ich mich.

Ich bin immer wieder dankbar, fremde Länder bereisen zu dürfen und als Gast steht es mir eigentlich nicht zu, irgendwas in dem jeweiligen Land ändern zu wollen oder zu kritisieren. Wenn ich etwas in der Politik oder der Gesellschaft verändern und bewegen möchte, kann ich das in meinem eigenen Land tun, da hätte ich weiß Gott genug zu tun. Werde ich in einem fremden Land angegriffen oder ausgebeutet, wie hier an der Grenze, ist es auch meine Schuld, denn ich müsste ja nicht hier sein bzw. hätte ich ja auch Schmiergeld zahlen können. Aber niemand behandelt in meiner Gegenwart eine alte Frau derartig abwertend und erniedrigend wie das der Zollbeamte in Puno getan hatte. Da nehme ich kein Blatt vor den Mund, weder in China, noch in den USA und auch nicht hier in Peru.

Das Interview schrieb die Tochter des Zeitungsbesitzers, Embeatriz. Ich erzählte frei von der Leber weg über all die Schwierigkeiten, die ich über die Jahre hinweg beim Reisen meistern musste. Aber was mir hier in Puno und an der peruanischen Grenze passiert war, war die Krönung. Keiner wusste, was er wollte, jeder erfand Regeln und Gesetze. Die Menschen wurden behandelt wie der letzte Dreck. Solange ein Land die Korruption nicht im Griff hat, solange hat das Volk in meinen Augen keine Zukunft. Der Artikel erschien mit Foto auf der Titelseite, was nicht ganz ungefährlich für mich war.

Zur gleichen Zeit fanden in der Hauptstadt Lima Demonstrationen gegen den amtierenden Präsidenten Alberto Fujimori statt. Es gab einen Aufstand, bei dem Demonstranten den Regierungspalast gestürmt hatten und ihn in Brand setzen wollten. Ich wollte nicht weiter darüber nachdenken, Politik war hier einfach schmutzig, und das übertrug sich von oben bis nach unten. Diese Zöllner hatten vor der Wahl vielleicht Plakate für Fujimori geklebt oder Häuser mit seinem Namen beschmiert oder politische Gegner umgebracht. Sie hatten Glück, es hatte sich für sie gelohnt, denn der, für den sie gearbeitet hatten, gewann die Präsidentschaft. Jetzt hatten sie Arbeit, bis der nächste Präsident gewählt oder bis Fujimori verhaftet oder bis er sich rechtzeitig ins Ausland absetzen würde – was Fujimori schließlich auch tat.

Im Interview hatte ich die Stadt Arequipa im Westen als mein nächstes Ziel angegeben. Sollte irgendjemand sich angesprochen fühlen, Rachegelüste verspüren und mir was anhaben wollen, dann sollten sie mich erstmal im Westen suchen, damit wären sie eine Weile beschäftigt. Wir folgten aber den Eisenbahnschienen nach Cusco im Norden.

Ab diesem Tag wollte ich mich ändern, ich wollte einfach wieder die Reise genießen und freundlich zu den Menschen sein, denn wie man in den Wald hineinruft, so hallt es auch heraus. Jeder hat es selbst in der Hand, man kann sehr wohl selbst beeinflussen, wie man behandelt wird.

Wir waren auf den Eisenbahnschienen unterwegs, es war ruhig, so gefiel es mir, keine nervigen lauten Fahrzeuge, die ewig lange schwarze Rauchfahnen hinter sich her zogen. Meine Laune wurde wieder besser.

Seit sechs Tagen zogen wir entlang der Eisenbahnschienen. Die Gastfreundschaft der Bevölkerung überraschte mich. Oft konnte ich gleich bei der ersten Familie, die ich nach einem Lagerplatz fragte, bleiben. Nur wenige schickten mich weiter, weil sie - und das war auch ersichtlich - selbst kein Futter für ihre Tiere hatten. Zweimal am Tag mussten wir von den Schienen ausweichen, einmal, wenn der Zug von Puno und das zweite Mal wenn er von Cusco kam. Würden nicht die Touristen mit diesem Zug fahren, wäre auch diese Strecke - wie der größte Teil in Lateinamerika - längst schon eingestellt. Ich kannte den Komfort der Züge nicht, aber alleine der Ausblick aus dem Zug in diese herrliche Landschaft musste eine Attraktion sein.

Wir erschreckten ein paar Mutterschafe, die daraufhin flüchteten. Ein kleines niedliches Lamm war durch den Trubel völlig verwirrt und schrie nach seiner Mutter. Das verstörte Lämmchen rannte auf Rebelde zu und suchte Schutz unter seinem Bauch, bemerkte aber augenblicklich, dass von der Größe her etwas nicht stimmte. Jetzt entdeckte es Lobo und rannte ihm hinterher. Lobo fühlte sich angegriffen, rannte mit bis unter den Bauch eingekniffenem Schwanz jaulend vor lauter Angst davon, das Lämmchen hinter ihm her. Hätte ich es nicht selbst gesehen, ich würde behaupten, dass sich das nur ein Karikaturist einfallen lassen könnte.

Wir ritten jetzt direkt auf den Eisenbahnschienen. Vor uns verlief links und rechts parallel zu den Schienen ein mehrere hundert Meter langer Zaun. Es gab keinen Platz zum Ausweichen, wenn ein Zug kommen sollte. Ich durfte gar nicht daran denken. Aber es gab ja nur zwei Züge am Tag, wenn sie wenigstens einen festen Fahrplan hätten. Ohne lange zu zögern ritt ich zwischen den Zäunen weiter. Bevor man einen Zug hörte, sah man ihn schon von weitem. Die schwarze Rauchwolke kündigte nun den entgegenkommenden Zug an. Hatten wir schon die Hälfte erreicht? Egal, es schien mir nicht logisch, einem entgegen kommenden Zug zu entfliehen, indem man auf ihn zu galoppierte. Also drehten wir schnell um und galoppierten zurück. Am Ende des Zaunes bogen wir ab und konnten noch einen kleinen, beruhigenden Sicherheitsabstand gewinnen, bevor der Zug vorbeifuhr. Das war noch einmal gut gegangen, doch das wollte ich nicht noch einmal durchmachen.

Ich ritt quer über die Weide zur Straße. Ein Zaun versperrte uns den Zugang zur Strasse. Ich ritt weiter, den Zaun entlang, fand aber keinen Ausgang. Wir mussten durch sumpfiges Gebiet. Die Pferde scheuten und weigerten sich, weiter zu gehen. Weiter vorne schien der Zaun zu Ende zu sein, aber ich wollte nicht durch den Sumpf. Ich löste den Draht an einer Stelle des Zaunes, so weit ich konnte. Nur oben und ganz unten war ein Spanndraht, den ich nicht öffnen konnte. Den unteren beschwerte ich mit flachen Steinen, die herumlagen, den oberen Draht drückte ich mit der Hand hinauf, so dass die Pferde, wenn sie den Kopf senkten und ich das Gepäck vorher ablud, durchkämen. Am Sattelhorn wurde es knapp. Eigentlich müsste ich mit beiden Händen den Draht nach oben stemmen und die Pferde müssten ganz knapp an mir vorbei gehen. Von alleine gingen sie jedoch nicht, daher führte ich als erstes Gaucho. Er sprang über den knapp über dem Boden gespannten Draht und kam gut durch. Warum konnten meine Pferde nicht einfach über einen Draht steigen? Andere Pferde stört das nicht im geringsten.

Jetzt war Rebelde an der Reihe. Obwohl der Draht mit Steinen bedeckt war, war er panisch. Er ging einen zaghaften Schritt, traute sich dann doch nicht, trat auf die Steine und pustete. Das Ganze war ihm nicht geheuer. Er machte einen Schritt vor und ging wieder zurück, die Steine hatte er mittlerweile losgetreten. Dann zog er seinen vorderen Huf zurück und der Draht verklemmte sich zwischen Hufeisen und Huf. Mit einer Hand den Draht nach oben drückend zog ich mit der anderen Rebelde nach vorne. Das Ergebnis war, dass er sich erst das Hufeisen abriss und dann sprang. Ich konnte mit letzter Kraft den Draht nach oben drücken, sonst wäre er mit dem Sattelhorn hängen geblieben. Das

Hufeisen war verbogen. Ich richtete es und nagelte es wieder auf.

Auf der Strasse wurden Bauarbeiten durchgeführt. Ein argentinischer Ingenieur sprach mich an. Ihm war aufgefallen, dass meine Pferde nicht von hier waren. Er hatte den Zeitungsartikel gelesen und ermahnte mich: „Das ist gefährlich, in Peru darf man nicht alles sagen, was man denkt, dafür kann man ins Gefängnis kommen oder verschwinden."

„Kann sein, aber was gesagt werden muss, muss gesagt werden." Wir unterhielten uns ein Weilchen. Auch er hatte als leitender Ingenieur seine Probleme mit der Korruption. Für alles müsste man Schmiergeld bezahlen.

Wir erreichten den Pass Abra del Raya. Mit 4400 Metern ist er der höchste Punkt der Eisenbahnlinie und immer noch ragten links und rechts die Berge in den Himmel. Am Morgen waren sie mit feinem Neuschnee bedeckt, der tagsüber wieder schmolz.

Immer wieder sah ich große, abgebrannte Flächen, die sich bis hoch auf die Gipfel hinauf ausdehnten. Nicht immer war es gewollte Brandrodung, sondern außer Kontrolle geratenes Feuer. Wie schnell das passieren konnte, hatte ich erst vor einigen Tagen selbst erfahren müssen. Ich hatte im Zelt gekocht. Der Kocher strahlte Hitze ab und das Gras unter dem Kocher begann zu brennen. Ich brachte den Kocher schnellstens nach draußen, schaute nicht gründlich, wie und wo ich ihn abstellte, weil ja das Gras im Zelt brannte und ich schnell löschen wollte und schon begann es auch draußen zu brennen. Es kostete mich nur einige Sekunden, alles zu löschen, da ich glücklicherweise gerade genug Wasser da hatte, aber diese Sekunden reichten, um eine Fläche von drei bis vier Quadratmetern abzubrennen. Wäre die Fläche noch etwas größer gewesen, wäre ich - auch wegen des starken Windes - chancenlos gewesen, das Feuer zu löschen.

Wir begegneten Herden von Alpakas und Lamas. Sie werden seit Menschengedenken als Haustiere gehalten. Alpakas sowie Lamas sind wegen ihrer dicken Wolle quasi die Schafe unter den Kleinkamelen. Wir ritten durch herrliche Landschaft entlang des Flusses und gleichnamigen

Sees Languin, doch bei dem starken Wind stachen die Regentropfen wie Nadelstiche.

Unter einem Felsvorsprung an einer Hängebrücke, die aus Gräsern gefertigt war und den Fluss Apurimac überspannte, suchte ich Schutz vor dem Regen. Ich baute die Kamera auf und wartete auf gutes Licht. Unten im Wasser lag zwischen Steinen festgeklemmt die alte Hängebrücke und rottete vor sich hin. Ich hatte einen Umweg in Kauf genommen, um an diese Brücke zu kommen. Sie ist einzigartig und wird jährlich von den Dorfbewohnern gebaut, um die Tradition zu wahren. Sie verbinden es mit einem Fest. Diese Form der Hängebrücke war die höchste Stufe der Brückenarchitektur der Inkas. Die Seile bestehen aus Pflanzenfaserschnüren, aus Ichugras, dem Gras, das meine Pferde fraßen. Heute wird die Tradition sicher auch aus dem Grund beibehalten, dass dadurch für den Tourismus geworben werden kann. Irgendwann wird sicher auch einmal Eintritt verlangt werden. Viele Touristen werden allerdings nicht hierher kommen, zu schwierig und langwierig ist die Anfahrt.

Das Wasser des Apurimac musste unter der Brücke sehr tief sein. Es schien still zu stehen. Etwas weiter lagen Steine quer über den Fluß. An einem kleinen Abbruch konnte man doch eine Strömung erkennen. Die Vögel zwitscherten fröhlich um mich herum. Es nieselte jetzt nur noch leicht, aber die Sonne kam nicht durch. Auf beiden Seiten der Brücke führte eine Steintreppe nach oben. Hier an diesen Brücken sollen die Inkas Wächter stationiert haben, die die Brücke kontrollierten, denn hier war die anfälligste Stelle für Sabotagen, um die Nachrichtenübermittlung zu unterbrechen. Ich stellte mir vor, wie von der anderen Seite ein Läufer herunter gerannt kam, die Brücke überquerte und hier an mir vorbei die Treppe wieder hoch rannte und wer weiß wie viele Kilometer noch im Laufschritt vor sich hatte, bis er seine Nachricht mündlich an den nächsten übergab.

Cusco war einst die Hauptstadt und das Herz des Inkaimperiums. Von hier hatte sich das Herrschaftsgebiet der Inkas bis Ecuador und

Chile ausgedehnt. Die wechselvolle Geschichte Cuscos hat ein reizendes Stadtbild hinterlassen, in dem zwei Welten einander gegenüber stehen: Die tausende Jahre alten Inkamauern und die stilvollen Kolonialbauten. Die Kathedrale in Cusco war auf den Fundamenten einer Inka Ruine errichtet worden.

Auf früheren Reisen hatte ich mich immer wieder gerne in Kirchen und Kathedralen zurückgezogen. Sie waren angenehm ruhig und kühl. Ich konnte abschalten, im Reiseführer lesen und meditieren. Ich bewundere auch heute noch die Architektur dieser imposanten Gebäude. Aber ich stelle mir immer öfter die Frage, ob der Glauben wirklich solche Häuser braucht? Ein paar Meter neben der Kathedrale sterben Menschen vor Kälte in der Gasse. Warum öffnet man nicht diese pompösen Gebäude für die Armen und gewährt ihnen Unterschlupf vor der Kälte? Am Abend ging ich über den Hauptplatz und den Vorplatz der Kathedrale. Vielleicht ging ich zu nahe am Eingangstor vorbei, denn ein Wächter fauchte mich an:

„Das Gottes Haus ist geschlossen!"

„Das Haus des wahren Gottes ist immer offen", antwortete ich.

Die Stadt Cusco ist Ausgangspunkt zum Besuch des Weltkulturerbes Machu Pichu. Der Besuch der Felsenstadt der Inkas gilt als Höhepunkt jeder Perureise und beginnt mit einer Zugfahrt. Ich saß frühmorgens im Bus auf dem Weg zum Bahnhof. Auch ich wollte mir dieses Zeugnis der Hochblüte Perus nicht entgehen lassen. An schöne Momente erinnert man sich gerne, geprägt wird man aber von ganz anderen. Ich weiß nicht warum, aber manche Bilder, Erlebnisse und Erinnerungen bleiben ein Leben lang haften, während andere ganz schnell wieder verschwinden. Der Bus stoppte vor einer Ampel. Ich sah durchs Fenster: Ein großer Müllcontainer war am Straßenrand umgestürzt. Ein alter Mann kroch auf allen vieren zwischen dem Müll und suchte hastig – im Wettkampf mit einem Dutzend räudiger Hunde – nach Essbarem. Es war ein Kampf ums Überleben.

Ich fragte mich, ob ich auch diesen Instinkt zum Überleben hätte, ob ich auch im äußersten Fall im Müll wühlen würde? Der Bus fuhr weiter, der alte Mann blieb in meinem Gedächtnis, bis heute.

Wenn ich heute anfange zu grübeln oder zu klagen, aus welchem Anlass auch immer, dann besinne ich mich, denke an diesen alten Mann und mir wird bewusst, dass ich nicht den geringsten Grund habe, mich zu beschweren. Dieses Bild half mir bis in die Gegenwart und wird mir hoffentlich auch in der Zukunft helfen. Egal wie schlecht es mir geht, ob ich krank bin oder ob man mir wieder Prügel in den Weg wirft, es kann kommen was will, mir wird es nie so schlecht ergehen wie diesem alten Mann im Müll.

An der Endstation des Zuges, Aquas Calientes, nahm ich mir ein Zimmer in einem der zahlreichen kleinen Hotels. Der erste Bus am nächsten Morgen brachte mich über zahlreiche Serpentinen hinauf zu der auf etwa 2500 Metern Höhe gelegenen Felsenstadt. Es nieselte – kein Licht für ein Postkartenmotiv –, dafür trugen die mittlerweile zu Hunderten einströmenden Touristen knallig farbige Plastik-Ponchos, die am Parkeingang für wenige Soles verkauft wurden. Sie sahen aus wie bunte Ameisen, die über die tausende Jahre alten Ruinen krabbelten.

Einige Tage später, mein Zelt stand auf dem Fußballfeld vor der Dorfschule, besuchte uns der Direktor der Schule. Zum ersten Mal bellte Lobo einen Besucher an. Ein weiterer Erfolg war: Ich musste Lobo nicht mehr am Zelt festbinden, er lief nicht mehr davon, sobald jemand kam. Vielleicht würde es ja doch noch einmal was mit ihm werden. Ich verglich Lobo immer wieder mit Falko, aber das durfte ich nicht. Jeder Hund hat seinen eigenen Charakter und auch Lobo sollte seine Chance haben. Mittlerweile war er ein richtiges Energiebündel und er teilte sich seine Energie auch besser ein. Während der Pausen lag er wie erschlagen da, aber sobald es losging, sprang er auf und war fit.

Es regnete immer wieder, aber nicht stark. Um vier Uhr morgens hörte ich Geräusche vor dem Zelt. Noch nicht richtig wach kroch ich aus dem Zelt und beobachtete einen alten Mann, der über den Fußballplatz lief und auf Gaucho schauend auf Qechua vor sich hin fluchte. Was er sagte, konnte ich nicht verstehen, aber an seiner Stimme war deutlich zu erkennen, dass er sauer war. Die Dächer der Häuser und Hütten in dem kleinen Dorf waren mit langem Pampasgras gedeckt. Gaucho, ein Pferd, das 24 Stunden am Tag nur ans Fressen dachte, hatte das Gras vom Dach des Hauses des alten Mannes gefressen. Er war zwar am Fußballtor angebunden, aber der Strick war so lange, dass er an das Dach gelangt war. Das Gras am Dach war strohtrocken, das konnte ihm doch unmöglich geschmeckt haben. Auf dem Boden neben der Hütte lag nun auch der größte Teil davon. Der Bürgermeister kam und übersetzte. Der Besitzer war verärgert. Er hatte auch allen Grund dazu. Ich versuchte, das Dach zu reparieren, aber es sollte ja nicht nur gut aussehen, sondern es hatte ja auch eine Funktion. Die Technik des Dachdeckens mit Pampasgras war und blieb mir ein Rätsel. Der Besitzer wollte umgerechnet einen Dollar für den Schaden, dafür würde er es selbst reparieren. Ich hätte ihm gerne auch noch mehr gegeben, aber ich hatte kein Kleingeld. Nichts! Schon seit Tagen konnte ich in keinem Dorf Geld wechseln und hier offensichtlich wieder nicht. Ich hatte nur noch Travellerchecks. Es war mir peinlich.

Ich ritt entlang des Ufers des Sees Pacucha in Richtung Andahuayla. Ein Lastkraftwagen kam entgegen. Die Ladefläche war vollbesetzt mit Kindern. Sie waren unterwegs auf Schulausflug. Die Kinder winkten mir zu, lachten und waren guter Stimmung. Zwei Tage später erfuhr ich, dass noch am selben Tag zwanzig Kinder aus dieser Gruppe in einem Schlauchboot gekentert und elf davon ertrunken waren.

In der Dorfmitte von Nueva Esperanza schlug ich mein Lager wieder auf einem Fußballfeld auf. Sofort umringte mich eine Menschentraube und forderte mich auf, mit ihnen Fußball zu spielen. Ich war sofort dabei, doch zuvor, entschuldigte ich mich, musste ich noch Futter für meine Pferde besorgen. Plötzlich kam einer nach dem anderen und brachte ein Bündel grünes, saftiges Futter.

Wir bildeten zwei Mannschaften, über 40 und unter 40. Wir über 40jährige gewannen vier zu eins, drei Tore hatte ich geschossen. Vielleicht wollten sie mir eine Freude machen, vielleicht aber hatten sie auch nur barfüssig spielend zu viel Respekt vor meinen klobigen Wanderstiefeln. Auf jeden Fall war ich selbst stolz auf mich. Seit Monaten waren wir immer auf einer Höhe zwischen drei- und viertausend Metern unterwegs gewesen, ich hatte mich derart gut akklimatisiert, dass mir die dünne Luft keine Probleme mehr bereitete. Nach dem Spiel tranken wir noch ein paar Bier. „Warum bleibst du nicht einen weiteren Tag?"

„Morgen ist Sonntag, warum eigentlich nicht."

Beim Frühstücken schaute ich aus dem Zelt und beobachtete einen schwarzen Hahn. Irgendwas war komisch an ihm. Das war mir bereits am Abend zuvor aufgefallen. Immer, wenn er eine Henne bestieg, fiel er tollpatschig auf einer Seite wieder runter. Er hatte Stoffsäckchen um die Füße, wahrscheinlich damit er mit seinen Krallen nicht den Garten umpflügte. Als er jetzt nahe am Zelt vorbei lief, erinnerte er mich wegen seines unnatürlichen Bewegungsablaufes an einen Taucher mit Taucherflossen an den Füßen.

Wir waren auf einem schmalen Pfad unterwegs. Immer wieder liefen wir direkt in eine Hitzewelle. Sie stand da wie eine Wand, kein Windchen wehte. Seit langem schon hatten wir Blick auf den Fluss. Wir kamen aber nicht näher, die Karten stimmten auch nicht. Ein Junge kam mit einem Dutzend Pferdchen, elendigen, Mitleid erregenden Kreaturen, vorbei. Er hatte sie hier in der Gegend aufgekauft. Bis vor wenigen Stunden hatten sie noch gearbeitet. Der Junge trieb die Tiere zu Fuß nach Ayacucho zum Schlachthof. Die 160 km würden sie in vier Tagen zurücklegen. Ich fragte mich, ob die Tiere das wirklich alle schaffen oder vorher schon sterben würden. Wir überholten ihn wieder, liefen langsam voraus, seine Tiere folgten uns, so halfen wir ihm. Die Bäuche dieser armen Geschöpfe waren prall rund, aber man sah die Rippen. Wahrscheinlich waren sie aufgebläht durch Parasiten. Die Hufe waren ungepflegt, sie hinkten und zogen ihre Glieder hinterher. An den Ohren und unter dem Schweifansatz hingen zahlreiche zum Platzen gefüllte Zecken. Ein Pferd hatte entzündete Augen, unmöglich, dass es noch etwas sah. Am Rücken und Widerrist befanden sich Druckstellen vom Sattel, offene Wunden bis auf die Knochen.

Was tun wir Menschen manchen Tieren an? Ich stellte die christliche Entstehungsgeschichte wieder einmal in Frage: die Hierarchie, bei der Gott an der Spitze steht, die Menschen unter ihm und die Tiere auf der untersten Stufe. Warum sollte Gott uns Menschen geschaffen haben, damit wir über die Tierwelt herrschen, über die Vögel des Himmels, die Fische des Meeres und alle Tiere auf dem Land? Oder haben wir uns Gott nur ausgedacht, damit wir unsere Herrschaft, die wir uns erlauben und an uns gerissen haben, über die Pferde und alle anderen Geschöpfe, rechtfertigen können?

In der Nacht lief Lobo weg und streunte durch das Dorf. Alle Hunde im Dorf schienen zu bellen. Er hatte einfach keinen Instinkt als Wachhund, ich musste ihn tatsächlich wieder festbinden. Er war auch einfach dumm und ich war offensichtlich verwöhnt von Falko. Ich hatte schlecht geschlafen und beschloss, Lobo heute nicht zu suchen. Wenn er beim Aufbruch nicht da sein würde, sollte er doch bleiben, wo er war. Aber irgendwie schaffte er es immer wieder, im letzten Moment zu kommen. Ich hatte schon öfter daran gedacht ihn weg zu geben, es aber dann doch nicht getan. Irgendwie ließ mich das Sprichwort nicht los: Wenn dir dein Hund nicht taugt, dann tausche ihn. Wenn dir auch der zweite Hund nicht taugt, dann ändere dich. Lag es doch an mir? Ich wollte uns noch eine Probezeit von vier Wochen geben.

In der Karte war der Nationalpark Puya Raimondi eingezeichnet. Die gleichnamige Pflanze zählt zu den Ananasgewächsen und hat einen über fünf Meter hohen Blütenstand, der über die kugelförmig angeordneten Lanzenblätter des Unterbaus hinausragt. Nur einmal, nach etwa 80 Jahren, blüht die Puya Raimondi und verschwendet alle Lebensenergie in ihre Blütenpracht, ehe sie abstirbt. An einem einzigen Kolben sitzen Tausende von Blüten, die Kolibris anziehen. Ich wollte diese Pflanzen, aber vor allem die Kolibris fotografieren.

Genügend Essen hatte ich dabei, um so lange zu bleiben, bis ich ausreichend gute Vogelbilder haben würde. Es war kein Problem, den

Weg zu finden, er war mit roten Pfeilen markiert. Die ersten hundert Meter des Weges waren mit Natursteinen gepflastert, der Weg war gleichzeitig der Bach. Das Wasser floss uns entgegen. Wir kamen auf 4000 Metern Höhe im Park an. Jedoch, welch eine Enttäuschung, alles war schwarz. Ein Flächenbrand hatte vor zwei oder drei Monaten alles niedergebrannt. Die Landschaft sah trostlos aus. Die Puya Raimondi Pflanzen waren ebenfalls schwarz, sie würden absterben. Ich wusste nicht, ob sie sich je wieder erholen würden. Keiner hatte auch nur andeutungsweise das Feuer erwähnt.

Wir zogen vorbei an kleinen, völlig abgefressenen Weiden und erreichten Acostambo. Das Dorf zog sich ewig weit hin. Es schien ausgestorben zu sein. Es war Feiertag und vier Kilometer außerhalb des Dorfes war ein Fest. Dort schienen alle zu sein. Alle Restaurants waren geschlossen. Ein paar Menschen, die mir entgegen kamen, fragte ich nach Futter. Einige waren zu besoffen, überhaupt etwas zu sagen, die anderen meinten: „Geh zur Polizei, die haben hinter dem Polizeigebäude einen Platz mit grünem Futter." Vier Polizisten spielten Karten. Ich unterbrach die Runde und sagte, was ich suchte. Mit einer Kopfbewegung deuteten sie nach hinten. Hinter dem Büro war eine tennisfeldgroße Fläche mit hohem Gras, umgeben von einer dicken, über drei Meter hohen Lehmmauer. Beim Absatteln begann es zu regnen, ich hatte Glück, dass ich rechtzeitig angekommen war. Mein Zelt brauchte ich nicht aufzustellen, ich bekam ein Zimmer mit einem Bett und sogar einer Lampe. Die Türen waren aus verschiedenen Sperrholzplatten zusammengenagelt.

Durch ein kleines Fensterchen, in einer geschlossenen Tür meinem Zimmer gegenüber, beobachtete mich schon die ganze Zeit ein Augenpaar, mehr konnte ich nicht erkennen – ein Gefangener. Sicher gab es einen Grund, warum er einsaß, aber er tat mir irgendwie leid. Die Polizisten boten mir an, mich zum Fest zu fahren, um etwas essen zu können. Ich lehnte dankend ab und kochte mir und Lobo Nudeln und etwas Thunfisch.

Am Abend fütterte ich die Pferde mit Mais. Dazu musste ich mehrfach hin und her laufen, immer noch von diesem Augenpaar aus dem kleinen Loch beobachtet. Dann kam, was kommen musste. Ich hatte es schon befürchtet. Der Gefangene zischte zwischen den Zähnen nach dem Motto „Hey komm mal her". Oh nein, dachte ich, jetzt würde er mich bestimmt fragen, ob ich nicht dem Polizisten den Schlüssel abnehmen und ihn befreien könnte, so wie in einem billigen Western.

„Ja, was ist?"

Er bat mich, meine Tür zu schließen. „Wie bitte?" Ob ich meine Türe schließen könnte, das Licht würde ihn stören. Selbstverständlich, kein Problem, ich war froh, dass er nicht mehr von mir wollte.

In der Nacht war es in dem Bau eisig kalt. Im Unterbewusstsein oder im Traum hörte ich vor meiner Tür Stimmen fluchen. Plötzlich stieß jemand meine Tür auf und der dicke Lichtstrahl einer Taschenlampe wurde mir ins Gesicht gehalten. Ein zweiter Mann schaltete das Licht an und der mit der Taschenlampe richtete den Strahl absuchend im Zimmer herum. Langsam konnte ich wieder etwas erkennen und erschreckte gleich aufs Neue: Die beiden Männer hatten lange Wollmützen über den Kopf gestülpt, die nur Löcher für Augen und Mund frei ließen. Verdammt, war das ein Überfall?

Es waren die Polizisten und die räuberliche Verkleidung war nur Schutz gegen die Kälte. Sie suchten nach dem Gefangenen. Er war geflohen. Ich suchte jetzt auch und zwar nach meinem Hund. Der Feigling hatte sich unters Bett in das hinterste Eck verzogen. „Du bist mir ein schöner Beschützer."

Am Morgen sah ich, was passiert war. Der Gefangene hatte ein paar Brettchen aus der Tür gehebelt und war durchgeschlüpft.

„Nicht unbedingt ausbruchsicher, eure Türen!"

„Ja," meinte der Polizist, „das ist ja auch nicht die Zelle, das ist ein Zimmer von uns. Dort hinten ist die Zelle. Die hat keine Holztüre, sondern eine aus Eisenstäben und auch kein Bett darin. Wir meinten es gut, wegen der Kälte, wollten ihn behandeln wie einen Menschen, diesen Hurensohn."

„Was hat er denn angestellt?"

„Er hat seine zwölfjährige Cousine geschwängert", der Polizist ballte die linke Faust und schlug mit der flachen rechten Hand drauf, „die ist jetzt im fünften Monat. Ihre Familie hatte ihn angezeigt."

Die Polizisten würden ihn wieder finden, aber sie hatten Angst, dass er sich in der Zwischenzeit an der Familie rächen könnte.

Ich brachte Lobo vor die Türe, ging zurück und versorgte die Pferde. Lobo lief mit einem Rudel Hunde weg. Ich pfiff ihn zurück, doch er kam nicht. Ich sattelte die Pferde vor der Polizeiwache, da kam Lobo ganz geduckt zurück. Ich schimpfte ihn etwas zu laut, da lief er sofort durch die nächste offene Türe in die Küche und versteckte sich unter dem Tisch. Ich war nahe dran, ihn herzugeben, er brachte überhaupt keine Vorteile, nur Nachteile. Ich hatte die Nase voll, hatte gehofft, dass ich ihm helfen könnte, doch einen gewissen Instinkt in ihm fördern könnte, aber mittlerweile war ich überzeugt, dass es hoffnungslos war.

Die ersten zwei Stunden ging ich zu Fuß. Gerade als ich in den Sattel steigen wollte, kam mir eine ca. 45jährige Frau mit einem Jugendlichen an der Hand entgegen. Sie sagte etwas Unverständliches zu mir und nahm die Sonnenbrille ab. Sie hatte Tränen in den Augen und völlig kalte, blau angelaufene Hände. Sie setzte die Sonnenbrille wieder auf, aber auch diese konnte das große blaue Auge nicht verdecken. Ihre Lippen waren geschwollen, trockenes Blut klebte an der Oberlippe, zwischen den Fadenenden einer genähten Wunde. Ein Mann, etwa dreißig Meter entfernt von mir, rief der Frau etwas zu. Ich ging weiter. Der Mann sprach mich an:

„Senior, wir kennen uns doch!"

„Tut mir leid, ich kann mich nicht erinnern."

„Doch," bestand er darauf, „gestern Abend, bei der Polizei."

Es war der Gefangene, ich hatte nur seine Augen gesehen. Hätte er mich nicht angesprochen, ich hätte ihn nie erkannt. Er sprach mich mit Padre – Vater – an. Irgendwie hatte er bei der Polizei verstanden, dass ich Pfarrer und in einer Mission unterwegs sei. Ich fragte ihn, ob er sich nicht vorstellen könnte, dass man ihn sucht. Er wollte nach Hause, der Jugendliche sei sein Sohn, der bekam die erste Kommunion.

Er fragte wieder: „Vater, was ist das? Immer wenn ich saufe, reitet mich der Teufel. Ich schlage meine Frau oder mache andere schreckliche Dinge." Was sollte ich ihm darauf sagen? Dann hör doch einfach auf zu saufen? Ich wählte den einfachsten Weg und sagte, ich sei kein Pfarrer und mit der Kirche habe ich überhaupt nichts am Hut. Ich ging weiter und wunderte mich darüber, wie selbstverständlich dieser Mann hier neben seiner Frau ins Dorf lief.

Der Gedanke, wie einfach ich mich hier vor etwas gedrückt hatte, verfolgte mich noch den ganzen Tag. Was hätte ich antworten sollen? Hätte es denn etwas genützt? Kürzlich hatte ich in der deutsche Welle gehört, dass ein deutscher Familienvater ein Kind missbraucht und anschließend getötet hatte – was geht in solchen Köpfen nur vor sich? Ein Mensch wird wegen zu viel Alkohol zum Tier. Trotzdem, so besoffen konnte man doch gar nicht sein. Mir war schon oft aufgefallen, dass die Menschen hier an den Besoffenen, die in den Straßen, Wegen oder wo auch immer liegen, wie selbstverständlich vorbei gehen. Die Betrunkenen hier hatten immer wässrige Augen, ihre Aussprache war klar und verständlich, doch ihre Sätze ergaben keinen Sinn. Manchmal fragten sie innerhalb einer Minute drei Mal das gleiche. Und irgendwann haute es sie um, egal wo sie gingen oder standen, als wenn sie mit dem Prügel eins über den Schädel bekommen hätten und blieben sechs bis acht Stunden bewegungslos liegen. Ich verglich sie mit den Betrunkenen bei uns. Ich war selbst oft genug betrunken gewesen, doch auch wenn es mir noch so schlecht erging, ich wollte nach Hause und hatte es auch immer geschafft. Ich glaube, es lag an der Sorte Alkohol, den die armen Leute hier konsumieren. Er ist nicht mit Bier oder Wein vergleichbar. Dieser billige Ethylalkohol mit teilweise 98 Vol% ist eine Waffe. Er ist Gift für die Menschen. Warum wird so etwas überhaupt verkauft? Es ist nicht einmal illegal, weil der Staat selbst der Hersteller ist. Diese Chemie zerfrisst das Gehirn der armen Menschen. Vielleicht sind diese Besoffenen doch nicht schuldig, weil sie wirklich nicht wissen, was sie tun?

Ich griff zu meinem Fuß im Steigbügel, Lobo kam und stupste mich mit seiner Nase. Er hatte wohl noch etwas gut zu machen.

Der Gefangene ging mir nicht aus dem Sinn. „Es reitet ihn der Teufel", der ist ja gut, schiebt es auch noch auf jemand anderen und ist nicht mal selbst dafür verantwortlich.

Im Dorf Santa Rosa de Ocopa suchte ich eine Unterkunft. Ich fragte im Kloster, einer großen Anlage mit grünem Innenhof, nach. Die Sekretärin sagte mir, die Ländereien seien alle an eine Kooperative verpachtet, ich solle dort nachfragen. Im Hof der Kooperative konnte ich mein Zelt aufstellen. Der Erdboden war so hart, dass ich meine Nägel nicht einschlagen konnte, so nahm ich die Sättel zum Beschweren. Die Pferde konnten frei im Hof herumlaufen. Grünfutter gab es ausreichend. Von den Arbeitern erfuhr ich, dass es im Konvent Landkarten gab. Ich machte mir anhand der Karten Skizzen vom weiteren Weg. Selbst hatte ich nur eine grobe Karte, und die Wege stimmten nie überein.

Nachts regnete es, die Pferde standen im Regen. Am nächsten Morgen ging ich in die Kirche des Klosters, es war Messe. Die Kirche war riesig. „Welch ein Aufwand für so ein kleines Dorf!" dachte ich. Aber hier wurden während der Konquistadorenzeit von den Franziskanern Novizen für den Einsatz zur Missionierung im Amazonasgebiet ausgebildet. Nur wenige Personen nahmen an der Messe teil, ich setzte mich ganz hinten hin und wartete darauf, mit dem Pater sprechen zu können, um einige Informationen über den weiteren Weg zu erhalten. Der Pater meinte sehr selbstbewußt, ich könne weder hier noch dort durch, die Wege seien unpassierbar. Er selbst war aber nie dort gewesen.

Ich sah mir die Bibliothek des Konvents an. Sie bestand aus über 30.000 Büchern. Sechs bis acht junge Männer kamen jährlich hierher, um Franziskanerpater zu werden. Sie studierten dazu in Lima und hier.

Es war schon neun Uhr, als wir wieder aufbrachen. Als ich in Chichi ankam, war der Himmel schwarz, ein Gewitter zog auf, eine richtige Weltuntergangsstimmung. Noch im Trockenen sattelte ich vor der Schule ab. Ich konnte unter dem Vordach der Schule bleiben. Das Zelt beschwerte ich wieder mit den Sätteln. Ich spürte die Höhe. Ich hatte Probleme mit dem Atmen, vor allem, wenn ich mich mit jemandem unterhielt. Die Leute aus dem Dorf umringten mich, waren jedoch zurückhaltend, schauten nur zu, was ich tat. Ich pflegte die Pferde und machte mit Stativ und Fernauslöser ein Foto von mir mitten in der Gruppe. Eine Frau mit einem kleinen Kind im Arm kam auf mich zu und bat mich, ihrem Kind ein Zöpfchen abzuschneiden, dadurch würde ich zum Taufpaten. Ich fragte, was das für mich bedeutete, was für Verantwortung ich übernehmen würde? Es sei für ihre Familie eine Ehre, also erfüllte ich ihr den Wunsch.

Gerne hätte ich mich jetzt zum Schlafen zurückgezogen, ich hatte aber das Gefühl, den Menschen noch ein wenig Unterhaltung schuldig zu sein, und so beantwortete ich ihre Fragen. Ein alter Mann beschrieb mir den weiteren Weg, ich notierte mir die Namen der Dörfer, damit ich mich durchfragen konnte. Ein junges, hübsches und selbstbewusstes Mädchen bat mich: „Onkel, erzähl mir eine schöne Geschichte von dir und deinen Pferden!"

In der Nacht schlief ich schlecht. Ich hörte die ganze Zeit das Gebell der Hunde. Am frühen Morgen kam der alte Mann wieder. Nachts sei ihm noch eingefallen, dass es in dem Gebiet, durch das er mir den Weg beschrieben hatte, noch Terroristen gäbe und dass es sehr gefährlich sei. Während des Frühstücks versammelten sich wieder viele Leute um mich. Mich störte das Geräusch, das die Kinder machten: Sie zogen ständig ihren Rotz hoch. Es war ein richtiges Konzert.

Nebel zog auf, ging über in Regen, dann wieder Nebel, es war kein Weg erkennbar und ohne Karte und Sicht im Gebirge konnte ich mich nicht orientieren. Ich blieb auf der Strasse. Das Wetter änderte sich alle paar Minuten, einmal war es Nieselregen, dann Hagel, dann riesige Schneeflocken. Ich war nass bis auf die Haut.

Vor dem Dorf Castilla fragte ich einen Alten nach dem Weg. Er meinte, es wäre unmöglich durchzukommen, ein großer Fels versperre den Weg, man müsse ihn umgehen. Zwei Jungs, die aus einem Fenster sahen, bekamen die Unterhaltung mit und boten sich als Führer an, ich hatte jedoch das Gefühl, dass sie keine Ahnung hatten und nicht wussten, wovon sie redeten.

Dann traf ich einen Mann, der gerade von diesem Weg kam. Der Weg sei für mich nicht passierbar. Er wäre sehr schmal und hätte viele enge Windungen um die Felsen herum. Selbst mit ihren kleinen Eselchen kämen sie kaum durch und es seien schon viele abgestürzt. Ich blieb über Nacht in dem Dorf. In den nächsten Tagen musste ich unbedingt nach Lima, denn mein Visum lief ab. Würde ich nicht schnell genug in die Hauptstadt kommen, musste ich Strafe bezahlen. Das schien nun immer wahrscheinlicher zu werden. In meinem Hotelzimmer mit Familienanschluss überlegte ich, welche Alternativen ich hatte und entschied, über Satipo zu gehen. Ich verlor zwar ein paar Tage, aber ich verlor nicht meine Tiere in dem gefährlichen Gelände. Die Tochter des Hauses, Rosi, war ein hübsches, dunkelhäutiges Mädchen mit schwarzem Haar und europäischen Gesichtszügen. Sie war sehr naiv, hatte keine Ausbildung. Sie und ihr Bruder halfen der Mutter. Neben dem Hotel und einem kleinen Lebensmittelladen boten sie auch Essen an. Rosi träumte vom Auswandern. Eine Tante, die nach Korea ausgewandert war, hatte dort viel Geld verdient. Eine andere lebte in den USA, auch sie hatte sehr viel Geld. In ihre Tienda kamen immer wieder Gringos, auch Deutsche und Franzosen, die in Entwicklungshilfeprojekten arbeiteten. Die Entwicklungshelfer machten z.B. Untersuchungen über Kartoffelsorten und berieten die Bewohner, welche sie anbauen sollten. Rosi träumte davon, einmal einen dieser Ausländer zu heiraten und mit ihm wegzuziehen.

Die Pferde standen auf einem abgeernteten Maisfeld. Rebelde hatte am nächsten Morgen vier Bisse von Fledermäusen. Die Hotelbesitzerin meinte, diese Vampirbisse kämen oft vor, sie seien aber nicht gefährlich. Ich hoffte nur, dass sie Recht hatte.

Der Weg aus dem Dorf führte entlang eines Gebirgsflusses steil bergauf. Links und rechts des engen Tales standen Eukalyptusbäume. Im nächsten Dorf kontrollierten mich sechs bewaffnete Männer in Zivil. Sie wollten meinen Pass sehen. Diese Männer waren Ronderos. Jeder Mann im Dorf musste, je nachdem wie viele Männer im Dorf zu Verfügung standen, eine bestimmte Anzahl von Tagen in der Woche Wache schieben, eine Art Bürgerwehr wegen des Terrorismus.

Nach vier Stunden Aufstieg kam ich an eine Strasse, die nach Satipo ging. 40 Männer arbeiteten neben der Strasse, fällten Bäume und schlugen mit Machete und Beil aus Rundhölzern Kanthölzer. Es war ein Arbeitseinsatz vom Dorf, das Holz wurde für die Dachkonstruktion der Schule gebraucht. Der Regen ließ kurz nach, aber es war neblig. Ich hatte keine Idee, wie es neben und vor mir aussah. Weit unter mir rauschte ein Gebirgsbach. Die kleinen Dörfer, durch die ich hier kam, hatten alle sehr merkwürdige Namen, die ich mir nicht merken konnte. Wir waren auf 4250 Metern.

Im nächsten Dorf konnte ich in einem verlassenen Adobehäuschen, einem für diese Region typischen aus luftgetrockneten Lehmziegeln errichteten Häuschen, schlafen. Wieder kam die Bürgerwehr. Ich sollte ein Formular ausfüllen. Ich sagte, ich könnte kein Spanisch schreiben, sie sollten schreiben, ich würde es dann unterschreiben. Aber sie konnten auch nicht schreiben. Diese Kontrollen hatten mit dem Leuchtenden Pfad zu tun, ich wusste aber nicht, wer da auf wessen Seite stand und worum es im Detail ging. Die Männer konnten nicht verstehen, warum ein Mensch durch Südamerika reitet. Ich sagte ihnen, sie seien nicht die einzigen, meine Eltern würden es auch nicht verstehen.

Eine Frau kam, brachte Käse und abgekochte Kartoffeln, die so gut waren, dass ich mich daran satt aß. Es waren kleine Kartoffelchen, diese Größe würde man bei uns für die Schweine aussortieren.

Mein Visum reichte noch eine Woche. Ich musste eine Unterkunft für die Pferde finden, um nach Lima zu fahren und mein Visum zu verlängern.

Bei blauem Himmel und Sonnenschein ritt ich los - welch ein Unterschied. Abends erreichte ich Toltopamba. Es war neblig. Es gab kein eingezäuntes Stück Land für die Pferde, so liefen sie auf dem Dorfplatz herum. Ich band nur Gaucho an, meinte, Rebelde würde schon dableiben. Rebelde lief aber ein bisschen weiter und Gaucho lief voller Unruhe am Zelt auf und ab und wieherte nach Rebelde. Ich konnte kein Auge zutun, stand auf, suchte Rebelde und band beide fest. Als ich draußen herumlief, hatte ich Angst, dass jemand auf mich schießen könnte, denn in den letzten Tagen hatte ich viele bewaffnete Menschen gesehen. Am Morgen beim Satteln stand wieder eine ganze Traube Menschen um mich herum. Ein Kind schrie. Die Mutter sagte ihm: „Wenn du nicht aufhörst, nimmt dich der Gringo mit." Augenblicklich war es still.

Lobo war in der Nacht abgehauen. Ich rief nach ihm, da sah ich ihn am Fußballfeld. Ich hatte die Nase voll, ich würde ihn verschenken, sobald ich eine vertraunswürdige Person finden würde. Die Reise mit ihm war anstrengend. Schwarze Gewitterwolken hingen über dem Land, die flach stehende Sonne schien unten durch und bot eine einmalige Lichtstimmung. Am Ortsausgang saß geduckt Lobo. Ich ignorierte ihn und lief weiter, an ihm vorbei. Er folgte. Immer wieder regnete es, mein alter Filzhut war völlig durchweicht, das Wasser sickerte einfach durch und lief meinen Nacken hinunter. Links und rechts des Weges ragten beeindruckende Berge empor. Die steilen, fast senkrechten Hänge waren dicht mit riesigen Bäumen bewaldet, die nur deswegen noch dort standen, weil man sie hier wegen des steilen, unzugänglichen Geländes nicht abtransportieren konnte. Gigantische Farne, so groß wie Bäume, standen neben hohen, gischtspritzenden Wasserfällen.

Die Strassen waren vom Wasser ausgespült. Meine Hose war nass und schwer. Auch meine Daunenjacke war vollgesaugt. Über den Pfützen bildeten sich Schwärme voller Mosquitos, die dort ihre Eier ablegten. Im Nu hatte ich sie alle im Gesicht. Junge Soldaten arbeiteten mit Macheten. Sie säuberten den Hang und schlugen die Büsche ab. Einige von ihnen hatten Gewehre. Immer wieder musste ich Bäche überqueren, die über den Weg liefen. Ich ging seit Tagen zu Fuß, weil es steil bergab ging.

Es schüttete wie aus Eimern. Die Strasse wand sich neben einem reißenden Fluss. Ich musste zwei Brücken überqueren, je 70 Meter lang. Die Brücken bestanden aus Holzplanken, über die Querbalken waren der Länge nach Planken für die Autoreifen gelegt, in der Mitte konnte ich auf den Fluss hinunter blicken. Ich führte die Pferde vorsichtig darüber. Immer wieder mündeten weitere Bäche in den Fluss, das braune Wasser wurde noch reißender. Im Dorf San Antonio fragte ich, wo ich bleiben könnte. Man verwies mich an eine alte Frau. Ich ging zu ihrem Haus. Es kam soviel Rauch heraus, dass ich glaubte, es würde gleich abbrennen. Sie zeigte mir eine kleine Hütte am Hang, da könnte ich bleiben. Die Hütte wirkte wie ein Hochsitz. Im Bretterboden waren überall Löcher, ich musste vorsichtig gehen, um nicht durchzufallen und bei dem Schwein zu landen, das unter mir wohnte. Ich versuchte, meine Sachen drinnen aufzuhängen, weil alles feucht und muffig war. Das Bett, ein Eisengestell mit einem Rost, aber ohne Matratze, war viel zu kurz für mich. Ich nahm zwei Bretter, die ich längs auf das Bettgestell legte. Darauf schlief ich.

Die Schreinerei nebenan bot auch Essen an. In der Werkstatt, die gleichzeitig auch Tienda und Holzlagerraum war, standen ein Tresen und zwei Tische. Überall flogen Hobelspäne herum. Der Schreiner war gerade dabei, ein Bücherregal zu bauen. Auch der Präsident des Dorfes war im Arbeitseinsatz: auf dem Fußballplatz wurde eine Hütte gebaut. Ich fragte ihn, ob es hier gefährlich sei. „Nein, es ist nicht gefährlich, sie erlauben nämlich niemandem, hier zu bleiben, nicht mal dem Militär." Ich gewann den Eindruck, sie sympathisierten mit den Rebellen.

Abends im Hüttchen wollte ich mich gerade umziehen, da hielt ein riesiger Bagger vor meiner Tür. Der Fahrer trug eine Militäruniform. Er wollte mich sprechen. Der Motor lief weiter. Er blieb im Fahrersitz sitzen und versuchte, mich von oben zu verhören. Ich verstand kein Wort, sagte ihm, er solle den Motor ausschalten und runter kommen. Er verlangte meine Papiere. Der Präsident des Dorfes schritt ganz verärgert ein: „Wir haben ihn bereits kontrolliert, das ist überhaupt nicht eure Aufgabe!"

„Habt ihr ihn wirklich kontrolliert, seinen Pass gesehen, alles aufgeschrieben?"

„Jawohl, haben wir."

Vom Fenster aus konnte ich die Pferde im hohen Gras auf dem Fußballfeld fressen sehen. Beide waren angebunden, ich war froh, dass ich sie von hier aus sehen konnte, weil sie sich doch ab und zu im Seil verhedderten.

Hinter dem Fußballfeld floss der reißende Fluss. Dahinter, am Hang, qualmte es aus den Dächern dreier Häuser. Sie feuerten mit Holz, die Feuerstelle war mitten im Raum. Die Innenwände der Häuser waren klebrig vom Rauch, so dass jede Mücke an der Wand haften blieb. Am steilen Hang wurde Zuckerrohr angebaut. Der ganze Hang war gerodet und wenn es richtig regnete würde es ihn mitreißen. Wir befanden uns nur noch auf 1200 m Höhe. In den letzten Tagen waren wir 3000 Höhenmeter abgestiegen.

Während ich in der Restaurant-Schreinerei-Kombination mein Frühstück, bestehend aus Eiern, Plátanos – Kochbananen, und Papaya zu mir nahm, sägte und hobelte der Schreiner. Im Eck hing ein verstaubtes Bild vom Bodensee.

Das Wetter hatte gewechselt, die Sonne schien. Neben der Strasse stand links und rechts schilfähnliches Futter, von dem die Pferde immer wieder etwas abrupften, und Kaffeebäume, die ersten, die ich in Südamerika sah. Meine Stiefel hingen völlig durchweicht am Sattelhorn. Ich lief das erste Mal seit Beginn der Reise in Sandalen, ganz entgegen meinem Prinzip, um die Pferde herum immer geschlossenes Schuhwerk zu tragen. Es war angenehm warm. Neben der Strasse lagen frisch gefällte Bäume. Es duftete nach gesägtem Holz. Dieser Geruch wechselte sich ab mit einem moosigen Geruch von Feuchtigkeit.

Ich wunderte mich, trotz des vielen Regens und der Nässe hatte ich nie den Wunsch verspürt, aufzugeben. Aber wenn es so weitergehen würde, musste ich doch meine Kleider schützen – ich hatte bis dahin kein Regenzeug dabei gehabt. Ich war verwöhnt: die ganze Strecke von Argentinien bis hierher hatte es kaum geregnet, und wenn doch, dann hatte ich eine Pause eingelegt. Auch den Sattel musste ich nun irgendwie abdecken, wenn ich zu Fuß ging. An diesem Tag hatte ich eine trockene Hose an, mochte mich aber nicht in den nassen Sattel setzen.

Ein bunter Schmetterling taumelte, als wüsste er vor lauter Lust an seinem kurzen Leben gar nicht, wohin er sich zuerst wenden sollte. Ein Auto kam uns entgegen, der Fahrer stoppte, ließ uns vorbei. Ich fragte:

„Wie weit ist es noch nach Satipo?“
„Noch sehr weit.“
„Wie viele Kilometer?“
„Sechs Kilometer werden es schon noch sein.“
Ich dachte mir, es müsste doch noch weiter sein. Deshalb fragte ich ihn: „Wie lange braucht man mit dem Auto?“
„Ungefähr eine Stunde.“
Na, dachte ich, so schlecht schaut dein Auto doch gar nicht aus.
An einer Hofausfahrt fragte ich einen Mann, wo ich eine Unterkunft finden könnte. Er bot mir an, hier bei ihm im Hof mein Zelt aufzustellen und die Tiere weiden zu lassen. Es war eine Orangenbaumplantage, die Pferde konnten frei laufen. Am nächsten Morgen am Zelt erzählte ich dem Besitzer von meinem Problem, dass ich unbedingt nach Lima müsste, um mein Visum zu verlängern. Er meinte, ich könnte die Pferde in der Zwischenzeit hier lassen.
Während wir uns unterhielten, rollte tiefer Donner übers Land und es fing an zu regnen. Es regnete heftig, vor dem Zelteingang hatte sich eine riesige Pfütze gebildet. Seit drei Stunden saß ich im Zelt und es hörte nicht auf zu regnen. Am nächsten Tag wollte ich nach Lima. Die Familie lud mich zum Frühstück ein, ich bekam Kaffee und Weihnachtskuchen. Zurück beim Zelt änderte ich den Zeltplatz so, dass das Zelt immer im Schatten stand, denn hier sollte Lobo wohnen, während ich nach Lima fuhr. Ich spannte ein Lasso über das Zelt von einem Baum zum anderen. Die Hundeleine machte ich mit einem Ring an dem Lasso fest, so dass Lobo eine Strecke von zehn Metern hatte und bei Regen in das Zelt, unser Zuhause, gehen konnte, ohne sich an den Abspannungen zu verheddern. Ich hatte Fleisch mitgebracht und bat den Besitzer, Lobo damit zu füttern, damit sie sich anfreundeten.
Um 19.00 Uhr fuhr der Bus in Satipo los in Richtung Lima. Ich saß hinter dem Fahrer, neben mir saß Berta, eine attraktive Peruanerin, ein paar Jahre jünger als ich. Wir unterhielten uns. Zwischen drei und vier Uhr morgens kamen wir in Lima an. Es war Montag, der 21. Dezember. Berta fuhr des öfteren nach Lima und kannte ein günstiges Hotel in

der Nähe des Busbahnhofs. Wir teilten uns das Taxi zum Hotel. Es gab nur noch ein freies Zimmer und das hatte ein Doppelbett. Berta und ich waren beide sehr zurückhaltend, aber irgendwie einigten wir uns doch, das Zimmer zusammen zu nehmen. Ich duschte mich und wollte noch ein wenig schlafen, konnte aber nicht. Seit langer Zeit lag zum ersten Mal wieder eine Frau ganz nah an meiner Seite, ich war viel zu aufgeregt zum Schlafen. Berta schlief auch nicht.

In der Früh, an die schöne Peruanerin angekuschelt, dachte ich, so etwas gibt es doch nur in Hollywood. Wir gingen zusammen frühstücken, Ceviche, roher Fischsalat. Die Bedienung fragte „Scharf?“

„Ja, aber bitte nicht zu scharf.“

Die Bedienung musste verstanden haben: „Ja, bitte sehr scharf.“

Der Fischsalat war so scharf, ich konnte ihn kaum essen. Berta wollte im Großhandel Kleidung für den Weihnachtsverkauf einkaufen. Sie besaß einen kleinen Laden in Satipo. Ich fuhr zur Einwanderungsbehörde und ärgerte mich mit den Beamten herum. Sie wollten mir nur ein Visum für dreißig Tage geben. In dreißig Tagen könnte ich dann ja wieder ohne Probleme verlängern.

„Herrgottsakram... Ich bin mit Pferden unterwegs, ich kann nicht alle paar Tage hierher kommen!“

Ich ließ nicht locker. Ich wollte ein Visum für mindestens neunzig Tage. Ich würde gleich im Voraus für drei Monate bezahlen und sie sollten mir drei verschiedene Stempel geben. Aber das war nicht so einfach, ich musste wieder einmal von Pontius zu Pilatus.

Im Wartezimmer traf ich zwei junge Männer aus Deutschland. Einer der beiden trug einen auffallenden, fetten Nasenring. Sie waren in Peru Zivildienstleistende. „Was macht ihr für einen Zivildienst?“ Sie lächelten, konnten es mir aber nicht erklären, weil sie es selbst nicht wußten.

Der Verkehr in der Stadt Lima platzte aus allen Nähten. Ich fuhr mit dem Taxi durch den vorweihnachtlichen Verkehr zurück zum Hotel. Berta kam beladen mit Plastiksäcken voller Kleidung. Sie wollte gleich wieder los und noch mehr kaufen.

„Ich komme mit."

Wir fuhren mit öffentlichen Bussen. Alleine wäre ich in dem Großstadtdschungel nie zurecht gekommen. Überall in den Straßen waren Weihnachtsstände aufgebaut und in den Geschäften dudelten Weihnachtslieder stark verfremdet vor sich hin. Weihnachten bei dieser Hitze – daran würde ich mich wohl nie gewöhnen.

Berta hatte ihre Einkaufsliste soweit abgehakt und wir gingen gemeinsam essen. Unterwegs kauften wir noch eine gute Flasche Rotwein und Kerzen für einen romantischen Abend. Wir kamen zurück, duschten und machten es uns gemütlich. Ich öffnete die Flasche Wein und wollte sie vom Bett aus auf den Boden stellen. Weiß der Teufel, ob das Bett tatsächlich so hoch war, auf jeden Fall knallte die gute Flasche Wein auf den Boden und zersprang. Berta ging um die Ecke, um eine neue Flasche Wein in der Tienda zu kaufen, dieser schmeckte aber schrecklich.

Unsere Fahrkarten zurück nach Satipo waren für nächsten Tag abends. Wir hatten also noch einen ganzen Nachmittag für uns. Wir fuhren in den Süden, in ein kleines Fischerdorf und spazierten einige Stunden am herrlichen Strand. Im Nachtbus saßen wir zusammen. Berta wollte nicht, dass irgend jemand etwas merkte, das Dorf sei sehr klein.

Der Bus kam in den frühen Morgenstunden in Satipo an. Es wurde gerade hell. Ich kam zu den Pferden, packte alles zusammen und zog los. Ich ritt durch Satipo zum Dorfausgang. Berta kam vorbeigefahren, zufällig, auf ihrem Mofa, gemeinsam mit ihrer Cousine. Sie fuhr ein wenig neben mir her. Wir stoppten, tranken noch einen Kaffee und noch einen und noch einen.

„Musst du wirklich weiter? Bleib doch, wenigstens ein paar Tage."

Natürlich ärgerte ich mich später, nicht geblieben zu sein, wie schon zuvor bei Claudia, Maria und Carmen. Ich verstehe es auch nicht, aber wenn erst einmal meine Pferde gesattelt sind, bin ich wie eine Masse in Bewegung, ich komme nicht mehr zum Stillstand. Auch wenn der Körper einen Moment stehen bleibt, mein Geist kommt nicht zum Halt. Wenn es darum geht, spontan auf Frauen einzugehen, bin ich flexibel wie eine Eisenbahnschiene.

Meine Liebesgeschichten auf Reisen: Ich war immer offen dafür, Frauen kennen zu lernen. Das einzige Tabu waren für mich verheiratete Frauen oder Frauen in festen Beziehungen. Solange die Frauen solo waren und genau wie ich Spaß hatten, ohne Erwartungen, ohne Versprechungen, war es in Ordnung. Wenn man intensiv reist und das macht, was man liebt, dann hat man wohl auch eine bestimmte Ausstrahlung. Man ist braungebrannt, schaut mit seinen langen Haaren abenteuerlich aus und bewegt sich auch dementsprechend. Als Reisender ist man frei. Man verkörpert das Symbol der Freiheit schlechthin - das gefällt manchen Frauen, das finden sie attraktiv.

Wir verabschiedeten uns, Bertas Augen waren feucht. Einige Tage zuvor hatte sie mir von ihrer Schwester erzählt, die sie seit sieben Jahren nicht mehr gesehen hatte und keiner wusste, wo sie war. Berta glaubte, sie einmal auf einem Zeitungsbild gesehen zu haben, als eine wichtige Person neben einem der führenden Rebellen des Leuchtenden Pfades. In der Führungsgruppe sollten unter anderem drei Frauen sein. „Glaubst Du, sie könnte eine davon sein?" fragte sie mich, damals hatte sie auch Tränen in den Augen.

Die Art der Konstruktion der Häuser änderte sich. Schon lange waren sie nicht mehr aus Lehm, sondern aus Brettern oder Bambusrohren gebaut. Die Bambusrohre wurden der Länge nach aufgeschnitten und abgerollt, so konnte ein Bambusrohr eine Fläche von 20-30 cm abdecken. Die Häuser standen auf Stelzen, so kam zum einen das Ungeziefer nicht so leicht hinein, zum anderen bot diese Konstruktion auch Schutz vor der Feuchtigkeit. Das Dach war aus Palmblättern geflochten.

Im nächsten Ort durfte ich hinter der Schule im Schulhof campieren. Viele Kinder und Lehrer kamen, diesmal aber nicht wegen mir, sondern weil die Schule heiße Milch als Weihnachtsgeschenk an die Kinder ausschenkte. Auch mir boten sie einen Becher an. Doch ich lehnte ab. Wer weiß, wie oft die Kinder im Jahr heiße Milch bekammen, das konnte ich nicht annehmen. Es fiel mir auf, dass unter den Kindern auch viele junge Mütter waren. Normalerweise würde man sie noch für Schülerinnen halten, wenn sie nicht ein Baby im Arm hielten und dieses auch stillten.

Am Abend lag ich im Zelt, hörte noch die Nachrichten und wollte dann schlafen. Wieder ein Heiligabend irgendwo alleine, der wievielte eigentlich schon? Ich schwitzte, es war feucht und heiß. Draußen hörte ich Grillen und andere Insekten, aus dem Radio klangen Weihnachtslieder.

Der ausgetrocknete Fluss hatte vor einiger Zeit Hochwasser geführt und einen ganzen Hang mitsamt der Strasse weggespült. Jetzt arbeiteten zwanzig Männer, alle trugen sie rote Schutzhelme. Sie bauten neben dem Rest der abgebrochenen Straße eine Stützmauer. Weitere zehn Arbeiter trugen Steine und Sand zusammen, obwohl Sonntag war. Sie schienen eine Sieben-Tage-Woche zu haben. Der Mörtel aus Zement, Sand und Wasser wurde mit Schaufeln umständlich auf dem Boden gemischt, keine Mischmaschine, nicht einmal ein Schubkarren waren im Einsatz. Mit welch einer Zuversicht diese Truppe die ewig dauernde, scheinbar nie fertig werdende Arbeit anging! Ich stellte mir vor, wie so eine Arbeit bei uns erledigt würde. Es würde eine komplette Verschalung angebracht werden, die dann mit Hilfe einiger großer Lkws, die Fertigbeton anlieferten, mittels einer Betonpumpe ausgegossen würde. Wie unproduktiv, mit welch einem Aufwand an Arbeitskraft und Energie gingen diese Leute ihre Arbeit an. Unglaublich! Aber darf ich mir überhaupt ein Urteil darüber erlauben? Die Arbeiter beklagten sich nicht, im Gegenteil, sie waren froh, dass sie arbeiten durften, wenn auch in unseren Augen für einen „Hungerlohn", aber sie waren zufrieden, sogar lustig. Dreißig Männer hatten ein halbes Jahr lang Arbeit und konnten ihre Familien damit ernähren.

In einem kleinen Dorf, das nur aus sieben oder acht Häusern bestand, campierten wir wieder auf dem Fußballfeld. Die Orte hier konnten noch so klein sein, einen Fußballplatz gab es immer, auch wenn der Hang noch so steil war und das ganze Feld eine unglaubliche Schräglage hatte.

Und immer versammelte sich das ganze Dorf um mich. Am Morgen, nachdem sich alle verabschiedet hatten, blieb ein Junge bis zuletzt. Er fragte mich, ob er mich in mein Land begleiten dürfe. „Mein Land ist Deutschland und ich werde noch eine Weile unterwegs sein, bevor ich zurückkehre."

„Aber irgendwann wirst du doch dort ankommen?" entgegnete er mir. Er wollte unbedingt ins Ausland und Geld verdienen. Ich versuchte ihm zu erklären, dass Geld nicht alles ist. Es war schwierig, dem Jungen das begreiflich zu machen. Er wollte mitkommen, weil er im Ausland die Chance sah, eine Karate Ausbildung zu machen, um dann nach Hollywood zu gehen.

Dreihundert Deutsche aus dem Rheinland und Österreicher aus Tirol hatten vor einhundertfünfzig Jahren den Hafen in Antwerpen mit dem Ziel Peru verlassen. Die Regierung Perus hatte Auswanderer aus Europa für die Kolonisation des Amazonas gesucht. Ursprünglich sollten sie ein Eisenbahnprojekt ins Amazonasgebiet verwirklichen. Als die Auswanderer im peruanischen Hafen Callao ankamen, hatte die peruanische Regierung diesen Plan verworfen. Die Auswanderer waren enttäuscht, hatten keine Arbeit, keinen Lebensunterhalt, sie hatten auch kein Geld, um wieder zurückzufahren. Sie schlugen sich durch, zogen zu Fuß mit ein paar Pferden und Rindern los. 179 Auswanderer erreichten nach einem Jahr einen Ort, an dem sie bleiben wollten. Sie rodeten den Bergurwald und gründeten das Dorf Pozuzo. Über hundert Jahre lang hatte man sie vergessen, erst als die Regierung vor einigen Jahren eine Strasse in das Tal baute, erinnerte man sich wieder an die Kolonisten.

Es trennten uns noch zehn Kilometer von dem Dörfchen Pozuzo. Ich wollte aber an diesem Tag nicht mehr weiter und blieb in einem Weiler mit vier oder fünf Häusern und einem Fußballfeld. Die Fußballspieler fragte ich, ob ich mein Zelt auf dem Fußballfeld aufbauen könne. Nach dem Spiel wäre das kein Problem. Ich ließ die abgesattelten Pferde an der Seite grasen. Ich rief Lobo drei Mal zu mir, er kam, ging aber wieder zu seinem Platz hinter dem Fussballtor. Das Tor hatte kein Netz. Lobo bekam einen Ball ab, jaulte und lief davon. Ich saß neben dem Fußballfeld und schaute dem Spiel zu. Lobo saß jetzt neben mir. Plötzlich rannte er wie von einer Hornisse gestochen ins Feld und biß einen Mann in die Wade. Ein Zahn hinterließ einen Abdruck, ein anderer Zahn schnitt eine Wunde von einem Zentimeter Länge. Der junge Mann sollte sicherheitshalber zum Arzt nach Pozuzo, alleine schon wegen einer eventuell notwendigen Impfung. Ein Mitspieler fuhr ihn mit seinem Moped zum Arzt. Am Abend kam er humpelnd zurück zum Zelt. Es war eine kleine Wunde, sie wurde nicht genäht. Ich bezahlte ihm die Medikamente und gab ihm etwas Geld für ein paar Tage Verdienstausfall.

Über eine provisorische Brücke, wie sie das Militär verwendet, überquerten wir den Fluß Pozuzo. Fridolin kam auf mich zu und begrüßte mich, das ganze Dorf wartete bereits auf mich, Lobos Biss hatte sich schnell herumgesprochen. Fridolin war Pilot, hatte aber keinen Job mehr, denn aufgrund des Rauschgiftschmuggels war das Fliegen zu gefährlich geworden. Ich verstand diese Erklärung zwar nicht, wollte aber auch nicht nachfragen. Später erzählte mir jemand, Fridolin hätte bei einem Landeanflug vergessen, das Fahrwerk auszufahren und eine Bauchlandung gemacht, was sich schnell herumsprach und deshalb würde ihm keiner mehr ein Flugzeug anvertrauen.

An diesem Tag war ich wieder fürchterlich nass geworden, ich hatte noch immer keine vernünftige Regenausrüstung. Ich spielte mit dem Gedanken, eine längere Pause zu machen und die Regenzeit abzuwarten.

Die ersten Pferde, die ich sah, waren klein und sahen gut genährt und gesund aus, so sollte ein Pferd aussehen. Links und rechts der Straße standen Häuser aus Holz, klein, aber geschmackvoll und handwerklich gut gearbeitet. Der Bürgermeister empfing mich im Rathaus und lud alle Anwesenden anschließend zu einem Umtrunk ein. Dies war eine gute Gelegenheit, meine Idee vorzutragen: Ich suchte einen Ort, wo ich meine Pferde für einige Wochen pausieren lassen konnte. Ich wollte mir ein Boot kaufen, um zum Amazonas zu fahren. Der Fluß Pozuzo war ab hier noch nicht befahrbar. José bot mir an, mich in einigen Tagen zu sich nach Hause an den Fluß Palcazu mitzunehmen, dort bewegte man sich mit Booten. Mit der Familie von Dodgo fand ich eine Familie, der ich mit gutem gewissen Rebelde und Gaucho für die nächsten Wochen anvertrauten konnte. Ich wollte mir einen Jugendtraum erfüllen: Mit einem eigenen Boot auf Nebenflüssen bis zum Amazonas zu fahren. Ich kaufte mir ein typisches Urwaldlangboot mit einem Aussenbordmotor und fuhr gemeinsam mit Lobo über vier Nebenflüsse zum Amazonas bis zur Urwaldmetropole Iquitos und wieder zurück. Diese Bootsfahrt war eine neue Herausforderung und barg viele neue Abenteuer, aber irgendwie genoss ich diese Tour nicht. Nie hätte ich es für möglich gehalten, dass mir die beiden so fehlen würden: Ich vermisste Rebelde und Gaucho.

Regen, Regen und nochmals Regen

Rebelde und Gaucho fand ich nach zehn Wochen Pause fit, munter und gut erholt. Die dreimonatige Regenzeit sollte vorbei sein und ich freute mich, wieder mit ihnen unterwegs zu sein. Ich beschlug die Pferde und begann täglich zwei bis drei Stunden zu reiten, die Pferde zu trainieren und Grundkondition aufzubauen. Es regnete viel, aber ich war überzeugt, dass es sich um die letzten Tage der Regenzeit handelte.

Hilda und Andreas Egg betrieben das kleine, einfache Restaurant „Tiroler Hof", in das ich zweimal am Tag zum Essen ging. Mit den beiden verband mich bald eine Freundschaft. Am Sonntag ging ich mit Andreas in die alte Kirche. Die Messe wurde in Deutsch gehalten, auch die Lieder wurden in Deutsch gesungen. Eine merkwürdige, durchdringende, einzelne Stimme fuhr mir durch Mark und Bein. Diese schrille Stimme gehörte Delfina. Die liebe alte Dame, die mit Fräulein angesprochen werden wollte, organisierte für mich eine Tanzaufführung. Sie spielte Akkordeon und junge Buben und Mädels tanzten in ihren grünen und roten Trachten. Am Nachmittag stand ich auf der kleinen Zuschauertribüne am Fußballplatz, die zierliche Jungfer Delfina stand neben mir und brüllte, dass es mir peinlich war. Ich musste meinen Standort wechseln. Delfina stellte mit ihren Kommentaren und Zurufen jedes sonntägliche Fußballspiel im ländlichen Deutschland in den Schatten.

Andreas zeichnete eine sehr detaillierte Skizze von dem vor mir liegenden Weg. Ich verließ das Dörfchen Pozuzo und war mir sicher, hier würde ich irgendwann einmal wieder herkommen. Viele freundliche Dorfbewohner kamen, verabschiedeten mich und wünschten mir eine gute Reise. Ein wirklich nettes Dorf.

In Yanahuanca überquerten wir eine Hängebrücke. Mir wurde es ganz anders, als diese stark ins Schwingen kam. Nach der Brücke ging es neben dem Fluss Santa Cruz aufwärts. Links und rechts entlang des Flusstals lagen steil ansteigende Waldhänge. Stellenweise, dort wo die Waldflächen gerodet waren, leuchteten hellgrüne Weiden hervor. Wir kamen an einzelnen Höfen vorbei, vor denen Kühe grasten. Unser Pfad führte über feuchten, aufgeweichten Waldboden. Das Vogelgezwitscher war angenehm, die Luft kühl und frisch. Am Himmel hingen dunkle Wolken, ich rechnete jeden Moment mit Regen. Vor uns lag ein umgestürzter Baum und versperrte den Weg. Mit meinem großen Messer schlug ich einige Äste ab und räumte sie beiseite, so dass die Pferde darüber steigen konnten.

An einem steilen Hang war ein schmaler Pfad, gerade breit genug für ein Paar Pferdehufe. Die Packtaschen von Rebelde ragten seitlich über den Weg hinaus und hatten einige hundert Meter Luft darunter. Der Hang wurde immer steiler, die Packtasche, die dem Hang zugeneigt war, streifte bereits am Felsen. Das war zu gefährlich, das könnte Rebelde aus dem Gleichgewicht bringen. So packte ich ab, führte erst jedes Pferd einzeln weiter und trug anschließend das Gepäck über mehrere hundert Meter nach.

Wir durchquerten ein Tal, kämpften uns zunächst steil abwärts, dann am gegenüberliegenden Berg wieder sehr steil nach oben. Die Landschaft änderte sich. Es gab keine Bäume mehr, nur noch Sträucher. Wieder kamen wir an eine altersschwache, abenteuerliche Hängebrücke – ihr Zustand war einfach beängstigend. Ich suchte nach einer Alternative – aber es gab keine. Ich ließ Rebelde stehen und führte Gaucho auf der schmalen und pendelnden Brücke auf die andere Seite. Indem Gaucho mir einfach so folgte, sah ich ein großes mir entgegengebrachtes Vertrauen. „Danke Gaucho!"

Ich band Gaucho nicht fest und lief zurück, um Rebelde zu holen. Ein letzter überprüfender Griff an den Sattelgurt, da begrüßte mich ein freundliches Wiehern neben mir. Gaucho war alleine zurückgekommen. Das Schwanken der Brücke, als ich alleine darüber lief, machte mir Angst, dass Gaucho von sich aus freiwillig darüber ging, hätte ich ihm nicht zugetraut.

Ein kleines Rinnsal lief entlang des Pfades, etwas, das sich darüber bewegte, zog meine Aufmerksamkeit auf sich. Ich sah mir das genauer an und war fasziniert. Ein 30 cm langes, ganz dünnes Stöckchen überspannte das Wasser, viele Ameisen hingen bewegungslos rundherum und bildeten eine lebende Brücke, über die fleißige Ameisen hin und her wuselten. Fantastisch!

Immer wieder versperrten uns Erdrutsche den Weg. Ich konnte das nächste Dorf bereits erkennen. Tatsächlich brauchten wir aber noch drei Stunden, bis wir ankamen. Auf meiner Skizze stand der Name Siriaco Silva, seine Familie sollte ich aufsuchen und Grüße von Andreas überbringen. Die Familie war noch auf dem Feld. Ich sattelte ab und legte die komplette Ausrüstung vor die Kirche. Ein alter Mann schenkte mir Maiskolben. Eine Schar Kinder sammelte sich um mich herum und half eifrig und geschickt, den Mais von dem Kolben abzulösen.

Siriaco, der Dorfvorsteher, stellte mir eine Lehmhütte zur Verfügung. Wegen des starken Regens, der die ganze Nacht über auf das Wellblech trommelte, konnte ich kaum schlafen. Ein Alptraum quälte mich. Im Traum wurden wir von einem Erdrutsch begraben.

Siriaco lud mich zum Frühstück ein. In der dunklen Küche saß ich gemeinsam mit seiner Familie an einem langen Tisch. Seine Frau hockte am Boden und kochte. Um sie herum standen die Töpfe, so dass sie diese bequem von ihrer Sitzposition aus bedienen konnte. Es gab Hefeküchlein, Kochbananen und Mote, heißen, abgekochten Mais. Ein junger, geistig behinderter Mann bekam sein Essen durch die Tür gereicht. Er durfte nicht in der Küche essen, sondern aß vor der Tür wie ein Hund.

Nach dem Frühstück klarte es plötzlich auf und die Sonne kam heraus. Der neue Tag begann in steilem Zickzack aufwärts. Der Boden war aufgeweicht und matschig. Der Weg war völlig vom Regen ausgewaschen und lag etwa zwei Meter tiefer als die Umgebung – ein Graben voll Wasser und Schlamm. Ich versuchte oben entlang am Rand zu gehen. Für die Pferde war das zu gefährlich, sie mussten unten im Schlamm bleiben. Rebelde und Gaucho passte das gar nicht. Immer wieder kamen sie hoch und ich musste sie wieder runterbringen. Neben dem Pfad war es sehr sumpfig und moorig. Gaucho brach mehrmals ein. Zwei Männer kamen mir entgegen. Ich fragte, wie weit es noch bis zum nächsten Ort sei. „Regular." Ich konnte es nicht mehr hören! Immer bekam ich dieselbe Antwort: „Regular" – Was sollte das heißen?

Gaucho verlor ein Hufeisen. Er blieb immer wieder stehen, störrisch wie ein Maultier. Das kannte ich gar nicht von ihm. Wir machten Pause. Doch kaum hatte ich abgesattelt, prasselte starker Regen auf uns herab. Mit einem Wasserfilter filterte ich sehr aufwendig Wasser aus der Schlammbrühe am Boden, um mir Suppe und Kaffee zu kochen. Im Prospekt hatte das alles so einfach ausgesehen, aber der Keramikfilter verstopfte ständig und ich musste ihn immer wieder reinigen. Ich nagelte Gaucho das alte Hufeisen wieder auf und wir machten uns wieder auf den Weg. Gehen war sehr anstrengend. Ich war fix und fertig wegen des furchtbaren Wetters und der Höhe. Wir waren auf etwa 3000 Meter.

Wunderbare Gipfel, Seen, Wälder, Schluchten und Täler, all das blieb mir durch den dichten Nebel verborgen. Der Nebel trübte die Sicht und verwehrte mir den gewohnten Weitblick. Was gerade noch da war, war entschwunden. Ich erahnte den Weg vor uns mehr als ich ihn sah. Den nächsten Schritt zu wagen, ohne zu wissen, was vor mir lag, hieß mir selbst zu vertrauen. So lange ich einen Pfad unter meinen Füßen spüren konnte, waren wir sicher, ich durfte ihn nur nicht verlieren.

Es schien, das schlechte Wetter und die Anstrengung schlugen sich auch auf Gauchos Laune. Ich führte Rebelde, Gaucho ging vor mir. Gaucho streikte immer wieder, blieb einfach stehen. Ich klopfte ihm leicht aufmunternd auf den Hintern: „Auf geht´s!" Gaucho legte die Ohren an und winkte mit dem Hinterbein, bereit zum Ausschlagen. Also irgendwas passte ihm gerade überhaupt nicht, das machte er sonst nie. Er verließ den Weg, kürzte ab und fiel sogar hin, auf die Knie. Irgendwann musste doch endlich der höchste Punkt kommen! Wieder kamen mir zwei Männer entgegen. „Wie weit ist es noch bis zum höchsten Punkt?" „Regular." Es war zum Verzweifeln. „Regular" war keine Zeitangabe auch keine Kilometerangabe, „Regular" bedeutete einfach gar nichts. Immer wieder ging es bergab und wieder hoch. Ich hatte völlig die Orientierung verloren und wusste nicht, in welche Richtung ich ging. Durch den Nebel hatte ich den Orientierungssinn verloren. Völlig erschöpft machte ich mich auf die Suche nach einem Platz, wo ich das Lager aufbauen konnte. Die Pferde ließ ich einfach mitten auf dem Weg stehen, sie liefen freiwillig keinen Schritt mehr. Ich fand eine sumpfige Weide. Eine Stelle war sehr steinig und bemoost. Dorthin stellte ich mein Zelt. Es war der einzige Ort, an dem nicht gleich das ganze Zelt im Sumpf versinken würde. Zehn Meter neben dem Zelt lagen Steine, daher war der Untergrund dort etwas fester. Dorthin führte ich Gaucho, der im sumpfigen Gelände besonders ängstlich war.

Die beiden Packtaschen leerte ich und nahm sie als Unterlagen. Mein Bett, also die Pferdedecken und Pads, waren voll gesogen mit Wasser. Ich musste wohl mehr im Sitzen als im Liegen schlafen. Auf ein Fleckchen Moos stellte ich vier Kerzen. Meine Füße waren nass und kalt. Ich kochte mir im Zelt Suppe. Meine dreckige und nasse Kleidung warf ich erst einmal auf die Sättel, um die konnte ich mich am nächsten Tag kümmern. Wir hatten gerade mal 20 Kilometer an diesem Tag zurückgelegt, doch ich war völlig erschöpft und versank sofort in Tiefschlaf. In der Nacht fing es wieder an zu regnen. Um acht Uhr, als ich aufstand, regnete es immer noch. Ich hörte das Rollen eines Gewitters. Es schien jedoch weit weg zu sein. Lobo und ich frühstückten das gleiche: Thunfisch und Haferflocken. Die Drainagerinnen rund ums Zelt waren voll mit braunem Wasser. Die Pferde kamen zum Zelt, schauten herein. Ich hatte Schuldgefühle, denn ich hatte nur eine Handvoll Mais für sie und sie hatten die ganze Nacht da draußen im Dreck und in der Nässe stehen müssen. Doch auch im Zelt war alles nass. Ich wartete noch eine Stunde, irgendwann musste der Regen doch aufhören. Ich bearbeitete meine Stiefel mit Salatöl. Etwas anderes hatte ich nicht.

Ständiger Regen, schlechte Wege und Mosquitos, das alles zusammen kann einen ganz schön fertig machen. Doch das ist nichts im Vergleich dazu, tagelang in dichten Nebelwolken umherzuirren, ohne irgendwas zu sehen, ohne zu wissen, wo man sich befindet. Die Berge waren auch an diesem Tag nur als Silhouetten erkennbar. Ich wollte gar nicht weit kommen, nur bis zum nächsten Ort, weg von diesem merkwürdigen Lagerplatz und dieser sumpfigen Wiese. Ich versuchte Gaucho schnell über die ekelhafte, heimtückische Wiese zu führen. Ich selbst stolperte über Steine, trat in Löcher, die voll mit Wasser waren, das mir oben in die Stiefel lief. Ich war bereits patschnass, bevor wir überhaupt unterwegs waren. Gaucho brach einige Male ein. Ich ließ ihn immer ein bisschen stehen und ausruhen, nachdem er sich wieder rausgekämpft hatte. Er stand da, zitterte am ganzen Körper. Rebelde brach kein einziges Mal ein. Nachdem ich die Pferde über die Wiese auf den Weg geführt hatte, musste ich noch sieben Mal durch den Sumpf, bis ich die komplette Ausrüstung hoch getragen hatte. Ich war völlig kaputt, weil ich immer wieder einsank und mir die Luft auf 3000 Metern Höhe fehlte.

Wir folgten dem gleichen Pfad wie am Tag zuvor. Seitlich ragten große Wurzeln in den Weg, an denen ich die Pferde einzeln vorbei führen musste, damit sie nicht hängen blieben. Der Weg war wieder steinig und es roch nach Funken, wenn die Pferde mit ihren Hufeisen vorbeischrammten.

Wir kamen an einen großen Felsen, an dem Männer eingehüllt in bunte Plastikfolien, die als Regenschutz dienten, standen: bunte Farbkleckse in diesem grauen Einerlei des Nieselregens. An diesem steilen Hang schlugen die Arbeiter mit Meißel und Hammer einen Weg in den Fels, wie in einer Strafkolonie. Sie arbeiteten mit Maschinenmeißeln, die für den Einsatz mit Presslufthämmern gedacht sind. Aber sie schlugen mit dem Hammer drauf. Als ich bei der Gruppe ankam, fiel gerade der Hammer – Mittagszeit. Zwanzig Minuten von hier war ihr Camp. Der Vorarbeiter, Teofilio, ein kräftiger Kerl mit schwarzem Bart, lud mich zum Essen ein. Es gab heiße Kartoffeln. Während des Essens sprach niemand. Man hörte nur die Löffel klappern. Die Küche war aus Erdblöcken ausgeschnitten, wie ein Iglu aus Lehm. Die Arbeiter wohnten in Zelten, die um die Kochstelle herum aufgebaut waren.

Die Sprunggelenke und Hufränder meiner beiden Pferde hatten viele

Schürfwunden von den scharfen Steinen des beschwerlichen Weges der letzten Tage. So entschied ich mich, den Rest des Tages zu pausieren und hier zu lagern. Am Nachmittag kam die Sonne heraus und ich legte meine Sachen zum Trocknen aus.

Ich musste noch einmal an die Kolonisten von Pozuzo denken, an die Gastfreundschaft und vor allem den Empfang, den sie mir bereitet hatten und wo sie mich gefeiert hatten wie einen Helden. Ihre Vorfahren schlugen sich über ein Jahr lang durch dieses Gebiet, sie waren sogar mit Frauen und Kindern unterwegs. Die Strapazen, die sie durchlitten und durchstanden hatten – nicht alle überlebten es – wurden von einer Generation an die nächste weitererzählt. Deshalb konnten die Dorfbewohner vielleicht am ehesten nachvollziehen, was wir bereits durchgemacht hatten und würdigten unsere bereits zurückgelegte Strecke.

Kurz vor Einbruch der Dunkelheit rief mich der Koch, weil meine Pferde wegliefen. Ein gutes Zeichen, wenn sie freiwillig los zogen. Da das Gelände sehr unübersichtlich war, musste ich die Pferde anbinden, sonst würde ich sie am nächsten Tag nicht mehr finden. Erst jetzt, als die Anstrengungen des Tages hinter mir lagen, spürte ich die starken Rückenschmerzen. Ich konnte mich kaum bewegen und war vollkommen erschöpft.

Am Morgen reichte mir der Koch Suppe mit Kartoffeln. Ich packte im Regen meine Sachen. Acht Kilometer lang ging es bergab, dann über eine Brücke und wieder bergauf. Der Boden war schmierig und glitschig. Zu Mittag legte ich eine Stunde Pause ein. Es hatte endlich aufgehört zu regnen. Ich legte das Zelt zum Trocknen aus und wollte mir eine Suppe kochen. Doch mein Benzinkocher war leer und ich fand nur völlig durchweichtes Holz. Die gesamte Pause verbrachte ich damit, das nasse Holz zum Brennen zu bringen – aussichtslos. Es fing schon wieder an zu regnen und ich hatte nichts gegessen. Wenigstens verzog sich der Nebel und ich konnte den weiteren Weg erkennen. Wir mussten wieder hinunter, in ein Tal, über den Fluss und am steilen Hang wieder hoch. Ich verweilte einen Moment und sah mir die gegenüberliegende Strecke an. 63 Windungen zählte ich und sehr steil schien es auch zu werden.

Erst gegen Abend hatten wir diesen Anstieg hinter uns. Gleich am ersten Haus fragte ich, wie weit es noch bis zum Dorf war.

„Hinter dem Hügel – keine zehn Minuten." Endlich sagt hier mal jemand etwas anderes als „regular"! Rolan, mein freundlicher Gesprächspartner, bot mir an: „Wenn du willst, kannst du auch bei uns bleiben."

Sein Haus, eigentlich war es ein überdachtes Zimmer ohne Fenster, hatte einen Balkon über der Eingangstür. Er bestand aus zwei Brettern nebeneinander und wurde zum Lagern von ein paar Maissäcken verwendet, damit die Haustiere nicht daran kamen. Dort könnte ich schlafen, dann müsste ich mein Zelt nicht wieder im Regen aufbauen. Ich durfte mich bloß nicht drehen, sonst würde ich runterfallen.

Rolan war 23 Jahre und hatte bereits vier Kinder, abgestuft wie Orgelpfeifen. Jose, der Zweijährige, in einen Sackstoff eingewickelt, wurde von seinen Geschwistern herumgeschleift. Er war barfuss, seine Füße rosa-blau vor Kälte. Mir selbst war kalt in meinen guten ledernen Wanderschuhen. Der Kleine lief nicht barfuss, weil er abgehärteter war als ich, sondern weil es für ihn weder Kleidung noch Schuhe gab.

Ich verurteile keine Familie, die einen großen Kinderwunsch hat. Auf keinen Fall! Aber ich verurteile jene katholischen Priester und den Papst, die diesen Menschen hier immer noch weismachen wollen, dass Geburtenkontrolle Teufelswerk ist. So etwas zu sagen ist unverantwortlich. Der Papst sollte einmal hierher kommen. In Lima, wo er mit seinen Gefolgsleuten in riesigen Palästen im Trockenen sitzt, wo es an nichts fehlt, da kann man über Gott und die Welt diskutieren und philosophieren. Aber hier fehlt es an allem: Nahrung, Kleidung, Wohnraum. Die Kinder hier mögen vielleicht gesünder sein, keine Allergien haben und nicht so empfindlich sein wie Kinder in Industrieländern – aber nur diejenigen, die überleben. Viele schaffen es nicht, haben nicht einmal eine Chance.

Wir brachen wieder bei Nebel auf, der dann in Regen überging. In das Dorf führten nur Pferdewege. Wegen der beschwerlichen Anlieferung gab es auch fast keine Lebensmittel zu kaufen. Man hatte mich gewarnt und mir gesagt, dass die Wege voller Matsch waren, aber ich hatte es mir nicht vorstellen können: Bodenwellen, in denen der Matsch stand. Ich sah aus wie ein Schwein. Braunes Wasser schoss den Pfad herunter. Die Farbe der Erde wechselte, der Matsch war zunächst rot, dann gelb, dann grau und genauso änderte sich die Farbe meiner Kleidung. Trotz der Schwierigkeiten wollte ich unbedingt fotografieren. Das würden mir meine Zuschauer bei meinen Diavorträgen zuhause in Deutschland nie abnehmen, unter welchen Bedingungen wir uns durchgeschlagen hatten. Meine Stiefel wollten bei jedem Schritt im tiefen Schlamm haften bleiben, mit einem saugenden Geräusch zog ich sie wieder heraus.

Wir erreichten eine Anhöhe, ich hielt Ausschau nach dem Dorf Ancar. Ich hatte vor, dort zu bleiben. Doch es war kein Dorf, sondern nur ein Provisorium, zusammengenagelte Gestänge mit Plastikplanen. Das Ganze existierte nur während der Zeit der Kartoffelernte. Die Bauern lieferten ihre Kartoffeln mit Hilfe von Maultieren hier ab, denn ab hier konnten Lkws fahren - ein Umschlagplatz für Kartoffeln. Jetzt aber versank alles im Matsch. Einige Frauen kochten Kartoffeln und Mais und brutzelten fettige Schweinestückchen in schwarzen, zerbeulten Eisentöpfen. Vom Aussehen und der Zubereitung der Speisen sollte man sich nicht abschrecken lassen, es schmeckte umso verführerischer.

Die Regenzeit zog sich hin. Wohin wir auch kamen, überall hörte ich: „Das ist der letzte Monat, in dem es regnet." Begleitet von dieser Aussicht zogen wir nach Norden. Die Feuchtigkeit forderte ihren Preis. Meine Ausrüstung litt sehr, das Zelt wurde nie mehr trocken und bekam Flecken. An den Sätteln und in den Packtaschen bildete sich Schimmel, meiner Technik hatte die Feuchtigkeit schlimm zugesetzt. Die beiden Kameras funktionierten nicht mehr richtig, zeigten Werte an, die ich nicht eingestellt hatte. 15 Filme waren zusammen geklebt und der Blitz funktioniert auch nicht. Auch die Objektive waren innen mit einer Pilzkultur belegt.

Wenn ich unterwegs war und es war trocken, staubte und ich hatte Sand zwischen den Zähnen und in den Augen, dann wünschte ich mir, es würde regnen. Regnete es, dann wünschte ich mir es sei trocken. War es heiß, dann wünschte ich, es wäre kalt, war es kalt.... Na ja, ich denke, ich bin ein ganz normaler Mensch!

Als ich nach jahrelangem Reisen nach Hause kam, war mir aufgefallen, dass unsere Gesellschaft sehr unzufrieden ist. Ich erkannte das Problem darin, dass der einzelne gar nicht wahrnimmt, wie gut es ihm geht. Er erkennt nicht, was er eigentlich hat, sondern hält immer nur nach dem Ausschau, das er nicht hat, was ihm fehlt. Diese Erkenntnis versuchte ich in meinem Unterwegssein umzusetzen. Mit der Zeit entwickelte ich die Einstellung, dass, egal wie unangenehm oder aussichtslos die Situation war und wie schlecht es mir ging, irgendetwas Positives auch darin zu finden sein musste. So sah ich das Positive an der Regenzeit darin, dass ich keine Schweißfüße hatte und nicht ständig schwitzte und Durst leiden musste. Obwohl ich die Situation nicht ändern konnte, musste ich mich aber mit dieser Einstellung auch nicht mehr darüber ärgern, sondern ich konnte mich freuen. Und wenn ich mich freue, dann geht es mir doch viel besser.

Damit machte ich mir natürlich etwas vor, aber es funktionierte. Ich konnte mich mit der langen Regenzeit abfinden, ohne zu klagen. Aber was war die Ursache, warum regnete es statt drei Monaten auf einmal acht? Was ging hier vor?

Ich denke, ich bin ein optimistischer Mensch. Trotzdem kann auch ich manchmal nicht mehr hoffnungsvoll an eine Welt glauben, in der auch die nächsten Generationen in Frieden leben können werden. Umweltkatastrophen werden akzeptiert und in krimineller Weise verharmlost. Viele Tierarten und Pflanzen sind bereits ausgestorben, weitere stehen kurz davor. Die Ressourcen der Erde werden sich erschöpfen. Wenn wir nicht bald zur Besinnung und Einsicht kommen und darauf reagieren, wird uns die Natur selbst die Entscheidung abnehmen. Vielleicht ist es auch schon zu spät. Trotzdem ist es besser, heute statt morgen anzufangen, uns um die Zukunft zu sorgen. Wir müssen nur einfach selbst etwas tun und es nicht weiterhin „den anderen“ überlassen. Manchmal denke ich, dass es ein außergewöhnliches Privileg ist, diese Reise noch machen zu können und ich weiß es mit voller Dankbarkeit zu schätzen.

Wochen vergingen, bis wir das Städtchen Tingo Maria erreichten. Gleich am Stadteingang lag die landwirtschaftliche Universität. Der Rektor erinnerte sich an einen Fernsehbeitrag über mich, eine Reportage, die vor einigen Wochen vom staatlichen Fernsehen aufgezeichnet worden war. Er zeigte mir einen Platz für die Pferde im Universitätsgelände. Der Boden war sehr aufgeweicht und das Wasser stand in Pfützen. Ich musste die Pferde festbinden.

Seit Tagen schmerzten meine Knochen. Ich hatte Kopfschmerzen und Fieber. Ich nahm seit Jahren schon keinerlei Medizin, gewöhnlich heilte Ruhe und Hitze. Zum ersten Mal schlief ich nicht unmittelbar neben meinen angebunden Pferden, sondern suchte mir ein Hotelzimmer. Ich trank viel heißes Wasser und zog mich zurück unter die Bettdecke, packte alles, was ich an Kleidung hatte, oben drauf, selbst das Zelt, und schwitzte eine ganze Nacht lang vor mich hin. Ich schwitzte wie in einer Sauna und war am nächsten Tag wieder einigermaßen fit. Obwohl es mir nicht gut ging, war mir nicht wohl bei dem Gedanken, dass die Pferde angebunden waren. Ich war daher schon sehr früh unterwegs im strömenden Regen, um nach den Pferden zu sehen. Am Abend zuvor konnte ich die Pferde im hohen Gras nicht sehen, sie waren getarnt, aber in der Nacht hatten sie alles platt gewalzt. Ich erkannte von weitem Rebelde, aber wo war Gaucho? Ich sah ihn nirgends.

Er hatte sein linkes Hinterbein um den Strick verwickelt und lag am Boden. Den Strick hatte ich an einem Baum festgebunden, in der Nähe eines Abhanges. Nun hatte er ihn um die Beine gewickelt, der Kopf war zur Brust gezogen, das Seil zum Baum war straff gespannt. Da er am Hang lag, hatte er sich durch sein eigenes Gewicht das Bein abgeschnürt. Die halbe Seite des Kopfes lag in einer Pfütze. Seine Beine standen alle vier steif zur Seite weg. Sein Körper fühlte sich steif und kalt an, ohne Leben. Er röchelte, zog Wasser bei jedem Atmen in die Nase. Schnell trennte ich den Strick durch, hob Gauchos Kopf hoch, kniete mich hin und legte seinen Kopf auf meine Oberschenkel. Ich streichelte ihn: „Bitte Gaucho, lass dich nicht so hängen! Auf geht's! Steh auf!" Nichts, nicht die kleinste Bewegung. Zehn Minuten, zwanzig Minuten schienen zu einer Ewigkeit zu werden. Es war noch sehr früh. Studenten waren noch nicht unterwegs, nur ein Junge, der hier Futter schneiden sollte, kam vorbei. Ich schickte ihn gleich los. Er sollte den Tierarzt holen.

Dann, langsam, bewegte Gaucho die Augen. Endlich! Zu mehr hatte er wohl noch keine Kraft. Ich konnte mir vorstellen, wie er in dieser Position gekämpft hatte, bis überhaupt nichts mehr ging. Was das an Kraft gekostet hatte! Aber langsam kam Leben in seine Augen zurück und dieser Blick sagte mir: „Junge, ganz ruhig, hab Geduld, das wird schon wieder. Gib mir nur noch einen Augenblick."

Bis der Tierarzt kam, stand Gaucho bereits, belastete aber das abgeschnürte Bein überhaupt nicht. Es war dick angeschwollen. Der Tierarzt gab ihm mehrere Spritzen. Am Oberschenkel hatte der Strick durch das Hin- und Herbewegen Haare und Haut verbrannt. Die nächsten zehn Tage war nicht daran zu denken, weiter zu gehen. Wir brauchten einen neuen Platz.

Der Tierarzt war auch zuständig für das auf der anderen Straßenseite liegende Gelände. Es gehörte ebenfalls der Universität. Hier wurden die Landwirtschafsmessen abgehalten. Tagsüber könnten die Pferde die nächsten Tage über dort weiden. In der Nacht könnte ich sie in einem Schweinestall, der außer Betrieb war, unterstellen.

Die nächsten Tage vergingen ohne jede Abwechslung: Futter schneiden und immer wieder Verband wechseln. Ich erkundigte mich bei der Polizei über das vor uns liegende Gebiet: „Ich habe gehört, das Gebiet sei sehr gefährlich, viele Überfälle, stimmt das?"

„Ach, die Leute reden immer viel, das stimmt alles gar nicht, die übertreiben. Der letzte Überfall, der liegt schon über eine ganze Woche zurück", und im gleichen Satz ohne eine Pause fragte er mich: „Haben sie ihren Pass? Wir machen besser mal eine Fotokopie. Im Falle, dass die Deutsche Botschaft anruft."

Nach zehn Tagen belastete Gaucho sein Bein wieder ganz vorsichtig. Ich dachte, dass wir in einigen Tagen weiter ziehen könnten. Doch unsere Abreise wurde beschleunigt. In der Nacht gab es einen Aufstand als Protest gegen die Erhöhung der Einschreibgebühren der Universität. Mir schmerzten und tränten die Augen. Ich nahm an, dass Tränengas im Einsatz war. Ich lief zum Universitätsgelände. Das große, schwere Eisentor am Haupteingang war aus den Angeln gerissen und lag völlig verbogen auf dem Boden. Berge von gestapelten Brettern, Tische, Stühle und Möbel brannten und mehrere Autoreifen qualmten vor sich hin. Hundert vermummte Studenten standen auf der Seite des Universitätsgeländes, etwa 50 Militärs oder Polizisten – ich konnte sie nie auseinander halten – mit Schutzschildern und Knüppeln waren auf der andern Straßenseite aufgestellt. Hinter ihnen standen demonstrativ drei gepanzerte Fahrzeuge und Lkws. Im Moment schien Waffenstillstand zu herrschen. Jede Seite schien die andere zu beobachten. Ich wusste nicht, welche Partei gefährlicher für mich war, die Militärs oder die aufgebrachten Studenten. Es war mir aber auch egal. „Ich gehe jetzt da rein, hol meine Pferde raus und jeden, der sich mir in den Weg stellt, renne ich über den Haufen. Ich habe mit deren Zirkus nichts am Hut."

Wir verließen Tingo Maria. Ich wollte nur so weit gehen, bis ich einen vernünftigen Platz finden würde, eine angenehmere Weide für die Pferde. Die Straße war geteert. Majestätisch lag auf der linken Seite ein Gebirgszug, der übersetzt „die schöne Schlafende" genannt wird. Mit viel Fantasie konnte ich noch den Kopf erahnen, alles Weitere blieb mir verborgen. Bananen- und Zuckerrohrplantagen wechselten sich mit hügeligen Weiden ab. Die Berge am Horizont verschwanden immer wieder im Nebel. Neben der Straße wuchs hohes Gras und ließ die ohnehin schmale Strasse noch schmäler wirken. Wir überquerten immer wieder kleine Flüsse oder Bäche, die braun von Erde und Matsch waren und nur schwerfällig flossen. Die Wälder waren teilweise gerodet. Wie ein Mosaik fügten sich Weiden, Felder und Wald aneinander. Es sah aus, als würde der Tag sehr heiß werden. Zum Glück zogen aber Wolken auf und es war angenehm. Ich zog meine Lederstiefel aus, hing sie über das Sattelhorn und lief in Sandalen. Die Stiefel waren zuvor völlig durchgeweicht und hatten beim Trocknen ihre Form verloren. Nun waren sie hart und schmerzten an beiden Knöcheln.

In Sitully konnten wir mitten im Dorf auf dem Fußballfeld lagern. Neben dem Zelt schlug ich zwei kleine Holzpflöcke in den Boden, um die Pferde festzubinden. Das Fußballfeld war komplett eben. Nicht ein großer Stein oder Strauch, an dem sich das Lasso verheddern könnte. Gerade eingeschlafen, erschrak ich durch ein dumpfes Geräusch.

„Gaucho", schoss es mir durch den Kopf und ich sprang sofort mit meiner Taschenlampe hinaus aus dem Zelt. Tatsächlich hatte sich Gaucho schon wieder mit dem Lasso verheddert und lag auf dem Rücken. Eigentlich ein Unding. Aber wahrscheinlich war er aufgrund seiner Erfahrungen vor wenigen Tagen in Panik geraten. Ich löste den Strick. Durch das erneute Reiben des Seiles an seinem Bein, genau an der Stelle, wo die eitrige Wunde war, hatte sich ein Streifen Haut gelöst – etwa drei bis fünf Zentimeter breit und komplett um das Bein herum. Das nackte Fleisch kam vollständig zum Vorschein. Gaucho lief wie im Stechschritt. Das sah völlig unnatürlich, fast komisch aus. Er warf den Huf soweit nach vorne, dass er fast den Bauch berührte.

Ich bekam viel Besuch. Kinder, Erwachsene und auch der Schullehrer kamen und unterhielten sich mit mir. Immer wieder wurde ich darauf hingewiesen, dass es sehr gefährlich hier wäre und ich nicht weitergehen sollte. Die Einheimischen beschworen mich fast, die Pferde von Ort zu Ort mit Lkws zu transportieren. Hier wäre ein ehemaliges Drogenanbaugebiet. Alle, auch einfache Leute hatten daran verdient. Da der Drogenhandel nun bekämpft wurde, hatten die ehemaligen Produzenten kein Geld mehr, daher kam es immer wieder zu Raubüberfällen. Am vergangenen Wochenende sei ein Überfall ganz in der Nähe gewesen. Ein Mann sei erschossen worden. Die Polizei hätte vier Männer gefasst, die erst vor einem halben Jahr aus dem Gefängnis entlassen wurden. Ich ließ mich nicht abhalten, vertraute auf mein Glück und darauf, dass man mir ansah, dass es bei mir ohnehin nichts zu stehlen gab.

Wir befanden uns im Tal zwischen zwei Gebirgszügen, der Cordillera Central und der Cordillera Oriental. Am liebsten wäre ich über die Cordillera Central geritten, mit der angrenzenden Hochgebirgsregion Cordillera Blanca. Hier liegen mehr als 50 über 5000 Meter hohe Schneegipfel. Gegen das Gebirge hatte ich mich entschieden, da ich das Ende der Regenzeit nicht abschätzen konnte und es mir zu gefährlich erschien, auf glitschigen, steilen Bergpfaden unterwegs zu sein. Ein weiterer ausschlaggebender Grund war, dass ich nicht ausreichend Futter finden würde. So hatte ich mich für die Marginal entschieden – eine Straße, deren Name schon verheißungsvoll und vielversprechend klingt. Diese Straße zieht sich wie ein Band durch den Regenwald mit seinem tropischen Klima und führt in Richtung Norden, entlang des Huallaga Flusses. Für mich war die Marginal ein Verbindungsweg voller Anekdoten, Abenteuer und unglaublicher Geschichten.

Am Dorfeingang von „Nuevo Progreso", dem Ort mit dem klingenden Namen „Neuer Fortschritt", kamen mir zwei Polizisten entgegen. Sie waren bewaffnet und ausgerüstet, als würden sie jeden Moment in den Krieg abberufen werden. Um den Gürtel herum hingen verschiedene Täschchen, eine Taschenlampe, eine Trinkflasche und ein großes „Rambo-Messer".

An einem Kiosk kaufte ich eine Erfrischung und begann ein Gespräch mit den Polizisten. Sie erzählten mir von der Familie Ruffner. Plötzlich war alles still, keiner sprach. Ich sah die Polizisten erschocken an:

„War das gerade ein Erdbeben?"

„Ja, aber nur ein kleines."

Wir setzen unser Gespräch fort.

„Hier soll es gefährlich sein – stimmt das?"

„Nein, nein keine Gefahr – Überfälle gibt es nur Freitags und Samstags."

Na, wenn das so war, dann gab es ja kein Problem. Welchen Wochentag hatten wir nur gerade? Die Polizisten stoppten einen vorbeifahrenden Lkw. „Das sind die Ruffners!"

Erwin und Ruben, zwei Brüder, luden mich nach Hause zum Essen ein. Das Essen wurde in der großen Küche serviert. Ein Arbeiter rief durch das Fenster: „Der Coco bringt die Pferde weg!" Wir liefen hinterher. Coco, mit deutschem Namen Krause, lebte hier und wurde versorgt, denn er war geistig behindert. Coco hatte bemerkt, dass die Tiere nicht hierher gehörten und war dabei, sie weg zu bringen.

Die Familie Ruffner, auch ihre Vorfahren waren Einwanderer, die in Pozuzo lebten, betrieben seit vier Jahren eine Sägerei, mit Maschinen, die so aussahen, als stammten sie aus dem Mittelalter. Gaucho zuliebe musste ich unbedingt Pause machen. Die Wunde an seinem Bein war immer noch schlimm und sein Bewegungsablauf nicht mitanzusehen. Der größte Teil der Fläche um die Sägerei herum stand vollkommen unter Wasser. Die beiden Brüder schickten mich weiter zu ihrem Bruder nach Tocache, der ebenfalls eine Sägerei hatte. Sein Land wäre eingezäunt und hätte viel besseres Futter für die Pferde. Bis nach Tocache waren es etwa hundert Kilometer.

Erwin und Ruben beluden ihren Lkw mit frisch gesägten Brettern und Balken und fuhren nach Lima. Dort hatten sie einen eigenen Holzhandel. Plötzlich flogen drei Hubschrauber ganz tief über unsere Köpfe.

„Was ist das?"

„Polizei, Drogenkontrolle, vielleicht auch Militärs, die Drogen abholen. Wer weiß das schon?"

Erwin erzählte von den Problemen mit dem Drogenhandel. Früher waren überall Kokasträucher gepflanzt worden, die ganze Region hatte davon gelebt. Jetzt wurden die Pflanzungen von der Antidrogeneinheit der Amerikaner vernichtet. Sie wurden von Flugzeugen aus der Luft besprüht, ohne Rücksicht auf die Bevölkerung.

Es war bewölkt. Die großen Ölpalmenplantagen und Weiden der Großgrundbesitzer entlang des Weges waren verwahrlost. Die Besitzer waren angeblich geflohen nachdem Terroristen sie erpresst und Schutzgelder verlangt hatten. Andere Gerüchte behaupteten, sie verdienten jetzt ihr Geld leichter mit dem Anbau von Drogen.

Die hohe Luftfeuchtigkeit hatte ich mir nicht so unangenehm vorgestellt. Die Pferde magerten ab, obwohl sie täglich grünes Futter in ausreichender Menge erhielten. Das schnell wachsende Gras hatte weniger Nährwert als das trockene harte Pampagras. Dazu kam, dass die Pferde viel schwitzten und die vielen Insekten und Bakterien sie nicht in Ruhe ließen. Ich hatte auch den Eindruck, dass sie die gute Kondition verloren, die sie im Gebirge hatten.

Im Dorf Loboyacu übernachtete ich wieder in der Schule. Die Pferde durften davor auf dem Fußballfeld grasen. Die Lehrerin der Schule hieß Conzuella, eine junge, gut aussehende Frau. Sie bewohnte ein Zimmer an der Schule. Dreimal am Tag ging sie zu einer Frau, die sie bekochte. Dorthin nahm sie mich zum Abendessen mit. Wir aßen in der Küche und unterhielten uns. Es war stockdunkel, nur eine einzelne Kerze brannte. Ich kämpfte mich mit einem Stück Fleisch ab – oder war es eine Schuhsohle –, es könnte sich noch eine Kochbanane und ein Spiegelei auf meinem Teller befunden haben, so recht konnte ich das nicht deuten. Das lag nicht nur am fehlenden Licht, auch geschmacklich konnte ich das Essen nicht wirklich einordnen. Ich zahlte noch einen zweiten Teller, nahm ihn mit und gab ihn Lobo.

Aufgrund Gauchos Verletzung konnte ich seit Tagen schon nicht mehr reiten und musste zu Fuß gehen. Ich war sehr müde, konnte aber nicht einschlafen. Am Ende des Fußballfeldes wurde eine Messe abgehalten. Die Evangelisten Südamerikas haben die Angewohnheit, ihre Messe und Lieder über blechern klingende und übersteuerte Lautsprecher in die Welt hinauszuschreien. Und diese Lautsprecher sind nicht in der Kirche, sondern draußen angebracht, so dass jeder, ob er will oder nicht, zuhören muss. Und sie schienen ein Abkommen zu haben: Derjenige, der am wenigsten musikalisch war, durfte ins Mikrofon plärren.

Morgens gegen vier Uhr rumorte es in meinem Bauch. Ich hatte das Innenzelt als Schutz gegen die Moskitos im Klassenzimmer aufgebaut. Bis ich den Ausgang gefunden hatte, war es auch schon geschehen: Ich hatte mir schon in die Hose gemacht. Da ich nun schon einmal auf war und gezwungenermaßen Reinigungsarbeiten zu erledigen hatte, schaute ich auch gleich nach Gaucho. Der lag regungslos am Boden. Ich dachte an das Schlimmste, lief zu ihm und schlug ihm mit der flachen Hand auf den Hintern. Ein mürrisches Wiehern, ein fragender Blick.

„Sorry Gaucho – hab dich wohl aus dem Tiefschlaf gerissen!"

Ich versuchte noch eine Stunde zu schlafen, dann packte ich im Licht der Taschenlampe zusammen. Verdammt, Lobo hatte auch Dünnschiss und zwei Häufchen im Klassenzimmer platziert. Ich konnte ihm nicht böse sein und wischte alles auf.

Conzuella schaute vorbei: „Kommst du mit zum Frühstück?"

Ihre Gesellschaft wäre mir angenehm gewesen, aber mein Magen schien zu rebellieren: „Unterstehe dich!" wollte er ausdrücken.

„Ich denke, besser nicht, ich glaube, ich habe ein Problem mit ..."

„Ach so, ich verstehe, die Küche, die ist nicht so sauber."

„Sauber – genau, das ist, glaube ich, was ich sagen wollte."

Rebelde hatte zwei lose Hufeisen. Ich konnte den hell klingenden Laut nicht mehr hören. Ich hatte keine Hufeisennägel mehr, um die abgebrochenen zu ersetzen, so nahm ich die beiden Hufeisen ab. Jetzt hinkten beide Pferde. Ich übrigens auch. Meine rechte Kniekehle war innen verhärtet, ich konnte mein Bein nicht mehr durchstrecken. Was mussten wir für ein erbärmliches Bild abgegeben haben, als wir in Tocache einliefen.

Einen Kilometer außerhalb der Stadt erreichte ich die Sägerei Ruffner. Nico und seine Frau Edith erwarteten uns schon. Einer seiner Brüder hatte uns telefonisch angekündigt. Ich könnte solange bleiben, wie ich wollte. Sie stellen mir ein Zimmer in einem Holzhaus mit Bett und Moskitonetz zur Verfügung. Wir mussten es nur ausräumen, denn es wurde als Abstellplatz von den Eltern verwendet, die im Haus nebenan wohnten.

Nico half mir, einen Tierarzt zu finden. Dieser verordnete Antibiotika und etwas gegen die Schwellung. Trotz der sichtbaren Heilung lief Gaucho immer noch in unnatürlichem Schritt. Täglich wusch ich Gauchos Wunde mit einer Kochsalzlösung und trug eine Salbe auf. Die Wunde wurde langsam trocken.

Ich beobachtete, dass die Pferde immer an der Stelle leckten, an der ich Gauchos Wunde wusch und die Kochsalzlösung auf den Boden tropfte. Es fehlten ihnen offensichtlich Mineralien. Ich besorgte einen Leckstein.

In der Umgebung des Städtchen Tocache lag das Zentrum der organisierten Kokainherstellung. Große Hotels mit unrealistisch vielen Zimmern und Restaurants ohne Kunden existierten nur um Geld zu waschen. Flugzeuge landeten auf der Straße, wurden mit Kokain beladen und flogen wieder weg. Als wir auf der Straße unterwegs waren, fiel mir auf, dass alle 50 Meter eine etwa drei Meter lange und zwei Meter hohe Betonmauer abwechselnd mal links, dann wieder rechts der Fahrspur stand. Ich konnte mir nicht erklären, wofür so etwas gut sein sollte. Ich hatte einige Lkw und Pkw Wracks gesehen und dachte, vielleicht wäre das eine besonders gefährliche Strecke und man zwang die Fahrer mithilfe der Mauern zu ihrer eigenen Sicherheit, und indem sie Slalom fahren mussten, ihre Geschwindigkeit zu reduzieren. Doch Nico erklärte mir, wofür die Mauern wirklich waren: „Diese Mauern verhindern die Landung der Flugzeuge zum Kokain beladen."

Aber die Drogenhändler waren raffiniert und hatten die strategisch wichtigen Betonmauern durch bemalte Sperrholznachbauten ersetzt. Für Kontrollen aus der Luft war das nicht zu erkennen. Wenn das Flugzeug der Drogendealer im Anflug war, wurden die Attrappen für einen Moment auf die Seite gestellt.

Alles war sehr gut organisiert: Musste ein Flugzeug auf einer Piste landen, dann tauchten plötzlich ein Dutzend Motorräder auf und markierten mit ihren Lichtern die Landebahnbegrenzung.

Alles war zeitlich so gut abgestimmt, dass die Polizei nie zu früh kam, sondern erst einige Minuten, nachdem sich alles wieder aufgelöst hatte. Später, als die Zeiten schwieriger wurden, hatte schon mal der eine oder andere General ausgeholfen und mit seinem Hubschrauber den kurzen Transport der Drogen zu einem günstigeren Landeplatz übernommen.

Edith erzählte, dass die Busse, die nach Lima fuhren, aus Sicherheitsgründen Konvois bildeten. Einmal war sie in einem Konvoi von zehn Bussen unterwegs. Sie wurden von Terroristen überfallen. Der Fahrer musste mit seinem Hut herumlaufen und Geld einsammeln. Es war zwar ärgerlich, aber da es keinen Widerstand gab, passierte nichts. Als man später Polizisten in Zivil einsetzte, die den Bus begleiteten, gab es auch weiterhin Überfälle. Nur jetzt setzte sich jemand mit einer Waffe zur Wehr. Es gab Schiessereien und meist wurden Fahrgäste verletzt oder getötet. Edith riet mir, immer etwas Bargeld in der Tasche zu haben, um die Räuber nicht zu verärgern.

„Wenn du eine Waffe hast, bringen sie dich um, weil sie die Waffen wollen. Leute werden hier in Tocache überfallen, genau dann, wenn sie Geld haben, weil sie auf der Bank waren oder irgendwelche Geschäfte abgeschlossen haben. Es ist offensichtlich, dass die Räuber von hier sind. Es wird auch gemunkelt, dass sie Unterstützung von Polizei und Militärs haben, die während der Freizeit ihre Dienstwaffen benutzen oder verleihen.“

Seit Tagen konnte ich keine Nahrung bei mir behalten, übergab mich ständig und hatte Durchfall. Ich fühlte mich schwach, hatte keine Kraft, war völlig ohne Energie. Bisher war ich stolz auf meine Magen- und Darmflora, die ich mir über die Jahre aufgebaut hatte, aber dieses Essen, dieses Stück irgendwas vor einigen Tagen warf meinen Mikrokosmos völlig aus dem Lot und ließ ihn Purzelbäume schlagen.

Die Hufe der Pferde waren zerfranst, als wären sie auf eine Mine getreten. Ich wusste nicht, wie ich das Hufproblem lösen sollte. Auf jeden Fall musste ich sie neu beschlagen, am nächsten Tag, vielleicht auch erst am Tag danach, wenn ich mich wieder etwas besser fühlte. Lobo lag neben meinen Füßen fast unter dem Stuhl. Dieser Hund roch nicht etwa unangenehm, nein, er stank und zwar bestialisch. Ich beobachtete, wie sich Lobo immer an der gleichen Stelle auf den Rücken legte, hin und her rollte und sich den Rücken rieb, wahrscheinlich auf einem toten, vor sich hin verwesenden Tier.

Nico erzählte mir von den Problemen des Terrorismus, unter denen er selbst und die ganze Region seit einigen Jahren litten. In den letzten Monaten hatte ich immer wieder Menschen getroffen, die mir ihre Geschichte und ihr Schicksal erzählten. Geschichten, die oft übertrieben und unglaubwürdig klangen, doch die Tränen in den Augen meiner Gesprächspartner wirkten sehr echt.

Die Menschen hatten in mühsamer, jahrzehntelanger Arbeit Existenzen aufgebaut, Sägemühlen errichtet, eine Rinder- oder Schweinezucht geschaffen, Meter für Meter ihr Land dem Regenwald abgerungen, um ein bisschen Mais anbauen und überleben zu können. Als das Leben am Land gefährlicher wurde, gingen die Frauen und Kinder in das sichere Lima. Die Männer harrten auf ihrem Grundstück aus und mussten zusehen, wie die Terroristen Schwein um Schwein oder Rind um Rind abholten und Schutzgeld erpressten. Viele der angeblichen Rebellen vom Leuchtenden Pfad waren ganz einfache Diebe und Räuber. Sie bezeichneten sich nur als Rebellen, um für ihr Handeln noch eine gewisse Anerkennung zu erhaschen.

Was hatten diese Menschen schon durchgemacht? Sie hatten Schicksalsschläge eingesteckt, sich wieder aufgerichtet, nicht aufgegeben und weiter gemacht, in der Hoffnung auf eine bessere Zukunft. Sie hatten Haus und Hof verloren. Schlossen sie sich den Terroristen an, bekamen sie Probleme mit dem Militär, schlossen sie sich den Militärs an, hatten sie Probleme mit den Terroristen. Egal wie sie sich entschieden, sie waren auf der Verliererseite.

Was sich hinter dem Leuchtenden Pfad verbarg, welche Ideologien er vertrat, war für mich schwer nachvollziehbar. Ich selbst hatte vor einigen Jahren Erfahrung mit Rebellen sammeln müssen. Es war in Guatemala, Ende der 80er Jahre. Während der Arbeit mit einem Fernsehteam waren wir überfallen worden. Die Rebellen hatten unser Essen genommen. Ein maskierter Mann hatte eine Flasche Wein hoch gehoben und gefragt, wie teuer diese wäre. Als er den Preis hörte, meinte er: „Das ist zu teuer für uns. Das können wir uns nicht leisten“, und hatte die Flasche zurückgelegt. Die uns abgenommenen Lebensmittel hatten sie bezahlt. Diese Rebellen hatten Ideologien. Sie wollten etwas bewegen. Natürlich konnten sie nicht im Dorf einkaufen, denn im Dorf wimmelte es von Verbrechern. Diese trugen allerdings Uniformen.

Auch die Rebellen in Cuba oder in den bolivianischen Anden unter Che Guevara hatten auf gewisse Weise Anstand. Es ist ja kein Geheimnis, dass fast alle Regierungen in armen Ländern während ihrer Amtszeit rauben und klauen wie die Raben, die eine mehr andere weniger. Doch die Rebellen hier waren kaltblütige Mörder und Verbrecher und klauten, noch bevor sie an der Macht waren. Die anderen warten wenigsten, bis sie an der Macht waren.

Es vergingen vier Wochen. Gauchos Verletzung verheilte, mein Magen beruhigte sich. Ich saß im Zimmer, schrieb mein Tagebuch, da kam Rebelde, streckte seinen Kopf durchs offene Fenster und schubste mich an.

„Ist ja gut, wir brechen bald wieder auf."

Ich bekam Besuch von Mario, einem kleinen, kräftigen Mann. Er hatte von mir gehört und fragte mich, ob ich ihm helfen könnte. Erst dachte ich, er möchte ein paar Soles erbetteln. Aber ich merkte bald, dass es ihm wirklich um etwas Wichtiges ging. Er kämpfte um das Wohl seines Dorfes. Er kam aus einem kleinen Dorf, das bis vor kurzem vom Drogenanbau gelebt hatte. Das heißt, sie hatten Kokablätter gepflanzt und geerntet. Bereits die Inkas hatten verstanden, Kokablätter zu nutzen. Das Kauen von Kokablättern, half Hunger, Müdigkeit und Kälte zu verdrängen und hatte nichts mit der Droge Kokain zu tun, die heute in den Dschungellabors hergestellt wird.

Nachdem die peruanische Regierung viel Geld von den US Amerikanern bekommen hatte und nachweisen musste, dass sie etwas gegen den Drogenanbau unternahmen, wurden hier und da einfach ganze Plantagen abgebrannt oder besprüht. Die Bauern durften keine Kokasträucher mehr anbauen, ihre Existenz war bedroht. Die geniale Idee des Programms der Antidrogenkampagne hieß: Orangenbäume statt Kokasträucher.

Die Arbeit für die Bauern war die gleiche. Die Orangen gediehen sogar sehr gut. Die Qualität war hervorragend. Das Problem aber war, dass die Bauern ihre Orangen nicht verkaufen konnten. Nur selten kam ein Lkw von Lima in das entlegene Dorf von Mario, da es so gut wie keine Straße gab bzw. die Strassen in einem derartig schlechten Zustand waren, dass sich Fuhrunternehmen weigerten, dorthin zu fahren. Die wenigen, die dennoch kamen, drückten den Preis für die Orangen derartig, dass es sich nicht einmal lohnte, sie zu pflücken. Die Orangen interessierten keinen. Für das Koka kamen die Abnehmer mit Flugzeugen. Das war der Unterschied.

Mario hatte ein Konzept. Wenn sie nur eine kleine finanzielle Unterstützung hätten, würde das ganze Dorf freiwillig mitarbeiten. Sie würden eine Straße in die Bergregion nach Ancash bauen und könnten so ihre Ernte selbst auf den Markt bringen und verkaufen. Das ganze Dorf würde profitieren und könnte davon leben. Mario bat mich, ob ich nicht Geld in meinem Land sammeln könnte, um sie dabei zu unterstützen.

Ich verstand Mario und konnte gut nachvollziehen, was er mir da erzählte. Andererseits, versuchte ich ihm zu erklären, wenn ich in meinem Land versuchen würde, Spenden für Straßenbau zu sammeln, würde jeder Spender sagen: „Das ist aber Sache der Regierung."

Ich hatte gehört, dass die Deutsche Gesellschaft für Technische Zusammenarbeit (GTZ) in Tocache ein Büro hatte. Auch die GTZ war in die Unterstützung der Drogenbekämpfung involviert.

„Das sind doch die richtigen Ansprechpartner. Sollen wir da mal gemeinsam hingehen?"

„Ach, weißt du", meinte Mario verzweifelt, „mit der GTZ habe ich auch schon gesprochen. Aber das musst du dir so vorstellen...", er formte mit seinen beiden Händen einen Trichter, „...das ist wie eine Zuckertüte, hier oben kommt das ganze Geld rein. Die Organisation kostet sehr viel Geld. Die haben schöne Büros, mit der neuesten Technik. Die gibt es sonst noch gar nirgends in Peru. Sie haben neue Geländewagen und Fahrer, Sekretärinnen. Sie kommen alle aus der Hauptstadt. Die Angestellten selbst fliegen immer mit den Hubschraubern hin und her, weil es auf dem Landweg zu gefährlich ist. Alles Geld geht in die Verwaltung und unten bleibt keines mehr übrig. Wo uns doch schon eine kleine Unterstützung viel helfen würde, da reicht es nicht einmal mehr, um für uns Bauern eine Schaufel zu kaufen.“

Sein Dorf und die ganze Region, so erzählte Mario mir, hätten schon immer unter dem Terrorismus gelitten. Der größte Terrorist sei aber der gerade amtierende Präsident Alberto Fujimori. Der töte seine eigenen Leute mit dem Hungertod.

Fujimori oder ‚El Chino', wie er genannt wurde, sei aber nur eine Marionette. Die Fäden ziehe ein größerer Verbrecher, Vladimiro Montesinos. Edith und Nico warnten mich, ich dürfe den Namen nicht so einfach aufschreiben. Wenn ich durchsucht würde und die Militärs würden den Namen lesen, hätte ich mit Problemen zu rechnen. Edith und Nico waren ängstlich und verhielten sich, als würden sie ein Staatsgeheimnis preisgeben. Dabei wusste die ganze Welt, welche dubiose Karriere Montesinos durchlaufen hatte. Als peruanischer Soldat hatte er Geheimnisse an die amerikanische CIA verkauft. Später, unglaublich aber wahr, wurde er zum Chef des peruanischen Geheimdienstes, was nur mit einem Vermögen zu erkaufen war, das er sich als Drogenproduzent erwirtschaftet hatte. Montesinos wurde später in Venezuela gefasst und verbüßte eine mehrjährige Gefängnisstrafe wegen Drogenhandel, Veruntreuung, Mord, Geldwäsche und weiteren Delikten.

Nach einigen Wochen erreichten wir den Norden Perus und zu guter Letzt auch das Ende der Regenzeit. Es waren unsere letzten Tage in Peru. Wir waren auf einem schmalen, wenig begangenen Weg in Richtung Ayabaca unterwegs. Die mit Schmarotzerpflanzen überwucherten Algarobe Bäume entlang des Pfades spendeten Schatten, so dass es angenehm war zu gehen. Lobo lief gut mit. Also Energie schien ihm nicht zu fehlen. Was mir Sorgen machte war, dass er einfach zu mager war. Seit fünf Tagen konnte ich ihm füttern was ich wollte, er fraß nichts.

Unser Weg führte an einem Fluss entlang. Immer wieder ging es einige Meter hoch und wieder runter. Es waren genau diese Pfade, die ich für meine Reise suchte. Und trotzdem war mir nicht ganz wohl dabei, da ich nicht genau wusste, wo ich war. Ich hatte keine gute Karte und war auf die Einheimischen angewiesen.

Der Bewuchs entlang des Weges wurde karger. Nun standen nur noch einzelne Bäume und es war sehr heiß. Wie schnell sich das änderte: Die Vegetation bestand bald nur noch aus Kakteen. Vereinzelt grasten Ziegen. Kinder kamen mir entgegen. Sie waren auf dem Heimweg von der Schule. Zur Mittagszeit kamen wir in Aranga an. Der Bürgermeister lud mich ein. Ich könnte im Dorf bleiben. Er brachte mich zu seinem Haus. Wenn ich einen Lagerplatz für die Nacht suchte, richtete ich mich nicht nach meinen Bedürfnissen, ich suchte nicht nach einem Platz, der besonders idyllisch und bequem war, sondern es galt: Pferdekomfort vor Zeltplatz. Wichtig war, dass es ausreichend Futter für die Pferde gab.

Wie und wo ich schlief, war zweitrangig, da gab es keinen Kompromiss. Oft nahm ich eine Einladung im Haus zu schlafen an, obwohl ich lieber mein Zelt aufgebaut hätte, nur um höflich zu sein und die Einladung nicht zurückzuweisen.

Durch das Dorf floss ein kleiner Fluss. Aufgrund eines Bewässerungsgrabens war alles sehr grün. Ein Vermessungsteam war gerade im Dorf. Jedes Haus sollte eine Wasserleitung bekommen. Ich zeigte dem Vermessungsingenieur meine Karte. Er warf einen Blick darauf und meinte: „Die Karte ist völlig ungenau, die kann nur aus Ecuador sein!" „Nein, von Peru", sagte ich und zeigte ihm den Stempel. Er entgegnete, die Flüsse und die Dörfer stimmten nicht. Und mit solchen Karten schlug ich mich seit Monaten durch! Er skizzierte mir eine aktuelle Karte.

Am Abend saß ich in der Hängematte und hörte Deutsche Welle. Die Mutter des Bürgermeisters, eine alte, völlig zahnlose Frau, rief mir etwas zu. Ich verstand kein Wort. Sie kaute auf einem Stück Zuckerrohr herum und saugte dann die Flüssigkeit heraus. Ich wunderte mich, wie sie das ohne Zähne schaffte. Die Technik musste auf jahrelanger Erfahrung beruhen. Die alte Frau hockte sich zwei Meter neben mich, stand auf und verschwand. Da wurde mir erst bewusst, was sie gerade getan hatte: So nah an ihrer Haustüre! Und schon grunzte ein Schwein.

Ein kleines Kind quälte einen Welpen, der, wenn von dem Kind freigegeben, wiederum die Hühner ärgerte. Ich kochte mir Nudeln mit Thunfisch. Die Hütte, in der ich schlafen durfte, war aus luftgetrockneten Lehmsteinen, einigen Längshölzern und dünnen Bambusstangen gebaut. Darauf lagen selbst gebrannte Ziegel. Ein idyllisches Häuschen, aber sicher nicht sehr wasserdicht. Die Latten waren mit dünnen schmalen Rindenstreifen festgebunden. Nichts an Baumaterial am Haus musste irgendwo gekauft werden, nicht einmal Nägel. Ausschließlich natürliche Produkte, die man im Umkreis fand, wurden verwendet. Ich musste Lobo festbinden. Er ging auf Hühner, Ziegen und sogar auf den Esel los, wenn sie zu nahe an meine Schlafstelle kamen! Ich wunderte mich, was war denn mit dem los? Wurde Lobo am Ende doch noch ein Wachhund?

Ich folgte einem Pfad, zwei Stunden lang begleiteten mich zwei junge Männer, bevor sich unsere Wege trennten. Einer von ihnen meinte fast vorwurfsvoll: „Ihr in Europa seid so reich und wir sind so arm." Es war nicht das erste Mal, dass ich darauf angesprochen wurde. Immer wieder dachte ich darüber nach. Stimmte es? Waren wir wirklich reich und sie arm? Waren wir wirklich reich? Reich an was? Reich an Geld, an Lebensqualität? Reich an Zeit – Zeit für Freunde und Familie? Aus der Deutschen Welle hatte ich vom Dioxin Skandal in Hühnerfleisch in Belgien gehört. Wir hatten vielleicht viel Geld, aber wenn ich mir überlegte, was wir essen müssen: Verseuchtes Hühnerfleisch! Peruaner haben natürliche, gesunde Lebensmittel zum Essen. Ich weiß wirklich nicht, wer ärmer dran war. Es stimmt, wir haben mehr Geld als der Einzelne zum Leben benötigt, aber das hat einen hohen Preis.

Trennung auf Zeit

Mein letzter Zeltplatz in Peru lag malerisch an einem Hügel und bot herrliche Weitsicht. Es gab keine einzige ebene Stelle für mein Zelt, dafür aber herrliches Futter für die Pferde. Ich ließ sie frei laufen. Lobo hatte mindestens drei Pfund gefressen, ich gab ihm aber weiterhin Tabletten, die ihm ein Tierarzt wegen der Appetitlosigkeit verschrieben hatte.

Ich hatte mir vorgestellt, dass die vor mir liegenden Berge in der Abendsonne in goldenem Licht aufleuchten müssten. Darauf wartete ich zwar vergebens, doch dafür verfärbte sich der Himmel feuerrot. Solch intensive Farben hatte ich in Peru bisher noch nie gesehen.

Am Abend konnte ich die Lichtglocke über dem Städtchen Ayabaca erkennen, wo wir am Morgen aufgebrochen waren. Es schien in greifbarer Nähe zu sein.

Nach einer ruhigen Nacht sah ich beim ersten Blick aus dem Zelt die Silhouetten von sechs vor uns liegenden Bergen. Das bedeutete, dass es die nächsten Tage wieder bergauf und bergab gehen würde. An diesem Abend würde ich nach etwa sieben Stunden Reiten die Grenze in Espindola erreichen. Die Sonne stieg immer höher, ihre wärmenden Strahlen wurden immer stärker, angenehm. Die Straßen wanden sich dahin, es war ruhig. Kein Verkehr störte die Stille. Wir kamen an einzelnen Adobehäuschen mit halbrunden Dachziegeln vorbei, ab und zu leuchteten auch Wellblechdächer hervor. Am gegenüberliegenden Hang, auf ecuadorianischer Seite, konnte ich viele Zickzacklinien der Straße erkennen. All die Höhenmeter, die wir seit zwei Tagen nach unten wanderten, mussten wir dort drüben wieder hoch.

Ein leichter Nieselregen setzte ein. Vor dem Dorf Tolto machten wir Mittagspause. Ich aß trockenes Brot, Zwiebeln und Knoblauch. Manchmal muss ich mich noch jetzt über die Zusammensetzung meiner Nahrung wundern!

Ich musste einige gebrochene Hufeisennägel ersetzen. Obwohl sie eigentlich keiner allzu großen Beanspruchung ausgesetzt waren, schienen sie nichts zu taugen.

Tolto war im Festrausch. Das kleine Dorf bestand nur aus ein paar Häusern. Wo kamen die vielen Menschen nur alle her? Es gab kein richtiges Festzelt. Provisorische, wackelige Holzkonstruktionen hielten je eine Plastikplane als Regenschutz. Das Plastik in den verschiedensten Farben machte Rebelde nervös. Schon vor dem Dorf lagen Männer herum, regungslos wie nach einer Schlacht. Andere lallten mich mit einer Alkoholfahne an. Es konnte nur noch wenige Minuten dauern, dann würden auch sie daliegen wie erschossen. Die Frauen versuchten ihre Männer abzustützen. Sie waren wahrscheinlich unterwegs nach Hause, würden es aber an diesem Tag wohl nicht mehr erreichen, denn auch diese Männer waren schon fast im Koma, nur noch nicht umgefallen. Andere Frauen saßen bei ihren auf dem Erdboden liegenden Männern. Sie schauten von mir weg und zogen ihr Kopftuch weit ins Gesicht vor Scham. Wir zogen weiter, der Anblick weckte wirklich keine Lust, sich ins Festgeschehen zu stürzen.

Gegen Abend erreichten wir das kleine peruanische Grenzdorf Espindola. Vor der Schule, dem auffallend frisch gestrichenen Gebäude, waren drei Flaggen gehisst. An der Grenzstation musste ich erst die Polizisten aus ihrem Spätnachmittagsschlaf reißen. Sie schrieben meine Daten ab. Zum wiederholten Mal wurde „Deutsch“ als mein Name eingetragen und da es eh egal war und keiner einen Nachteil dadurch haben würde, wollte ich mich nicht als Besserwisser aufspielen.

„Sie können heute nicht ausreisen.“

„Warum nicht?“

„Die Einwanderungsbehörde ist geschlossen.“

„Ist das keine internationale Grenze?“

„Doch, aber der Beamte ist auf dem Fest im Dorf. Da müssten sie vorbeigekommen sein.“

Hoffentlich war es keiner von denen, die bereits am Boden lagen, dachte ich mir.

Der Fluss Jorupe bildet die Grenze zwischen Peru und Ecuador. An beiden Enden der Brücke standen Grenzgebäude. Auf peruanischer Seite stand ein zweistöckiger, frisch gestrichener Neubau - auffallend groß war dieses Gebäude der Einwanderungsbehörde für nur einen Beamten. Früh am nächsten Morgen band ich vor diesem Gebäude meine Pferde fest - der Beamte war anscheinend noch nicht vom Fest zurückgekehrt. Ich ging ohne Pferde über die Brücke zum ecuadorianischen Beamten. Mein Gott, welch ein Unterschied! Die windschiefe Bretterbude schien kurz vor dem Einsturz zu sein! Sie erinnerte mich mehr an ein Haus aus einem Vorstadtslum als an ein offizielles Gebäude.

Die Papiere seien in Ordnung und komplett, bestätigte mir der ecuadorianische Grenzbeamte. Ich benötigte nur einen gültigen Ausreisestempel von Peru.

„Tja, das ist ein Problem. Der Beamte ist nicht da."

„Ich weiß, der Kollege ist heute morgen hier vorbei gekommen. Er war gestern gestürzt und hat sich einen Finger verstaucht oder gar gebrochen."

„Ein peruanischer Beamte lässt sich in Ecuador behandeln?"

„Ja, das ist für ihn näher."

„Und so lange er wegen seinem Finger im Krankenhaus in Ecuador ist, kann ich nicht einreisen?"

„Richtig."

Auf der Brücke gab es gerade einen kleinen Menschenauflauf. Ein peruanisches Fernsehteam vom Kanal America war eingetroffen. Sie erwarteten „El Caminante" zu einem Interview. „El Caminante", der Läufer, ein Peruaner mit bürgerlichem Namen Carlos Espinoza, war vor zwei Jahren zu Fuß von Nord- nach Südperu gegangen. Dieser Marsch war in einer Tageszeitung ausführlich als Fortsetzungsbericht erschienen. Dadurch wurde El Caminante im Land sehr bekannt. Man hatte mich sogar in letzter Zeit einige Male mit ihm verwechselt, obwohl ich mit Pferden unterwegs war und er nicht.

„El Caminante“ war wieder unterwegs. Er folgte dem legendären Inkapfad, von Ecuador über Peru bis nach Bolivien. In jedem Land wurde er von einheimischen Archäologen begleitet, da sein Weg auch von einem historischen Gesichtspunkt betrachtet werden sollte. Und nicht nur Archäologen, sondern ein ganzer Tross mit Fahrzeug, Fahrer und Koch begleitete ihn – alles war sehr professionell organisiert.

Die Fernsehcrew war ganz begeistert über den Zufall, dass ich gerade ausreiste und ihr Landsmann einreiste. So filmten sie, wie wir uns auf der Brücke trafen, begrüßten, Informationen austauschten, uns gegenseitig Glück wünschten und verabschiedeten. Wenn ich schon mal ins Fernsehen kam, nutzte ich die Gelegenheit, mich bei allen Peruanern für ihre Hilfe, Unterstützung und Gastfreundschaft zu bedanken und mich von den vielen Freunden, die ich in diesem fantastischen Land gefunden hatte, zu verabschieden.

Nachdem die Aufnahmen abgeschlossen waren, unterhielten Carlos und ich uns privat und tauschten einige Erfahrungen aus. Unter anderem erzählte ich auch von meinem 3000 km Fußmarsch durch Deutschland, den ich vor einigen Jahren als Vorbereitung auf diese Reise unternommen hatte. Während Carlos in seinem Land als Held gefeiert wurde, straften mich meine Landsleute dagegen mit Ablehnung, Verachtung und bezeichneten mich als Penner. Dass ich während der 95 Tage, die ich in Deutschland unterwegs war, nicht einmal zu einer Tasse Kaffee eingeladen wurde, hielt Carlos schlicht für unfassbar.

Carlos holte auf der Brücke sein Satellitentelefon heraus. So etwas hatte ich bisher noch nicht gesehen. Ich war ganz erstaunt über dieses Gerät, das kaum größer war als ein normales Handy. Carlos gab einem Radiosender in Lima ein Interview.

“Was, schlechte Verbindung?“

Er machte drei Schritte zur Seite.

„Besser.“

Er setzte das Interview fort.

„Das Telefonieren mit Satellitentelefon ist sehr teuer, aber eine Telefonfirma sponsert das Projekt mit freien Gesprächseinheiten“, erzählte mir ein ecuadorianischer Archäologe, der Carlos von Quito bis hierher begleitete.

Ich nutzte die Gunst der Stunde und sprach Carlos gegenüber an, dass ich in Ecuador einen Platz suchen wollte, wo ich meine Pferde für ein Jahr unterstellen könnte. Er stellte mir Fernando und Fausto vor. Fernando war der Fahrer der Expedition auf ecuadorianischer Seite, er wohnte in Cuenca. Fernando gab mir seine Adresse und versprach, sich zu erkundigen. Fausto stammte aus dem nächst größeren Städtchen, aus Amaluza. Auch er gab mir seine Adresse und lud mich zu sich ein.

Nach einigen Stunden löste sich die Ansammlung auf der Brücke auf. Die ecuadorianischen Expeditionsmitglieder fuhren zurück, die neuen peruanischen Begleiter brachen gemeinsam mit „El Caminante“ auf. Die Filmcrew hatte schon lange ihre Kamera und ihre Mikrofone eingepackt. Die Einheimischen fanden auch nichts Spannendes mehr – nur meine Pferde und ich standen wie belämmert da. Kein peruanischer Beamter war aufgetaucht, der mir den notwendigen Ausreisestempel geben würde.

Am nächsten Tag war es dann endlich so weit. Der peruanische Beamte hatte das schmerzhafte Fingerstauchen überlebt und ich erhielt den Ausreisestempel. Den ecuadorianischen Kollegen musste ich leider wecken. Er rieb sich den Schlaf aus den Augen und knallte mir den Einreisestempel auf meine Papiere und notierte irgendetwas aus meinem Pass auf den Rand einer vergilbten und verknitterten Zeitung. Er war gerade erst aufgestanden und trug noch keine Uniform. In seinen ungeschnürten Stiefeln, mit freiem Oberkörper – der Bauch quoll über den Gurt –, gab er ein ganz erbärmliches, Mitleid erregendes Bild ab, das sich irgendwie in seinem genauso erbärmlichen Gebäude widerspiegelte.

„Wollen Sie die Papiere für die Pferde auch sehen?“ bot ich an.

„Ha ha ha, haben die etwa auch einen Pass?“ machte er sich lustig über mich.

„Natürlich nicht, war ja nur ein Scherz – auf Wiedersehen!“ Bloß weg hier, bevor er richtig aufwachte und es sich noch anders überlegte.

Vier Stunden später erreichten wir das Städtchen Amaluza. In Amaluza wollte ich Fausto, den ich an der Brücke kennen gelernt und der mich eingeladen hatte, besuchen. Von seiner Tochter erfuhr ich, dass er noch im Krankenhaus arbeitete. Ich sattelte ab, tränkte die Pferde und ging ins Dorf, um nach Deutschland zu telefonieren: „Hallo, bin in Ecuador, alles in Ordnung."

Während ich an Faustos Haus auf ihn wartete, kam der Besitzer der Telefonkabine vorbei und bot mir seine Weide an, die einige hundert Meter weiter oben lag. Diese war mir schon aufgefallen, als ich in das Städtchen geritten kam. Nun musste ich den Besitzer nicht einmal suchen, er kam zu mir und bot sie mir an. Manchmal kann das Unterwegssein so leicht sein! Ich führte die Pferde zur Weide, vorbei an ein paar Kindern, die Fußball spielten, andere quälten einen kleinen Welpen. Ich befestigte gerade das Tor zur Weide, da fiel mein Blick zurück auf die Straße. Ich sah, wie ein Mann in das parkende Fahrzeug bei den Fußball spielenden Kinder stieg und den Motor startete. Das erschreckte den kleinen Welpen, der sich unter dem Auto versteckt hatte, er lief los, das Auto bewegte sich – ich hielt mir die Hand vor Augen: Bitte nicht! Die Kinder stoppten das Fußballspiel. Der Welpe war überfahren worden.

Fausto kümmerte sich alleine um seine drei Kinder. Seine Frau war seit drei Jahren in Spanien. Sie waren nicht geschieden, nur getrennt wegen der Arbeit. Er war Krankenpfleger – sie Ärztin.

„Arbeitet sie in einem Krankenhaus in Spanien?"

„Nein, sie arbeitet bei einer reichen Familie im Haushalt. Sie verdient dort mit Putzen und Kochen mehr Geld als hier als Ärztin."

Es war nicht unüblich in Ecuador, dass ein Partner im Ausland arbeitete, um Geld zu verdienen. Viele vergaßen heimzukommen. Sie ließen Kinder und Ehepartner sitzen und gingen in der Ferne neue Beziehungen ein.

Beim Verlassen von Amaluza fuhren gleich in der ersten Viertelstunde acht Fahrzeuge vorbei. So viel Verkehr waren wir nicht mehr gewohnt. Ein Bus hüllte ein säulenartiges Betongestell in eine fürchterliche Staubwolke ein. Es war eine grünblau angestrichene Mutter Gottes, zu deren

Füßen eine Kasse stand. Davor hielten die Lkws kurz an, die Fahrer sprangen hinaus und opferten einige Münzen. So versuchten sie wohl, ihren unmöglichen Fahrstil irgendwie zu kompensieren, anstatt etwas langsamer zu fahren. Welche Versicherung die Kassen leerte, habe ich nie herausgefunden.

Wir folgten einem ausgetrockneten Flussbett. Am Ufer lagen mehrere Haufen runder Flusskieselsteine, nach Größen sortiert. Gleich daneben lebten ein paar Familien in provisorischen Hütten. Sie schleppten die Steine aus dem ausgetrockneten Flussbett, gruppierten sie nach Größe und luden sie auf Lkws. Alles mit der Hand! Damit verdienten sie in der Trockenzeit ihr Einkommen.

Wir erreichten ein Dorf mit etwa dreißig Häusern. Der Präsident der Schule erlaubte mir, in dem einzigen Klassenzimmer zu schlafen. Die Fenster waren sogar verglast und an der Decke hingen Lampen. Es war die erste Schule in Südamerika, in der ich übernachtete, die Strom hatte. Endlich konnte ich am Abend einmal lesen und morgens mit Licht frühzeitig aufstehen. Das Licht meiner mit Solarenergie geladenen Taschenlampe reichte nur für eine halbe Stunde. Diese musste ich mir immer genau einteilen. Und es gab ein sauberes Toilettenhäuschen – zwar Plumpsklos, aber mit Schüsseln und sogar Klodeckel. Lobo fraß mittlerweile auch wieder anständig.

Auf einer kleinen Strasse lief vor uns ein Esel. Lobo bellt ihn an und nervte ihn. Der Esel stellte sich quer vor Lobo und ließ ihn nicht vorbei. Ich ritt weiter, Lobo traute sich nicht an dem Esel vorbei. Etwas später kam uns eine Herde Rinder entgegen, auch hier traute sich Lobo nicht vorbei und lief zurück. Ich hatte nicht vor, abzusteigen und ihn zu holen, sollte ich ihn auch noch tragen? „Der Angsthase muss selbst sehen, wie er vorbei kommt, kann ja wohl nicht sein!"

Während ich so vor mich hin ritt, beschäftigten mich Gedanken zum Thema Korruption. Sie war mir auf meiner Reise immer wieder und in den unterschiedlichsten Formen begegnet. Die ärmsten Länder sind ja auch gleichzeitig die korruptesten. Aber wen wundert es, wenn auch der einfachste Beamte korrupt ist? Der Präsident des Landes, seine Familie und Helfershelfer berauben das eigene Land und Volk. Das setzt sich eben durch alle Hierarchieebenen fort bis hinunter zum Bürgermeister. Der kleine Beamte, der mit seinem staatlichen Job noch nicht einmal seine Familie ernähren kann und einen zweiten Beruf ausüben muss, dem kann man es kaum übel nehmen, wenn er das nachmacht, was seine Vorgesetzten ihm vorzeigen. Einige meiner Freunde vertreten die Meinung, Länder mit korrupten Regierungen sollte man gar nicht bereisen. Nun, dann könnte man zum einem überhaupt kein lateinamerikanisches Land bereisen, zum anderen habe ich aber erlebt, dass man gerade dort, wo Korruption allgegenwärtig und Menschenrechte mit Füßen getreten wurden, die angenehmste Bevölkerung traf: Hilfsbereite, interessante, einfach herzliche Menschen, die zu treffen und kennen zu lernen eine Bereicherung einer jeder Reise, eines jeden Lebens war und ist.

Ecuador bietet unter der Äquatorsonne viele Landschaften. Auf engstem Raum sind Wüste, Berge und Urwald vereint. Hier wollte ich die Reise unterbrechen und für einige Zeit zurück nach Deutschland gehen. Ich hatte kein Geld mehr. Mit Vorträgen über die bisherige Reise würde ich die weitere vor mir liegende Strecke finanzieren. So stand ich jetzt vor dem schwierigsten Teil der ganzen Reise: Einen sicheren Ort für die Pferde zu finden, an dem ich sie mit gutem Gewissen zurück lassen konnte. So etwas konnte man nicht planen, das musste sich ergeben. Ich konnte es ein bisschen beeinflussen, ich wollte wegen der extremen Hitze und des feuchttropischen Klimas erst gar nicht an der Küste oder im tropischen Tiefland suchen. Ich wollte einen Ort im Gebirge für sie finden, auf einer Höhe zwischen zwei- und dreitausend Metern, da dort das angenehmste Klima für Pferde ist.

Ich sprach mit meinen Pferden. Sie verstanden mich und antworteten mir, indem sie die Ohren bewegten. Gaucho, wenn er gut drauf war, machte richtige Grimassen, als mache er sich lustig über mich. Ich weiß, man soll Tiere nicht vermenschlichen. Trotzdem, Gaucho wäre ein Kumpel, mit dem man Pferde stehlen kann, der gar nicht lange nachdenkt, einfach drauf los geht: „Schaun mer mal, was passiert." Ein Draufgänger. Rebelde hingegen ist überaus vorsichtig. Er hat wenig Selbstvertrauen, ist ängstlich und will seine Sache gut machen. Er ist eher ein wenig zerstreut, fast tollpatschig und tritt immer ins Fettnäpfchen. Ich könnte es verstecken, doch er scheint ein angeborenes Talent dafür zu haben, jedes Fettnäpfchen aufzuspüren.

Kurz vor der Stadt Loja stoppte ein Fahrzeug. Der Fahrer, Karlheinz, ursprünglich aus Frankfurt, baute in Vilcabamba ein Hotel. Er erzählte mir, sein Schwager besaß Land und Pferde. Er bot Touren zu Pferd an. Ich könnte meine Pferde bei ihm unterstellen, er würde sie aber dann mitbenutzen. Jemand würde auf meinen Pferden sitzen und vielleicht ohne jede Erfahrung im Galopp über Stock und Stein preschen? Auf keinen Fall! Das konnte ich mir beim besten Willen nicht vorstellen. Karlheinz war Rentner. Im Auto saß seine dreijährige Tochter. Er hatte noch eine kleinere, 18 Monate alt. Seine Frau war 25 Jahre jünger als er. In Vilcabamba würden die Menschen im Durchschnitt hundert Jahre alt werden, das liege an der Umgebung. Er war überzeugt, dass sich diese Tatsache gut vermarkten ließe.

Wir waren nun schon den dritten Tag auf der Panamericana unterwegs und entfernten uns von Loja. Wir kamen nur langsam vorwärts. Ich ging die meiste Zeit zu Fuß, da ich Lobo an der Leine führen musste. Alles andere wäre an einer befahrenen Straße unverantwortlich. Vor der Stadt Saraguro kamen mir Männer entgegen, ihr dickes, pechschwarzes Haar trugen sie zu Pferdeschwänzen gebunden, selbst die kleinen Jungs, darauf balancierte ein kleiner zylindrischer Hut. Sie trugen knielange Hosen und bei den Kindern, deren kleine Füße in Gummistiefeln steckten, entstand der Eindruck, sie hätten alle O-Beine.

Es war das Ende der Regenzeit. Alles grünte, die einzelnen verstreuten kleinen idyllischen Höfe waren harmonisch in die Landschaft integriert. Wir verließen Saraguro an einem Sonntag. Viele Menschen in bunten Trachten kamen uns entgegen. Es schien ein Feiertag zu sein. Ich hätte bleiben müssen, zum Fotografieren. Aber jetzt noch mal umkehren, das war noch nie mein Ding. „Ach“, beruhigte ich mich, „es gibt eh kein schönes Licht zum Fotografieren.“ Das war zwar eine Lüge, aber so fühlte ich mich besser.

Unser Weg führte an steilen Berghängen vorbei, die mit zahlreichen Eukalyptusbäumen bepflanzt waren. Sie dufteten angenehm würzig. Der Eukalyptusbaum, ursprünglich heimisch in Australien, wird überall dort gepflanzt, wo der Boden durch Erosion gefährdet oder schon fast zerstört ist. Dieser Baum gedeiht zwar noch in den trockensten Gebieten, wo schon lange keine anderen Bäume oder Pflanzen mehr wachsen, aber er braucht dennoch viel Wasser, das er sich über lange Wurzeln aus der Tiefe holt. So trägt der Eukalyptusbaum dazu bei, dass das Land noch mehr austrocknet.

Dichte Nebelschwaden zogen auf und senkten sich langsam ins Tal. Vom Blau des Himmels war bald nichts mehr zu sehen. Wieder fing es an zu nieseln. Rebelde und Gaucho waren müde. Ich legte meine Arme um den Hals der Pferde und redete ihnen ruhig zu. „Das schafft ihr! Noch zwei, drei Tage, dann machen wir Pause, die habt ihr euch verdient!“ Gaucho verzog eine Miene, ich klopfte leicht auf seine Unterlippe. Wir liefen langsam weiter. Es regnete den ganzen Tag und ein kalter Wind pfiff. Langsam wurde es dunkel. Wir gingen immer noch auf der Straße. Auf beiden Seiten war ein breiter und tiefer betonierter Graben. Wir konnten den Fahrzeugen nicht ausweichen. Ich konnte meine Augen zusammenkneifen wie ich wollte, ich sah nur bohnensuppendicken Nebel. Die Sichtweite lag vielleicht bei 20 Metern. Trotzdem bretterten Lkws und Busse mit unverminderter Geschwindigkeit an uns vorbei. Ohne Licht fahrend bestimmte nicht die Sichtweite ihre Geschwindigkeit, sondern die Kraft des Motors.

Ich konnte keine ebene Stelle finden, so stellte ich das Zelt an einem steilen Hang auf. Ein gewaltiger Regen trieb mich zur Eile und so stand das Zelt am Ende krumm da und war nicht vernünftig abgespannt.

In der Nacht stürzte ein Regenguss wie nach einem Dammbruch herab. Lobo zitterte vor Kälte. Die Weide war riesig groß, trotzdem blieben die Pferde die ganze Nacht wie angewurzelt hinter dem Zelt stehen. Am Morgen ließ der Regen einen kurzen Moment nach und ich nutzte ihn entschlossen zum Aufbruch.

Wir gingen den ganzen Tag talabwärts. Immer wieder trafen wir Straßenarbeiter, die die Straßen von Erdrutschen säuberten. Mit Schaufeln trugen sie in mühsamer Handarbeit den Dreck ab. Schließlich erreichten wir ein Tal mit herrlich grünen, saftigen Weiden, auf denen ausschließlich Milchkühe, sogar holsteinisches Fleckvieh weideten. Irgendwie war ich irritiert, diese Tiere passten nicht zu dem Bild, das ich von Ecuador hatte. Es war aber ein Zeichen guter Futterqualität.

Vor einer Kreuzung überholte uns ein verbeulter Pickup. Bei unserem Anblick drehte er um, kam zurück und hielt. Die Insassen, drei junge Männer, studierten Landwirtschaft und kamen gerade von einem Ackerland der Uni. Ich beantwortete die üblichen Fragen und erkundigte mich, ob sie einen Platz wüssten, wo ich meine Pferde für längere Zeit unterstellen könnte. Sofort rief einer der drei Studenten einen Freund an, erreichte ihn aber nicht. Daraufhin fertigte ein anderer eine Zeichnung an. Vier Kilometer vor der Stadt Cuenca hätte jemand eine Ranch, der Pferde in Pension nimmt. Der Student selbst hatte zwei Pferde dort eingestellt.

Auf dem langen Zufahrtsweg zur Ranch ergab sich ein beeindruckender Blick auf Cuenca, die drittgrößte Stadt Ecuadors.

Der Besitzer, Felipe, war nicht da, ich wartete vor dem Haus. Felipes Schwiegervater erinnerte mich mit seinem Cowboyhut, den Westernstiefeln und dem Ledergürtel mit breiter, glänzender Schnalle an einen amerikanischen Cowboy. Er lud mich ein, mit ihm in die Stadt zu fahren und etwas zu essen. Ich wartete aber lieber auf Felipe. Es wäre zu schön, um wahr zu sein, wenn das schon der Ort für die Pause wäre und ich gar nicht mehr weitersuchen müsste. Während des Wartens rechnete ich die Gesamtstrecke von Feuerland bis hierher aus – 11.990 Kilometer!

Lobo kam und streckte mir seine Pfote entgegen. Er wollte gestreichelt werden. Wusste er, dass Schluss war? Ich hatte ihm beigebracht, die

Pfote zu geben. Aber wie auch die meisten Menschen in Lateinamerika, die, wenn sie einem die Hand geben, nicht in die Augen sehen können, wendete auch Lobo immer den Blick ab. Ich hatte keine Erklärung dafür.

Es wurde Nacht, ich wartete noch immer auf Felipe, spazierte über die Weiden und genoss den schönen Ausblick über die beleuchtete Stadt Cuenca.

Am nächsten Tag schaute ich mir mit Felipe die Weiden an und traf mit ihm Vereinbarungen über eine mehrmonatige Pension meiner Pferde auf seiner Ranch. Er wirkte sehr vertrauenswürdig und auch all die anderen Pferde, die ich hier gesehen hatte, waren gut gepflegt. Ich war mir sicher, hier konnte ich Gaucho und Rebelde mit gutem Gewissen zurücklassen, bis die Reise weitergehen würde.

Felipe bot mir an, mich in die Stadt in ein Hotel zu fahren. So sehr ich mich auch nach einer warmen Dusche sehnte, diesen Abend wollte ich noch einmal mein Zelt auf der Weide neben Rebelde und Gaucho aufstellen.

Das Lagerfeuer hatte fast das ganze Holz verschlungen und flackerte träge in seiner steinernen Begrenzung vor sich hin. Rebelde und Gaucho grasten in einiger Entfernung. Ich sah nur ihre Silhouetten, aber ich erkannte jeden einzelnen.

Melancholisch durchblätterte ich mein Tagebuch. Bilder und Momente meiner Reise liefen wie ein Film vor mir ab.

Wie oft hatte ich meine Tagesetappe todmüde, frierend, genervt, hungrig, durstig, verschwitzt und verdreckt beendet und mich nach einem gesunden, tiefen Schlaf auf meinem Sattel als Kopfkissen gefreut. Doch immer waren zuerst die Tiere an der Reihe gewesen, meine Partner über fast 12.000 Kilometer und sechs Jahre.

Durch sie gelangte ich an Orte, die kein Tourist erreicht. Durch sie erlebte ich die Einheimischen offener, freundlicher und hilfsbereiter. Durch sie war ich langsam genug, um nicht nur die großartigen Landschaften zu sehen, sondern auch die schönen Details zu genießen. Auf dem Rücken meiner Pferde erlebte ich den Sonnenuntergang nicht nur mit den Augen, ich spüre ihn bis in die Haarspitzen. Alles war noch viel abenteuerlicher und faszinierender, als ich es mir als Kind je vorgestellt hatte.

Mann kann das Glücksgefühl und die innere Zufriedenheit, die man durch eine Reise, durch ein Abenteuer erfährt, nicht auf jede Minute, auf jeden Moment, beziehen. Es gibt Situationen, die einen an die Grenze des Belastbaren führen, die einen hin und her rütteln, aus der gewohnten Bahn werfen. Keiner wird behaupten, dass einem das Unterwegssein bei Extremen wie Hitze, Kälte, Trockenheit und Feuchtigkeit Spaß macht. Aber das Leben kann nicht nur aus Höhepunkten bestehen. Das wäre ja schrecklich, man wüsste ja gar nicht, was schön und angenehm ist, hätte man nicht schon mal etwas entbehren müssen. Erst am Ziel, nach einer Tagesetappe oder erst nach Monaten, nach all den Schwierigkeiten, erst dann kann man sich über ganz elementare Dinge freuen. Das Lebensgefühl bleibt. Diese Eindrücke, Erlebnisse, diese Bilder kann dir dann niemand mehr nehmen.

Über Lobo hatte ich mir lange schon Gedanken gemacht. Von seinem Charakter her wusste ich, dass der Flug nach Deutschland unheimlichen Stress für ihn bedeuten würde. Diesem wollte ich ihn nicht aussetzen. Auch die Freiheit, die er gewohnt war – einfach Nächte lang abzuhauen –, das konnte ich ihm in Deutschland nicht bieten. So entschied ich mich, ihn in Ecuador zu lassen. Ich dachte mir, wenn ich für Lobo ein Zuhause finden und ihn der Familie schenken würde, dann würden sie ganz anders auf ihn aufpassen, als wenn ich nur sagte: „Passt mir bitte ein Jahr auf meinen Hund auf, danach nehme ich ihn euch wieder weg." In diesem Fall entschied ich mich zum Wohl Lobos. Ich wollte ihn in gute Hände geben. Damals, an der Grenze zwischen Peru und Ecuador, hatte mir Fernando, einer der Begleiter von „El Caminante", seine Adresse von Cuenca gegeben. Schon damals hatte ich erwähnt, dass ich ein neues Zuhause für Lobo suchte. Fernando hatte bereits bei dieser Gelegenheit Interesse bekundet. Wir verblieben, dass er sich das noch mal überlegen und mit seiner Familie besprechen sollte. Außerdem wollte ich mir den Ort genau ansehen, an dem Lobo leben würde, das war ich ihm schuldig.

Fernando wollte Lobo immer noch haben. Während der nächsten Tage verbrachten wir viele Stunden zusammen, so dass die beiden eine Chance hatten, einander kennen zu lernen.

Im Flugzeug nach Europa sitzend gingen mir viele Gedanken durch den Kopf. Immer wieder fielen mir einzelne Episoden von unterwegs ein, Bilder und lustige Gegebenheiten tauchten auf und ich musste still vor mich hin lächeln. Dann dachte ich an Deutschland, an meine Familie, an meine Freunde, die ich bald wieder sehen würde. Darauf freute ich mich. Gleichzeitig begann ich, mir die ersten Notizen zu machen, was ich in den nächsten Tagen zu erledigen hätte. Ich musste eine Vortragstournee auf die Beine stellen, den Vortrag selbst zusammenstellen, den Text lernen und mir war klar, dass ich nicht viel Zeit hatte. Ich sah auf den kleinen Bildschirm vor mir, auf dem gerade die Anzeige der zurückgelegten Flugkilometer und der noch verbleibenden Flugzeit stand. Da wurde mir bewusst, dass ich nun in wenigen Stunden dieselbe Strecke zurücklegte, für die ich mit meinen Pferden sechs Jahre unterwegs gewesen war.

Eine neue Herausforderung

„Abenteuer Südamerika – der 12.000 km Ritt", das war der Titel meiner Dia-Vortragstournee in Deutschland. Am 6. Januar 2000 um 15.00 Uhr hielt ich einen Vortrag in der Muffathalle in München. Ich erinnere mich noch genau an das Datum, schließlich hatte dieser Nachmittag Einfluss auf die nächsten Jahre meines Lebens. Nach den Vorträgen kommen gewöhnlich immer einige Zuschauer mit Fragen zur Reise oder zu den einzelnen Ländern. Ich beantworte sie gerne, wenngleich ich nach fast zwei Stunden konzentrierten Sprechens meist etwas zerstreut und geistig ausgelaugt bin. An diesem Donnerstag Nachmittag wollte gleich eine ganze Menge Zuschauer mit mir sprechen und ausgerechnet an diesem Nachmittag hatte ich keine Zeit. Ich war seit vier Uhr auf, da ich fünf Stunden Anreise gehabt hatte und vor dem Vortragstermin in der Muffathalle noch für den nächsten Termin am gleichen Abend in Haag in Oberbayern meine Vortragstechnik aufgebaut hatte; in der Muffathalle projizierte ich auf der Technik von einem Freund. In Haag musste ich nur noch meine Dia-Magazine in die Projektoren einsetzen und konnte sofort beginnen; alle Einstellungen waren bereits gemacht, denn ich wusste, dass die Zeit zwischen den beiden Terminen knapp werden würde. Von der Langsamkeit, von deren Faszination ich auf der Bühne 100 Minuten lang gesprochen hatte, war plötzlich nichts mehr zu spüren.

Auf die gestellten Fragen, die doch immer wieder ähnlich waren, gab ich Standardantworten:

„Wie finanziert man eine solche Reise?"

„Das Geld ist nur ein Problem von vielen hunderten und jedes einzelne muss man irgendwie in den Griff bekommen."

„Welches war das schönste Land?"

„Alle waren schön, nur kann man Argentinien nicht mit Peru und Bolivien nicht mit Ecuador vergleichen."

„In welchem Land möchten sie leben?"

„Die Länder haben mir alle sehr gut gefallen, aber ich habe sie aus der Sicht eines Touristen gesehen, also jemandem, der kommt und wieder geht. In keinem der Länder möchte ich für immer leben, denn ich hätte ein riesiges Problem mit der Korruption."

Eine junge Frau mit rotbraunem Haar fragte mich:

„Musst du unbedingt alleine weiter reiten?"

„Nein – aber lieber alleine als mit der falschen Partnerin."

Eine andere junge Frau bat mich um Informationen. Sie wollte in den nächsten Monaten eine Tour zu Pferde in Chile oder Argentinien machen.

„Ich bin morgen noch in der Nähe, wenn du willst, können wir uns morgen gerne treffen."

Sie gab mir ihre Telefonnummer. Ich beantwortete noch ein paar weitere Fragen. Aber meinen Blick zog es immer wieder auf eine Frau, blond, schulterlange Haare, gepflegt, attraktiv, bekleidet mit einer schwarzen Motorradlederjacke. Sie fragte gar nichts, saß nur da, alle anderen standen um mich herum. Irgendwann entschuldigte ich mich in die Runde hinein. Ich musste los. Die blonde Frau aber ging mir nicht aus dem Kopf. Warum hatte ich sie nicht angesprochen? Ich feiger Trottel!

Eine hübsche, dunkelhäutige Peruanerin himmelte mich an. Sie folgte mir bis zum Auto, klebte mir förmlich an den Fersen. Hätte ich nicht noch einen Vortrag gehabt, wir hätten die Nacht gemeinsam verbracht.

Am nächsten Tag rief ich die junge Frau an, die Informationen zu ihrem eigenen selbst organisierten Ritt in Chile oder Argentinien wollte. Ich gab ihr den Namen eines Restaurants, wo ich auf sie warten würde. Ich traute meinen Augen nicht, da stand plötzlich die blonde Frau vor mir, die mir seit dem Vortag nicht mehr aus dem Kopf ging. Das konnte es doch gar nicht geben.

„Servus, ich bin die Anna."

„Hallo, bin der Günter", brachte ich ziemlich schüchtern hervor.

„Haben wir eben telefoniert?"

„Nein, nein, das war meine Freundin. Sie hat mich angerufen. Sie kommt gleich."

„Willst du auch nach Argentinien oder Chile?"

„Nein, ich wollte nur zuhören."

Es war ein sehr nettes Gespräch mit Anna. Sie ritt seit ihrer Kindheit, zu dieser Zeit aber gerade ein Motorrad, und reiste gerne. Sie war mir sehr sympathisch. Ihrer Freundin gab ich ein paar Informationen zu Chile und Argentinien. Anna und ich tauschten noch unsere Adressen aus, dann musste ich weiter zu einem Vortrag nach Grafing. Ich war mir sicher, diese Frau würde ich wieder sehen. Zumindest wünschte ich es mir.

Wir telefonierten. Im Mai, auf ihrer Urlaubsreise mit dem Motorrad nach Irland, würde sie bei mir in Rauenberg vorbeikommen.

In meiner Mailbox befand sich eine sehr interessante E-Mail. Da wollte eine Frau mit mir reiten. Auch sie hatte an diesem schicksalsreichen 6. Januar meinen Vortrag besucht. Es war Barbara, die junge Frau mit den rotbraun gelockten Haaren, die mich sehr direkt gefragt hatte, ob ich alleine weiter reiten wollte. Sie stellte sich kurz vor, fragte mich, ob ich mich an sie erinnern würde – unter der ganzen Traube an Leuten nach dem Vortrag in München. Sie war mir damals schon aufgefallen, weil sie mich andere Dinge gefragt hatte als die meisten anderen interessierten Besucher, ihre Fragen ließen ein Insiderwissen erkennen, sie war offensichtlich auch schon mit Pferden unterwegs gewesen.

In ihrer E-Mail erzählte sie mir, dass sie schon einmal einige Monate durch den Westen Kanadas geritten war und gerne noch einmal eine längere Reise zu Pferd unternehmen würde.

Wir telefonierten ein paar Mal. Am Telefon machte sie einen sehr sympathischen Eindruck, also lud ich sie ein, mich zu besuchen. Ich wünschte mir schon lange, zusammen mit einer Frau, einer Partnerin, weiter zu reiten. Alleine reiten, das konnte ich, das hatte ich die letzten Jahre gelebt. Aber gerade bei den schönen Erlebnissen hatte ich mir schon oft gedacht: „Das ist zu schön für einen alleine, das müsste ich mit jemandem teilen." Oder auch die ruhig ausklingenden Abende nach einem anstrengenden, vielleicht auch schwierigen Tag, mit zufrieden schnaubenden und grasenden Pferden neben mir, an denen ich mit mir selbst und der Welt im Einklang war, hätte ich gerne mit einer Frau geteilt.

Eine Weiterreise zusammen mit einer Frau konnte ich mir nur im Rahmen einer Beziehung vorstellen. Monatelang neben einer attraktiven Frau im Zelt zu liegen ohne einander näher zu kommen, das wollte ich nicht. Das machte ich auch Barbara klar, ohne viel um den Brei herum zu reden. Sie war von meiner Direktheit etwas vor den Kopf gestoßen, aber für mich war es wichtig, von Anfang an ehrlich und offen miteinander umzugehen.

Kurz nachdem Barbara wieder zurück nach München gefahren war, kam Anna mit dem Motorrad vorbei, unterwegs auf ihrer Reise nach Irland. Auch bei diesem Treffen fühlte ich mich sehr zu ihr hingezogen.

Am nächsten Morgen fuhren wir gemeinsam Richtung Siegen, Anna auf dem Motorrad, ich mit meinem Auto. Ich war auf dem Weg nach Münster zu einem dreitägigen Event mit Diavorträgen und Seminaren, wo ich meinen letzten Vortrag für diese Saison halten sollte. Auf einem Parkplatz hinter Frankfurt verabschiedeten wir uns. Wir umarmten uns – ich wollte sie gar nicht mehr loslassen. Gerne hätte ich sie geküsst. Mein Herz pochte. Mein Bauch war voller Schmetterlinge. Und mir war kotzübel – ich hatte auf der kurzen Fahrt eine ganze, große Tüte Gummibärchen gefressen und mir geschworen, wenn ich das überlebe und nicht sterbe, würde ich nie wieder welche anfassen. Anna fuhr nach Siegen, um Freunde zu besuchen. Am Abend versuchte ich sie zu erreichen, aber irgendwas stimmte nicht mit ihrem Handy und ich konnte sie nicht sprechen. Ich wollte sie wieder sehen, sofort.

Anna schrieb mir einige Postkarten und Briefe von unterwegs, über die ich mich immer freute. Als sie wieder in Deutschland war, telefonierten wir ein paar Mal. Sie war von meiner Reise fasziniert und bot mir an, meine handgeschriebenen Tagebücher abzutippen.

In der Zwischenzeit hatten Barbara und ich einander besser kennen gelernt und hatten uns auch schon Gedanken über eine gemeinsame Reise gemacht, zum Beispiel ob es vorstellbar wäre, zusätzlich zu den Fotos auch zu filmen, wenn wir gemeinsam unterwegs wären.

Dieser Vortragstermin in München muss wohl ein besonderer Tag gewesen sein, denn ich erhielt noch eine dritte Anfrage einer Frau aus München. Auch sie wollte mitkommen, doch ihr sagte ich ab.

Barbara ist eine sehr selbstbewusste Frau, die weiß, was sie will. Da auch ich immer gewohnt bin und war, zu machen, was ich möchte, mir sogar manchmal eine gewisse Dickköpfigkeit nachgesagt wird, gab es eine ganze Menge an Disputen. Manchmal war ich mir nicht mehr sicher, ob ich wirklich mit einer Partnerin unterwegs sein wollte: Die Idee, zusammen zu reisen, überforderte mich gelegentlich. Dazu kam, dass ich mit meinem Herzen nicht ganz bei der Sache war. Mit Barbara plante ich bereits die Reise, aber an Anna dachte ich.

Zwischen Anna und mir bestand offensichtlich eine starke gegenseitige Anziehung, die wir beide spürten. Ich war mir nicht mehr richtig sicher, was ich fühlte, was ich überhaupt wollte. Diese beiden Frauen produzierten in mir ein Gefühlsdurcheinander und -auf und -ab, mit dem ich nicht zurecht kam. Mit Barbara, die sehr zielstrebig und entschlossen zum Mitreiten war, plante ich bereits, jedoch ging mir das alles zu schnell. Ich fühlte mich nicht wohl in meiner Haut, ich würde Barbara irgendwann enttäuschen, wenn das doch noch etwas mit Anna werden würde, und ich wünschte mir, dass ich Barbara so früh wie möglich Bescheid geben und ihr absagen könnte, falls Anna mitkommen würde. Barbara unterstützte mich nicht nur bei der Planung und Organisation der Weiterreise, sondern auch bei den restlichen Büroarbeiten, und ich fühlte, dass ich mich einfach grundsätzlich unfair gegenüber Barbara verhielt. Anna war nicht so schnell entschlossen und konnte sich nicht entscheiden. Ich erinnere mich heute nicht mehr genau an den Wortlaut - aber es wird schon nicht sehr diplomatisch gewesen sein, wahrscheinlich war ich wieder mal so direkt wie ich mit meinen Tieren spreche - mit dem ich Anna aufforderte, sich endlich zu entscheiden. Aber Anna fühlte sich unter Druck gesetzt und meinte, sie wolle sich nicht als Reisepartnerin bewerben und schon gar nicht in Konkurrenz mit einer anderen Frau treten. Danach hörte ich lange nichts mehr von ihr.

Barbara und ich saßen zusammen über die Landkarten gebeugt, studierten Reiseführer und Bildbände, malten uns schwärmerisch aus, wie wir an den schneebedeckten Vulkanen Ecuadors entlang reiten würden und durch die tropischen Regenwälder mit ihrem großen Artenreichtum. Es war schön, gemeinsam von der Reise zu träumen.

Barbara, studierte Diplom-Biologin, reizte die Möglichkeit, interessante Vogel- und Schlangenarten zu sehen, außerdem freute sie sich auf tropische Pflanzen wie zum Beispiel Orchideen oder Bromelien, die sie alle sehen wollte. Immer wieder musste ich ihre Begeisterung etwas bremsen, da wir ja mit Pferden unterwegs waren und nicht immer kreuz und quer durch jedes Land reisen konnten, um Vögel zu beobachten oder seltene Pflanzen zu suchen. Wir modifizierten die schweren Schweizer Packsättel und erleichterten sie um die Hälfte ihres Gewichtes, testeten das Solar Panel, das Laptop und Akkus laden sollte, ergänzten unsere Fotoausrüstung und stellten eine Videoausrüstung zusammen. Ich wies Barbara in die Grundlagen des Fotografierens ein, wir besuchten Film-Seminare und schufen eine neue Website für die gemeinsame Reise. Wir versuchten fleißig, unsere „to-do Liste" abzuarbeiten, aber immer wenn wir einen Punkt abgehakt hatten, kamen wieder zwei neue dazu - die Liste wurde endlos, wir schienen nicht fertig zu werden.

Um körperlich fit zu werden, gingen wir regelmäßig joggen. Dabei integrierten wir Liesl, unsere junge Rottweiler-Labrador Mischlingshündin, die wir vor einigen Wochen als Welpen bekommen hatten und die mit auf die Reise sollte. Bereits am ersten Tag, als ich sie von ihren Vorbesitzern abgeholt hatte, lag sie nach ausgiebigem Spielen und Toben im Garten neben mir, als ich mit meinen Eltern zusammen Kaffee trank. Sie schlief sofort ein. Plötzlich stutzten wir alle mitten im Gespräch, da laute Schnarchlaute unter dem Tisch hervor kamen. Das war Liesl! Noch so klein, und sie schnarchte schon wie ein Großer! Das konnte ja heiter werden, mit einem schnarchenden Hund das Zelt zu teilen!

Ich schwärmte von einer Überfahrt nach Ecuador mit einem Frachtschiff. Man könnte sich dabei langsam von Vergangenem lösen, geistig noch einmal Abschied nehmen, und sich in Ruhe auf das vorbereiten und auch seelisch darauf einstellen, was auf einen zukommt. Wir bekämen ein ganz anderes Gefühl für die Entfernung der Länder und Kontinente. So buchten wir eine Frachtschiffreise Hamburg-Ecuador, mit Durchfahrt durch den Panamakanal, Reisezeit: 23 Tage. Der einzige Wermutstropfen war, dass wir Liesl nicht würden mitnehmen können. Sie musste mit dem Flugzeug nachkommen.

Kurz vor Abreise gab ich noch eine Abschiedsparty bei meinen Eltern im Garten, bei der wir ein Asado zubereiteten, d.h. ein Lamm nach argentinischer Art auf ein Metallkreuz aufgespießt am offenen Feuer grillten. Diese Party war auch ein Helferfest für alle meine lieben Freunde und Familienangehörigen, die mich bei der Organisation und Durchführung meiner Vorträge unterstützt hatten. Alle meine Freunde und meine Familie waren gekommen, wir hatten großen Spaß. Auf diese Art und Weise konnte ich mich nicht nur bei allen bedanken sondern auch, so hatte ich herausgefunden, viel leichter mit dem Abschied umgehen, leichter, als in den letzten Tagen vor der Abreise zu jedem und jeder einzeln zu gehen, um mich zu verabschieden, wie vor Jahren, bevor ich zum ersten Mal nach Argentinien gereist war; das hatte damals irgendwie einen traurigen Beigeschmack, etwas Endgültiges gehabt. Etwas Endgültiges, Trauriges auch deshalb, weil meine Familie und Freunde damals dachten, ich ginge in ein fremdes, gefährliches Land, hinein in ein unsicheres Abenteuer, von dem ich nie mehr heimkehren würde.

Das Frachtschiff „Chagres“, das uns nach Ecuador bringen sollte, lag im Hamburger Hafen. Während wir unsere Kabine bezogen, luden riesige Kräne tonnenschwere bunte Container mit einer erstaunlichen Präzision und Schnelligkeit auf die Chagres. Die Leinen wurden gelöst, die Treppen eingezogen; keiner schrie herum, jeder sprach in sein Funkgerät, das Ablegemanöver schien gut koordiniert zu sein. Das riesige Schiff löste sich langsam vom Steg, gezogen von zwei Schleppbooten, die das Wasser zu Schaum aufwühlten. Es fühlte sich an, als ob sich nicht das Schiff bewegte, sondern der Hafen zurück weichen würde. Zwei Welten drifteten auseinander. Barbara warf eine sich abwickelnde Rolle Toilettenpapier über die Reling, zu ihrer Freundin und ihrer Tante, die zum Abschied gekommen waren. Für eine kleine Weile verband die drei noch dieses schwache Band, bevor auch dieses riss und das weiße Papier im Wind flatterte; der Abschied war vollzogen. Noch lange sahen wir die beiden winkend am Ufer stehen. Ein Vibrieren ging durch das Schiff, die Maschinen begannen zu stampfen, die Schleppboote fuhren zurück in den Hafen. Allmählich verschwand Hamburg im Abendlicht.

Nichts war mehr zu erledigen, ich war nicht erreichbar, niemand trieb mich zu irgendetwas, den in der letzten Zeit vor der Abreise doch hektischen Alltag konnte ich abschütteln, die Zeit genießen, mich erholen. Wir legten auf der Überfahrt in sechs Hafenstädten an, wo wir Gelegenheit für kurze Landgänge hatten, während das Schiff ent- und beladen wurde. Nach drei Wochen Fahrt kam die spannende Durchfahrt durch den Panamakanal. Wir standen auf der Kommandobrücke. Es fühlte sich an, als schwebten wir über dem grünen, dichten Dschungel und blickten über die Baumkronen auf dieser von Menschenhand erbauten Verbindung zwischen Atlantik und Pazifik.

Wir waren froh, dass wir noch am Tag der Landung aus der drückend heißen Hafenstadt Guayaquil ins ecuadorianische Hochland entfliehen konnten, indem wir einen Bus nach Cuenca nahmen.

Wir trafen uns mit Fernando und Lina, denen ich ja meinen Hund Lobo geschenkt hatte.

„Erzähl mal, was ist aus Lobo geworden?“ war meine erste Frage.

„Das ist eine traurige Geschichte. Lobo lief schon hier in Cuenca zwei Mal weg. Ich habe ihn aber jedes Mal wieder gefunden. Aber das hab ich dir ja schon erzählt, als wir telefonierten. Am Anfang war er auch etwas krank. Er wollte kaum fressen. Dann nahm ich ihn mit ins Tiefland im Osten, in den *Oriente*. Auch dort lief er zwei Mal weg. Ich hab ihn lange gesucht und die Leute gefragt – er war ja auch durch seine Größe und sein silberfarbenes Fell auffällig; die Leute kannten ihn. Als er das dritte Mal weglief, haben wir ihn lange gesucht, aber leider nicht mehr gefunden. Es ist jetzt fünf Monate her, seit er weg ist."

„Schade, das ist traurig, ich hätte ihn gerne wieder gesehen. Er war schon damals ein richtiger Vagabund, man konnte ihn nirgendwo festbinden und festhalten."

Fernando und Lina hatten beide Soziologie studiert. Für sie war das Leben seit der Umstellung auf den Dollar in Ecuador schwieriger geworden, da die Preise enorm gestiegen waren. Die ehemalige Mittelschicht verarmte und einige wenige Reiche wurden immer reicher, wie auch in anderen Ländern Lateinamerikas, die ihre Landeswährung zugunsten des Dollars aufgegeben hatten. Die wirtschaftliche Situation hatte sich insgesamt verschlechtert.

Fernando bot an, uns am nächsten Tag zu meinen Pferden hochzufahren. Wir luden also am nächsten Morgen die Sättel in sein Auto und fuhren zu Felipe auf die Farm. Mit Fernando und Felipe prallten zwei Welten aufeinander: Fernando stammte aus der verarmten Mittelschicht. Er besaß nicht viel mehr als ein paar Bücher, seine Musikinstrumente und einige Möbel. Felipe hingegen war einer der sehr Reichen in Ecuador. Er besaß eine große Farm mit viel Land, seine Arbeiter wohnten auf seinem Grund. Er hatte einige Kühe, eigene Pferde und eben auch viele Pensionspferde. Seine Familie besaß unter anderem die größte Tageszeitung Ecuadors, „El Mercurio".

Ich war unruhig und sehr gespannt. Wie würden meine Pferde aussehen, würden sie gesund und gut genährt sein? War es ihnen gut ergangen? Würden sie mich wieder erkennen? Auch Barbara war aufgeregt, kannte sie ja meine beiden Pferde nur vom Vortag oder erzählten Anekdoten und Gaucho und Rebelde waren schon fast wie zwei Heldengestalten für sie.

Auf der Weide befanden sich 15 Pferde, die ruhig und friedlich vor sich hin grasten. Schon von weitem erkannte ich sofort Rebelde und Gaucho, diese Art Falben und Pferde mit diesem kräftigen Körperbau gab es auf der Weide sonst nicht. Auch sie erkannten mich, denn ihr Blick sagte: „Ach, der schon wieder!“ Sie sahen beide gepflegt und gesund aus, hatten ein rundes Bäuchlein und wahrscheinlich gar keine Kondition – irgendwie ein Spiegelbild von mir. Felipe hatte sich mit seinen Arbeitern gut um meine Pferde gekümmert.

Gerne hätten wir gleich aus derselben Herde zwei Pferde für Barbara gekauft, leider war jedoch unter all den Pferden von Felipe kein geeignetes. Entweder waren sie zu alt oder zu jung, unverkäuflich oder zu empfindlich. Felipe kannte jedoch viele Pferdebesitzer und versprach, sich umzuhören.

Die nächsten Tage mussten wir viel organisieren, vorbereiten, Termine vereinbaren und Menschen treffen. Das sind Dinge, die ich nicht so gerne mag. Am liebsten hätte ich sofort Rebelde und Gaucho beschlagen, kleine Ausritte gemacht und begonnen, sie zu trainieren. Sinnvoller war es jedoch, dass wir mit dem Konditionstraining erst starteten, wenn Barbara auch Pferde für sich gefunden hatte.

Mit Felipe hatten wir sehr viel Glück. Wir vertrauten ihm, er verstand etwas von Pferden und kannte viele Pferdebesitzer. Felipe unterrichtete Kinder im Reiten und Jugendliche im Motorrad fahren. Sie hatten dort oben in den Bergen eine Art „Cross Country“ Strecke angelegt, ob diese nur für die Motorräder oder auch fürs Reiten gedacht war, war mich nicht ganz klar. Mit Jugendlichen organisierte er mehrtägige Reitausflüge. Über Felipe lernten wir seinen Freund Boris kennen, ebenfalls ein Vertrauen erweckender junger Mann, der für sein Leben gerne Polo spielte. „I die for Polo.“ Er besaß einige Polopferde und bot uns eines zum Kauf an.

„Dieses Pferd hat Angst vor dem Polo-Schläger, es ist für Polo nicht geeignet. Es ist auch ein Wallach – normalerweise nehme ich hauptsächlich Stuten, die sind mutiger." Es war ein schönes Pferd, allerdings ein englisches Vollblut. So ein Pferd wollten wir nicht, da wir es vom Futter her zu empfindlich einschätzten. Rebelde und Gaucho mussten immer wieder die verschiedensten Futterarten fressen, auch z. B. Algen oder Schilfgras, und ich war mir nicht sicher, ob dieses Vollblut das vertragen würde. Criollos sind sehr genügsam und sie hatten auf der ganzen Reise von Argentinien bis hierher keine Magen-Darm Probleme gehabt.

In dieser Zeit wohnten wir bei Fernando und Lina; wir konnten ein Zimmer in ihrer Dreizimmerwohnung am Stadtrand mieten. Es gab zwar kein Bett, aber wir legten alle Pferdedecken und -pads auf den Boden und hatten es so einigermaßen bequem. Wir bezahlten ihre komplette Miete und noch etwas oben drauf und alle profitierten davon, denn für uns war es immer noch billiger, als für diese lange Zeit ein Hotelzimmer zu mieten.

Fernando kannte als begeisterter Orchideen-Liebhaber viele versteckte Ecken in den Urwäldern Ecuadors, in denen besonders seltene Orchideen wachsen. Allein in Ecuador gibt es über 6000 Orchideenarten, das ist unglaublich, wenn man bedenkt, dass es in ganz Europa nur etwa 250 Arten gibt.

„Ich könnte mir auch vorstellen, Interessierte, Botanik-Studenten oder auch Touristen, zu den Orchideen zu führen", meinte Fernando. „Orchideen sind aber in Ecuador nicht geschützt! Wären da nicht die Fundorte bald leer geräumt?" rief Barbara entsetzt aus. Das sah Fernando auch so, aber Orchideen waren sein Hobby und er hätte es gerne zum Beruf gemacht, zumal er sonst gerade kein Einkommen hatte. Immer wieder brachte er uns neue Orchideen von seinem Treibhaus und ich fotografierte sie – Fotos, die er später zu Werbezwecken verwenden wollte.

Fernando, der aus dem Oriente, den Regenwäldern im östliche Tiefland Ecuadors stammte, schwärmte von den Pferden aus dieser Region.

„Viel billiger sind sie auch!“

Felipe war da anderer Meinung. „Sie mögen vielleicht billiger sein, aber es sind kleine, magere Pferde, für eure Zwecke nicht geeignet.“

Wir fuhren mit Fernando in den Oriente, in seine Heimat. Unterwegs zeigte er uns einige sehr seltene, schneckenbestäubte Orchideen, eine Bestäubungsart, von der selbst Barbara als Biologin noch nie gehört hatte. Sie war total begeistert. Der Ausflug ging über sehr steinige, holprige „Straßen“, die nicht geteert waren, immer bergab. Es kamen uns ständig mit Holz beladene Lastwägen entgegen. Dichter Dschungel mit großblättrigen tropischen Bäumen umgab uns die ganze Fahrt über, wir konnten uns kaum vorstellen, dass hier noch ein Ort kommen sollte.

Doch plötzlich lichtete sich der Dschungel, und wir konnten, immer noch halb versteckt zwischen dem Grün, einige Häuser erkennen. Das Dorf Indanza lag nur etwa 140 km von Cuenca entfernt, aber wir waren fünf Stunden unterwegs gewesen!

In Indanza fand gerade der wöchentliche Viehmarkt statt. Auf dem Markt angekommen, waren wir jedoch enttäuscht: Es standen eigentlich nur einige Kühe und vor allem Stiere herum, und ein paar Schweine suhlten sich am Rande des Marktplatzes im Staub. Wir waren extra früh, um fünf Uhr, aufgebrochen, um rechtzeitig am Markt zu sein, da wir dachten, die guten Pferde würden bestimmt gleich zu Beginn des Marktes verkauft. Dem war nicht so, ganz im Gegenteil: es war noch kaum jemand mit seinen Tieren da. Wir warteten einige Stunden. Zwei klapprige Maultiere und ein magerer Grauschimmel wurden von zerbeulten Pickups heruntergezerrt. Eine dicke Frau kämpfte mit einem Schwein, das sich nur widerstrebend unter lautem Quieken in Richtung der einfachen Imbissbude bewegen ließ.

Barbara ahnte schon, was da kommen würde, und schaute lieber nicht hin. Eine halbe Stunde später war das Schwein aufgespießt. Die Frau brannte mit einem Flammenwerfer die Borsten ab, um dann wieder mit einem großen Messer die verbrannten Überreste abzuschaben. Sie arbeitete mit einer fast liebevollen Intensität und Gründlichkeit, als würde sie eine Hochzeitstorte dekorieren. Noch Stunden später stand sie mit ihrem langen Messer über das Schwein gebeugt. Hier fanden wir keine Pferde.

Felipe nahm sich immer wieder Zeit, mit uns Pferde anzusehen, was uns eine große Hilfe war. Er wusste, was wir suchten und konnte schon viel am Telefon vorab klären.

Wir fuhren über ungepflasterte Wege in die Gegend des Cajas Nationalparks. Drei Pferde sollten wir uns anschauen können. Als wir ankamen, sah ich gleich, dass nur eines der drei Pferde in Frage kam, denn die anderen beiden waren zu klein und mager. Den gelblich-grauen Wallach, farblich nicht sehr ansprechend, wollte ich probereiten. Ich saß auf und wollte mit ihm ein paar Schritte aus dem Hof ins Gelände gehen. Er bäumte sich auf die Hinterbeine auf, schlug mit dem Kopf und machte keinen Schritt nach vorne. Ich war verunsichert. Es regnete in Strömen, der Boden war glitschig, und ich war auch nicht mehr wirklich motiviert. Der Besitzer stieg auf. Das gleiche Spiel. Erst nach mühevollem Bearbeiten mit den Sporen und der Peitsche verließ das Pferd den Hof.

„Das ist ein gutes Pferd, das macht er sonst nie. Nur einmal, da wollte ich ihn auch verkaufen, da hat er den gleichen Zirkus gemacht.“ Wenn ein Pferd so schlau ist und genau weiß, wann es um etwas geht, hat es verdient, auf der Ranch zu bleiben, wo es sich wohl fühlt.

Felipe zeigte uns noch eine ganze Reihe weiterer Pferde. Schlussendlich entschieden wir uns für den elfjährigen dunkelbraunen Criollowallach „Samurai Pellegrino“. Sein Besitzer Carlos meinte zwar „muy agil“, also sehr lebhaft, „und“, mit machomäßigem Unterton, „nicht für Kinder und Frauen geeignet.“

Barbaras zweites Pferd, eine beige Quarter-Stute mit blonder Mähne, im Fachjargon Palomino genannt, bezeichnete Felipe als Barbie-Pferd. Sie war erst sechs Jahre alt, hatte weiche Gänge und war sehr zutraulich. Ihr Name war „Tieta“, nach dem weiblichen Hauptstar einer brasilianischen Soap Opera, anscheinend wegen ihrem dicken Hintern.

Barbara konnte mit brasilianischen Soap Operas nicht so viel anfangen und nannte sie „Flavia", aus dem Lateinischen: die Blonde.

In der Zwischenzeit war Liesl per Flugzeug eingetroffen. Unsere Rottweiler-Labrador Mischlingshündin hatte ich in Deutschland als kleinen, niedlich süßen Welpen erhalten. Ich kannte Vater und Mutter von ihr, beide waren Mischlingshunde, nicht besonders groß und auch nicht sehr breit und schwer. Liesl aber hörte nicht auf zu wachsen. Wo sollte das noch hinführen? Liesl war in der neuen Umgebung ziemlich durcheinander und nervös. Zuerst sah sie sich alles genau an. Am nächsten Morgen unternahm ich mit ihr einen ausführlichen Spaziergang am Fluss entlang. Alles roch fremd, überall bellten Hunde. Es gab viel zu riechen und zu sehen. In Ecuador liegt viel mehr Dreck und Abfall herum als bei uns in Deutschland, und das war natürlich spannend für Liesl. Unsere Hündin lief anfangs aber die meiste Zeit mit eingeklemmtem Schwanz und schreckte bei jedem Geräusch zusammen. In den nächsten Tagen und Wochen legte sich das aber vollkommen und Liesl wurde wieder das selbstbewusste Mädel, das wir von Deutschland kannten.

Barbaras Pferd Samurai war ein schwieriger Fall. Man spürte gleich, dass er nicht so vertraut im Umgang mit Menschen war wie Flavia. Man durfte seine Ohren beim Anlegen des Zaums nicht berühren. Aber gerade an den Ohren hatte er eine Pilzinfektion, die behandelt werden musste. Wir übten uns in Geduld. Samurai war scheu und vorsichtig und kannte kein Kraftfutter. Es dauerte einige mühsame Wochen, bis er uns vertraute, dass das komische Zeug, das er da in dem Beutel um den Kopf geschnallt bekam, essbar und bekömmlich war. Das einzige Zusatzfutter, das er kannte, war Panela, brauner, ungereinigter Rohzucker, der in Ecuador in großen Klumpen verkauft wird. Nur damit konnten wir ihn anfangs mit viel Geduld von der Weide locken. Doch schon nach wenigen Wochen war er so verrückt nach dem Körnerfutter, dass er der erste war, der schon nachmittags den Kopf zum Zelt hereinsteckte, missmutig schnaubte und mit den Füßen scharrte, bekam er nicht rechtzeitig seine Portion. Aber er war von Anfang an ein wunderbares Reitpferd! Ein Pferd, das gut vorwärts ging, mit schön getragenem Kopf, aufmerksam und guten Gänge in allen Gangarten. Barbara war begeistert von ihm.

Nun war das Team komplett und wir konnten anfangen, die Pferde zu trainieren. Meine Pferde hatten die vergangenen zwei Jahre nur Weide genossen. Sie wurden nie geritten und auch Flavia und Samurai waren nicht gerade häufig geritten worden, wie ich aus den Gesprächen mit den ehemaligen Besitzern hörte.

Samurai und Flavia waren beide auch noch nie als Packpferde gelaufen und mussten auch das erst lernen. Das Gepäck, totes Gewicht, verhielt sich anders als ein Reiter. Die Ausmaße der Packtaschen waren den Tieren nicht bewusst. Sie schrammten an Mauern, Bäumen und – das Schlimmste – an Stacheldrahtzäunen vorbei. Liesl musste zu ihrer eigenen Sicherheit lernen, neben dem Reitpferd zu laufen und auf die Kommandos *Sitz* und *Platz* zu gehorchen.

Ich beschlug die Pferde und wir begannen mit dem täglichen Konditionstraining, bis wir schließlich einen mehrtägigen Übungsritt unternahmen. Hierbei kam es nicht auf die Entfernung an, sondern es ging darum, Praxis im „Unterwegssein" zu sammeln. Was passte, was passte noch nicht, wo musste improvisiert, verbessert, ergänzt werden?

Obwohl ich bereits tausende von Kilometern unterwegs gewesen war, musste auch ich mich wieder neu darauf einstimmen. Auch wenn mir vor der vor mir liegenden Strecke von weiteren tausenden Kilometern nicht mehr bange war, so hatte ich doch immer wieder vor den ersten Tagen und Nächten Bammel. Darum machten wir diesen dreitägigen Übungsritt. Als Ziel hatten wir uns den im Westen von Cuenca liegenden Cajas Nationalpark herausgesucht.

Unser erster Lagerplatz lag in einer Schlucht, wunderschön und romantisch. Ein breiter Bach floss rauschend über Felsen, wir waren an drei Seiten umringt von gelb-roten Sandsteinfelsen. Die Wiese war saftig grün, mit viel Gras und Klee, wie wir es uns für unsere Pferde nur wünschen konnten. Dazwischen standen ein paar knorrige kleine

Bäume, die ein wenig Schatten spendeten, Farne, Moose und Flechten, Zeichen für die feuchte und saubere Luft. Von einem abgestorbenen Baum hackte ich mit der Machete Feuerholz heraus.

Am Lagerfeuer sitzend tranken wir gemeinsam eine gute Flasche Rotwein. Ich merkte, wir ergänzten uns gut und arbeiteten Hand in Hand bei den Arbeiten ums Camp und um die Pferde, die für die Zukunft Alltag werden sollten. Barbara kochte ein leckeres Abendessen – ich freute mich, das konnte nur besser werden, nach meinem jahrelangen Leben als „kulinarischer Tiefflieger", wie mein Freund Gerd aus der Schweiz mich mal betitelt hatte. Wir zogen uns ins Zelt zurück, da es anfing zu regnen. Der Regen prasselte auf das Zeltdach, doch wir waren glücklich aufbrechen zu können und kuschelten uns noch enger zusammen. Mit der Gewissheit, dass Barbara und ich zusammen ein gutes Team bildeten und der Vorfreude, dass wir in den nächsten Tagen aufbrechen würden in ein neues, aufregendes und spannendes Abenteuer, schlief ich ein.

Zurück in Cuenca ergänzten wir noch einige Vorräte und optimierten unser Packsystem. Von Ecuador besaßen wir bis jetzt nur eine sehr grobe Übersichtskarte, in die wir mit einer roten Linie die Strecke Richtung Norden, die wir reiten wollten, einzeichneten. Wichtige Gesichtspunkte für die Routenwahl waren, dass wir im Hochland bleiben wollten, da hier das Klima für die Tiere angenehm war, außerdem wollten wir gerne am höchst gelegenen Berg Ecuadors, dem Chimborazo, und an dem aktiven Vulkan Cotopaxi entlang reiten. Für die genaue Wegplanung hatten wir uns 38 zusammenhängende topografische Karten in den Formaten 1:50.000 und 1:100.000 besorgt, die die gesamte Strecke von Cuenca bis zur kolumbianischen Grenze abdeckten. Nicht alle Karten waren jedoch aktuell, teilweise waren sie bereits vor 35 Jahren aufgelegt worden.

Ein letzter prüfender Griff an die Bauchgurte und ich schwang mich in den Sattel. Ich war erfüllt von jener Heiterkeit, die sich bei mir immer zu Beginn einer Reise einstellt.

„Auf geht's, ihr beiden!" feuerte ich meine alten Kameraden an. Das war natürlich völlig übertrieben, der leichteste Schenkeldruck oder ein Schnalzen mit der Zunge hätten genügt.

Endlich ging es los. Liesl sprang vor lauter Übermut und freudiger Erwartung auf und ab wie ein Springbock - was bei ihrer Größe und ihrem Gewicht aber ein wenig plump und fast lächerlich aussah - und bellte mit ihrer tiefen Stimme vor sich hin. Ein wohliger Schauer der Freude lief mir über den Rücken. Glücklich, diesen Moment mit Barbara teilen zu können, schaute ich schweigend zu ihr hinüber. Spürte sie das gleiche?

Wir ritten durch die Vororte von Cuenca, um das lebhafte Zentrum zu vermeiden. Am Straßenrand angebundene Ziegen, herumgackernde Hühner und Meuten von hinter uns her kläffenden Hunden dominierten das Straßenbild. Menschen saßen schwatzend vor ihren einfachen, vor vielen Jahren einmal weiß getünchten Backsteinhäuschen, die mit den aus dem Dach ragenden Eisenstangen für den späteren Weiterbau des zweiten Stockes immer irgendwie unfertig aussahen. Sie sahen dem Treiben auf der Straße zu. „Woher kommt ihr? Wohin wollt ihr?" riefen sie uns angesichts unseres umfangreichen Gepäcks zu. Fühlte ich mich angesprochen, antwortete ich: „Wir reiten nach Ingapirca!" Barbara aber antwortete: „Wir wollen nach Alaska!"

Bei dem nur drei Tagesritte entfernten Ingapirca meinten sie mit skeptischem Gesichtsausdruck: „Nach Ingapirca? Mit den Pferden? So weit?"

Dagegen konnten sie mit unserem Reiseziel „Alaska" anscheinend nicht viel anfangen. „Ach ja, nach Alaska", kam hier zur Antwort. Wussten sie nicht, wo Alaska lag oder war das ein so unglaubwürdiges Ziel und sie waren nur zu höflich, uns direkt als Aufschneider zu bezeichnen? Ich hatte Hemmungen nachzufragen, mich oder sie zu blamieren, so fand ich es nicht heraus.

Am Abend, als wir im Zelt bereits tief in unsere Schlafsäcke verkrochen waren, las mir Barbara vor, was sie zuvor in ihr Tagbuch geschrieben hatte:

„... das hat sich komisch für mich angefühlt, hier am Anfang von unserem Weg schon als Ziel „Alaska“ zu sagen. Das kam mir irgendwie lächerlich vor, ich hab mich gar nicht richtig getraut, das zu sagen, ich kann's noch gar nicht glauben! Wir sind nur fünfundzwanzig Kilometer geritten, ganz langsam, und es liegen noch so riesige Entfernungen vor uns! Das ganze Unterfangen ist so gewaltig, so großartig und fängt so gemächlich an, mit so einer kümmerlichen Tagesetappe, das bekomme ich gar nicht unter einen Hut.“

Am Anfang ging mir alles viel zu langsam. Wir brauchten vom Aufstehen über Frühstücken und Packen ganze drei Stunden. Das war ich nicht gewohnt, dafür hatte ich keine Geduld. Unterwegs hörte ich immer wieder von hinten: „Kannst Du einen Moment warten?“ Dies oder das war locker, die Decke rutschte runter, der Sattel war schief oder die Befestigung der Packtaschen locker. „Dann richte es und komm hinterher.“ Ritt Barbara einmal voraus, passte mir ihre Wegführung nicht.

„Warum nimmst du nicht die Abkürzung?“

„Wo soll denn hier eine Abkürzung sein?“

„Ja, siehst du das denn nicht? Ist doch ganz offensichtlich.“

Aber das war es natürlich nicht. Nur durch die Erfahrungen vieler Jahre war für mich eindeutig, dass diese Abzweigung eine Abkürzung sein musste. Ich musste einfach lernen, toleranter zu werden.

Die vier Pferde bildeten schnell ein Team. Wir mussten die Packpferde auf freiem Feld nicht führen, sie blieben bei der Gruppe. Nachts banden wir nur zwei Pferde fest, die anderen blieben von selbst in der Nähe.

Rebelde und Gaucho machten mir wieder viel Freude. Es schien, als hätten sie in den zwei Jahren Pause nichts verlernt. Sie waren trittsicher, auch in schwierigstem Gelände. Alles schien wie früher. Rebelde erschrak sich immer noch vor allem. Quer zu unserem Weg war eine Schnecke gekrochen und hatte einen silbernen, bereits vertrockneten Streifen zurückgelassen. Rebelde legte eine Vollbremsung hin, stemmte beide Beine vor sich in den Boden, dass es mich beinahe aus dem Sattel lupfte. Er schnaubte und prustete, nach dem Motto: pooooh – das war aber in letzter Sekunde! So als läge vor ihm ein unüberwindbarer Graben. Gerade noch mal gut gegangen! „Ganz ruhig, Junge, ich bin bei dir, ich steh dir bei, das schaffst du!" Er verstand die Worte nicht, aber er hörte den ruhigen Klang, während ich ihm mit der Hand leicht über den Nacken strich. Hätte das ein Fremder gesehen oder gehört, ich hätte mich in Grund und Boden geschämt. Barbara hatte Tränen in den Augen vor Lachen und fiel fast aus dem Sattel.

Mit Gaucho musste ich wie immer um die Führerrolle kämpfen: Wollte ich links, ging er rechts, wollte ich nach rechts, ging er nach links, ohne irgendeinen für mich erkenntlichen Grund, wahrscheinlich einfach nur, um seine Führerrolle, die er ohne Zweifel in der Pferdegruppe hatte, auch mir gegenüber zu behaupten. Wie viele Jahre sollte das eigentlich noch so weitergehen?

Flavia konnte 24 Stunden am Tag fressen. So blieb ihr keine Zeit zum Schlafen und sie döste dafür während dem Laufen vor sich hin - und fiel hier und da mal in einen Graben oder stolperte über alles Mögliche, weil sie die Augen zu hatte. Dafür erschrak sie aber auch nie, weil sie ja auch nichts richtig mitbekam.

Einmal, als wir gerade einen langen Steilhang hinunter gingen, hörte ich plötzlich Barbara weit hinter mir rufen.

„Günter, komm schnell!"

Was ist denn jetzt schon wieder, dachte ich verärgert und lief zurück, um ihr zu helfen. Völlig außer Atem sah ich das ganze Gepäck vor Flavia auf dem Boden liegen. Sie graste seelenruhig. Was war passiert?

„Flavia ist stehen geblieben und ich dachte, sie müsste vielleicht pinkeln. Dann plötzlich hat sie ihren Kopf vorne runter genommen und den Sattel wie einen Pullover abgestreift."

„Das glaub ich nicht! Der Sattel muss doch verrutscht sein, und sie hat ihn seitlich verloren!"

„Nein, sie hat ihn über den Kopf abgestreift, vollkommen cool und unbeeindruckt. Schau doch, der Sattelgurt ist noch zu!"

„Na klasse, mit dieser Nummer könnt ihr im Zirkus auftreten."

Samurai, den Schmalbrüstigen, wollte ich anfangs gar nicht akzeptieren. Er ließ sich kaum einfangen. Wollte Barbara aufsitzen, musste ich warten, weil er sonst nicht stehen blieb und meinen Pferden hinterherlief. Anfangs konnten wir ihm stundenlang den Futtersack mit Mais, Hafer oder Gerste umhängen, er fraß nicht. Wie blöd ist der eigentlich, dachte ich. Barbara ließ Samurai als Packpferd immer frei laufen. Da er nicht alleine zurückbleiben wollte, folgte er den anderen, suchte sich dabei aber oft seinen eigenen Weg. Als vor uns ein steiler Hang mit vielen einzelnen, teilweise tief in den Fels eingeschnittenen schmalen Pfaden lag, umgingen wir mit unseren Reitpferden diese Engstelle. Samurai hatte sich jedoch für einen dieser schmalen Pfade entschieden und stand nun vor einer Stelle, wo zwar er durchpassen würde, aber nicht das Gepäck. Er stand da, als seien seine Füße im Boden verwurzelt. Ich beobachtete ihn genau. Fast schon hätte ich Barbara gerügt, weil sie ihr Pferd in solchen Situationen frei laufen ließ und nicht führte und wahrscheinlich gleich die Packtaschen zerreißen würden. Samurai stand immer noch und ich merkte, in seinem Kopf ging etwas vor sich. Er dachte! Plötzlich ging er fünf Meter rückwärts, ohne sein Gepäck anzustoßen, drehte sich und suchte einen anderen Weg. Rebelde und Gaucho wären an Samurais Stelle niemals umgedreht, sondern mit Gewalt durchgeschrammt! Barbara kommentierte die Situation ganz trocken: „Tja, wie der Herr, so sei G'scherr." Von da an hatte er bei mir einen Stein im Brett. Welch eine Bereicherung, einen weiteren intelligenten Weggefährten in der Gruppe zu haben!

Von dem gewohnten täglichen Duschen und Wechseln der Unterwäsche hatte ich schweren Herzens wieder Abstand genommen. Auch an das Lagerleben gewöhnte ich mich nur langsam wieder, selbst nach all den Jahren gab es immer noch Überraschungen. Einmal hatte ich zum Beispiel Pferdemais und Hundefutter in meinem Teller. Wir hatten einen aus Holz geschnitzten Kochlöffel, den Barbara zum Essen kochen für uns und manchmal gleichzeitig beim Pferde- und Hundefutter mixen einsetzte. Schon früher hatte ich mir Gedanken gemacht, wie weit man sich unterwegs vom gewohnten zivilisierten Verhalten entfernen kann. Dies war wieder so ein Augenblick.

Ingapirca bedeutet auf Quechua „Steinmauer der Inka". Die Inkas hatten diese Anlage um 1500 erbaut. Diese beeindruckenden Ruinen besuchten wir im Abendlicht. Die fugenlosen Mauern, aus präzise gearbeiteten Steinen zusammengesetzt, leuchteten goldgelb im Licht der untergehenden Sonne und warfen lange Schatten. Gleichzeitig zog ein Gewitter auf, der Himmel verfärbte sich blauschwarz und dicke Wolken türmten sich bedrohlich über uns auf, mit dem wunderbaren Kontrast zu den noch vom Sonnenlicht beschienenen Ruinen ergaben sich tolle Stimmungsbilder.

Wir wollten dem legendären „Weg der Inkas" folgen. Diese Inka-Straße führte einst über 5000 km durch die Anden, vom heutigen Santiago de Chile bis hinauf nach Quito. Bereits in Bolivien und Peru war ich immer wieder für ein Stück auf diesem Weg unterwegs gewesen.

In unsere Karte war ein Weg bis zu dem kleinen Dorf Achupallas eingezeichnet. Für diesen vierzig Kilometer langen Abschnitt kauften wir Lebensmittel und Pferdefutter für drei Tage. Wir planten zwei Marschtage und einen Tag Rast am See Culebrillas ein. Aufgrund starken Nebels und leichten Niederschlages konnten wir nur wenige Meter des vor uns liegenden Weges erkennen. Die Luft in dieser Höhe von fast 4000 Metern war kalt und dünn. Immer wieder gab es kurze Momente, in denen sich der Nebel auflöste und die ganze Weite des Hochlandes sich vor uns erstreckte. Manche Wegstücke waren mit groben, quadratischen Steinen gepflastert – Abschnitte des legendären „Weges der Inka". Die hier weidenden Rinder hatten viele Spuren und Pfade ausgetreten, so dass der eigentliche Weg für uns schwer auszumachen war. Gerade bei dichtem Nebel musste ich mit dem Kompass regelmäßig die Richtung kontrollieren, denn schnell wäre man ohne Orientierungspunkt in der Ferne vom Kurs abgekommen. Die Vegetation bestand hauptsächlich aus stacheligem Pampagras. Es gab weder Bäume noch Sträucher. Der mit Moos und kurzem Gras bewachsene Boden sah fest aus, doch er war tückisch. Das Wurzelgeflecht der Vegetation bildete nur eine dünne labile Schicht, darunter befand sich an vielen Stellen Wasser bzw. Sumpf.

Manche Stellen federten unter dem Huftritt der Pferde und dabei quoll Wasser aus der Erde wie aus einem übergroßen Schwamm. Ein ständiges dumpfes Hallen bei jedem Aufsetzen der Pferdehufe begleitete uns.

Ich hätte mich auf den Instinkt meiner Pferde verlassen sollen, die schon längst unruhig waren und mir signalisierten, dass sie hier nicht freiwillig weiter gehen würden. Auch wir waren angespannt und ich ging oft zu Fuß voraus, um die am wenigsten gefährliche Alternative auszukundschaften. Rebelde lief vorsichtig. Doch Gaucho wurde panisch, weil er spürte, dass der Boden dünner wurde und machte genau das Falsche: Er sprang und kam dabei mit vollem Gewicht auf dem Boden auf. Unter dieser Wucht brachen die Hufe durch die dünne, feste Grasschicht. Er sank ein, versuchte sich noch hochzuarbeiten, hatte aber keine Chance.

Er lag mit dem Bauch auf dem Gras, die Beine waren durch den Erdboden durchgebrochen und nicht mehr sichtbar. Schnell nahmen wir den Packsattel ab, ohne das Gepäck zu lösen. Mit aller Kraft zogen wir von beiden Seiten an dem noch unter seinem Bauch klemmenden Gurt, mit der aussichtslosen Idee, ihn hoch heben zu können. „Gleichzeitig! Hauruck, und noch einmal!" Gaucho merkte unsere Hilfe und kämpfte. Doch er bekam seine Beine nicht raus, sie waren wie einbetoniert. „Gaucho, los Alter, versuch es, du schaffst es!" Mit einem großen Messer durchstach ich die Grasnarbe rund um die Vorderbeine und riss, mit beiden Armen bis zur Schulter im Schlamm steckend, mit meinen Händen den feuchten Dreck um seine Beine heraus. So konnte ich seine freigelegten Vorderbeine aus dem Schlamm ziehen und die Vorderhufe auf den Grasboden stellen, seine Knie waren in Höhe seiner Augen. Gaucho wuchtete seinen schweren Körper ein bisschen hoch, doch seine Vorderbeine brachen wieder ein! Von neuem buddelten Barbara und ich wie wild ein Bein nach dem anderen aus. „Schnell, leg eine Pferdedecke unter seine Hufe, falte sie aber vorher noch ein paar Mal zusammen, damit sie dicker ist!" Beide Hufe standen auf der Decke. „Los, Gaucho, versuch es noch einmal!" Gaucho bewegte sich, verlagerte sein ganzes Gewicht auf seine Vorderbeine. Wir atmeten auf, schien es doch, als würde die Decke durch die größere Auflagefläche sein Gewicht halten, doch dann verschwand sie unter seinem Gewicht vollkommen im Morast. Drei weitere Male brach er noch ein, sich immer einige Meter weiter vorkämpfend. Der Boden hinter ihm sah mittlerweile wie durchgepflügter Schlamm aus. Bedingt durch die dünne Luft waren wir körperlich am Ende, zumal wir jedes Mal wieder seine Beine mit dem langen Messer freilegen und herausheben mussten. Doch wir gaben nicht auf. Noch ein Versuch, wieder war er draußen, er machte einen Satz, und – stand auf festem Boden. Juhuu! Er hatte es geschafft! Vor Rührung überwältigt umarmte ich ihn und weinte. Ich umarmte ihn auch, weil ich aus eigener Kraft nicht mehr stehen konnte, in meinen Händen hatte ich kein Gefühl mehr, der Schlamm war eisig kalt gewesen. Gaucho war vollkommen mit Schlamm bedeckt, und so schauten auch wir aus. Trotzdem waren wir überglücklich. Später erzählte mir Barbara, dass sie schon das Schlimmste befürchtet und die Horrorvision hatte, dass nur noch Gauchos Kopf aus dem Schlamm ragte und auch der nach und nach versank.

Am See Culebrillas waren wir froh, uns zwei Tage Pause gönnen zu können. Wir genossen den weiten Blick über den klaren blauen See und die menschenleere Ruhe, hier konnten wir unsere Seele baumeln lassen. Unsere Pferde hatten genügend Weidegras und es war einfach schön, gemeinsam schweigend den Augenblick zu genießen. Ich gewöhnte mich langsam an das Unterwegssein zu zweit, es war eine Bereicherung für mich.

Am Beginn der Reise war das Wetter kühl und regnerisch gewesen. Das hatte uns gar nicht gefallen. Wir waren auf den Pferden gesessen und nach und nach immer nässer und kälter geworden, aber die gute Seite daran war: Wir hatten genügend grüne Weiden für die Pferde. Nun, nach vier Wochen unterwegs Richtung Norden, waren wir in trockenere Gebiete gekommen und es war tagsüber sehr heiß. Die Böden waren staubtrocken, die Weiden kurz und abgefressen, die Einheimischen nicht mehr so schnell bereit, uns ein Stück von der Weide oder vom

Futter abzugeben. „Wir können euch leider kein Futter verkaufen, das bisschen, was wir haben, muss uns reichen, bis die Regenzeit beginnt, und wann das sein wird, quien sabe – wer weiß.“ Teilweise waren unsere Wege mit feinstem Staub zentimeterdick bedeckt. Viele Pferdehufe wirbelten viel Staub auf, da wollte jeder ganz vorne sein. Nur Liesl nicht. Immer wieder musste ich sie auffordern, voraus zu laufen. Hinter den Pferdehufen, genau auf ihrer Höhe, war der meiste Staub. Irgendwie kam sie von alleine nicht drauf.

Am frühen Nachmittag kamen wir in das Dorf Guamote. Wegen der Hitze und Trockenheit wollten wir schon bald den Reittag beenden, denn wir befürchteten, dass wir nicht so schnell einen Übernachtungsplatz finden würden. Nur in der Nähe des Flusses gab es sattes Grün. „Nein, hier verkauft niemand Futter oder vermietet seine Weide. Aber dort, weiter vorne, ein paar Wegbiegungen weiter, ist eine Hacienda, dort könnt ihr fragen.“ Zuversichtlich ritten wir weiter. Ich sah ein großes Haus, von Palmen umgeben. Ob das wohl die besagte Hacienda war?

„Barbara, fragst du mal?“

„Nein, geh du mal.“

Wenn Barbara nicht wollte, pochte sie auf das Argument, ihr Spanisch wäre noch nicht so gut und sie hätte Angst, die Leute nicht zu verstehen.

„Doch, doch dein Spanisch ist fast schon perfekt, außerdem sehe ich dort Frauen sitzen, und von Frau zu Frau ist das doch einfacher.“

Einige Indigena-Frauen saßen auf einer ausgebreiteten Plane und hatten einen Berg Getreide vor sich. Ich sah Barbara eine Weile mit den Frauen sprechen, dann winkte sie mir erfreut zu. „Kommen!“

Die Hacienda *El Molino* war eine Kooperative, die zwanzig Indigena-Familien gemeinsam gehörte und von ihnen bewirtschaftet wurde. Alleine könnte sich keine dieser Familien eine eigene Hacienda leisten, die für den Broterwerb groß genug wäre. Die Leute verkauften auf dem Wochenmarkt von Guamote Milch, Käse und Honig aus eigener Herstellung.

spielt mit seinem Schweinchen. Er durfte nicht in die Schule, da er keine Schuhe hatte.

er erschreckte Rotaugenlaubfrosch saß im Pferdefutter.

Tarahumara Frauen beim Backen von Tortillas, Mexiko.

Düngen eines Reisfeldes in Nicaragua.

llo Pferde - aus dieser Herde stammen Rebelde und Gaucho.

.agerfeuer wärmt viele Kinderhände.

Schulkinder begleiten uns auf ihrem Nachhauseweg, auf dem sie oft über eine Stunde unterwegs

Bizzarre Skulpturen in der Region Salar de Uyuni, im Hochland Boliviens.

urstete Tiere warnen vor der Trockenheit Patagoniens.

ere komplette Ausrüstung musste in vier Packtaschen verstaut werden.

Kochen am offenen Lagerfeuer, im Vordergrund Mate-Kalebasse.

Zubereitung von Tamales - gedämpfte Maisteigbällchen in Bananenblättern.

el der Vaqueros, der Cowboys Mexikos.

owettbewerb bei Reiterfestival in Panama.

Mexikaner mit typischem Sombrero.

Durch den Sumpf musste Liesel reiten, damit sie vor den Krokodilen geschützt war.

erreicher und idyllischer Lagerplatz in Ecuador.

ikaner verstehen es zu feiern - bereits die ganz kleinen.

Überquerung des Passes Abra del Acay auf fast 5.000 m Seehöhe.

(rechtes Bild) Canyon La Virgen in Me

Lobo mit Eimer als Halskrause – damit er nicht den Gipsverband von seinem Fuß beißen kon

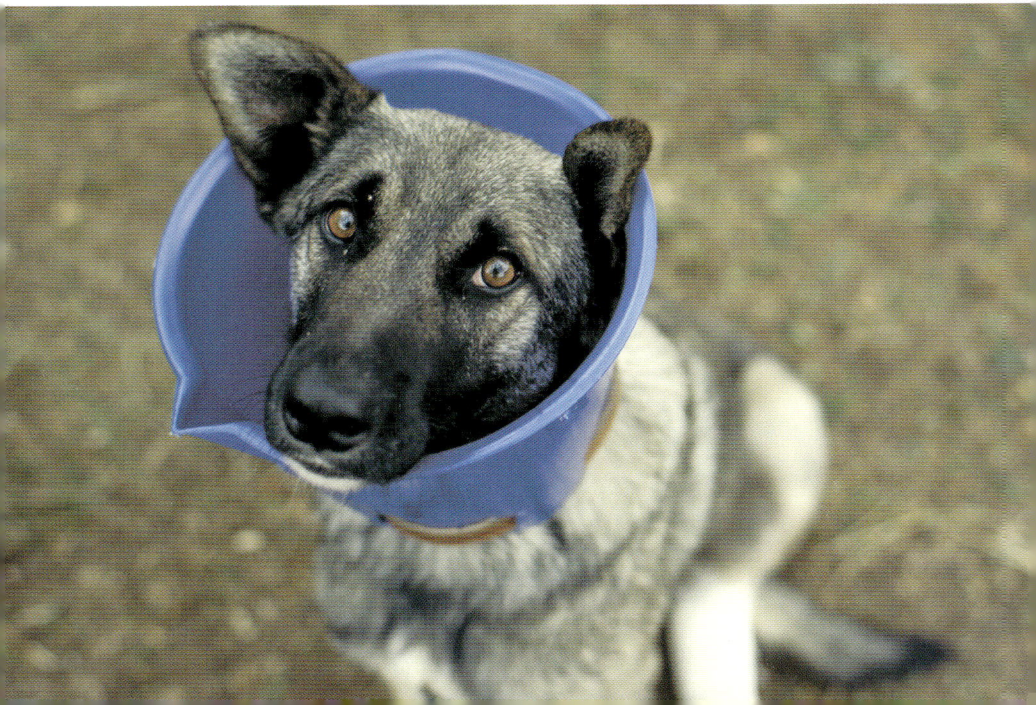

Den Hufbeschlag unterwegs musste ich selbst übernehmen.

(rechtes Bild) Barbara und Maxl im Kupfer Canyon in Mex

Hängebrücke aus Pflanzenfasern nach Inkatradition in Peru.

Zwei bolivianische Mädchen kümmern sich um mein Lagerfeuer.

Pupusa, Maisteig gefüllt mit Frischkäse - eine Spezialität aus El Salvador.

rdetransport: Fertig zum Verladen für den Flug von Ecuador nach Panama.

hatte Spaß beim Reiten von Rebelde.

Abendstimmung in Mexiko.

Barbara, Günter und Chapina genießen in Ruhe ihren Frühstückskaffee.

Sie bauten biologischen Quinoa für den Export nach Europa an, eine südamerikanische Getreideart, die auch als Inkareis bezeichnet wird. Ihre Meerschweinchenzucht bestand aus rund tausend Tieren, die nach Alter getrennt in Betonboxen eines Stalles gehalten wurden. Über die Zucht wurde genauestens Buch geführt. Meerschweinchen gelten in Ecuador als Delikatesse und werden für fünf bis zwölf Dollar je Stück verkauft. Das ist in Ecuador viel Geld. Seminare zum Thema Käseherstellung und die geplante Vermietung von Zimmern an Touristen sollten zusätzliche Einnahmequellen für die Kooperative erschließen. Der Betrieb wurde straff geführt. Alle täglichen Aufgaben waren genau verteilt: Der immer gut gelaunte Gregorio molk jeden Tag die Kühe, deren Milch dann Abelino in der modern eingerichteten *Queseria* zu Frischkäse verarbeitete, dem einzigen Käse, den man dort kannte. Julian hatte die Oberaufsicht über die Meerschweinchen und zeigte uns das Heft, in dem er alle Daten zu den Kreuzungen und den Geburten eingetragen hatte. Stolz hob Julian aus einer Gruppe quiekender Meerschweinchen eines heraus, wog es prüfend in der Hand und zeigte auf sein rundes Bäuchlein. „Mit drei Monaten werden sie verkauft. Sie sind dann groß genug, um gegessen zu werden. Dieses hier ist demnächst so weit." Mir taten die niedlichen Tierchen leid. „Bei uns sind das *Mascotas*, Haustiere, wie ein Hund oder eine Katze", versuchte ich zu erklären, erntete allerdings nur einen verständnislosen Blick.

Neben dem Melken war die Aufgabe von Gregorio und seiner Frau Ana Maria, jede Woche auf dem Markt von Guamote die auf El Molino hergestellten Produkte zu verkaufen. Wir wollten natürlich mit, um uns das Markttreiben anzusehen und vielleicht ein paar farbenfrohe Schnappschüsse zu machen. Wir konnten auf der Ladefläche des klapprigen Pickups mitfahren, mit dem die Kooperative ihre Produkte auf den Markt brachte und dort verkaufte oder gegen andere Waren, die sie nicht selbst produzierte, eintauschte. Wie bei einer Völkerwanderung zog eine bunte Menschenmenge auf der staubigen Straße Richtung Guamote, ihre Schweine, Kälber oder auch Ochsen hinter sich her ziehend oder vor sich her treibend. Der Weg war weit und so stiegen unterwegs immer mehr Leute zu, mit großen Gemüse-, Früchte- und Getreidebündeln unter ihren farbigen, ausgeblichenen und abgetragenen Ponchos.

Auch quiekende Ferkel und Kälber wurden ohne große Umstände auf die immer enger werdende Ladefläche des Pickups gehoben.

Die Menschen, die die Ladefläche mit uns teilten, hatten mongolische Gesichter mit hohen Wangenknochen und kupferfarbener, sonnenverbrannter Haut. Aus ihren braunen Knopfaugen warfen sie uns unter den braunen, kleinkrempigen Hüten, die sowohl Männer als auch Frauen trugen, misstrauische Blicke zu. Eingepfercht auf der Ladefläche zwischen Indigenas, Getreide- und Gemüsesäcken, quietschenden Ferkeln und blökenden Schafen erreichten wir den Markt.

Auf dem Wochenmarkt waren die Geschäfte bereits in vollem Gange. Meistens wurde getauscht: ein Sack Mohrrüben gegen die gleiche Menge Mais, Kartoffeln gegen Alfalfa, einer Art Klee, für die Meerschweinchen. Der Tiermarkt lag etwas abseits vom übrigen Marktgeschehen. Dicht gedrängt standen Kühe, Kälber und Bullen. Ausgewachsene Schweine lagen schwitzend mit offenem Maul auf Pickup-Ladeflächen. An einer Ecke wurden Meerschweinchen aus großen Säcken heraus verkauft. Eine lebhafte Diskussion war im Gange, immer wieder griff eine Indigena-Frau mit keck zurückgeschobenem Hut in den Sack, um ein anderes quiekendes Tier ihrem skeptischen Gegenüber anzupreisen. Barbara konnte hier nicht lange zusehen, da alle Tiere recht grob behandelt wurden, nicht nur die Meerschweinchen.

Müde von diesem anstrengenden Markttag fuhren wir nachmittags wieder auf dem Pickup nach „El Molino" zurück zu unseren Pferden, die sich auf einer schönen Weide ein paar Tage erholten.

Liesl litt von uns allen am meisten unter Hitze. Sie versuchte unter jeden Busch in den Schatten zu kriechen, wenn auch nur für wenige Minuten, manchmal nur Sekunden. Sie hinkte immer wieder und wir mussten unsere Tagesetappen kürzen. Barbara fragte mich, ob das nicht Quälerei für sie war. War es richtig, einen Hund mitzunehmen? Oder war es reiner Egoismus, damit wir noch ein Tier dabei hatten, einen

Freund, der auf unsere Sachen und auf unser Zelt aufpasste, und vor der die anderen ob ihrer Größe ein wenig Respekt hatten? Die Kinder am Wegesrand krabbelten manchmal die Berghänge hoch, wenn sie Liesl sahen. In Dörfern schlossen die Leute ihre Türen oder liefen hinter die Ladentheke, wenn Liesl vorbeikam. Einmal fragte sogar eine alte Frau Barbara, ob das nicht ein Leon, also ein Berglöwe sei!

Wir standen um vier Uhr auf, um der Hitze des Tages zu entgehen. Am frühen Nachmittag erreichten wir das Tal, das wir uns als Ziel des Tages vorgestellt hatten. Spontan meinte ich: „In drei Stunden könnten wir San Juan erreichen, lass uns weiter reiten!"

Barbara war damit ganz und gar nicht einverstanden. „Wir hatten ausgemacht, dass wir früh aufbrechen und dafür nicht so lange in den Nachmittag hinein reiten! Wir sind schon sechs Stunden unterwegs! Nie findest du eine Ende!"

Ein paar Minuten später stoppte ein Pickup neben uns. Ein junger sympathischer Mann winkte aus dem Auto: „Hallo, guten Tag, ich bin der Pfarrer von Sicalpa. Ich habe zwei Zeitungsartikel über Euch gelesen, im El Mercurio von Cuenca und in der Prensa von Riobamba! Schön, dass ich euch auch noch persönlich treffe!" Er lud uns zu sich ein: „Ich habe zwar nicht viel Futter, aber ich denke, ihr könnt bei mir auf dem Kirchhof bleiben. Fressen eure Pferde auch Kohl?" Barbara antwortete: „Ja, Flavia frisst Weißkohl, das weiß ich, aber die anderen eher nicht." „Hier, mein Assistent Alfonso läuft mit euch ins Dorf und zeigt euch, wo ihr die Pferde lassen könnt. Ich muss noch in ein Dorf weiter, eine Messe halten. Ich bin dann in zwei Stunden da und freue mich darauf, mich mit euch zu unterhalten", verabschiedete sich Pater Juan.

Alfonso begleitete uns ins Dorf. Auf dem Weg erzählte er, dass er Theologie studierte. Bei Pater Juan assistierte er seit einem Monat. Im Dorf sperrte er ein riesiges Eisentor auf. Dahinter verbarg sich ein kleiner Hof mit einem Gemüsegarten und ein wenig Gras, auf das sich unsere Pferde gleich stürzten. Wir durften im Arbeitszimmer des Paters unsere Sachen ausbreiten. Wir wurden sehr freundlich bewirtet, Alfonso kochte Kaffee und brachte uns Bananen und Kekse. Später kam Pater Juan und erzählte uns von seiner Arbeit in seinen 60 Gemeinden. In den meisten davon konnte er nur einmal im Monat eine Messe halten. Manche Dörfer waren so abgelegen, dass er sie nur per Pferd erreichen konnte. Er hielt die Messen in Quechua, war selbst ein Indigena, daher schenken ihm die Menschen in den Pueblos natürlich auch viel mehr Vertrauen. Er zeigte uns Fotos von seinen Messen, die im Freien abgehalten wurden. Die Dorfbewohner saßen andächtig um ihn herum. Wir waren tief berührt von seinen Erzählungen, von seiner positiven und begeisternden Ausstrahlung. Als er uns am nächsten Morgen noch durchs Dorf begleitete, kamen viele auf ihn zu, freuten sich und wollten mit ihm sprechen. Er berührte sie oder nahm sie kurz in den Arm, die Leute strahlten. Pater Juan strahlte große Wärme und Zuversicht aus.

„Viel Glück bei euren Reisen", sagte er, „Gott sei mit euch."

Als wir uns von ihm verabschiedeten, konnte Barbara kaum etwas sagen, sie hatte Tränen in den Augen. Der Pater hatte eine tiefe Wirkung auf uns hinterlassen. Machte das der Glaube aus oder lag es einfach an dem Menschen?

Wir kamen gut voran, ritten jeden Tag früh los und waren bis zu acht Stunden unterwegs, zehn Tage lang ohne Pause.

„Wenn wir jetzt noch drei oder vier Tage durchreiten, könnten wir zu der Hacienda hinter Otavalo kommen, bei Selva Allegre, die uns jemand empfohlen hat", überlegte ich beim Frühstück.

„Nein, Günter, das kann ich nicht. Ich möchte gerne mindestens einen Tag ausruhen. Ich hab keine saubere Unterwäsche mehr, mein Hintern tut mir weh, und eine Dusche und Haarwäsche hätte ich auch dringend mal nötig."

„Naja, wenn dir dein Hintern weh tut, kannst du ja laufen, und deine Unterhose kannst du noch mal wenden, die Socken riecht keiner, wenn du sie abends nicht mit ins Zelt nimmst, und deine Haare – zum Auswringen um darin ein Pferd zu frittieren reicht's noch lange nicht. Du siehst, die Pause ist nicht unbedingt notwendig!"

„Doch, Günter, ich bin völlig kaputt. Einen Tag nur, waschen und duschen, dann können wir wieder weiter!“

„O.k., einverstanden.“ Wir waren ja nicht auf der Flucht.

Wir machten uns Gedanken über Flavia, unsere einzige Stute. Ihr Bauch wurde immer dicker. War sie trächtig oder nur verfressen? Oder hatte sie gar Würmer? Ein Tierarzt untersuchte sie und meinte, nein, sie sei nicht trächtig. Das kostete zwei Dollar – wir waren uns danach auch nicht sicherer als vorher. Wir zweifelten an dem Ergebnis und konsultierten einige Tage später einen weiteren Tierarzt: „Vacia. Elle esta vacia.“ – Sie ist leer also nicht trächtig! Welch ein Aufatmen auf unserer Seite! Gerne bezahlten wir die zehn Dollar, die die Untersuchung kostete und zogen weiter.

Was das Packen betraf, hatte Barbara ihren eigenen Kopf. Sie wollte dies und das versuchen, ihre eigenen Erfahrungen sammeln.

„Fehler, die ich schon gemacht habe, musst du nicht auch noch machen.“

„Doch, es ist mein Recht, Fehler zu machen!“

Westlich von Otavalo erstreckte sich eine Hügellandschaft mit saftigen Weiden. Da diese Region von Milchwirtschaft dominiert wird, musste es dort auch gutes und reichliches Gras für unsere Pferde geben. Wir fanden auf der Hacienda Sigsicunga Alto bei Christian Bueno eine Unterkunft für uns alle. Christian, blond, lausbubenhaft, immer ein breites Grinsen im Gesicht, lebte hier mit seiner Frau und seinen fünf Kindern von Milchviehwirtschaft und Kartoffelanbau. Die Pferde waren gut versorgt und wir konnten uns den vor uns liegenden Aus- und Einreise-Formalitäten widmen. Vor uns lag Kolumbien.

Immer wenn ich in ein neues Land einreise, bin ich aufgeregt und nervös. Was wird uns dort erwarten? Wie sind die Menschen? So gastfreundlich wie hier konnten sie gar nicht sein, das war unmöglich zu übertreffen! Diese Aufregung entspringt nicht einer Angst, sondern eher einer Vorfreude.

Wir hatten uns mit vielen Menschen über Kolumbien unterhalten und hörten viele schlimme Geschichten. Gleichzeitig bekamen wir zahlreiche E-Mails von Freunden und Bekannten, die fast schon flehten: „Geht nicht durch Kolumbien. Kolumbien ist das Land mit den meisten Entführungen und einer sehr hohen Kriminalitätsrate. Bewaffnete Auseinandersetzungen im ganzen Land zeugen von einer hohen Gewaltbereitschaft!"

Auffällig war, dass die haarsträubendsten Geschichten oft Menschen erzählten, die selbst nie in dem Land gewesen waren. Eigentlich war das nichts Neues. Auch bei allen anderen Ländern gab es immer wieder gute Ratschläge und Warnungen. Davon ließ ich mich nie beeinflussen. Mein Motto lautete immer: „Geh selber hin, schau dir das Land an und bilde dir deine eigene Meinung." Damit bin ich über all die Jahre sehr gut gefahren. Während ich mich mit der Einreise auseinander setzte, passierte jedoch etwas mit mir, das ich in dieser Form noch nicht kannte. Ich hatte schlaflose Nächte, wachte schweißgebadet auf und hatte Alpträume von Überfällen, Entführungen und Morden.

Sicher spielte es auch eine Rolle, dass ich mich für Barbara verantwortlich fühlte. Zwar hatten wir vor der Reise festgelegt, dass jeder für sich selbst verantwortlich war, aber ich stellte mir trotzdem die Frage, ob nicht doch ich die Verantwortung für uns beide trug, ob es nicht doch meine Schuld sein würde, wenn Barbara etwas passierte?

Bei vielen Entscheidungen erstelle ich eine Liste der Vor- und Nachteile und während ich diese Punkte aufschreibe, ergibt sich die Lösung. Es gibt aber auch Momente, da horche ich in mich hinein und entscheide einfach aus dem Bauch heraus. An dieser Stelle sagte meine innere Stimme: „Junge, bleib weg von Kolumbien!"

Barbara hielt sich bei dieser Entscheidung zurück: „Egal wie du dich entscheidest – ich bin dabei!"

Wir entschieden uns, Kolumbien nicht zu durchqueren; es wäre uns schließlich nicht wie eine mutige, sondern mehr wie eine leichtsinnige Aktion vorgekommen. Abenteuer erlebten wir auch so genug.

Ich war zuversichtlich, in Esmeraldas, einer Hafenstadt im Nordwesten Ecuadors, ein Schiff zu finden, das uns und die Pferde nach Panama bringen konnte. Jedoch weder in Esmeraldas noch in der größten Hafenstadt Ecuadors, Guayaquil, konnte ich eine Reederei überreden, unsere Pferde mitzunehmen. Schiffe, die Lebensmittel transportierten, durften keine Tiere mitnehmen, und den anderen war der Aufwand zu groß.

Von Barbara, die bei den Pferden geblieben war, während ich von einer Hafenstadt in die nächste fuhr, erhielt ich unterwegs eine brisante E-Mail: Flavia war doch trächtig!

"Ich weiß gar nicht, was ich machen soll. Soll ich sie verkaufen und mir ein anderes Pferd suchen? Dann wäre mir wichtig, dass sie an einen guten Platz kommt. Und das weiß man hier nicht so genau. Ich möchte nicht, dass sie dann völlig abgemagert irgendwo am Straßenrand stehen muss, und womöglich auch noch schlecht behandelt wird! Sie ist so zutraulich und zahm! Und finde ich so schnell hier ein anderes gutes Pferd? Finde ich überhaupt jemanden, der meine trächtige Flavia kaufen würde?

Aber andererseits, wenn ich sie behalte: Wie lange kann ich sie noch reiten? Muss sie jetzt schon in die „Babypause"? Kann sie noch fünf oder sechs Stunden am Tag unter dem Sattel gehen? Sie müsste ein halbes Jahr ihr Fohlen säugen, bevor ich es absetzen kann. Und was mache ich dann mit dem Fohlen? Das ist dann auch nicht einfacher. Da hänge ich dann bestimmt genauso dran, wenn nicht noch mehr!"

Nun standen mehrere Entscheidungen an. Was sollte mit Flavia passieren? Wie würden wir, Liesl und unsere Pferde nach Panama kommen?

Die Pferde würden im Frachtflugzeug nach Panama fliegen. Das sollte pro Pferd ungefähr 1500 Dollar kosten. Das war weit mehr als der Kaufpreis von jedem unserer Pferde, aber auf keinen Fall würde ich mich wegen des Preises eines Fluges von meinen Pferden trennen, die mich schon so weit begleitet hatten. Die Entscheidung, Flavia zurückzulassen, war für Barbara nicht leicht, jedoch erklärten sich die Besitzer der Nachbarranch, ein schweizerisch-ecuadorianisches Paar, Regula und Alfredo, gerne bereit, Flavia aufzunehmen.

Wir ritten alle zusammen zu Alfredo und Regula. Die beiden hatten einen wunderschönen Landsitz. Der Innenhof war geschmackvoll mit Blumen und Kräutern bepflanzt. Von den meisten der liebevoll eingerichteten Zimmern hatte man einen atemberaubenden Blick auf die Vulkane Cotacachi und Imbabura. Die großen, hellen Räume, mit viel Holz gebaut und mit einem prasselnden Ofen im Hintergrund strahlten Gemütlichkeit aus, die von den Gastgebern mit ihrer hilfsbereiten, natürlichen und herzlichen Art noch unterstrichen wurde. Wir wurden zu Mittag köstlich bewirtet.

Dann gingen wir zu unseren Pferden, Flavia sollte in ihre neue Herde, zu vier weiteren Stuten mit Fohlen, gebracht werden. Sie grasten alle friedlich auf einer großen Weide. Barbara führte Flavia hinein, bis ans andere Ende der Weide. Dort nahm sie ihr schweren Herzens das Stallhalfter ab, umarmte sie noch einmal, ihr kamen die Tränen. Flavia stand ruhig da, mit gespitzten Ohren, aber ich hatte das Gefühl, sie wusste, was los war. Kaum hatte Barbara das Halfter abgenommen, rannte sie auch schon los, in die Richtung, aus der wir hergekommen waren, Richtung Gatter, wo auf der anderen Seite der Weide ihre drei Weggefährten standen. Sie war vor uns dort und lief auch schon durch das offene Tor hinaus, wieder zu den anderen. Noch einmal holte Barbara sie, brachte sie auf die Weide zurück, was ihr diesmal noch schwerer fiel, Flavia wieherte, rief nach ihrem Freund Samurai. Der hatte sich losgerissen und stand jetzt auch am Zaun. Auch er schien irgendwie zu wissen, dass er sie nicht mehr wieder sehen würde. Haben Pferde wirklich ein Gefühl für solche Abschiede wie Menschen? Ich weiß es nicht. Vielleicht interpretieren wir auch nur zu viel Menschliches in unsere Tiere hinein. Auf jeden Fall stand Flavia die ganze Zeit am Zaun, versuchte, ihre drei Freunde zu sehen, zu kontaktieren. Die anderen Pferde interessierten sie nicht. Es würde wohl ein paar Tage dauern, bis sie die ersten Annäherungsversuche unternehmen würde.

Drei Tage später, gegen sechs Uhr morgens, kamen wir am Cargo Airport-Terminal von Quito an. Niemand schien für uns zuständig zu sein. Wir warteten, sahen den warngelb gekleideten und mit Ohrschützern ausgestatteten Arbeitern zu, wie sie palettenweise Zuchtrosen und Spargel von einem gekühlten Lagerraum mit kleinen Elektrowägen auf das Flughafengelände transportierten. Das Ganze sah recht wackelig aus. Ein Wagen fuhr los, die Palette war nicht gesichert und rutschte seitlich ab. Die Blumenpakete purzelten alle einzeln auf den Boden, blieben auf dem Areal verstreut liegen. Der Fahrer stieg von seinem Elektrowagen ab und kratzte sich ratlos am Kopf. Aus dem Kühlraum kamen einige Männer, diskutierten und gestikulierten.

„Ihr könnt jetzt so lange diskutieren, wie ihr wollt, am Ende kommt ihr doch nicht drum herum, alle Pakete einzeln wieder aufzupacken“, dachte ich mir.

Über den Bergen, von denen Quito umgeben ist, ging ohne lange Dämmerung die Sonne auf und tauchte die Bergkette für kurze Zeit in goldgelbes Licht. Die Pferde standen immer noch auf dem Lkw, noch war kein Bodenpersonal von der kolumbianischen SAR Cargo, mit der wir fliegen wollten, aufgetaucht.

Unser Flug war für acht Uhr angekündigt. Um halb acht war noch immer nichts geschehen. Langsam wurde ich unruhig. Hoffentlich hatte alles seine Richtigkeit. Bereits vor einer Woche hatte SAR Cargo kurzfristig den Flug abgesagt. Hier in diesem Land konnte ich mir inzwischen alles vorstellen, also auch, dass man uns einfach vergaß, dass wir nicht gebucht waren oder der Frachtraum schon voll mit Rosen und Spargel war.

Ein junger, beleibter Mann kam auf uns zu und stellte sich als André von der SAR Cargo vor.

„Die Transportboxen für die Pferde kommen gleich und für den Hund haben wir auch eine Box.“

Er stellte eine niedliche, kleine Hundetransportbox vor meine Füße. Ich blickte André an, sah auf Liesl.

„Das ist eine Hundebox, da passt ein Hund rein“, war sein logisches, doch angesichts unserer vierzig Kilogramm schweren Hündin doch etwas ignorantes Statement. Wir stellten Liesl daneben und ich zog demonstrativ die Transportbox unter ihrem Bauch durch. André war überzeugt.

Monica, die Chefin der Frachtagentur, erschien, wir fuhren gemeinsam mit einem Taxi in die Stadt und tauschten das kleine Hundetransportköfferchen um. Ich war besorgt: „Hoffentlich kommen wir rechtzeitig wieder zurück!"

Doch meine Sorgen waren völlig unbegründet, als wir zurückkamen, war weiter noch nichts passiert. Auf einem Wagen, auf einer Transportpalette aus Aluminium standen drei grüne, hölzerne Pferdetransportboxen mit gelber Aufschrift „Pegasus". Ich wunderte mich, dass man heutzutage noch so schwere Einheiten verwendete. Ich überprüfte die Palette und sicherte sie, damit nicht das gleiche passieren konnte, wie mit den Rosenpaketen, die immer noch am Boden lagen. Wir verluden unsere Pferde vom Lkw direkt in die einzelnen Boxen. Die Boxen bestanden aus Holz und Eisenrahmen. Die seitlichen Wände waren fest, die vordere und hintere konnte man abschrauben und weg heben, so dass die Pferde hinein und hinaus geführt werden konnten. Zum Abmontieren gab es keine Schnellverschlüsse, sondern Schrauben, die über die Jahre hinweg immer wieder ausgewechselt worden waren. Jede einzelne hatte eine andere Größe und mehr als die Hälfte fehlten.

„André, es fehlen Schrauben."

„Wieso, die Boxen kamen so von Bogota."

André brachte einen großen Sack.

„Sägemehl, wie sie gewünscht haben."

Ich leerte den Inhalt in die Boxen. Nun lagen Holz-, Bretter- und Lattenabfälle am Boden.

„André, da hat jemand vergessen, das Sägemehl mit einzupacken."

Ich sammelte den Holzabfall wieder zwischen den Pferdehufen heraus. Die Pferdeboxen waren nur unwesentlich länger und breiter als die Pferde selbst und sehr instabil. Würde ein Pferd aus dem Gleichgewicht geraten und sich an die Seitenwand lehnen, würde die Box umfallen. Außerdem waren die Boxen auf der Palette nicht gegen Verrutschen gesichert.

Es vergingen zwei Stunden.

„Ach, André, die Boxen dürfen wir nicht vergessen. Die müssen, glaube ich, noch auf der Palette festgezurrt werden."

„Warum?"

„Damit die Pferde nicht hinausfallen."

„Mit was?"

„Vielleicht mit Befestigungsgurten?"

Wir warten bereits vier Stunden. André kam mit zwei Männern und sie brachten einen einzigen Spanngurt. André gab ihnen Anweisungen.

„Abspannen!"

„Wie?"

„Halt abspannen", erklärte ein über so viel Unverständnis offensichtlich genervter André und fuchtelte dabei mit seiner rechten Hand umher, von oben nach unten und dann von links nach rechts. War das die Erklärung oder ein Brauch, ihnen wie ein Priester den Segen zu erteilen? Barbara holte mich, wir sollten unsere Ausrüstung zum Zoll bringen.

Ich kam zurück zu den Pferden, die mich etwas verwirrt aus ihren Boxen ansahen. Ihr Rücken war etwas höher als die Boxenwand. In der Zwischenzeit hatte André noch weitere Spanngurte besorgt. Diese lagen nun quer über die drei Boxen und gleichzeitig auf dem Widerrist und dem Rücken der Pferde. Die Männer fingen gerade an, die Gurte mit der Kurbel zu spannen.

„André, ich glaube, es genügt, wenn die Boxen fixiert werden, die Pferde dürfen sich schon noch bewegen."

„Stopp!" gab André die Anweisung an seine Mitarbeiter weiter.

„Wie denn?"

„Halt anders", meinte André genervt. Wieder sah es aus, als würde André dieses schlampige Bekreuzigungsritual vollführen.

Ich enttarnte mich als Besserwisser und zeigte ihnen die dafür vorgesehenen Ösen an den Boxen. Noch hatte ich Humor und dachte: „Eigentlich passt das Ganze hier doch eher in das Drehbuch einer Verfilmung über Fred Feuerstein als auf einen internationalen Flughafen."

Nach acht Stunden hatten die Pferde es bereits soweit geschafft, dass sie neben sieben mit Rosen und Spargel beladenen Transportpaletten vor der zum Frachtflugzeug modifizierten Boeing 727 standen. André unterhielt sich mit einem Mann von der Flugzeugbesatzung, ich war mir nicht sicher, ob ich alles verstand.

„André, habe ich da gerade verstanden, es könne nur einer von uns mitfliegen?"

„Nein, nein, kein Problem wir telefonieren bereits mit Bogota."

Irgendwann verschwanden die Pferde im Flugzeug. Ich wusste nicht, sollte ich mich ärgern oder einfach nur froh sein: zwei Monate lang hatte ich Papiere und Dokumente für das Landwirtschaftsministerium zusammengetragen und noch nicht ein Offizieller hatte sich gezeigt und unsere Pferde zu Gesicht bekommen.

Wenn Pferde geflogen werden, muss normalerweise ein Tierarzt dabei sein. Aber mit SAR Cargo konnte ich vereinbaren, dass ich das selbst übernehmen würde. Da ich nicht wusste, wie sich unsere Pferde wegen dem Stress und dem Lärm auf dem Flugfeld und während des Fluges selbst verhalten würden, hatte ich mir einige Beruhigungsspritzen besorgt. Denn würden die Pferde während des Fluges durchdrehen, die Besatzung würde kurzen Prozess machen und die Pferde einfach erschießen. Die Pferde waren aber bisher cool und ausgeglichen. Sie standen so ruhig und gelassen in ihren Boxen, als würden sie jede Woche auf lärmenden Flughäfen mit startenden und landenden Maschinen über ihren Köpfen verladen.

Ich wurde mittlerweile immer kribbeliger, aufgeregter und nervöser und überlegte für einen Augenblick, ob ich mir die Beruhigungsspritze nicht selbst setzen sollte.

Alles war verladen, unser Gepäck und Liesl in ihrer Transportbox verschwanden unten im kleinen Frachtraum. Das große Verladetor war verriegelt. Wir wurden zur Treppe gewunken. Wir hatten einen schriftlichen Vertrag, der neben dem Transport von drei Pferden, einem Hund und hundert Kilogramm Gepäck auch zwei Personen beinhaltete.

„Es kann nur eine Begleitperson mitfliegen. Es sind nur fünf Sitze im

Cockpit und davon brauchen wir vier für die Besatzung. Aber wir werden den Zurückbleibenden auf die nächste Passagiermaschine nach Bogota buchen, dort können sie in das wartende Cargoflugzeug zusteigen", berichtete uns einer vom Bodenpersonal.

Mir war wohler, wenn ich mit den Pferden flog. Barbara blieb zurück. Wäre nur irgendjemandem schon etwas früher aufgefallen, dass diese zwanzig Jahre alte Boeing 727 schon immer nur fünf Plätze im Cockpit gehabt hatte und nicht erst ganz plötzlich, hätte Barbara sicher mit noch etwas mehr als ihrem Pass und einer Stirnlampe in der Jackentasche in Ecuador zurückbleiben können.

Die Flugzeugtüre wurde verriegelt, die Einstiegstreppe beiseite gefahren, Kapitän und Copilot begannen routiniert, ihre Checkliste durchzusprechen. Einer las vor, der andere bestätigte mit „on" oder „durchgeführt". Es fiel das Wort „Kabinendruck". Ich weiß nicht, was mich in diesem Moment bewegt hatte, aber ich unterbrach spontan ihren Check und fragte:

„Der untere Frachtraum ist o.k.? Druckausgleich und Temperatur?"

Der Kapitän sah mich sichtlich verwirrt an: „Wieso fragen sie das?"

„Wieso? Weil da mein Hund drin ist!"

Der Kapitän fuhr seinen Copiloten an: „Warum sagt mir keiner, dass wir einen Hund im unteren Frachtraum haben?"

Er blickte zum Flugingenieur: „Pedro, haben wir noch das Problem mit dem Druckausgleich im unteren Frachtraum?"

„Nein, heute noch nicht", antwortete der Flugingenieur, der ebenfalls in seinem Check unterbrochen wurde.

„Besser, wir holen den Hund hoch", sagte der Kapitän zu mir nickend, öffnete das Cockpitfenster und winkte das Bodenpersonal herbei, damit sie die Einstiegstreppe andockten.

Während ich darauf wartete, dass die Flugzeugtüre aufging, konnte ich mithören, wie der Kapitän gerade jemanden wegen der vergessenen Information bezüglich des Hundetransports sehr ärgerlich über sein Funkgerät zurechtwies. Würden in der Flughöhe der Druckausgleich und die Temperaturregelung im unteren Frachtraum nicht funktionieren, könnte das Flugzeug zwar weiterfliegen, aber Liesl würde ersticken und erfrieren.

„Wo bin ich hier?“ Wieder dachte ich an die Beruhigungsspritze.

Mit einem Mann vom Bodenpersonal trug ich die Hundebox hoch und wir stellten sie hinter das Cockpit. Nach der meinem Gefühl nach längsten Flugzeit meines Lebens landeten wir nach einer Stunde auf dem internationalen Flughafen in Bogota. Das Frachtflugzeug wurde weit weg von allen Flughafengebäuden abgestellt, als hätten wir die Pest an Bord. Die Besatzung wurde abgeholt, wir verabschiedeten uns und plötzlich stand ich alleine mit Liesl vor einem Flugzeug, das irgendwo in einer Ecke des Flughafengeländes abgestellt worden war, mit sieben Paletten Rosen und Spargel und drei Pferden an Bord.

Toll, was hier alles möglich war.

Dann kam ein Konvoi angerollt. Ein Gabelstaplerfahrer sprang von seinem Arbeitsgerät, hielt mir ein Klemmbrett unter die Nase und knallte demonstrativ einen Kugelschreiber darauf: „Unterschreiben - hier!“

„Gerne, für was ist das?“

„Sie übernehmen die Verantwortung, falls beim Abladen der Pferde etwas passiert, das ist nicht ungefährlich.“

Jetzt kapierte ich erst, was er vor hatte. Ganz langsam und konzentriert sprach ich jedes einzelne Wort so deutlich aus wie nur möglich:

„Untersteh dich, meine Pferde mit diesem Teil anzufassen!“

Ich musste es in einer so überzeugenden Art rübergebracht haben, als hätte ich ihm gleichzeitig ein Gewehr an die Brust gehalten. Ich fügte hinzu:

„Geh und hol ein Gerät, mit dem man diese Paletten be- und entladen kann!“

„Das dauert zu lange. Die sind im Terminal, das ist ganz weit von hier, die kann man soweit nicht fahren.“

„Dann schleppt das Flugzeug mit den Pferden zum Verladegerät!“

Der Gabelstaplerfahrer gab per Funk durch, dass es ein Problem gäbe und fragte, was er denn nun machen sollte. Nach langer Diskussion rollte er mit seiner im Sonnenlicht blinkenden Gabel davon.

Das Palettentransportsystem wird im internationalen Flugverkehr weltweit eingesetzt. Es basiert auf einem System aus hunderten Rollen, über die die Paletten sanft manövriert werden können. Es ist ein bis ins Detail durchdachtes Konzept, das mit den entsprechenden Geräten perfekt bedient werden kann, aber nicht mit einem Gabelstapler! Würde man versuchen, die Palette mit den Pferdeboxen mit einem Gabelstapler aufzuheben, würde sie sich biegen und die beiden äußeren Boxen würden links und rechts runterfallen.

Nach einer Ewigkeit kam der Gabelstaplerfahrer wieder, diesmal mit einem entsprechenden Arbeitsgerät, das für diese Transportpaletten ausgelegt war. Die Pferde wurden auf dem Boden abgesetzt. Später wurde das Flugzeug weggeschleppt. Drei Pferde, ein Hund und ich standen irgendwo im Nirgendwo auf dem Flugvorfeld des internationalen Flughafens in Kolumbien.

„Ich glaube das alles selber nicht, aber ich lauf mal los und hole euch Wasser."

Als sei es das selbstverständlichste der Welt, auf dem Flugvorfeld eines internationalen Flughafen zu spazieren, lief ich zum nächstgelegenen Flughafengebäude, sprach den ersten Menschen an und fragte nach Wasser.

„Wasser für ihre Pferde, hier auf dem Flughafen", wiederholte mein Gegenüber und sah mich an, als sei ich völlig übergeschnappt.

Gegen 22.00 Uhr, etwa acht Stunden nach der Landung, wurde es wieder hektisch, die Pferde wurden vor das Gebäude der Frachtfluggesellschaft gefahren. Im Büro telefonierte ich mit der Fluggesellschaft in Quito.

„Wo ist Barbara? Hat das mit dem Flug geklappt?"

„Leider gab es ein kleines Problem..."

Na, das war ja mal ganz was Neues. Da ich mir in der Zwischenzeit geschworen hatte, keinen Meter mehr von meinen Tieren zu weichen, wurde ich Zeuge eines unglaublichen Verladeprozesses: Ein Frachtflugzeug, eine Boeing 737, wurde beladen – tatsächlich mit einem Gabelstapler. Diese Gesellschaft war wohl die einzige, die ohne dieses beschriebene Transportsystem auskam.

Der Fahrer des Gabelstaplers schüttete scheinbar Altöl aus einem Plastikkanister auf die Gabel, dann fuhr er mit Karacho auf die Palette zu, neigte die Gabel nach vorne, bis sie auf dem Boden schleifte und rammte sie unter das Aluminium. Die Palette bog sich, die Ladung – je nachdem woraus sie bestand – krümmte sich, am Ausmaß der Welle, die die Palette durchzog, konnte man erahnen, wo sich die Gabel gerade befand. Das Verladen der Palette in das Flugzeug funktionierte über das Gesetz der Schwerkraft. Der Gabelstaplerfahrer fuhr auf das Ladetor zu, die Palette war etwas höher als die Ladefläche des Flugzeuges, im letzten Moment neigte sich die Gabel nach vorne, durch eine Vollbremsung setzte sich die Palette in Bewegung, knallte erst auf die Ladefläche und verschwand dann im Rumpf des Flugzeuges. Keine Frage, dem Gabelstaplerfahrer musste ich meine Anerkennung aussprechen, das musste man erst einmal beherrschen. Leider sah ich das Ganze mit den Augen eines Flugzeugmechanikers. Ich war hin und her gerissen. Die Beruhigungsspritzen würden auch nichts mehr nützen. Was sollte ich machen? Konsequent wäre, jetzt zu sagen: „O.k., das war's, kein weiterer Flug mehr mit euch. Ich bring die Pferde zum Meer und wir schwimmen nach Panama."

Doch natürlich schwammen wir nicht. Gegen Mitternacht hob eine Boeing 737 mit Ziel Panama City mit drei Pferden im Frachtraum ab. Dass es kein Direktflug sein würde, wusste ich, aber trotz Zwischenlandung in Bogota sollte der gesamte Flug Quito über Bogota nach Panama City weniger als drei Stunden betragen. Wir flogen durch ein Gewitter. Am nachtschwarzen Himmel blitzte und donnerte es, die Maschine wurde durchgeschüttelt, eine Wetterlage, in der man sich auf gar keinen Fall in einem kolumbianischen Frachtflugzeug befinden wollte. Aus dem Frachtraum kamen merkwürdige Geräusche. Ich verließ meinen Platz im Cockpit, um nachzusehen, dachte, meine Pferde hätten sich losgerissen und würden im Frachtraum durch die Gegend springen. Doch die Pferde waren ganz ruhig und gelassen. Ich war stolz auf sie, hätte ich doch auch etwas von ihrer ahnungslosen Ruhe.

Weit nach Mitternacht und seit mittlerweile 21 Stunden auf den Beinen landeten wir in Panama City. Tropische Hitze empfing uns. Ich hatte noch keinen Bissen zu mir genommen. Den Pferden hatte ich ab und zu ein bisschen Gras auf dem Flugfeld ausrupfen können, aber das war so gut wie nichts. Alles nach einander wurde mir abgenommen: Rebelde, Gaucho und Samurai wurden abgeführt und in die Quarantäne-Station gebracht. Das Gepäck wurde vom Zoll beschlagnahmt. Auch Liesl musste in Quarantäne. Das wusste ich nicht, davon hatte nie jemand etwas erwähnt. Da die Hundebox bereits wieder auf dem Rückflug nach Kolumbien war und der Beamte sich nicht traute, Liesl an der Leine abzuführen, sollte ich sie später selbst dort vorbeibringen. Zuerst aber musste ich zur Einwanderungsbehörde. Gegen vier Uhr morgens liefen wir durch die völlig menschenleere Abfertigungshalle. Begleitet wurden wir von einem persönlichen Aufpasser. Ich war dermaßen fertig und todmüde, dass ich mich nicht einmal nach seinem Namen erkundigte. Anschließend brachte ich Liesl zur Quarantäne.

„Sorry, Liesl, das tut mir leid, das wusste ich nicht. Ich hol dich da so schnell wie möglich raus", verabschiedete ich mich von ihr. Ich dachte an Barbara. Sie war noch immer in Ecuador mit nichts weiterem als dem, was sie am Körper trug. Auch ich in Panama hatte nicht viel mehr. Ich legte mich völlig erschöpft irgendwo im Flughafengebäude auf den Fußboden und schlief ein.

Sieben Tage lang mussten die Pferde in Quarantäne bleiben. Diese Unterbringung würde fast 1000 US Dollar kosten. Gleich gegenüber war die Einzelhaft für Liesl. Sie sollte vierzig Tage einsitzen. Nur wenn ich eine feste Adresse nachweisen könnte, würde ihr Hafturlaub gewährt. Ich wollte sie unbedingt rausholen. Da ich niemanden kannte, dessen Adresse ich angeben hätte können, fragte ich in dreißig Hotels an, ob ich mit Hund kommen könnte – nur Absagen. Panama City, die Stadt, die keine Hunde mag. Schlussendlich konnte ich zwei Fliegen mit einer Klappe schlagen: Über einen Pferde-Tierarzt bekam ich die Adresse von Enrique in Utive, der vierzieg Kilometer außerhalb der Stadt Rennpferde züchtete. Dort konnte ich sowohl Liesl als auch die Pferde nach der Quarantäne hinbringen. Mit dieser Adresse hoffte ich jetzt, Liesl sofort aus ihrem Zwinger holen zu können. Doch immer wieder fiel der Dame vom Quarantäne-Büro etwas Neues ein: noch ein Papier, noch ein Antrag, noch ein Zertifikat. Unglaublich, wie viele Menschen man wegen nichts und mit nichts beschäftigen kann. Irgendwann meinte die Dame: „Die Papiere sind jetzt vollständig, aber ihr Hund muss trotzdem mindestens eine Woche zur Beobachtung bleiben." Was mich in Südamerika schon immer auf die Palme gebracht hatte, war, dass es keine klaren Richtlinien oder Gesetze gab. Jeder machte seine eigenen Gesetze, improvisierte dazu und verlangte für alles viel Geld. Jede staatliche Einrichtung musste sich anscheinend selbst finanzieren. Meine Nerven lagen blank. Immer dieser sinnlose Papierkrieg – musste denn die Reise in jedem Land tatsächlich immer so beginnen? Nach einer Woche kam endlich Barbara. Auch sie hatte anstrengende und aufreibende Tage hinter sich. Nur mithilfe eines befreundeten Rechtsanwaltes gelang es ihr schließlich, das Flugticket nach Panama City zu erhalten. Egal was jetzt in dem neuen Land noch auf uns zukommen würde, wenigstens waren wir wieder zusammen.

Oh, wie schön ist Panama

„In Panama", sagte er, „ist alles viel schöner, weißt du. Denn Panama riecht von oben bis unten nach Bananen. Panama ist das Land unserer Träume, Tiger. Wir müssen sofort nach Panama, was sagst du, Tiger?"
(aus: Janosch, Oh, wie schön ist Panama)

Die starke morgendliche Windbrise wehte mir beinahe meine Unterlagen vom Tisch, war aber angenehm erfrischend bei der bereits am frühen Morgen herrschenden Hitze. Ich musste mich erst an die tropischen klimatischen Verhältnisse gewöhnen. Ich saß in einer Hütte mit einem Dach aus trockenen Palmwedeln. Die Palmwedel raschelten. Blickte ich über mein Schreibpapier, sah ich unsere Pferde. Sie standen zusammen, unter einem Baum mit riesigen Blättern. Der Baum spendete ihnen angenehmen Schatten. Barbara war unterwegs nach Panama-City, um Medizin für Rebelde und Gaucho zu kaufen. Neben mir lag Liesl, lang ausgestreckt – nur nicht zu viel bewegen!

In den letzten drei Monaten waren wir keinen einzigen Kilometer vorangekommen, abgesehen von dem Flug von Quito nach Panama City. Diese drei Monate hatten mich mehr Geld gekostet als zwei Jahre Reisen in Argentinien und Bolivien.

Utive war ein abgeschiedenes Dorf. Nur einmal am Tag fuhr ein Bus von dort nach Panama City und abends wieder zurück. Für uns war es jedoch genau richtig: ruhig genug, um uns an das Land und an das Klima anzupassen und zu trainieren, denn weder Barbara und ich noch die Tiere hatten Kondition. Liesl hatte Probleme mit der Hitze – selbst ohne zu laufen hechelte sie, als ob sie gerade stundenlang gerannt wäre.

Wir waren auf der Suche nach einem zweiten Pferd für Barbara. Enrique war ein Glückstreffer. Nicht nur, dass er ein sehr freundlicher und hilfsbereiter Mensch war und uns einen wunderbaren Platz für unsere Pferde und auch für uns zur Verfügung stellte, er kannte sich auch in der Tiermedizin gut aus, besonders natürlich mit Pferden und hatte einen ganzen Schrank voller Medikamente und Spritzen gegen alle möglichen Krankheiten. Wir bekamen wertvolle Tipps bezüglich Tropenkrankheiten der Pferde. So riet er uns, unsere Pferde wegen der Hitze täglich zu baden. Die Pferde sollten regelmäßig zusätzlich Vitamine und täglich Salz ins Futter bekommen, denn das Grünfutter war hier nicht so nährreich wie in gemäßigten Breiten. Die Tiere bräuchten auf jeden Fall Zusatzfutter.

Über Enrique verbreitete sich die Information, dass wir ein Pferd kaufen wollten, wie ein Lauffeuer in der Region. Viele kamen vorbei geritten und stellten ihre Pferde vor, vielleicht auch nur um uns zu sehen. Aber keines der Pferde gefiel Barbara. Außerdem schreckte uns ab, dass viele Pferde große offene Fleischwunden unter dem Sattel hatten.

Wir wollten unser Glück noch auf einer Finca im Nachbarort Pacora versuchen. Als wir Samstagnachmittag dort ankamen, war gerade eine Party in vollem Gange. Wir trugen Ernesto, dem Besitzer, unser Anliegen vor. „Nein, ich habe kein Pferd zu verkaufen. Aber ich schenk euch eines! Heute zeig ich es euch nicht, heute ist Party, aber feiert doch mit und kommt morgen noch mal vorbei!“ Wir dachten zuerst, der Mann hatte vielleicht schon zu viel getrunken und machte Witze. Doch seine Gäste bestätigten uns seine Ernsthaftigkeit. Wir waren am nächsten Tag bei seinem Nachbarn Ivano eingeladen, der peruanische Passgang-Pferde züchtete. Er hatte einige wunderschöne Hengste mit wallenden Mähnen und glänzendem Fell vor seinem Haus angebunden. Sie wurden gesattelt und wir ritten mit Ivano zusammen zu Ernesto, um uns das geschenkte Pferd anzusehen. Auf der sehr großen, aber kargen Weide befanden sich einige magere Kühe und zwei Pferde. Es gab kaum noch Futter, deshalb schenkte man uns auch das Pferd. Ich war so fasziniert von dem stattlichen Hengst unter meinem Sattel, dass ich dem eigentlichen Grund, warum wir hier waren, nicht gerecht wurde, nämlich das Pferd zu begutachten. Außerdem kamen wir auch gar nicht nahe genug heran.

Unsere Pferde mussten wieder beschlagen werden, hier auf dem Hof von Enrique gab es vernünftiges Werkzeug und ich musste nicht wieder improvisieren. Während ich das Werkzeug zusammen trug, ging Barbara mit Halfter und Führstrick los, ihr neues Pferd zu holen.

Hammer, Hufraspel, Zange und eine Schachtel Nägel legte ich links von Rebelde auf dem Boden ab. Er war der letzte in der Reihe, die anderen hatte ich bereits beschlagen. Ich streichelte seinen Hals und klopfte mit dem Handrücken auf sein linkes Vorderbein: „Mano". Rebelde verlagerte das Gewicht auf den rechten Fuß, ich nahm den linken Huf auf. Ich steckte ihn zwischen meine Beine und drückte mit den Knien zusammen. Mit der Handfläche fuhr ich über die Fußsohle und entfernte den Sand. Die Nägel hielt ich zwischen den Lippen. Ich zog einen Nagel aus dem Mund und schlug ihn durchs Hufeisen in die Hornschicht. Der Nagel stach aus der äußeren Hufwand wie eine Messerspitze, drei oder vier Zentimeter hervor. Dies ist der kritische Augenblick. Zöge jetzt Rebelde mit einem kräftigen Ruck zurück, hätte ich eine offene Hand oder eine lange Schnittwunde im Oberschenkel, die ich durch einen ganz klar geteilten Riss in meiner Hose betrachten könnte. Dies hatten wir alles schon mal gehabt. Schnell bog ich den Nagel um.

Das wiederholte ich, bis sechs Nägel das Eisen am Huf hielten. Die Enden knipste ich mit der Beißzange ab, aus Gewichtsgründen hatte ich die Griffe der Zange gekürzt, hatte dadurch keine Hebelkraft und bekam schnell Blasen. Ich feilte gerade die Nagelspitzen glatt, als Rebelde plötzlich die Ohren anlegte und die Nüstern aufblähte.

„Was ist das denn?!" rief ich Barbara zu: „Wir wollen nach Alaska!"

Barbara lief vor einer kleinen, dünnen Kreatur her, der die Rippen und Hüftknochen herausstanden.

„Einem geschenkten Gaul schaut man nicht ins Maul!" zitierte Barbara das Sprichwort und fügte hinzu, dass man ein Geschenk mit Dankbarkeit ohne Fragen annehmen soll.

„Mit dem schaffen wir es nicht mal bis zur Grenze!"

Ich hatte gehört, dass es in der Nähe der Grenze zu Costa Rica gute Maultiere gäbe, vielleicht schafften wir es ja wenigstens bis dorthin.

Barbaras neues Pferd war sechs Jahre alt und noch ein richtiger Lausbub. Es konnte nicht stillhalten, war sehr übermütig und kleiner, dünner und schmalbrüstiger als unsere anderen Pferde. Wegen seines schelmenhaften Charakters und seiner rotbraunen Fellfarbe bekam es den Namen „Pumuckl". Nie hätte ich gedacht, dass aus Pumuckl eines unser stärksten und ausdauerndsten Pferde werden würde.

In neuer Zusammensetzung unternahmen wir einige Ausritte in den Regenwald in der Gegend um Utive. Kaum dass wir mit dem Training angefangen hatten, kratzten sich unsere Pferde schon ständig, verloren ihre Haare im Gesicht und am Hals, an den Beinen und unter dem Schweif hatten sie nässende und entzündete Stiche. Auch unsere Hündin Liesl und selbst Barbara und ich waren übersät von diesen nässenden Stichen. Diese Plagegeister haben auch noch den schönen Namen Coloradillas, kleine stechende, Blut saugende Viecher, die überall im Gras auf uns warteten. Mann konnte sie mit dem bloßen Auge fast nicht sehen. Besonders in der Nacht mussten wir öfters aufstehen, weil der starke Juckreiz uns nicht schlafen ließ. Manchmal hätte ich mir am liebsten die Haut abgezogen. Jeden Tag badeten und behandelten wir nun auch unsere Tiere, die außer von den Coloradillas auch noch von Zecken geplagt wurden.

Enrique war so eine interessante und sympathische Person, dass wir beschlossen, ein Portrait von ihm zu filmen. Wir begleiteten ihn bei seinen täglichen Arbeiten und er erzählte uns aus seinem Leben mit Pferden und was sie für ihn bedeuteten. Zum Abschluss gingen wir an einem Sonntag mit ihm auf die Pferderennbahn. Für mich war es das erste Mal. In einem der sechs Läufe war auch eines seiner Pferde am Start und – es gewann!

Als wir abends zurückkamen, verhielt sich Liesl sehr merkwürdig. Sie hatte ihr Futter nicht gefressen, was es noch nie gab und freute sich nicht einmal, als wir kamen. Sie hechelte ganz stark und vor allem ganz schnell, obwohl es nicht heiß war, und wirkte teilnahmslos. Mein erster Gedanke war: „Sie ist vergiftet." Enrique, der Tiermedizin studiert aber abgebrochen hatte, stellte eine Lungenentzündung fest, die wir mit Antibiotika behandelten. Um Liesl zu schonen, durfte sie bei unseren täglichen Ausritten nicht mit, sie hätte es aber am nötigsten gehabt.

Wir unternahmen nur kurze Ausritte von ein bis zwei Stunden, aber Gaucho und Rebelde hatten keine Energie. Ich musste sie fast zum Laufen zwingen, ganz anders als sonst. Mittlerweile sah Gaucho ganz fürchterlich aus, am Kopf und an beiden Seiten des Halses gingen ihm die Haare aus. Die Beine vom Huf bis zum Knie waren voll von blutenden, nässenden und verkrusteten Stichen. Wir mussten das Training wieder abbrechen. Wir waren jetzt vier Stunden täglich mit der Pflege und Behandlung der Pferde beschäftigt, aber wir bekamen das Problem in den Griff. Die Haut wurde wieder trocken. Bis das Haar allerdings nachwachsen würde, sollten noch einige Wochen, wenn nicht sogar Monate vergehen.

Seit einem Monat waren wir nun bereits in Panama. Ich wollte unbedingt aufbrechen. Am Tag zuvor, als wir unsere komplette Ausrüstung aussortiert und verpackt hatten, hatte ich immer wieder Gaucho auf der Weide beobachtet, er wirkte seit Tagen sehr müde. Er lag am Boden, was er sonst tagsüber nie tat, und dazu noch in der prallen Sonne. Rebelde und Samurai standen auf beiden Seiten neben ihm, als wollten sie ihrem Freund Schatten geben und ihm beistehen. „Verdammt, da stimmt was nicht!" dachte ich mir, holte Gaucho von der Weide und maß seine Temperatur. 41 Grad Fieber! Normal sind 37 bis 38 Grad Celsius für Pferde! Wahrscheinlich hatte er Piroplasmose, eine Krankheit, die durch Zeckenbisse hervorgerufen wird und bei der der Parasit die roten Blutkörperchen zerstört. Wir spritzten ihn eine halbe Stunde lang mit kaltem Wasser ab. Enrique holte ein Medikament aus seinem Medizinschrank und injizierte es ihm in die Halsvene. Am Abend war das Fieber immer noch nicht gesunken. Wir ließen einen Tierarzt aus Panama-City kommen. Er bestätigte die Piroplasmose und Gaucho bekam einige Spritzen und eine Infusion. Die Nacht hindurch kontrollierte ich mehrmals seine Temperatur. Er bekam weitere Infusionen, über drei Tage hinweg.

Unter Anweisung von Enrique lernte ich, die Nadel in die Vene am Hals von Gaucho zu führen, dann hob ich mein Fotostativ, an dem der Beutel mit der Salzlösung befestigt war, nach oben und beobachtete die Durchflussgeschwindigkeit. Gaucho hielt dabei ganz still und ließ die Behandlung über sich ergehen.

Nach drei Monaten waren wir wieder unterwegs. Ich freute mich wie ein kleines Kind. Endlich! Die ersten Tage legten wir täglich nur etwa 15 km zurück. Wegen der Hitze und der fehlenden Kondition wollten wir langsam beginnen, um uns allen die Möglichkeit zu geben, uns an die neuen klimatischen Gegebenheiten zu gewöhnen. Wir hatten topografische Karten, doch die waren teilweise leider sehr alt.

Die Geografie Panamas ist geprägt durch ihre beiden längs verlaufenden Gebirgszüge, die von tief eingeschnittenen Flusstälern unterbrochen werden. Vor allem diese Flusseinschnitte machten für uns eine Wegroute abseits der großen Straßen schwierig.

Wir wurden immer wieder gefragt: „Wo wollt ihr entlang reiten? Es gibt keine Wege und Pfade, ihr müsst auf der Panamericana entlang, das ist die einzige Möglichkeit." Die Panamericana, die sich durch den gesamten amerikanischen Kontinent zieht, ist zwar für viele die Traumstrasse schlechthin, doch auf dieser Strasse zu reiten wäre einfach schrecklich. Wir aber versuchten unsere Zuversicht zu bewahren und folgten dem Motto Hannibals: „Entweder es gibt einen Weg oder wir finden einen."

Ich war begeistert von der Flora und Fauna Panamas. Es gab ständig etwas zu entdecken. Morgens hörten wir ein unbeschreibliches Gebrüll hoch aus den Bäumen. Ein dumpfes, weit reichendes Grollen, vergleichbar mit Wolfsgeheul schallte durch den Wald und übertönte alle anderen morgendlichen Geräusche des Regenwaldes – eine Gruppe von Brüllaffen turnte durch das Geäst. An einem anderen Tag kroch ein großer, schwanzloser Affe über den Weg. Was konnte das nur sein?

Schnell lief ich näher und konnte voller Faszination ein Zweifingerfaultier aus nächster Nähe beobachten. Durch sein langes, drahtiges Fell ist es auf den Bäumen zwischen dem Grau der Stämme und dem Grün des Mooses gut getarnt. Bis zu fünfzig Zentimeter lange, grüne Leguane wuselten vor uns davon, wenn wir zum Fluss liefen, um Feuer für unser Abendessen zu machen oder die Tiere zu baden. Blattschneiderameisen, wunderschöne Schmetterlinge, leuchtend gelbe und kleinere mit durchsichtigen Flügeln. Zwanzig Zentimeter große Aga-Kröten, der gelb leuchtende, vom Aussterben bedrohte Stummelfußfrosch, 15 Zentimeter lange Stabheuschrecken, ... wir kamen aus dem Staunen nicht mehr heraus. Wir bekamen auch Leguanfleisch zum Essen angeboten, konnten uns aber für das nach Hühnchen schmeckende Fleisch, das noch dazu von wild gefangenen Tieren einer bedrohten und geschützten Art stammte, nicht erwärmen. Die Weibchen haben bis zu vierzig Eier im Bauch, die von einer ledernen Hülle umgeben sind und mitgekocht werden. Die Eier gelten als besonderer Leckerbissen und zum Teil werden die Leguane nur ihrer Eier wegen gefangen.

Wir waren im Hügelland unterwegs. Die Wege waren schmal, wenig begangen, und es ging ständig bergauf und bergab, durch Flüsse, über umgefallene Bäume, kleine Anpflanzungen von Yucca oder Bananenstauden und meistens durch dichten Regenwald.

Die indigene Bevölkerung von Panama war in unzugängliche Gebiete zurückgedrängt worden. Sie lebt hier von Subsistenzwirtschaft. Die Böden sind jedoch ertragsarm und oft müssen steile, steinige und schwer bebaubare Hänge urbar gemacht werden. Die Infrastruktur der „Zona indigena" ist mangelhaft: Viele Siedlungen haben keine Wasserleitungen, oft ist das ganze Dorf nur von einer einzigen kleinen Quelle abhängig, einem Loch im Boden, aus dem Wasser sickert, das mit Kalebassen – Kürbisgefäßen – geschöpft wird. Elektrischen Strom gibt es nicht, keine Straßen, nur kleine schmale Fuß- bzw. Pferdewege. Alle Lebensmittel, die die Bevölkerung nicht selber anbaut, müssen mühsam mit Pferd oder zu Fuß herauf gebracht werden. Die einzige Tienda – ein kleiner Laden, den fast jedes Dorf besitzt – ist meistens dürftig ausgestattet.

Der Verkauf beschränkt sich auf nicht viel mehr als Reis, Öl, Zucker, Salz, eingedosten Thunfisch und einige Kekse und Bonbons.

Plan de Chorcha ist eine Ansammlung von Häusern, die sich weit verstreut über die Hänge verteilen. Vor einigen Kilometern hatte sich Fabio mit seinem kleinen Pferdchen zu uns gesellt. Jetzt zeigte er uns mit weit ausladender Armbewegung: „Hier, das alles ist Plan de Chorcha." Wir sahen kein einziges Haus, noch lag alles im satten Grün des Regenwaldes verborgen. Ab und zu lichtete sich das Dickicht auf einer Seite, und ich konnte eine Anpflanzung von Kaffeesträuchern, gemischt mit Bananenstauden, erkennen – die ersten Anzeichen, dass Menschen nicht weit waren.

Wir kamen an eine aus Bambusstangen gebaute, mit Palmblättern bedeckte Hütte. Drückende Mittagshitze lastete auf dem Tal. Wir sattelten unsere schweißnassen Pferde ab. Auch wir waren vollkommen verschwitzt und geschafft und nahmen dankbar das Angebot von Ana, der Hausherrin an, uns in den beiden Hängematten, die zwischen großen, dunkelgrünblättrigen Mangobäumen hingen, auszuruhen. Der Lehmboden um die Hütte herum war sauber, hinter der Hütte fegte jemand. Kein Plastikmüll lag herum, wie wir das sonst oft in Panama erlebt hatten. Es gab hier allerdings wahrscheinlich gar nichts aus Plastik. Die Leute waren sehr freundlich, jedoch zurückhaltend. Erst nach einer Weile traute sich ein kleines Mädchen in einem bunten Kleidchen, Anas Tochter Elisa, zu uns, um uns ihre Spielsachen – einige Murmeln und buntbemalte Holzwürfel in einem Glas – zu zeigen. Barbara spielte ein wenig mit ihr. Ana brachte uns kleine, süße Bananen und stark gezuckerten, schwarzen Kaffee in Kalebassen. Diese Schalen werden aus den grünschaligen, runden Früchten, die sehr charakteristisch ohne Stiel einzeln direkt an den Ästen eines Baumes wachsen, hergestellt. Die Frucht selbst ist nicht essbar, wird jedoch wegen ihrer stabilen Schale geerntet. Es gibt sie in verschiedenen Größen, von Kaffeetassen bis Suppenschüsseln. Ana lud uns zum Essen ein und wir nahmen dankend an. Ihr Mann Luis zog mit der Machete los, um eine große dunkelbraune Yuccawurzel zu ernten. Dazu wird die ganze Pflanze aus dem Boden gerissen, die größten Wurzeln werden abgehackt, die kleineren am Spross belassen und wieder in die Erde zurück gesteckt. In wenigen Wochen würde hieraus eine neue Yuccastaude mit dicken, weißfleischigen Wurzeln entstehen. Ana füllte flüssige Maismasse in gerollte Palmblätter, die sie auf dem Holzfeuer in Wasser kochte. Die Yuccawurzel wurde geschält, zerteilt und gekocht. Dazu gab es ungeschälten Vollkornreis. Das Essen reichte uns Ana in Kalebassen und auf Palmblättern. Hungrig aßen wir, es schmeckte etwas fad. Das Maisgericht und auch der Reis waren nicht gesalzen. Später erfuhr ich, dass es hier einfach keine Tienda gab und damit auch kein Salz zu kaufen. Selbst diese Grundnahrungsmittel mussten die Leute hier von weit her bringen. Das nächste Dorf war drei Stunden zu Fuß entfernt. „Wir essen das, was wir anbauen. Nur wenn wir Geld haben, gehen wir ins nächste Dorf und kaufen uns Salz und Zucker." Mit Stolz zeigten sie uns, was sie alles anbauten. Außer den Yuccastauden pflanzten sie ihren eigenen Reis, ihre Bananen und Guandu – ein erbsenartiges Gemüse, das gemeinsam mit Reis gegessen wird. Große Schatten spendende Cashew- und Mangobäume umstanden die Hütte. Aus Zuckerrohr gewannen sie Saft, den sie zum Süßen ihrer frischen Grapefruit- und Orangengetränke verwenden.

Wir blieben über Nacht und schlugen unter einem Mangobaum unser Zelt auf. Die Pferde konnten in der Nähe auf einem abgeernteten Maisfeld grasen. Am nächsten Morgen brachen wir früh auf, legten während der Hitze der Mittagsstunden eine längere Siesta ein, um dann am Nachmittag noch einmal ein paar Stunden zu reiten. Bis die Regenzeit im Mai wieder beginnen würde, sollte es noch heißer werden, deshalb wollten wir zügig vorankommen und bald das kühlere Hochland von Panamas Westen erreichen.

In Boquete machten wir für drei Wochen Pause, um die Papiere für die Einreise nach Costa Rica vorzubereiten. In einer kleinen Pension, in der auch Liesl willkommen war, quartierten wir uns ein. Die Pferde waren zwei Stunden Fußmarsch entfernt, doch da es nur dort ausreichend Futter für sie gab, war es uns den täglichen Aufwand wert.

Das Wetter war alles andere als einladend, vor die Türe zu gehen. Die anderen Touristen in der Pension beklagten sich. Ich freute mich, denn Regen bedeutete grünes Futter für unsere Pferde.

Wir hatten einen neuen Reisebericht auf unsere Homepage gestellt, in dem wir auch den Vorfall erwähnten, dass Gaucho krank war und Piroplasmose diagnostiziert worden war. Daraufhin teilte mir ein Freund per Email mit: Für Pferde, die einmal an Piroplasmose erkrankt waren, bestünde zeitlebens Einreiseverbot in die USA.

Mir war anfangs die bevorstehende Problematik nicht bewusst. Ich war einfach nur froh, dass Gaucho die Krankheit überlebt hatte. Jetzt dachte ich darüber nach. Was würde ich machen, wenn Gaucho nicht in die USA einreisen dürfte? Würde ich die Reise an der amerikanischen Grenze beenden? Würde ich Gaucho zurücklassen und ihn durch ein anderes Pferd ersetzen? Konnte ich Rebelde und Gaucho, die beiden Halbbrüder, überhaupt trennen, wo sie doch in ihrem ganzen Leben noch nie mehr als ein paar Meter von einander entfernt gewesen waren? Ich versuchte meinen Optimismus wieder herzustellen und beruhigte mich, indem ich mir einredete: „Wenn es soweit ist, werde ich die nötige und richtige Entscheidung treffen." Wozu sollte ich mich jetzt schon verrückt machen.

Am Ortsausgang von Boquete befand sich die Hahnenkampfarena. Über den Köpfen der Zuschauer, auf grünen Bambustangen, standen die Hähne und krähten voller Stolz, vielleicht ein letztes Mal. Sie werden wie beim Boxkampf in Gewichtsklassen eingeteilt. Ich verurteile diese Kämpfe, wo nebenbei sehr viel Geld verwettet wird. Trotzdem wollte ich mir dieses Stück lateinamerikanischer Tradition ansehen, um mir ein ehrliches Urteil bilden zu können. Auf meiner Reise hatte ich immer wieder Männer kennen gelernt, die sich um ihre Hähne liebevoll und sehr zeitaufwändig kümmerten und diese für das jährliche Dorffest vorbereiteten, wo sie ihren Hahn kämpfen lassen würden. Immer mehr Männer kamen, manche hatten professionelle Transporttaschen, andere trugen ihren Hahn auf dem Arm. Stolz stand den Männern ins

Gesicht geschrieben. Dabei trugen sie ihre Tiere zu einer Schlacht, bei der mehr als die Hälfte sterben würden. Die Menschenmenge brüllte, die Kämpfe hatten begonnen. Immer wieder kamen Verlierer heraus, ihre toten Hähne an den Füßen tragend. Die blutenden Köpfe nach unten hängend, warfen sie sie weg, genau wie ihre Bierdosen. Ich drehte um, ging nicht hinein. Ich konnte mir diese Todeskämpfe einfach nicht ansehen, da lebte ich lieber weiter mit einem Vorurteil.

Wir hatten alle Papiere zusammen, brachen auf, in wenigen Tagen würden wir an der Grenze zu Costa Rica stehen. Ich war stolz, dass wir herrliche, kleine ruhige Wege durch Panama gefunden hatten, die viele Einheimische nicht mal kannten. Immer wieder hatten wir folgenden Satz gehört: „Was, da gibt es einen Weg? Da muss anscheinend erst ein Gringo kommen, um uns die Wege in unserem eigenen Land zu zeigen!"

Tropische (Alp)Träume

Die Einreise nach Costa Rica war vergleichsweise einfacher und unkomplizierter als bei den vorhergehenden Grenzen.

Nachdem der Staatsveterinär Leslie Webb die Einreisepapiere unserer Pferde an der Grenze zu Costa Rica überprüft hatte, rief er seinen Freund in San Vito, einem kleinen Städtchen in Grenznähe, an. Er berichtete von uns und unserer Reise, und schon waren wir bei seinem Freund eingeladen. Auf halbem Weg zu ihm überraschte uns ein Wolkenbruch. Große schwere Tropfen fielen aus schwarzen Wolken auf uns und unsere Pferde, die versuchten, die Richtung zu ändern, um sich mit dem Hintern gegen den Wind zu stellen. Wassertropfen sprangen vor meinen Füßen wild durcheinander, bevor sie sich vereinten und sich auf den langen Weg zum Meer und dann wieder der Sonne entgegen begaben, um den ewigen Kreislauf zu schließen.

Ein Auto hielt neben uns an. Ein junger Mann stieg aus: „Wisst ihr schon, wo ihr heute hin wollt? Mein Haus ist nur einige hundert Meter von hier. Ihr seid herzlich eingeladen, bei uns zu bleiben!" Wir blieben einige Tage bei Marvin und seiner Familie und genossen ihre Gastfreundschaft. Von da an wurden wir geradezu „weitergereicht", von einem Pferdenarren zum anderen. Auf der Straße oder im Dorf sprachen sie uns an: „Wir haben euch schon erwartet – Marvin hat euch angekündigt." Andere, bei denen wir eine Nacht verbracht hatten, folgten uns am nächsten Tag mit ein paar Freunden, fanden heraus, wo wir unser Nachtlager aufgeschlagen hatten und brachten Fleisch und Bier in Kühlboxen mit, um mir uns gemeinsam noch ein paar Abendstunden zu feiern.

Wir waren in Bellavista, Boruca. In der Nacht hatte es angefangen zu regnen. Am Morgen im Trockenen aufzubrechen und dann in den Regen zu geraten ist eine Sache, aber schon bei Regen morgens aufzustehen, die Sachen zu packen und aufzubrechen eine andere! Wir hatten uns ein Ultimatum gesetzt: Wenn es bis zehn Uhr aufhören würde, würden wir noch aufbrechen. Doch es regnete den ganzen Tag hindurch, daher gab es einen Tag Pause. Wir zelteten auf der Pferdeweide. Dort, wo das Zelt stand, wurde es zunehmend matschiger. Wir liefen durch den Schlamm, alles, was wir draußen abstellten, war voller Schlamm, überall nur Schlamm – Schuhe und Füße sowieso. „Ich bin zu alt für diesen Mist." Liesls Unterlage war auch nass, sie wollte nicht mehr darauf liegen, versuchte ins Zelt zu kommen und trat mit ihren lehmigen Pfoten auf meinen Schlafsack. Sie tat mir zwar leid, aber das ging natürlich auch nicht. Gekränkt schaute sie uns an, vorwurfsvoll hob und schüttelte sie eine nasse Vorderpfote. Endlich fand sie doch noch ein Plätzchen und schlief ein. Als sie aufwachte, war eine Gesichtshälfte ganz nass. Unter dem Zelt floss inzwischen ein braunes Bächlein durch. So sehr ich mir in der heißen Trockenzeit die Regenzeit herbeigewünscht hatte, so wünschte ich mir jetzt ein trockenes Fleckchen – oder mal wieder einen sonnigen Tag! An diesem Abend war zusätzlich alles voller schwarzer Fliegen. Sie sahen aus wie Eintagsfliegen, mit dünnen feinen Flügeln, mit denen sie überall kleben blieben, dann noch ein bisschen vor sich hin summten und starben. Sie klebten an Armen und Beinen, taumelten in den Kaffee und in das kochende Essen – mir schmeckte nichts mehr. Die Pferde standen schon seit einer Stunde am Zelt und wollten ihr Kraftfutter. Wir scheuchten sie alle paar Minuten weg, denn wir hatten keines. Aber sie waren standhaft, vor allem Sammy. Barbara lief in die nächste Tienda und kaufte ein paar Beutel Reis und braunen Zucker. Das mischten wir, weichten es mit ein bisschen Wasser auf und fütterten es unseren Pferden. Alle aßen es, bis auf Pumuckl. Auf der Weide waren fünf andere Pferde, davon vier Stuten, zwei davon anscheinend rossig. Pumuckl war bald seinem Männerclub untreu geworden und stand bei den Stuten. Anscheinend gelang es ihm, den anderen Wallach zu verscheuchen. Er hing seinen dicken Schniedel raus und eine Stute bot ihr Hinterteil an. Aber Pumuckl war natürlich kastriert und konnte weder mit seinem Schniedel noch mit der Stute viel anfangen. Aber irgendwie fand er es doch sehr aufregend, auf jeden Fall interessanter als unsere alten Wallache - ich konnte ihn verstehen. Er schmuste mit der Stute, hing seinen Kopf über ihren Hals und knabberte zärtlich daran. Der andere Wallach kam wieder und legte sich mit Pumuckl an. Der Wallach knallte Pumuckl ein paar mit seinen Hinterhufen, doch der war vollkommen unbeeindruckt und ließ sich nicht verscheuchen.

Barbara bedauerte, dass wir aus Gewichtsgründen ihr Fernglas und auch ihr Vogelbestimmungsbuch nicht dabei hatten. Wir sahen viele schöne Vögel - leuchtend rote mit viel schwarz im Gefieder und hellblaue mit dunkelblauen Flügeln. „Das sind Tanager." Ohne den Hinweis von Barbara hätte ich sie nicht gesehen, genau wie die kleinen, schwarzgrünen Reiher oder den rostroten, kuckucksartigen Vogel mit schwarzweißer Schwanzspitze.

Als am nächsten Tag der Regen etwas nachgelassen hatte, ritten wir los, durch Bananen-, Palmen- und Kaffeeplantagen. Die Hänge waren oft sehr steil und viele erschreckend kahl. Dort war der Wald abgeholzt worden, und die heftigen Regengüsse in der Regenzeit trugen ein übriges zur Erosion der Hänge bei. Zwischen der lehmigen roten Erde schauten die Felsen heraus. Die Erde wurde von den Wassermassen fortgerissen, weggespült. Breite Furchen zogen sich wie ausgetrocknete Mini-Flusstäler durch die rote Erde.

In dem kleinen Dorf Pejibaje mieteten wir uns ein Zimmer bei „Tante Lula". Samurai schien ein Problem mit der Hüfte zu haben. Hoffentlich würde das wieder werden! Die Pause nutzte ich, um die Pferde neu zu beschlagen. Die letzten Jahre hatte ich die Pferde immer selbst beschlagen. Dafür musste ich mir aber immer Werkzeug leihen, in erster Linie einen großen Hammer und irgend etwas, worauf ich die Hufeisen richten und anpassen konnte. Meist war das ein Stück einer Eisenbahnschiene oder die Achse eines Lkws.

Ich fragte mich durch, wer mir Werkzeug leihen könnte und so kam ich zu Hernan, dem Hufschmied des Dorfes. Er verfügte über das notwendige Werkzeug und einen Amboss. Ich wollte wieder mal mit vernünftigem Werkzeug arbeiten, so beschlugen Hernan und ich gemeinsam die Pferde.

Samurai war als erster fertig und Barbara brachte ihn zurück auf die Weide, wo es gutes Futter gab. Barbara ging in unsere Pension zurück und fing an, unsere Wäsche zu waschen, als Tante Lula, die Hausherrin, ganz aufgeregt zu ihr gelaufen kam. „Es hat jemand angerufen, eines eurer Pferde läuft durch die Straßen!" Als Barbara bei Hernan und mir ankam, stand Samurai schon ruhig da.

„Hast du das Tor nicht zugemacht?" fragte ich Barbara.

„Doch, ich verstehe auch nicht, wie er aus der Weide raus kam, der Zaun ist eigentlich überall geschlossen!"

Barbara schaute sich Samurai an.

„Er hat auch keine Verletzungen oder Abschürfungen vom Stacheldraht."

„Nimm Pumuckl auch mit, der ist gerade fertig, dann sind sie zu zweit, das wird ja dann gehen."

Barbara führte die beiden zur Weide, die ungefähr einen Kilometer entfernt war.

Keine halbe Stunde später hörte ich freudiges Wiehern, die beiden standen schon wieder da. Der Herdentrieb war einfach zu stark. Nur in ihrer Gruppe fühlten sie sich sicher.

Als auch Gaucho und Rebelde fertig waren, führte ich sie am Strick zurück auf die Weide, unterwegs kam mir Barbara mit den Halftern entgegen.

„Meine Pferde sind schon wieder weg!"

Samurai und Pumuckl bummelten hinterher. Jetzt wussten wir Bescheid! Wahrscheinlich würden die beiden auch nachts nicht weglaufen, so lange nur Gaucho und Rebelde in der Nähe waren. Gaucho, der Boss, musste allerdings angebunden werden, ginge er spazieren, würden alle anderen hinterher laufen. Dummerweise ließ sich Samurai am besten anbinden. Er war mit dem Strick geübt, Gaucho hingegen hatte schon mehrere Unfälle mit dem Strick hinter sich.

Hernan war weit über Pejibayes Grenzen hinaus bekannt für seine kunstvollen handgearbeiteten „Carretas“, hölzerne Ochsenkarren. Die Räder waren komplett aus Holz gefertigt, nur die Achse und der Reifen waren aus Eisen. Das ganze Gefährt war sehr schwer, aber nur so konnten die steilen Hänge bewirtschaftet werden. Mit Gummireifen wäre der Wagen zu leicht und würde umkippen. Die Wägen wurden kunstvoll mit blumigen Mustern bemalt, in kräftigen Farben, wobei blau und rot vorherrschten. Die Karren sind ebenso Gebrauchsgegenstand wie Kunstwerk.

Zum Abschied schenkte mir Hernan einen Strohhut und Barbara ein Taschenmesser – nicht irgendeines, sondern das, das er die ganze Zeit benutzt hatte! Wir waren beide sehr gerührt und wussten gar nicht, wie wir ihm danken konnten. Ich schenkte ihm spontan meine Baseballkappe, die mir sehr viel bedeutete und Barbara gab ihm ihr grünes Tuch, das als Rock und Handtuch gedient hatte.

Wir verfügten über topografische Karten der Region, doch über einigen Gebieten stand „Nubes“ und der Kartenausdruck war weiß. Dort lagen Nebel oder Wolken über dem Gebiet, als die Aufnahme für die Karte gemacht wurde. Über dieses Stück Land gab es daher keine Informationen.

Vor uns lag der Cerro de la Muerte, mit 3400 Metern einer der höchsten Berge Costa Ricas. Es wurde immer kühler und ein kalter Nieselregen setzte ein. Die Panamericana führte dort hinauf, diese wollten wir aber nicht gehen. Wir suchten nach einer Alternative und fanden immer wieder Überreste der alten Straße, mal links, mal rechts der Panamericana. Teilweise war die Strasse zugewachsen und nur schwer passierbar, manchmal war sie auch ganz verschwunden und wir mussten für einige hundert Meter auf die Hauptverkehrsstraße, die Panamericana.

Auf dieser war links und rechts an den Straßenbelag angrenzend ein breiter und tiefer Betongraben, dicht daneben standen immer wieder steile Felswände oder senkrecht abfallende Böschungen und wir konnten nicht ausweichen. Die Lkw Fahrer fuhren rücksichtslos und zu schnell. Immer wieder kam es vor, dass zwei Lkws nebeneinander auf uns zu kamen. Der eine hatte vor einer Kurve ein Überholmanöver begonnen und noch nicht beendet. Noch dazu war es nebelig und die Sichtweite ohnehin gering. Wäre jetzt ein ihm entgegenkommendes Fahrzeug an unserer Stelle, würde ein weiteres Kreuz, mit Jahreszahlen und Plastikblümchen verziert, neben den vielen bereits errichteten Kreuzen aufgestellt werden. Durch den Luftsog der Lkws wurden wir regelrecht hin und hergebeutelt. Das Ohrenschmerzen verursachende laute Gedröhn der Signalhörner vibrierte durch Mark und Bein. Die Pferde wurden panisch und hektisch, wir waren alle nervös. An Pumuckls Packtasche hing der Dreck eines Lastwagenanhängers, der ihn in voller Geschwindigkeit gestreift hatte.

Diese wenigen Teilabschnitte, die wir auf der Panamericana, der „Traumstrasse" der Welt, unterwegs waren, waren mit Abstand das Gefährlichste der letzten Jahre, ein Albtraum.

An einem Tor neben der Panamericana sprach uns ein alter Mann an. Er wartete bereits seit Stunden auf uns, um uns das Tor aufzusperren. José, unserer Gastgeber einige Tage zuvor, hatte ihn angerufen und darüber informiert, dass wir vorbeikommen würden. Hinter dem Tor lag ein privates Areal. Aufatmend ritten wir hindurch. Es war viel schöner, durch dieses Gebiet über herrliche einsame Wege zu reiten und es war noch dazu eine Abkürzung. „Ach ja, und übrigens, nach ungefähr einer Stunde kommt ihr an einer verlassenen Hacienda vorbei, dort könnt ihr gerne über Nacht bleiben!" rief er uns noch nach. Den Unterschied zwischen dem Reiten auf der Panamericana einerseits und diesen Wegen andererseits kann man nur mit Himmel und Hölle vergleichen.

Von der Hacienda hatten wir einen herrlichen Blick über die nebligen Eichenwälder und die Nachbarberge. Kaninchen hüpften vor unserer Schlafstätte über die Wiese und unsere Pferde rupften mit Begeisterung das saftige, von feinen Kräutern durchzogene Gras. Die Nacht war mit etwa Null Grad Celsius eine unserer kältesten in diesem Land. Nach den tropischen Tagen und Nächten in Panama und im costaricanischen Tiefland waren wir an Kälte nicht mehr gewöhnt.

Von Puntaarenas setzten wir mit einer Autofähre auf die Halbinsel Nicoya über. Vor der Fähre wartete eine lange Autoschlange, die Schulferien hatten begonnen. Die Fahrer würden noch zwölf Stunden warten müssen. Wir hatten uns erkundigt, ob wir mit den Pferden auf die Fähre dürften. Alle, die wir fragten, waren einer Meinung: „Mit den Pferden auf die Fähre – unmöglich." Aber ich überrumpelte einfach den Kapitän, fragte ihn erst gar nicht, ob ich die Pferde überhaupt mitnehmen könnte, sondern ging spontan mit einem Vorschlag auf ihn zu: „Auf dem freien Platz neben der Laderampe, wo eh kein Auto parken kann, ist doch ausreichend Platz für die Pferde." Ich bot an, für den Transport der Pferde den Preis für vier Motorräder zu zahlen.

Die Überfahrt dauerte etwa eine Stunde. Samurai und Pumuckl kamen mit dem leichten Schwanken des Schiffes gut zurecht. Meine Pferde hatten auf dem Eisenboden Probleme und waren sehr angespannt. Beim Verlassen der Fähre rutschte Gaucho aus und fiel auf die Knie. Rebelde lehnte sich vor lauter Angst ständig an Gaucho und brachte ihn somit aus dem Gleichgewicht.

Auf der Halbinsel Nicoya liegen einige der bedeutendsten Strände Costa Ricas. Die ursprünglich von dichtem Regenwald bewachsene Insel ist heute größtenteils gerodet und wird als Rinderweide genutzt. Ein langer und anstrengender Ritt über 35 km in großer Hitze brachte uns nach Cobano. Alle Pferde, außer Pumuckl, atmeten schnell und flach. Sie litten unter der Hitze. Pumuckl, unserem kleinen Tropenpferdchen, schien als einzigem die Hitze nichts auszumachen. Liesl hinkte, sie hatte einen großen Riss im Ballen der rechten Vorderpfote. Wir waren die letzten zwei Tage fast ausschließlich auf Asphalt unterwegs gewesen und das war für ihre Pfoten nicht förderlich. Wir hatten uns in ein richtiges Hitzeloch manövriert. Barbara hatte Symptome einer Sonnenallergie auf den Armen.

In dem touristischen Stranddörfchen Santa Theresa machten wir einige Tage Pause. Liesl sollte ihre Pfote auskurieren. Doch dann wurde Barbara krank. Sie litt unter schweren, migräneartigen Kopfschmerzen mit hohem Fieber. Ich brachte sie in die Klinik nach Cobano, wo man eine Virusinfektion diagnostizierte. Barbara aber war panisch: „Es ist heiß, schwül, sumpfig, die Luft ist feucht – das ideale Klima für Malaria – ob sie das hier erkennen würden?“

Ich kümmerte mich um Barbara und versuchte sie zu beruhigen: „Wenn es Malaria wäre, dann würden die Ärzte hier das sicher eher erkennen als unsere zu Hause.“

Ich selbst war in den letzten Jahren nie wirklich krank gewesen, oder ich kann mich zumindest nicht mehr daran erinnern. Die unterschiedlichsten Insekten, Spinnen, Fledermäuse, Ameisen und Skorpione freilich hatten mich genervt und kleine Schmerzen verursacht, wenn sie mich gestochen hatten, aber sie hatten keine bösartigen Krankheiten übertragen. Das hatten auch die Schwärme von Moskitos und all die anderen Stechmücken am Amazonas, die mich kurz vor den Wahnsinn getrieben hatten, nicht getan.

Als Barbara sich wieder gesund fühlte, hatte Liesl Probleme: ihre Hinterläufe waren angeschwollen. Unser befreundeter Tierarzt Luis Emilio kam. Das Wasser in den Beinen käme möglicherweise von den Nieren. Liesl verkroch sich seit Tagen im Zimmer, kam nur kurz zum Fressen raus, um gleich wieder unter dem Bett im kühlen, dunklen Zimmer zu verschwinden. Sie war völlig desinteressiert am Geschehen um sie herum, ohne apathisch zu sein, aber sie hatte Schmerzen. Sie bekam drei Spritzen, danach ging es ihr bald wieder besser. Sie lief wieder jeden Schritt hinter uns her, vertrieb laut bellend jeden Eindringling und nahm wieder am Alltagsleben teil.

Die Pause in Santa Theresa war länger als geplant, doch nun konnten wir endlich wieder weiterziehen. Die nächsten fünfzig Kilometer ritten wir am Strand entlang. Es gab nur zwei Hindernisse, zwei Flüsse, die wir bei Ebbe durchqueren konnten. Große, leuchtend hellgrüne Eidechsen huschten über den Weg. Riesige Krabben mit roten Beinen und blauen Scheren verschwanden in ihren Erdlöchern. Doch der „Veranillo de San Juan“, der kleine Sommer, schien zu Ende zu sein. Diese Periode, in der es kaum Niederschlag gibt, dauert etwa drei bis vier Wochen und unterbricht die Regenzeit. Jetzt regnete es wieder. Den ganzen Tag über gab es meist leichten Nieselregen. Der Strand war übersät von Treibgut. Viele glatte Baumstämme, vor denen sich unsere Pferde erschreckten, waren ans Ufer gespült worden. Unsere Pferde gewöhnten sich nur allmählich an das Rauschen der Wellen und vor allem an den auf sie zukommenden weißen Schaumrand. Wir ritten direkt am Ufer, denn der feuchte Sand war fester und es war angenehmer zu reiten, da die Hufe nicht einsanken.

Wir mussten einen Bach, der ins Meer mündete, durchqueren. Pumuckl stand ganz ängstlich im Bach, als eine kniehohe Welle von der linken Seite auf ihn zurollte. Er erschrak und fiel ins Wasser. Ich sah zurück auf unsere Spur, die aussah, als wären wir besoffen gewesen. Wir waren in Schlangenlinien geritten. Dabei hatte ich mich darauf konzentriert, eine gerade Linie zu reiten.

Wir kamen auf die Ranch von Helmut und Andrea. Helmut, mit langem blonden Zopf und Kölner Dialekt, hatte zusammen mit der Salzburgerin Andrea ein weitläufiges Gelände gekauft, um dort eine Anlage für Pferdetraining aufzubauen. Sie hatten bereits 25 Quarter- und Araber-Pferde ausgebildet, mit ihnen wollten sie züchten. Elf Hunde in allen Größen, die uns jedes Mal mit lautem Gebell entgegen kamen, fanden ebenfalls bei ihnen ihr Zuhause.

Gaucho litt an einem gravierenden Problem: Er war dabei, den Huf zu verlieren. Der Fachmann bezeichnet diese Krankheit als „Ausschuhen". Vergleichbar einem Menschen, der seinen Nagel verliert, wächst wieder eine neue Hornschicht nach. Die Krankheit ähnelte der Laminitis, einer entzündlichen Hufkrankheit, bei der sich schlimmstenfalls der Knochen im Huf senken kann. Die Ursachen können ganz unterschiedlich sein: Falsches, zu eiweißreiches Futter, zu feuchte Weide oder Stress im Huf. Der Prozess des Hufwechsels kann zehn bis zwölf Monate dauern. Einige Costaricaner behaupteten, der Speichel einer Spinne, die oberhalb des Hufes die Haare abbeißt, um damit ihr Nest zu bauen, würde diese Reaktion beim Pferd hervorrufen. Sergio, der auf Pferde spezialisierte Tierarzt, den wir gerufen hatten, röntgte Gauchos Huf, um beurteilen zu können, inwieweit der Knochen im Huf sich gesenkt oder auch gedreht hatte. Diese Information war wichtig, denn davon hing ab, ob Gaucho grundsätzlich jemals wieder geritten werden konnte. Während der Untersuchung gingen mir all die Kommentare durch den Kopf, die ich in Deutschland von Hufschmieden und Tierärzten gehört hatte: Die ganz brutalen Ratschläge waren „Ab zum Metzger“ oder „Kopf ab“, andere meinten: „Von 1000 Pferden schafft es vielleicht eines, wieder vollkommen gesund zu werden.“ Für mich war klar: Dieser eine, das ist der Gaucho!

Meine erste Idee war, mir hier in Costa Rica Arbeit zu suchen und zu warten, bis Gaucho wieder fit sein würde. Letztendlich, nach langem Abwägen des Für und Wider und auch aus Rücksicht Barbara gegenüber entschloss ich mich, ein anderes Pferd zu suchen und weiter zu reiten. Wenn Gauchos Huf nachgewachsen sein würde, würde ich wieder hierher kommen. Dann würde ich entscheiden, ob ich ihn nachholen könnte oder ob er erst einmal in Costa Rica bleiben müsste und ich ihn später dorthin nachholen würde, wo auch immer ich mich entscheiden würde, nach der Reise einmal zu leben.

Durch die Kontakte von Helmut war es relativ einfach, ein passendes Pferd zu finden. Bereits das zweite Pferd, das wir uns anschauten, gefiel mir. Der graue, zutrauliche und mutige sechsjährige Wallach, der Quarter-Horse und Andalusier im Blut hatte, wurde noch am gleichen Tag auf die Ranch von Andrea und Helmut gefahren. Ich nannte ihn Maxl. Jetzt stammte jedes unserer vier Pferde aus einem anderen Land: Rebelde aus Argentinien, Sammy aus Ecuador, Pumuckl aus Panama und Maxl aus Costa Rica.

Am dritten Tag gefiel mir Maxl jedoch gar nicht. Irgendwas stimmte nicht. Er hatte Fieber und Schüttelfrost. Sergio, der Tierarzt, kam und diagnostizierte Piroplasmose. Maxl bekam eine Infusion, Antibiotika und Medikamente. Sergio beruhigte mich, wenn die Pferde einmal an Piroplasmose erkrankten und man es rechtzeitig behandelte, wären sie anschließend immun. Gefährlich wäre die Krankheit nur, wenn sie nicht behandelt würde, dann könnten die Pferde daran sterben.

Doch das Fieber senkte sich nicht, die Medikamente schlugen nicht an.

Daher brachten wir Maxl in Sergios Pferdeklinik, wo er sich zum Glück in wenigen Tagen erholte. Er hatte anscheinend allergisch auf das erste Medikament reagiert, was er letztendlich hatte, erfuhren wir nicht.

Nach einigen Trainingsritten, bei denen vor allem Maxl auch an seine neue Aufgabe als Packpferd gewöhnt wurde, wollten wir aufbrechen. Ich hatte eine der schwierigsten Stunden der letzten Jahre vor mir: Den Abschied von Gaucho.

Ich nahm seinen zutraulichen Kopf zwischen meine Handflächen und presste einen Kuss zwischen die feinnervigen Nüstern. „Machs gut, mein alter Freund, ich komm dich holen," flüsterte ich, bestrebt, meine Stimme nicht anders klingen zu lassen als bei jedem anderen Abschied, obwohl mir ein Kloß im Hals steckte. Ich weiß, man soll Tiere nicht vermenschlichen, aber durch die Monate und Jahre gemeinsamer Abenteuer, gemeinsamer Gefahr und gemeinsamer Entbehrungen war zwischen mir und meinen Pferden eine Zuneigung entstanden, die etwas zutiefst Menschliches hatte. Gauchos einziger Fehler war, dass er keine hatte. Ich hatte nichts an ihm auszusetzen. Ich glaube, Gaucho ist ein überdurchschnittlich intelligentes Tier. Sicher und erfahren, ausdauernd und immer mit ganzem Herzen bei der Sache, konnte ich mich auf ihn verlassen.

Der pflichtbewusste Gaucho hatte mich mindestens dreimal vor tödlichen Gefahren bewahrt: Einmal witterte er die tödliche Gefahr des Treibsandes und ließ sich nicht in den sandigen Fluss treiben. Beim zweiten Mal hatte ich, um meine Hände für meine Kamera frei zu haben, den Führstrick um meinen Hosengürtel gebunden und Gaucho riss mich mit einem gewaltigen Sprung zur Seite und bewahrte mich davor, auf eine Klapperschlange zu treten. Das dritte Mal waren wir auf einem schmalen Pfad auf einem Felsvorsprung unterwegs. Daneben ragte eine hunderte Meter hohe Felswand senkrecht empor. Plötzlich stemmte Gaucho seine Vorderhufe in den Boden, stand fest wie in Bronze gegossen und ließ sich durch nichts dazu bringen, sich zu bewegen. Völlig unerwartet krachte und donnerte nur wenige Meter vor uns ein Steinschlag herunter und riss den ganzen Pfad mit in die Tiefe. Mir war unerklärlich, wie er das erahnen konnte.

Andrea und Helmut begleiteten uns noch einige Stunden auf ihren zwei wunderschönen Appaloosa Pferden. Zum Abschied genossen wir noch ein herrliches gemeinsames Picknick mit Rotwein und gutem Schinken. Damit war der Luxus der letzten Tage vorbei. Von dem Swimmingpool und dem weichen Bett, der heißen Dusche und den kalten Getränken aus dem Kühlschrank mussten wir uns wieder verabschieden.

Jetzt hieß es wieder bei Wind und Wetter zelten, auf unserem kleinen Benzinkocher einfache Mahlzeiten zubereiten und jeden Tag aufs Neue eine gute Weide für unsere Pferde zu suchen. Das war nicht immer leicht und trotzdem freute ich mich, wieder mit den Pferden unterwegs zu sein.

Maxl hatte sich gut in das Team eingewöhnt. Er war ein sehr lernbereites, unaufgeregtes Pferd, das auch mit herunterhängenden Seilen, schlammigen Gräben oder schwierigen Flussdurchquerungen gut zurechtkam. Ich war sehr zufrieden mit ihm.

Es war Trockenzeit, die heißeste Zeit des Jahres. Liesl hechelte, auch ohne zu laufen, schon am frühen Vormittag. Der Weg, der vor uns lag, war steinig und baumlos. Den ganzen Tag waren wir der unbarmherzig brennenden Sonne ausgesetzt. Wir überlegten, wie wir Liesl auf einem der Pferde transportieren könnten, um sie zu entlasten. Wir wählten Rebelde als kräftiges und erfahrenes Pferd für diese Aufgabe aus. Er bekam leichte, doch gut gefüllte Packtaschen, so dass die Liegefläche für Liesl möglichst eben war. Einen Hund mit über vierzig Kilogramm auf ein Pferd zu heben, war nicht gerade einfach, noch dazu sträubte sich Liesl. Sie wollte nicht aufs Pferd und spreizte ihre Beine gegen das Gepäck. Rebelde erschrak, machte einen Schritt zur Seite und das Ganze musste von vorne versucht werden. Zu zweit schafften es wir schließlich, Liesl auf Rebeldes Rücken zu heben. Vorsichtig führte Barbara Rebelde einige Schritte, während ich neben Liesl ging, um sie mit meiner Stimme zum Liegenbleiben zu zwingen und sie gegebenenfalls zurechtzurücken, falls sie rutschen sollte. Doch so konnten wir nicht losziehen, ich konnte nicht die ganze Zeit neben ihr her gehen. Kaum war ich weg, rutschte sie. Sie konnte nicht gut ausbalancieren und sprang im letzten Moment hinunter, nicht ohne mich vorher Hilfe suchend und wie um Verzeihung bittend anzusehen.

Vielleicht sollte ich doch besser einen Wagen für sie bauen? Dieser müsste leicht sein, mit großen Rädern, zusammenfaltbar und natürlich mit Sonnendach, ähnlich einem Fahrradanhänger. Ich zeichnete einige Entwürfe. Um nicht zusätzliches Gewicht zu verursachen, dachte ich daran, den Packsattel zu modifizieren, indem ich zwei leicht abnehmbare Räder daran befestigte und die Zeltstange als Deichsel verwendete. Nur wer sollte den rollenden Packsattel ziehen? Keines unserer Pferde war als Zugpferd trainiert, und so ein Training würde einige Zeit in Anspruch nehmen.

Schließlich schweißte ich einen Rahmen, eine Art „Sänfte", den ich oben auf dem Packsattel mit Schrauben befestigen konnte. Über diesen Rahmen spannten wir die langen Seile, die wir normalerweise zum Anbinden der Pferde verwendeten, kreuz und quer wie die Spannleinen eines Webstuhls als Boden, darüber kam eine Satteldecke als Liegefläche. Auf dieser Sänfte sollte Liesl nun liegen, wenn es ihr zu heiß oder der Weg zu beschwerlich wurde.

Unser Weg führte durch die von einem Sumpfgürtel umgebene Lagune Mata Redonda. Der Pfad war für uns Ortsunkundige schwer zu finden, deshalb führte uns Andres, ein schlaksiger, junger Mann, der über nichts ein Wort zu viel verlor. Gerade als wir mit den Pferden ins Wasser der Lagune reiten wollten, meinte Andres noch wie nebenbei: „Hier gibt es Krokodile. Den Pferden machen sie nichts, aber den Hund fressen sie." Wir glaubten ihm anfangs nicht so recht, gingen jedoch auf Nummer sicher und hoben Liesl auf ihre „Sänfte". Dann sahen wir die typischen Silhouetten – die hervorstehenden Augen, den lang gestreckten Kopf und einige Rückenzacken – an der Wasseroberfläche. An die sechs Krokodile zählte ich in der offenen Lagune. Sie schwammen mit trägen Schwanzschlägen auf uns zu, hielten sich jedoch in einiger Entfernung. Uns war ganz mulmig zumute, trotz der Versicherung unseres Führers, sie würden keine Pferde angreifen. Liesl saß auf Rebelde. Ich schaute mich ständig um, ob sie auch noch oben war. Die ganze Zeit dachte ich: Hoffentlich fliegt sie nicht runter! Ich versuchte, alle Krokodile im Auge zu behalten, während unsere Pferde sich mutig durch den schlammigen Lagunengrund kämpften. Ich sah mich nach Barbara um: Samurai, den sie an diesem Tag ritt, sackte nach unten weg und steckte im Schlamm der Lagune fest. Das Wasser reichte ihm fast schon bis an den Sattel. Die beiden hatten offensichtlich Probleme. Ich rief Barbara zu, sie solle absteigen und schwimmen, aber in Anbetracht der Krokodile weigerte sie sich standhaft. Schließlich schaffte es Samurai doch, sich wieder freizukämpfen.

Die Pferde blieben ganz ruhig. Sie hatten offensichtlich die Krokodile nicht entdeckt. Wüssten unsere Pferde überhaupt, dass von ihnen eine Gefahr ausgehen konnte?

Wir atmeten auf, als wir das andere Ufer erreichten und die Pferde wieder auf festen Boden lenken konnten. Doch hier ging es erst richtig los! Matsch, Sumpf und Schilf bildeten ein völlig unübersichtliches Gelände. „Gibt es hier auch noch Krokodile?" „Ja, überall", war die knappe Antwort von Andres. Liesl fiel mehrmals von Rebelde, der sich nur mit Sprüngen durch den tiefen Matsch arbeiten konnte. Immer wieder musste ich absteigen, um Liesl wieder hinauf zu heben, die sich mit allen Kräften dagegen sperrte. In Kürze war ich schlammbedeckt. Die Pferde gingen hier freiwillig keinen Schritt weiter, sie blieben schwer atmend dort stehen, wo wir stoppten. Rebelde glotzte mich an, als verlangte er eine Erklärung. Seine Mimik sagte: „Was hast du mit uns vor?"

Käme man hier zu Fuß, ohne Pferd, überhaupt durch, ging mir durch den Kopf? Barbara machte mich immer wieder auf Vögel aufmerksam, die ich noch nie gesehen hatte. Sie überraschte mich, indem sie auch gleich die Vogelart bestimmen konnte: Waldstörche, Rosa Löffler und Rotschnabelpfeifgänse.

In der Nähe des Vulkans und des gleichnamigen Nationalparks

„Rincón de la Vieja" rasteten wir einige Tage. Hier, wie in den meisten anderen Nationalparks Costa Ricas, durften unsere Pferde und Liesl nicht hinein.

Das war für uns zwar ärgerlich, aber ich sah ein, dass die Tiere einen erheblichen Schaden anrichten könnten. Nicht nur, dass Hunde die Gelege bodenbrütender Vögel stören würden, indem sie sie jagten, sondern allein schon die Anwesenheit der Hunde würde die Tiere zum Rückzug in das Dschungeldickicht zwingen, so dass wir Menschen kaum mehr die Chance hätten, sie aus der Nähe zu beobachten. Die Gegenden außerhalb der Nationalparks, die wir mit unseren Pferden durchstreiften, unterschieden sich meist nicht sehr von den benachbarten Nationalparks und waren genauso interessant. Bei einem dieser Streifzügen sahen wir nur wenige Meter über unseren Köpfen neugierige Kapuzineräffchen herum turnen, bei einer anderen Gelegenheit beobachteten uns die größeren, stimmgewaltigen Mantelbrüllaffen aus hoher Höhe. Wir sahen Leguane, die keine Angst vor Menschen hatten, weil sie hier nicht gejagt wurden. Sie wärmten sich auf sonnenbeschienenen Felsen oder Baumstämmen.

Von all den bereisten Ländern bot Costa Rica die touristisch ausgeprägteste Infrastruktur. Aber das bekamen wir eher am Rande mit, da wir die Tourismusgebiete nach Möglichkeit mieden. Ein positiver Einfluss des Tourismus war aber auch auf dem Lande erkennbar. Dort, wo wir uns bewegten, war das Wissen über Natur- und Umweltschutz am weitesten fortgeschritten im Vergleich zu allen anderen lateinamerikanischen Ländern, die ich bereits bereist habe.

In Panama, Ecuador und allen anderen Ländern bis nach Argentinien machte die gesamte männliche Bevölkerung, vom Kind bis zum Erwachsenen, mit Steinschleudern Jagd auf alles, was sich bewegte. In Panama trafen wir einmal fünf junge Männer mit Gewehren und Steinschleudern bewaffnet unter dem einzigen Baum auf einer Weide. Wir ritten zu ihnen.

„Auf was schießt ihr denn?"

„Weiß nicht, was es halt grad gibt."

In Costa Rica jedoch schießt man nicht auf Tiere nur aus Langeweile. Die Costa Ricaner haben auch ein ganz anderes Bewusstsein ihrer Umwelt gegenüber. Das wurde mir bewusst, als ich an einem zweitägigen Ritt mit Einheimischen teilnahm. Die Gruppe stoppte und ein Mitreiter reichte eine Tüte Bonbons herum. Ich beobachtete, dass jeder das Papierchen, in dem die Süßigkeit eingepackt war, in die Hosentasche steckte, keiner warf es weg.

Wir richteten es uns in dem Dorf La Cruz, zwanzig Kilometer vor der nicaraguanischen Grenze entfernt, einigermaßen gemütlich ein. Es vergingen drei Wochen mit Warten auf einen Amtstierarzt zur Blutentnahme, Warten auf die Resultate und Warten auf die amtlichen Papiere.

Während dieser Zeit hatte Rebelde 41 Grad Fieber. War es Piroplasmose oder eine infektiöse Anämie? Die Sorgen nahmen kein Ende. Nach telefonischer Rücksprache mit Sergio, unserem Tierarzt, behandelten wir Rebelde auf Piroplasmose. Dazu musste ich einen Tropf anlegen und ihm Medikamente verabreichen. Morgens gegen drei Uhr legten wir noch einmal eine Infusion im Licht unserer Stirnlampen an. Rebelde schüttelte sich, die Nadel flog raus, schwang mit dem Schlauch und blieb in Barbaras Schienbein stecken. Stündlich maß ich die Temperatur und kühlte Rebelde mit kalten Duschen ab.

Wir waren im tropischen Tiefland unterwegs. Auf Fotos sieht das immer alles so schön aus: Palmen, Sonnenuntergänge, braungebrannte Menschen in Shorts und Bikinis. Die Realität für uns war jedoch eine andere: Ameisen, Mücken, Zecken und sonstiges tropisches Ungeziefer, schweißtreibende feuchte Hitze, in der nichts trocknete, Schimmelpilze überall, schlaflose Nächte bei 35 bis 40 Grad im Zelt. Die Tropen waren anstrengend für uns, aber noch viel mehr für unsere Tiere. Durch die Krankheiten der Tiere verbrachten wir sehr viel Zeit mit Warten, da wurde unsere Geduld schon ganz schön auf die Probe gestellt.

Ein Land findet keine Ruhe

Der See Nicaragua oder das Süßwassermeer, wie der See hier ob seines meerähnlichen Wellenganges auch genannt wird, ist mit über 8000 km² Wasserfläche und seinen über 430 vulkanischen Inseln weltweit der zweitgrößte See in den Tropen und touristisch noch kaum erschlossen.

Seit 1826 existieren bereits Pläne einen Kanal zu bauen, der eine Verbindung zwischen Pazifik und Atlantik darstellen und auch durch den See Nicaragua führen soll – als Konkurrenz zum Panamakanal.

Wir konnten an menschenleeren, kilometerlangen Sandstränden entlang reiten, ohne dass wir jemanden störten und ohne dass uns jemand störte. Die ständig wehende frische Brise und die Möglichkeit für die Tiere, jederzeit zu trinken und zu baden machten dieses Stück der Reise sehr angenehm. Am Ufer des Sees hatten Frauen ihre Waschsteine im knietiefen Wasser aufgebaut und schrubbten die Wäsche im Anblick der beiden größten Vulkane des Sees, dem Concepción und dem Madera. Nicaragua wird von einer Kette aktiver Vulkane durchzogen, weshalb es auch das Land der tausend Vulkane genannt wird.

Kurz vor Rivas trafen wir Rufino und Maria. Sie arbeiteten als Bedienstete für eine reiche Familie und kümmerten sich um das schöne Haus mit herrlichem Blick auf den See. Sie selbst wohnten aber in einer Hütte. „Die Besitzer kommen selten, die Wohnung darf ich euch trotzdem nicht aufschließen, aber unter der überdachten Veranda könnt ihr schlafen. Das ist ohnehin angenehmer als im Haus." Wir richteten uns zwei Schlafplätze ein und stellten unser Gepäck als Windschutz wie eine Mauer herum auf.

In der Nacht wachte ich auf und nahm im Unterbewusstsein einen Schatten am Fußende auf dem Gepäck wahr. Ich dachte, es wäre eine

Katze und stupste diese mit meinen im Schlafsack steckenden Füßen, damit sie verschwindet. Doch die Bestrafung folgte sofort. Schlagartig verspürte ich einen stechenden Schmerz in meinem Fuß und war augenblicklich wach. Ein Stachelschwein hatte ein paar Stacheln abgeschossen. Die Stacheln steckten so fest im Fuß, dass ich sie durch den Schlafsack nach innen zog. Barbara musste sie mir einzeln mit der Zange herausziehen.

Granada ist eine der ältesten europäischen Siedlungen in Amerika und für mich eine der schönsten Städte, die ich in den letzten Jahren in Lateinamerika gesehen hatte. Aufwendig verzierte und bemalte Herrschaftshäuser im Kolonialstil mit weitläufigen, kühlen Innenhöfen und schön angelegten Gärten mit plätschernden Springbrunnen entspannten das Auge. Die typischen, handgebrannten roten Dachziegel waren hier noch überall zu sehen. Auf dem ärmeren Land wurden sie leider oft durch Wellblechdächer abgelöst, die neben ihrer optischen Hässlichkeit auch noch den Nachteil haben, dass die Tageshitze erbarmungslos durchdringt.

In Malacatoya fanden wir bei der sehr netten Familie von Don José und Doña Paulina Barahona - beide schon über 90 Jahre alt und topfit - Kost und Logis für unsere Vierbeiner. José und Paulina wohnten in einem Haus zusammen mit ihrem Neffen Julio und dessen Frau Herminia, die sich liebevoll um uns kümmerten. Wir konnten im Hinterhof unser Zelt aufbauen. Barbara wollte Wäsche waschen. Sie war jedoch etwas ungeschickt mit der Handwaschtechnik auf den alten Waschbrettern, sofort kam Herminia und half ihr, unsere verstaubten und verschwitzen Sachen sauber zu bekommen. Julio besorgte mir eine Handspritzpumpe. Ich wollte die Pferde gegen Zecken und anderes Geziefer besprühen.

Am nächsten Morgen, die Pferde waren schon bepackt und fertig zum Abmarsch, wollte ich die Körpertemperatur der Pferde nochmals überprüfen. Dazu wird das Thermometer in den After gesteckt. Die Einheimischen belächelten das immer wieder, am Pferd kennen sie das nicht. Samurai gefiel mir nicht und es bestätigte sich, er hatte 41 Grad Fieber und seine Augenschleimhäute waren gelb. Das deutete auf ein Problem mit der Leber hin. Also alles wieder abpacken und wieder Pause! Barbara fuhr nach Granada, holte Medizin und Sammy kam an den Tropf.

Unsere Pferde waren hier bei der Familie Barahona gut versorgt. Es gab grüne Weiden, denn die Familie besaß eine Bewässerungsanlage für ihre Felder und Wiesen, die allerdings den Nachteil hatte, dass sie eine fürchterliche Moskitoplage mit sich brachte. Ich weiß gar nicht, wie die Menschen das aushielten! Ohne ein Tuch als Mückenwedel ging hier niemand aus dem Haus. Ab 17 Uhr war man quasi übersät von Moskitos und die Leute schlugen sich mit ihren Tüchern ständig auf Rücken und Arme, als wären sie bei einer Selbstgeißelung. Wir halfen uns mit Mückensprays, aber davon verbrauchten wir fast eine ganze Flasche am Tag. Das konnten sich die Einheimischen nicht leisten.

José und Paulina hatten es mit der großen bewässerten Weide und zehn Milchkühen zu einem gewissen Reichtum im Dorf gebracht. Der Preis dafür war aber auch sehr hoch. Vierzig Jahre lang hatten sie illegal in den USA gearbeitet. Sie hatten Angst, gefasst zu werden, sich daher zurückgezogen und waren dementsprechend ausgenutzt worden. Dass sie sich von den US-Amerikanern distanzierten, zeigt die Tatsache, dass sie selbst nach so vielen Jahren kaum Englisch konnten.

Immer wieder kamen neugierige Kinder vorbei, eines war mir besonders aufgefallen. Der Bub trug ein kleines Schweinchen und schmuste mit ihm wie andere mit einem Kätzchen. Am nächsten Morgen sah ich ihn wieder, alleine. „Wo sind deine Freunde?“

„In der Schule.“

„Hast du denn keine Schule?“

„Doch, aber ich darf nicht in die Schule.“

„Hast du was angestellt?“

„Nein, aber ich habe keine Schuhe und ohne Schuhe darf ich nicht in die Schule.“

Der Abschied von der gastfreundlichen Familie Barahona fiel uns nicht leicht. Morgens machten wir noch einige stimmungsvolle Fotos am Fluss, dann zogen wir los. Maxl und Pumuckl, unsere Packpferde, sollten ein Stück frei mitlaufen. Maxl erschrak plötzlich über irgendwas an seinem Gepäck. Er preschte los, an allen vorbei, wir konnten ihn nicht aufhalten. Ich schlug die Hände über dem Kopf zusammen und sah meine wertvolle Fotoausrüstung schon im Dreck landen. Maxl setzte über einen Zaun, beladen mit dem gesamten Gepäck – außer dem Stativ, das sich schon verabschiedet hatte. Auf einer Wiese blieb er einfach wieder stehen. Noch mal gut gegangen. Wir waren mit dem Schrecken davon gekommen.

Nach La Chirimaya, einem Weiler mit vier Häusern, führte keine Strasse, nur ein kleiner Pfad. Es gab auch keinen Strom. Die Menschen lebten von dem, was sie selbst anbauten. Sie pflanzten Trigo, eine Art Hirse, Mais und Bohnen und kauften Zucker, Salz, Kaffee, Seife und Waschpulver am Markt. Bei Eladio und seiner Familie konnten wir unser Lager aufbauen und die Pferde auf die Weide dahinter lassen. Eladio litt seit einer Woche unter Bauchschmerzen und Erbrechen. Er fragt uns, ob wir nicht Medizin für ihn hätten, die Sachen vom Arzt würden ihm nicht helfen. Barbara versorgt ihn nach intensiver Befragung aus ihrer homöopathischen Apotheke.

Am nächsten Morgen hatte Samurai eine große, offene Fleischwunde direkt an der Wirbelsäule. Nach genauerem Inspizieren vermuteten wir einen Biss, wahrscheinlich von Maxl. Auf der Weide war eine kleine Stute, aber groß genug, um Maxl eifersüchtig zu machen. Barbara bestrich die Wunde mit einer Heilsalbe und legte Samurai ein steriles Pad auf. Er bekam nur den Sattel aufgelegt und Barbara beschloss, ein paar Tage zu Fuß zu gehen.

In Las Lagunas wurden wir vom Kirchenvorstand José aufgenommen. Er zeigte uns einen schönen Zeltplatz neben einem Brunnen, aus dem wir mit einem Eimer und einem langen Strick Wasser schöpfen konnten. Die Pferde durften auf eine Weide, auf der noch abgeerntete Maisstauden standen. Für uns wurde ein kleines Huhn geschlachtet und zubereitet. Abends versammelte sich fast das ganze Dorf bei uns am Zelt. Wir zeigten der staunenden Menschenmenge Fotos auf dem Laptop – Fotos von unseren Familien, von zu Hause, aber auch von der Reise. Die Einheimischen waren neugierig und interessiert und ihre vielen Fragen prasselten auf uns ein.

In der Nähe von Matagalpa liegt Selva Negra – Schwarzwald, eine große, in den Regenwald eingebettete, wunderschön mit Lagunen und tropischer Blumenpracht angelegte Hotelanlage, die von Deutschen geleitet wird. Der Besitzer Eddy Kühl widmete sich der Historie der Deutschen in Matagalpa. Mit viel Liebe und Begeisterung hatte er ein kleines Museum mit Fotos, Anekdoten und altem Kleinkram über die Geschichte der deutschen Einwanderer in Matagalpa zusammengestellt. Die ersten Kaffeepflanzen wurden z.B. von der Deutschen Katharina Braun um 1855 in diese Gegend gebracht. Ihr Mann, Ludwig Elster, hatte mit Eddys Großvater zusammen eine Maschine zum Schälen der Kaffeefrucht erfunden und eine Bahn, die über Land fährt und mit der Kaffee transportiert wurde, entwickelt.

Das Grab von Katharina Braun und ihrem Mann war ganz in der Nähe. Die beiden waren 1850 mit dem Schiff von Deutschland an der Ostküste der USA gelandet und wollten zur Goldsuche nach Kalifornien weiter reisen. Der schnellste Weg in den Westen der USA führte damals mit dem Schiff über den Atlantik nach Nicaragua, über den Landweg zur Pazifikküste und dann auf dem Seeweg nach Kalifornien. In Nicaragua erfuhren sie, dass das Gold in Kalifornien nicht mehr so viel hergab, so entschlossen sie sich zu bleiben. „Die beiden sind auch mit Pferden und Packpferden gekommen. Ihr seid fast den gleichen Weg geritten wie sie damals!“ begeisterte sich Eddy Kühl für unsere Art des Reisens.

In der Nähe von Esteli, einer kleinen Stadt im Norden Nicaraguas, wollten wir zwei Wochen Pause machen, schreiben, die Pferde wieder ein bisschen rund füttern und uns vor allem dem leidigen Thema Grenzpapiere widmen. Esteli liegt in den Bergen und wird von einem angenehmen Klima verwöhnt, das einem schönen Sommertag in Deutschland ähnelt.

Wir hatten Glück! Am ersten Grundstück, an dem wir fragten, stand eine Wochenendfinca, ein Anwesen mit Kaffeebäumen und Ackerland, das unter der Woche nicht genutzt wurde. Das leere Haus war umgeben von einer schönen Terrasse und großen, Schatten spendenden Bäumen, zwischen denen Hängematten gespannt waren, so dass man jederzeit ein Nickerchen machen konnte. Der Aufpasser Rolando durfte selbst nicht entscheiden und bot mir an, mich in die Stadt zu begleiten, wo ich den Besitzer fragen konnte, ob wir sein Haus mieten dürften. Jose Lopez betrieb eine Maschinenwerkstatt mit Drehbänken, Fräsmaschinen und schweren Metallverformungsmaschinen. Er gestattete uns gerne, in seinem Häuschen zu wohnen, so lange wir mochten. Während unseres Aufenthaltes kam Julio Lopez einige Male mit seiner Frau Yolanda, den Kindern, Enkelkindern und Freunden auf die Finca, um mit uns einige Stunden zu verbringen und zu grillen. Besonders die Kinder hatten viel Spaß, denn Julio hatte einen Wasserbehälter als Schwimmbecken für sie umgebaut. Auch manche Erwachsene gingen baden, anscheinend gab es in Nicaragua keine Badekleidung, denn alle gingen in ihrer normalen Kleidung baden, das war mir schon früher am Nicaragua See oder bei den Flüssen aufgefallen.

Im Zusammensein mit diesen Menschen bekamen wir auch einen Einblick in das Leben der Nicos. Mich interessierte die politische Situation im Lande, über die ich mir noch keine klare Meinung bilden konnte. Die Sandinisten, eine linke Befreiungsbewegung, die 1979 die seit über vierzig Jahren bestehende Diktatur gestürzt hatten, waren bis 1990 an der Macht gewesen. Bei den von den USA unterstützten freien Wahlen 1990 mussten sie die Macht an die National Opposition Union (UNO) abgeben. Die UNO warb mit dem Versprechen für Frieden, Wohlstand und dem Ende des US-Embargos. Zwölf Jahre später hatte ich immer noch den Eindruck, dass die Bevölkerung mehrheitlich hinter den Sandinisten stand.

„Warum wurden die Sandinisten nicht mehr gewählt? Ich habe gehört, dass sie immer noch viel Macht und eine breite Unterstützung in der Bevölkerung haben?“

„Die jungen Leute wollten nicht in den verpflichtenden Militärdienst. Ich zum Beispiel musste zwei Jahre lang zum Militär, das mussten alle Jungs mit 17 Jahren. Alle hatten Angst, dass falls die Kommunisten wieder an der Macht wären, die Militärpflicht wieder eingeführt würde. Wir kannten als andere kommunistische Länder ja nur China und Russland, und die waren keine guten Vorbilder für uns. Und es sind viele junge Männer gestorben, vor allem in den Kriegen 1978 und 1979 und in der Contra-Affäre gegen die Sandinisten in den achtziger Jahren. Die Sandinisten haben gute Ansätze, aber keine Chance, sich durchzusetzen, weil die Amerikaner mit aller Macht dagegen halten."

„Was hat sich seit dem Sturz der Diktatur unter Anastasio Somoza Debayle 1979 verändert?"

„In der Zeit von Präsident Somoza war die Währung stabil, für sieben Córdobas gab es einen Dollar, immer, da hat sich nie was dran geändert. Und, wer arbeitete hat auch einigermaßen Geld verdient, hat es auch zu etwas bringen können. Das ist heute nicht mehr so. Alle arbeiten, aber keiner kommt auf einen grünen Zweig. Alle rackern sich ab, aber keiner verdient etwas. Ein durchschnittlicher Verdienst heutzutage liegt bei etwa 1500 Córdobas im Monat, das sind gerade mal 100 Dollar, und z.B. ein Fahrrad kostet ca. 1000 Córdobas – die Leute können sich kaum ein Fahrrad leisten."

Nicaragua ist eines der ärmsten Länder, durch das unsere Reise führte. Wie in vielen Ländern Lateinamerikas ist auch in Nicaragua die Korruption allgegenwärtig. Die Politiker, die ihr Land und die Menschen ausbeuteten, wurden zu Handlangern der Interessen der Politik und Wirtschaft der USA. Wenn sich Teile der Bevölkerung dagegen wehrten, dagegen kämpften, wurden sie als Kommunisten bezeichnet und die USA erlaubte sich dann, offiziell einzugreifen.

Ich bin davon überzeugt, dass diese Länder selbst mit ihren Problemen fertig werden würden, sich selbst regieren könnten, würde man sie nur selbst entscheiden und in Ruhe lassen und nicht von außen beeinflussen. Den größten Fehler, den man bei der „Hilfe von Außen" begehen kann, ist, auch noch die Falschen zu unterstützen.

Aber ich muss jetzt nicht über die USA schimpfen, wir in Europa und auch in Deutschland sind nicht besser. Unsere Gesellschaft, unsere Firmen und Banken profitieren ebenfalls von Geschäften mit diesen dubiosen Politikern, wir geben diesen korrupten Regierungen große Kredite für nutzlose und unnötige Projekte. Die Länder verschulden sich derart, dass sie Probleme haben, auch nur die Zinsen zu zahlen und sparen dann am Gesundheitswesen und Schulsystem. Die Politiker und die Reichen im Land trifft es nicht, sie konsultieren einen Arzt im Ausland und ihre Kinder studieren auch dort. Treffen tut es dann wieder die Ärmsten, die eh schon nichts haben.

Mit einem neuen Stapel Papieren brachen wir auf und erreichten nach vier Tagen das letzte Dorf vor der Grenze. Wir suchten im Dorf nach einem Lagerplatz und fanden Mario. Er wollte uns seine große Weide überlassen, die sich laut ihm nur hundert Meter hinter dem Dorf befände. Doch wir gingen und gingen, die Weide war etwa eine halbe Stunde vom Dorf entfernt. Dorthin führte Mario abends auch die beiden bewaffneten Grenzsoldaten.

Sie wollten unsere Papiere sehen und fragten uns, woher wir kämen und wohin wir wollten. Sie durchstöberten alle unsere Taschen und fragten bei dem einen oder anderen Gegenstand, wie viel er wert war.

„Habt ihr Waffen?"

„Als Touristen dürfen wir keine haben."

Ich denke, eine Waffe dabei zu haben ist gefährlicher als keine zu haben. Eine Waffe nur zur Abschreckung zu ziehen funktioniert meiner Meinung nach nicht. Wenn ich eine Waffe ziehe, muss ich bereit sein zu töten, kaltblütig, ohne wenn und aber. Würde ich auch nur einen Moment zögern, würde mich mein Gegenüber erschießen. Wehrlosigkeit, so stelle ich mir vor, kann ein wirksamerer Schutz sein, weil ich möglichenfalls mit dem psychologischen Hemmeffekt rechnen kann. Ich selbst war in all den Jahren nie in einer Situation gewesen, in der ich mich mit einer Waffe hätte verteidigen müssen. Mit gesundem Menschenverstand und über Jahre gesammeltem Instinkt sehe ich nur zwei Möglichkeiten, die mich in die Situation bringen könnten, eine

Waffe zu benötigen: eigene Dummheit oder Pech. Indem ich eine Waffe einsetzte, beginge ich wahrscheinlich noch eine größere Dummheit oder würde noch mehr Pech an mich ziehen.

Meine Philosophie zur eigenen Sicherheit ist, dass man selbst etwas dazu beitragen muss. Damit bin ich in den letzten Jahren ganz gut gefahren. Wenn ich irgendwo mein Lager aufschlug, bekam es entweder gar keiner mit oder ich platzierte mich gleich mitten ins Dorf. Dann wusste jeder, dass da ein Fremder war. Da jeder jeden kennt, würde man vorsichtig sein mit einem Überfall. Niemals schlug ich mein Lager am Rand eines Dorfes oder einer Stadt auf, denn dort ist man anonym und die Hemmschwelle eines Überfalls wird leichter überwunden. Ich will damit nicht sagen, dass man auf Reisen ständig in der Gefahr lebt, überfallen zu werden, aber man muss auch nichts provozieren, denn irgendwie ist es auch nachvollziehbar, dass diese Menschen, die so arm sind, manchmal etwas stehlen müssen, um zu überleben. Bei allem Verständnis möchte ich trotzdem nicht zum Opfer werden. Entgegen besserem Wissen hatten wir hier unser Lager aber weit außerhalb des Dorfes aufgeschlagen, da wir sonst keine Weide für unsere Pferde gefunden hatten.

So lag ich nun an unserem letzten Abend in Nicaragua wach im Zelt und konnte nicht schlafen. Ich hatte Angst, die beiden Grenzbeamten würden zurückkommen und uns überfallen. Sie waren die einzigen hier, die Waffen hatten und sie verdienten auch nicht gut. Die beiden hatten gesehen, dass wir Ausländer waren und uns nicht verteidigen könnten. Wir waren weit genug vom Dorf entfernt, niemand bekäme etwas mit. Es war schon öfter vorgekommen, dass das Militär oder Beamte Überfälle ausgeführt haben bzw. ihre Dienstwaffen an Kumpels verliehen.

Um ein Uhr stand ich auf, um draußen Wache zu halten. Im Zelt fühlte ich mich wie ein Fisch im Netz, gefangen, ohne Chance, mich zu wehren. Ich nahm meine Isomatte und legte mich auf den Acker. Wir hatten beschlossen, dass ich pfeifen würde, wenn ich etwas Verdächtiges sehen würde und Barbara aus dem Zelt fliehen könnte. Liesl sollte mitkommen und mit mir Wache halten. Sie blickte mich vorwurfsvoll an: „Was soll denn der Mist?"

Sie lief wieder zu ihrem Schlafplätzchen im Vorzelt zurück. Ich sah immer wieder Schatten, so viele, das reichte für ein ganzes Heer. Aber dann waren es doch nur Rinder. Jetzt konnte auch Barbara nicht mehr schlafen und hatte Angst. Ziemlich gerädert standen wir gegen vier Uhr auf und sahen zu, dass wir weiterkamen. Das war in all den Jahren das einzige Mal, dass ich diese Angst verspürte, ich kann es auch nicht erklären.

Von Problemen, die keine sind

Das flache Morgenlicht modellierte aus den sanften Hügeln und weiten Tälern um uns herum bezaubernde Formen. Wir erreichten die Grenze zwischen Nicaragua und Honduras. Ein paar räudige Hunde machten ihre Tour von Mülleimer zu Mülleimer. Die Pferde standen angebunden unter Bäumen im Schatten, hier und da gab es ein wenig Gras, wir wollten sie aber nicht fressen lassen, da alles voll Müll, Schrott und Glasscherben war. Ich fragte mich, was wohl zuerst da gewesen war, der Müllplatz oder der Grenzposten.

Wir saßen da und warteten. Ich ließ die Seele baumeln, versuchte geduldig auszuharren, beobachte das Leben an der Grenze, das seine eigene Dynamik hatte und war immer wieder erstaunt, wie wenig doch in wie viel Zeit passieren kann.

Nichts ist schwieriger zu beschreiben und langweiliger zu lesen als der Aufenthalt bei den Behörden. „Zehn Stunden vergingen an der Grenze in El Espino", schrieb ich in mein Tagebuch und der Satz erzählt nichts über das zähe Nichtstun, den Geruch von Schweiß und die Unfähigkeit der Beamten – auch nicht, wie lange die Beamten untätig zusehen können, ohne vor Langeweile mit samt dem Sessel nach hinten zu kippen.

Eigentlich hatten wir an allen Grenzen unsere Probleme – in einem Land mehr, im anderen weniger. War die Einreise mal einfacher, war dafür die Ausreise wieder komplizierter. Das Einfachste wäre gewesen, jedes Mal an der Grenze unsere Pferde zu verkaufen oder zu verschenken, zu Fuß über die Grenze zu gehen und im neuen Land neue Pferde zu kaufen. Das wäre der bequemste, billigste, schnellste und einfachste Weg gewesen. Zu einfach – nicht mein Ding! Meine Pferde sind meine Freunde und nicht auswechselbar wie ein Ausrüstungsgegenstand.

Viele Touristen, die wir trafen, egal ob sie mit Rucksack, Fahrrad oder

Motorrad unterwegs waren, hatten keine Probleme beim Grenzübertritt. Auch wir hatten nie ein Problem wegen der Ausrüstung. Denn dafür gab es Gesetze, Vorschriften und klare Bestimmungen. Unser Zelt kostete mehr als ein Pferd, meine Fotoausrüstung sogar das Zehnfache, aber die Ausrüstung über die Grenze zu transportieren war nie ein Problem.

Ich hatte ein paar Nachforschungen angestellt: im Durchschnitt kommt alle zehn Jahre mal einer mit dem Pferd durch all die Länder geritten. Für diese seltenen Fälle gibt es keine Gesetze und keine Regeln. Die Beamten waren teilweise überfordert oder sie sahen eine Chance, Geld beiseite zu schaffen und erfanden unsinnige Erlässe und Anordnungen. Wir waren oft der Willkür der Beamten ausgesetzt. Dann kam ich auch manchmal nicht drum herum, auf den Tisch zu hauen oder mal etwas lauter zu werden. Das hat nichts mit schlechten Manieren zu tun. Ich möchte meinem Gegenüber nur zeigen, dass ich Geduld nicht mit Unterwürfigkeit verwechsle.

In Honduras musste ich mir für die anfallenden Papierformalitäten helfen lassen, von einem „Tramidador" – das sind Frauen oder Männer, die ihre Hilfe beim Abwickeln der Formalitäten und Routineangelegenheiten anbieten. Die freiberuflichen Tramidadores sind oftmals die einzigen, die wissen, was wie gemacht werden muss. Die Beamten selbst werden nach jeder politischen Wahl ersetzt und haben erst einmal keine Ahnung von den Gesetzen und Abläufen. Kennen sie sich einigermaßen aus, werden sie wieder ersetzt. In Lateinamerika ist das üblich: Wenn die Regierung wechselt, werden alle ausgetauscht vom Präsidenten über den Bürgermeister bis zur Putzfrau. Darum ist in allem, was sie machen, auch keine Kontinuität.

Obligatorisch hatte ich einen Helfer, aber auch er hatte noch nie ein Pferd „laufend" über die Grenze gebracht. Um unsere Pferde und die Ausrüstung hatte sich inzwischen eine ganze Schar Menschen versammelt. Einer fiel mir auf, er betrachtete meinen Sattel und hinterließ dabei den Eindruck, als schien er drauf und dran zu sein, das achte Gebot zu brechen.

Wir brachen auf mit einer Transiterlaubnis für Honduras für 21 Tage und der Auflage, uns in Choluteca beim Amtstierarzt zu melden. Nach vier Tagen kamen wir zum Amtstierarzt. Die nicaraguanischen Gesundheitspapiere der Pferde wurden nicht anerkannt. Alle Tests mussten nochmals gemacht werden und zwar von einem offiziellen honduranischen Tierarzt.

„Wie lange dauert das?“

„Das geht schnell. Zwei bis drei Wochen!“

„Kurze oder lange Wochen?“

Nach meinen Erfahrungen dauert eine lange oder auch lateinamerikanische Woche ungefähr einen Monat im europäischen Sinn.

„Und wo bleiben wir so lange?“

„Ihr müsst nochmals ausreisen, zurück nach Nicaragua. Ihr dürft sowieso nicht mehr weiter reiten, müsst ohnehin die Pferde mit einem Lkw transportieren.“

Ich konnte mir ausmalen, wie das weitergehen würde. Nach Nicaragua würden wir nicht wieder einreisen können, es würde daran scheitern, dass auf den Papieren „Ausreise“ stand. Für die Einreise wären wieder völlig andere Personen zuständig und wir würden wochenlang auf dem Müllplatz im Niemandsland zwischen den beiden Grenzposten warten. Darauf hatte ich keinen Bock.

Da die Pferde ohnehin mit dem Lkw transportiert werden mussten und es etwa hundert Kilometer zurück zur nicaraguanischen Grenze und hunder Kilometer bis zur Grenze El Salvadors waren, beschlossen wir, die Flucht nach vorne anzutreten. Wir fuhren direkt zur salvadorianischen Grenze. Es war schade, denn so hatten wir nichts von Honduras gesehen und auch all die Sehenswürdigkeiten blieben uns verborgen. Trotzdem war ich über diese Bürokratie nicht verärgert, da sie für mich nach all den Jahren das erste Mal Sinn machte.

Die Tage in El Salvador waren sehr heiß. Der Nachmittagsregen setzte plötzlich mit einer Heftigkeit ein, die einem nicht viel Zeit zum Zusammenräumen ließ. Alle suchten Zuflucht im Zelt, Liesl legte sich zusammengerollt auf die Packtasche, bedacht darauf, dass kein Körperteil den nassen Boden berührte. Die Pferde stellten sich mit dem Hintern in den Wind. Es blitzte und donnerte, Maxl sprang wild hin und her, setzte über Büsche und biss Pumuckl in den Hals.

An einer wunderbaren Weide machten wir zwei Tage Pause. Seit einigen Tagen plagten uns schon massenhaft aggressive Ameisen auf jedem Zeltplatz. Der Insektenspray wirkte nicht. Diese Plage verdarb einem fast die Lust auf Zelten! Auch am Nachmittag mussten wir noch mit Wanderschuhen und Socken in der Bruthitze herumlaufen, wo doch Schuhe ausziehen eigentlich das erste war, das wir machen wollten, wenn wir irgendwo ankamen. Oder wir mussten uns ins stickige Zelt flüchten. Die Ameisen waren noch schlimmer als die Stechmücken, da wir keine Gegenwehr hatten. Wir badeten im Fluss und wuschen unsere Wäsche. Beim Waschen schrubbte ich die Sachen auf einem rauen Stein, nachdem ich sie zuvor mit Seife eingeweicht hatte. Das Waschen beanspruchte meine Kleidung stärker als das Tragen.

Der Fluss war schmutzig, das Abwasser ging direkt in den Fluss. Auch der Müll kam in den Fluss. In der Trockenzeit wurde er einfach ins ausgetrocknete Flussbett gekippt. So viel Müll wie hier hatte ich sonst nirgends gesehen. Keiner hatte Sinn für die Umwelt, überall lag Plastik herum, das nicht verrottete. Fragten wir die Menschen, wohin wir unseren Müll bringen könnten, kam als Antwort: „Ins Flussbett!“

Wie in jeder anderen Beziehung, waren es auch bei Barbara und mir die Kleinigkeiten, die das sprichwörtliche Fass zum Überlaufen brachten: Barbara konnte nicht mit ansehen, wie ich ihr liebevoll zubereitetes Essen hinunterschlang. Außerdem benutzte ich die Worte „Danke“ und „Bitte“ zu wenig. Mir passte nicht, dass Barbara für ihren Freund Thomas, den ich nicht einmal kannte, aus allen Ländern Geldmünzen sammelte. Ich versuchte diszipliniert mit dem Gewicht hauszuhalten und nur das dabei zu haben, was auch wirklich notwendig erschien. Und „Sammelgeldmünzen für andere“ fielen für mich nicht unter notwendige Expeditionsausrüstung!

„Du sammelst schließlich auch Visitenkarten.“

Ich wollte mich schon lange nicht mehr streiten, hatte es einfach satt, hatte mir schon oft die Zeit herbei gesehnt, in der ich alleine unterwegs war. Das belastete mich derartig, dass ich keine Lust mehr zum Fotografieren hatte und auch den Menschen – und noch schlimmer unseren Gastgebern – gegenüber mürrisch war.

„Wie besprochen, in Guatemala trennen wir uns – dann kannst du tun und lassen, was du willst!"

„Ich reite auf jeden Fall mit nach Mexiko."

„Tja, dann stell dich drauf ein, dass du alleine reitest."

Dann ritten wir den ganzen Tag hintereinander her, ohne ein Wort zu reden. Eigentlich war das nichts Ungewöhnliches, das hatten wir bereits mindestens zehnmal praktiziert. Dann war es wieder gut und vergessen, bis zum nächsten Mal.

In Dolores fanden wir auf der Hacienda von Hilda und ihrer Tochter einen Platz zum Bleiben. Hildas Mann war in New Jersey, weil er dreimal pro Woche Dialyse brauchte. Das kostete über tausend US-Dollar im Monat, so mussten sie nach und nach ihr Land verkaufen. Drei ihrer vier Kinder befanden sich ebenfalls in den USA, arbeiteten dort illegal und unterstützten ihren Vater finanziell. Hilda arbeitete mit ihrer Tochter auf der Hacienda. 15 Kühe mussten täglich gemolken werden. Hilda war eine attraktive Frau, sie lachte viel, hatte viel Energie. Ihr Mann war seit einem Jahr in den USA zur Behandlung, davor war er bereits ein Jahr in San Salvador behandelt worden. In El Salvador gab es viele Dialyse-Patienten und zu wenige Maschinen.

Vom Zelt aus beobachtete ich viele Motmots – kleine Vögel, die in den Baumkronen saßen, mit metallisch grün-blauem Gefieder und einer auffälligen, durch ein federloses Stück abgesetzten Schwanzspitze. Liesl schlief trotz größter Hitze lieber im aufgeheizten Vorzelt als draußen, wo es doch ab und zu mal eine kühlende Brise gegeben hätte. Nachts schnarchte sie. Keiner von uns konnte schlafen und wir schickten sie raus. Wenige Minuten später war sie wieder drin.

Wir nahmen uns gerne immer wieder Zeit für Gespräche mit den an unserer Geschichte interessierten lokalen Tageszeitungen. So gaben wir auch der Zeitung „La Prensa Grafica“, der größten Zeitung El Salvadors, ein Interview, wobei ich gestehen muss, dass es sich um gewisse Standardantworten handelte, die ich über die Jahre gesammelt hatte. Interessanterweise gingen die Reporter/innen phantasiereich mit meinen Antworten um, das steigerte sich so weit, dass ich unsere Geschichte in ihren Texten oftmals nicht wieder erkannte.

Außerdem hatten wir uns angewöhnt, die Gelegenheit dafür zu nutzen, uns im Interview bei der Bevölkerung zu bedanken. Manchmal nannten wir Dörfer, Kommunen oder – im ländlichen Bereich – auch Familien oder Einzelpersonen. So konnten wir uns im nachhinein mit einer kleinen Geste bei all den freundlichen und hilfsbereiten Menschen bedanken, die wir leider nie wieder sehen würden.

Wir wurden vollkommen nass. Ein kurzer, heftiger Regenguss hatte uns überrascht, als wir gerade durch ein Dorf gingen, eine Straße bergauf, die sich in einen braunen Bach verwandelt hatte. Barbara war fröhlich – sie war immer fröhlich, wenn sie im Regen ging.

„Traurig oder wütend zu sein, nützt ja auch nichts, davon werde ich auch nicht trockener. Und es macht irgendwie Spaß. Es ist alles so egal“, meinte Barbara. Mir gefiel diese Einstellung.

Barbara flog für zwei Wochen nach Deutschland, ein größeres Familienfest stand an. Wir hatten uns immer wieder gestritten und dickköpfig, wie wir beide nun mal waren, hatten wir es nicht mehr auf die Reihe gekriegt. So hatte Barbara zugestimmt, dass wir uns in Guatemala trennen würden.

Zuhause hatten viele Freunde Barbara gefragt, wie das denn gehen sollte, getrennt zu reiten? Einer reitet einen Tag voraus und der andere hinterher? Barbara wusste keine Antwort. Allein wollte sie jedenfalls nicht reiten, nicht aus Angst, aber sie hätte einfach gerne jemanden zum Unterhalten. Daher gab sie eine Anzeige in der Berliner TAZ auf: „Suche Reitbegleitung für Guatemala und Mexiko“. Barbara wollte spätestens im November die Reise beenden und nach Deutschland zurückkehren. Ihre Pferde wollte sie mit nach Deutschland nehmen. Sie hatte sich auch schon erkundigt, wie viel das Weideland, die Pferdepension, das

Kraftfutter etc. in Deutschland kosten würden.

Wie im normalen Leben auch merkt man erst mit ein wenig Abstand, was man an seiner Partnerin hat. Ich freute mich, als Barbara zurückkam und war völlig überrascht, als sie von einer Annonce sprach. Ein paar junge Mädchen hatten sich darauf gemeldet und wollten mitreiten. Barbara wollte aber keine Kindergartenbeaufsichtigung machen und war außerdem über meine Reaktion verwundert:

„Soll ich den Interessenten absagen – reiten wir jetzt doch gemeinsam weiter?“

„Na freilich – du lässt mich ja eh nicht alleine reiten“, war ich überzeugt.

In Guatemala wollten wir einige Wochen Pause machen. Ich wollte zurück nach Costa Rica fliegen und nach Gaucho sehen. Barbara bot mir an, beim Abtippen meiner handgeschriebenen und auf Kassette gesprochenen Tagebücher zu helfen, dafür würden wir noch gemeinsam bis Ende des Jahres durch Mexiko reisen. Barbara hatte schon lange beschlossen, dass sie wegen der Bush-Politik und der überall in Lateinamerika spürbaren Interventionen durch die US-Amerikaner überhaupt nicht durch die USA reiten wollte. Wir wollten zusammen bis Mexiko reiten, danach würden sich unsere Wege trennen.

Wir ritten entlang der Bahngleise, in Richtung Santa Ana. Es war warm und schwül. Es fuhren keine Züge mehr, trotzdem kamen uns seltsame Fuhrwerke entgegen, die die Bahngleise als Zubringer nutzten. Sie wurden entweder von einem Pferd gezogen oder eine ganze Familie saß darauf und hielt die fahrbaren Untersätze mit ihren Beinen in Bewegung.

Der Boden war sandig und fest, trotz der Regenzeit. Neben unserem Weg standen viele Wasserpfützen, Löcher, gefüllt mit Schlamm. Liesl konnte sich immer wieder baden. Überall krabbelten Käfer, surrten Libellen, tanzten Schmetterlinge und zwitscherten Vögel – es fühlte sich an wie in einem Tropenhaus. Nur dass man aus einem Tropenhaus, wenn man das feuchtheiße Klima nicht mehr aushält, wieder hinaus gehen kann. Liesl ging alle paar Minuten in einem dieser Schlammlöcher baden. Die Wiesen neben uns waren überschwemmt, das Weideland stand unter Wasser.

Wir kamen zu einer Eisenbahnbrücke, herrlich zum Fotografieren, aber unpassierbar für Pferde. Die Brücke, die den Rio Sucio überspannte, bestand aus hölzernen Gebälken mit Zwischenräumen, ohne durchgehenden Boden. Rio Sucio bedeutet schmutziger Fluss, und diesen Namen trägt er, weil er von San Salvador kommt und die Abwässer der Stadt ungefiltert in den Fluss geleitet werden. Wir befürchteten, dass das Wasser zu tief wäre, aber wir konnten durchreiten.

Unsere Kleidung war vollkommen durchweicht, alles miefte vor sich hin, egal ob es sauber oder dreckig war. Die Taschen waren nicht mehr ganz dicht, hatten Löcher, und bei diesen wasserfallartigen Regenfällen, die stundenlang anhielten, drang durch jede Ritze Wasser ein. Ich sorgte mich um unsere technische Ausrüstung. Auch in den Satteltaschen, die kein Loch hatten, stand Wasser, wahrscheinlich Kondenswasser wegen der hohen Luftfeuchtigkeit. Mittags, wenn wir bei unserem jeweiligen Lagerplatz ankamen, hängten wir gleich alle unsere feuchten Sachen zum Trocknen auf. Aber es trocknete nichts richtig, da die Luft einfach zu feucht war. Die Satteldecken waren bleischwer, die Sättel ebenfalls, morgens schlüpften wir in unsere feuchten Schuhe – alles war ziemlich ungemütlich. In Santa Ana wollten wir für ein paar Tage ein Hotelzimmer nehmen, alles trocknen, die Löcher flicken und Plastikfolie für unser Gepäck kaufen.

Wir ritten der Grenze Guatemalas entgegen. Ich freute mich auf Guatemala. Würde ich dort noch alte Freunde treffen? In Guatemala hatte ich Ende der achtziger Jahre für zwei Jahre gelebt, zu reiten begonnen und von dieser Reise geträumt. Augenblicklich vielen mir einige Episoden und Erlebnisse aus damaliger Zeit ein, zum Beispiel, wie ich mit Freunden auf einem Bambusfloß einen Gebirgsfluss hinabfahren wollte und sich das Floß überschlug und völlig zerlegte, oder meine ersten schmerzhaften Versuche, meine Pferde zu beschlagen und dann natürlich die hübsche Carmen, „Carmencita“, durch sie erfuhr ich viel über die Geheimnisse der Guatemalteken.

Schmerzliche Abschiede

Die Landschaft um uns herum war wunderschön. Wir befanden uns hoch in den Bergen, unser Weg führte ständig bergauf und wieder hinab, es war kühl. Bauern begegneten uns. In der Hand trugen sie ihr Werkzeug, einen Holzstiel, an dessen Ende eine umgebogene Schaufel befestigt war, mit der sie Bohnen und Mais säten. Weiter unten im Tal hatten sie bereits gesät, dort sprossen schon die Pflänzchen, aber hier oben waren sie noch am Pflanzen.

Ein paar Jungs kamen uns entgegen. Sie trugen eine tote Schlange, die sie über eine Astgabel gehängt hatten, eine Klapperschlange.

„Was macht ihr mit der Schlange?"

„Die wird zu Pulver verarbeitet und den Hühnern gefüttert."

„Aber die ist doch giftig?"

„Der Kopf kommt weg."

„Wie habt ihr sie getötet?"

„Mit der Steinschleuder."

Barbaras Packpferd Pumuckl lief frei. Der Schotterweg war auch für Autos befahrbar. Es gab wenig Verkehr in dieser freundlichen, stillen Idylle. Aber wenn Autos kamen, dann kamen sie ziemlich schnell.

„Bind bitte dein Pferd an!"

„Nein, Pumuckl hat bergauf keinen kontinuierlichen Schrittrhythmus. Es ist besser, wenn er alleine unterwegs ist."

Ein alter verbeulter Pickup raste mit einer Geschwindigkeit, die anderswo Krankenwagen mit Blaulicht vorbehalten bleibt, auf uns zu. Der Fahrer – er hatte entweder die Kontrolle über sein Fahrzeug verloren oder er war besoffen – kam gerade noch quer auf der Straße vor uns zum Stehen und verschwand in seiner eigenen Staubwolke. Wir ritten vorbei. Pumuckl traute sich nicht an dem Pickup vorbei und lief vor dem

Wagen her, zurück in die Richtung, aus der wir gekommen waren.

„Wie oft müssen wir das noch diskutieren, dass du auf solchen Wegen dein Pferd anbindest!" fauchte ich Barbara ärgerlich an.

In La Brea fanden wir Unterkunft bei Sonja Morales und ihrer Mutter. Sonja hatte acht Schwestern und einen Bruder, aber sie schien den Ton anzugeben. Sonja war 34, hübsch und ledig. In ihrer kleinen Konditorei backte sie Kuchen und Torten für Geburtstage, Jahresfeiern und Hochzeiten auf Bestellung.

Während ich die Pferde absattelte, hörte ich so nebenbei, wie Barbara Sonja fragte: „Warum bist du nicht verheiratet?" Sonja lachte. Barbara überlegte kurz und stimmte ihr zu: „Hast recht, besser nicht heiraten!" Sie schauten mich an und lachten: „Hab ich etwas verpasst?"

Das Wasser floss braun aus der Leitung. „Jeden Winter macht der Fluss den Trinkwassertank kaputt. Dann schwappt das Flusswasser in den Tank und wir müssen Trinkwasser kaufen." Wir bekamen ein Zimmer mit drei Betten. Ich versuchte möglichst weit weg von Barbara zu schlafen. Wir hatten wieder Streit und redeten kein Wort miteinander, denn am Nachmittag, als wir ein kleines Dorf erreicht hatten, wollte ich weiter, Barbara aber bestand darauf, Mittagspause zu machen. Wir ließen unsere Pferde frei laufen. Als ich Barbaras Pferde zum Satteln holen wollte, liefen sie mir weg. Wütend schmiss ich ihnen die Halfter hinterher. Samurai ließ sich von Barbara fangen, Pumuckl lief auch vor ihr weg.

Barbara war ebenfalls wütend: „Wenn du sie nicht fangen kannst, dann lass sie einfach in Ruhe! Musst du sie auch noch wegjagen!"

„Von dir lass ich mir nichts sagen!"

„Doch, genau von mir, weil es meine Pferde sind und ich auch etwas von Pferden verstehe!"

Sie hatte ja Recht. Mir war es selbst peinlich, so ungeduldig zu sein. Als Reiter musste mir doch bewusst sein, dass ich ein Pferd nur dann kontrollieren konnte, wenn ich mich auch selbst beherrschen konnte. Die Pferde wandelten und formten meinen Charakter. Warum nur fuhr ich immer wieder aus der Haut?

Ich versuchte zu ergründen, woher diese Gereiztheit rührte. Immer wieder sehnte ich mich nach einer Pension, nach einem richtigen Bett zum Ausschlafen. Dabei war es nicht das bequeme Bett, nach dem ich mich sehnte, im Gegenteil, die Betten in den Pensionen hingen so durch, dass es angenehmer war, auf dem Boden zu schlafen. Wenn wir aber in einem Zimmer schliefen, dann hatten wir einen vernünftigen Platz für die Pferde gefunden, der gut eingezäunt und sicher war. Die Pferde mussten nicht angebunden werden. Ich konnte tief durchschlafen, ohne ständig wachsam sein zu müssen. Es war zur Gewohnheit geworden, dass immer ich aufstand und alles kontrollierte, dadurch konnte Barbara beruhigt schlafen, ich aber bekam nicht ausreichend Schlaf. Das ging aber schon so lange, dass es mir gar nicht mehr bewusst war.

„Schluss. Vorbei. Ich habe die Schnauze endgültig voll, bis Antigua und keinen Schritt weiter!", setze ich unserer gemeinsam Reise ein Ultimatum.

„Das sehe ich gar nicht ein, wir haben vereinbart, bis zum Jahresende und bis nach Mexiko gemeinsam zu reiten", konterte Barbara.

Nach einer Woche erreichten wir den südlich von Guatemala City gelegenen Amatitlan See. Auf alten, nicht benutzten Eisenbahnschienen kamen wir an merkwürdigen Hinterhöfen vorbei. Vor der Stadt Amatitlan fanden wir einen schönen Platz bei der Familie von Miguel. Er behütete und pflegte die Anlage und das Haus einer reichen Frau, die aber nicht anwesend war. Miguels aufgeweckter Sohn Guillermo löcherte uns mit vielen Fragen. Er wollte wissen, woher die Pferde kamen und wie weit wir gestern geritten waren. Er zeigte mir seinen Arm, der am Ellenbogen eine lange Narbe aufwies. Er war vor Jahren vom Pferd gestürzt und hatte sich dabei den Arm gebrochen.

Im Gras leuchteten tausende von Glühwürmchen. Plötzlich jaulte Liesl herzzerreißend auf. Ich war ihr auf die Vorderpfote getreten. Jetzt stand sie da und hielt die Pfote hoch, ich tastete sie mit meinen Händen ab, um mich zu vergewissern, dass nichts gebrochen war. „Das tut mir wirklich leid, Liesl", sagte ich. Da ging es ihr augenblicklich wieder besser. Was doch ein bisschen Aufmerksamkeit bewirken kann.

Warum hatte Liesl eigentlich immer das Talent, sich mitten in den Weg zu legen? Abends schnarchte sie wie ein Ross und lag dabei am liebsten genau neben unseren Köpfen. Sie legte sich nicht freiwillig ans Fußende. Morgens, kaum dass wir aufgestanden waren und geschäftig hin und her liefen, legte sie sich genau vor den Zelteingang, so dass wir ständig über sie steigen mussten, beim Bepacken der Pferde legte sie sich genau vor das Pferd, das ich gerade aufpacken wollte. Auf jeden Fall war sie immer genau an der Stelle, wo sie am meisten behinderte.

Vor dreizehn Jahren war ich als Reitführer mit meinen Gästen in einem Tag von Antigua zum Amatitlan See und wieder zurück geritten. Wir waren dabei auf Wegen unterwegs, die man auf keiner Karte finden würde. Ich traute mir nicht zu, einen dieser Wege wieder zu finden, andererseits wollte ich auf keinen Fall entlang der Straße reiten, so führte uns der kleine Guillermo in Richtung des Dorfes Santa Maria de Jesus. Ab dort würde ich mich wieder zurechtfinden. Zwei Freunde von Guillermo begleiteten uns auf Pferden der Familie. Eine Stute hatte ein eineinhalb Monate altes Fohlen, das am Haus angebunden wurde und nicht mit durfte. Die Mutterstute wieherte immer wieder Mitleid erregend nach ihrem Fohlen. Die Pferde waren gebissfrei gezäumt, als Nasenriemen wurden jedoch Fahrradketten verwendet, die an jedem Pferd bereits tiefe, alte Wunden hinterlassen hatten.

Wir zogen nochmals alle Sattelgurte fest, dann bewegte sich unser kleiner Konvoi langsam einen kahlen Berg hinauf. Der Weg war erst breit und trocken und wurde dann schmal und steinig, die Pferde mussten klettern. Zum Unverständnis unserer Begleiter stiegen Barbara und ich ab, um zu Fuß zu gehen. Liesl hechelte und wir gaben ihr Wasser aus unserer Trinkflasche. Der Weg wurde flacher und ein paar Häuser tauchten auf. Guillermo hatte dort Freunde, von ihnen bekamen wir ausreichend Wasser für die Pferde und konnten Liesl sogar baden. Unsere drei Führer blieben zurück, wir bedankten und verabschiedeten uns.

Immer wieder sahen wir Maisfelder am Hang. Welch ein Aufwand, hier etwas zu säen oder zu ernten! Die Pferde versuchten immer wieder, ein Blatt rechts oder links abzurupfen. Durch lichten Wald ging es zunächst sanft bergauf und wurde dann eben. Wir genossen immer wieder die Sicht auf die umliegenden Vulkane. Es wurde kühler, die Luft war diesig und immer wieder kamen feuchte Nebelschwaden. Der festgetretene Lehmboden wurde immer glitschiger. Rebelde fiel mehrmals hin und schlug sich ein hinteres Bein auf. Plötzlich fing Maxl an zu rutschten, fand keinen Halt, ich ließ die Zügel locker, versuchte mich ruhig zu verhalten, um ihn nicht noch mehr aus der Balance zu bringen, vergebens, wir knallten mit der linken Seite auf dem matschigen Boden auf. Ich rollte mich ab und raffte mich auf:

„Schau's dir an, ich seh' aus wie ein Schwein!"

„Ja, und dreckig bist du auch noch", amüsierte sich Barbara.

Mitten auf dem Weg machten wir Pause, sattelten ab, aßen Brot, Käse und Tomaten. Bei Zwiebeln machten wir beide uns schon lange nicht mehr die Mühe, sie zu schneiden, sondern bissen einfach rein wie in einen Apfel.

Wieder ritten wir durch Maisfelder. Sie wirkten wie kleine Wälder. Soweit das Auge reichte sah man nur Mais, dazwischen nicht einmal einen Grashalm. Kinder liefen zwischen den Maisstauden und rupften die unteren Blätter ab, Futter für ihre Maultiere und Pferdchen. Wir begegneten immer mehr Männern mit indianischen Gesichtszügen, Mayagesichtern. Kleine Menschen, die in Tücher gehüllt waren. Die Männer trugen schwarze Hüte, die Frauen bunte Tücher auf dem Kopf.

Etwas war mir sofort aufgefallen: Vor 13 Jahren, als ich hier gearbeitete hatte, hatte noch jeder Bauer mit einer Harke die Erde bearbeitet und das Unkraut beseitigt. Nun trugen sie eine Rückenpumpe, mit der sie Spritzmittel gegen Ungeziefer und Unkraut versprühten. Auch hier hatten die Chemiekonzerne einen riesigen Markt für sich erobert.

Zwei Ortschaften vor Antigua, in San Juan Obispo, kannte ich eine englische Familie: Fred und Paula Ravencroft. Wir hatten uns schnell durchgefragt. Jeder kannte sie. Paula mit ihrem feuerrot gefärbten Haar öffnete das Tor. Auf der Stirn über der Nase trug sie eine Tätowierung. Mit ihr stürmte gleich eine ganze Meute überfütterter Hunde heraus. Sie erkannte mich nicht gleich, ich musste mich vorstellen.

Voll Wiedersehensfreude begrüßte sie uns:

„Wir haben immer noch ein Pferd, das wir dir damals abgekauft haben. Silver haben wir leider nicht mehr, der ist letztes Jahr gestorben, das war das Pferd meines Lebens."

Fred – groß, weißhaarig und mit Schnauzbart – und Paula beratschlagten, wollten uns aber letztendlich keine Herberge geben. Sie meinten, es wäre ein zu großes Durcheinander mit den vielen Hunden und bei ihnen im Haus sei es auch zu eng. Ich fragte um einen Lagerplatz, bettelte aber nicht darum. Höchstens um Futter für meine Tiere bettle ich, da kann ich meinen Stolz überwinden. Die riesigen, hohen Mauern um ihr Anwesen kamen mir jetzt sehr abweisend, wie eine uneinnehmbare Festung, vor. In den nächsten Tagen lernte ich Fred etwas näher kennen und mir wurde bewusst, dass diese Festung nicht Schutz für ihn von außen bietet, sondern Schutz der Menschen außerhalb vor ihm. Fred mit seinem Rassismus und Nazismus war abstoßend. Ihn zu kennen war mir peinlich.

So kamen wir nach San Pedro las Huertas, um Juan Domingo zu suchen, sein Name wurde uns öfters genannt. Als wir am Dorfplatz vor der Kirche vorbeikamen, läuteten die Glocken. Ich drehte mich um und sah zu den Glocken, aber die bewegten sich gar nicht. Die Glocken wurden elektronisch imitiert, die Anlage war völlig übersteuert. Es war bereits dunkel, als wir in San Pedro las Huertas ankamen. Juan war überaus freundlich und hilfsbereit. Er konnte sich noch daran erinnern, dass ich hier gearbeitete hatte, wir hatten uns aber damals nie getroffen. Er selbst besaß zwei Pferde. Sein Gelände wäre ein idealer Platz für uns gewesen, aber er gestand uns, dass eines seiner Pferde an Anämie erkrankt sei, eine Krankheit, die zu einer Verminderung oder einem Mangel an roten Blutkörperchen führt. In anderen Ländern werden diese Pferde getötet. Der Erreger kann von einer Bremse, Mücke oder einer Fledermaus von einem Pferd auf ein anderes übertragen werden. Juan besorgte für unsere Pferde eine Unterkunft in der Nachbarschaft.

Am nächsten Tag fuhren wir nach Antigua, der ehemaligen Hauptstadt Guatemalas. Koloniales Ambiente, gewaltige Renaissancebauten,

Klosterruinen und Kopfsteinpflaster bestimmen den ersten Eindruck dieser Stadt am Fuße des Vulkan Agua. In einem großen Reitstall am Rande der Stadt fragten wir nach einem Platz für unsere Pferde. Ich hatte nicht das Gefühl, dass man uns helfen wollte. Doch eigentlich taten uns die Besitzer nur einen Gefallen, denn auch einige ihrer Pferde hatten Anämie. Überall gab es kranke Pferde!

Juan fragte: „Kennst du die Schwimmbäder?“

„Oberhalb der Stadt, dort, wo ich meinen Stall früher hatte?“

„Ja, ganz oben am Berg, dort gibt es eine Hacienda.“

Wir fuhren zu den Schwimmbecken. Kurz bevor wir dort waren, bat ich Juan, stehen zu bleiben. Ich wollte mir das Gelände nochmals ansehen, wo ich vor 13 Jahren meinen Stall hatte. Die Stallboxen waren abgerissen, das Gelände verwahrlost. Mich überkam ein bisschen Wehmut, denn hier hatte ich ein Jahr lang gearbeitet und Reittouren für Touristen angeboten. Damals hatte ich noch ein völlig ungesundes Leben geführt und bei einem dreistündigen Ausritt eine ganze Schachtel Zigaretten geraucht. Hier war auch die Idee entstanden, den ganzen Kontinent mit Pferden zu durchqueren.

Wir kamen zu den Schwimmbecken. Vor der Schranke blieben wir stehen und stiegen aus. Juan begrüßte den 80jährigen Don Antonio freundlich und respektvoll. Der alte Herr kontrollierte den Eintritt der Badenden und gleichzeitig die Ein- und Ausfahrt schwerer Kieslaster, denn hinter den Becken wurden Sand und Schotter abgebaut. Juan stellte mich kurz vor und erklärte, dass wir einen Platz für vier Pferde für etwa vier Wochen suchten.

„Ein Dollar pro Pferd und Tag.“

Die Antwort von Don Antonio war kurz und bündig.

„Kann ich mir den Platz ansehen?“

Die schmale Straße wollte nicht enden, über drei Kilometer wand sie sich den Berg hinauf. Immer wieder hatten wir eine grandiose Aussicht auf Antigua und die umliegenden Vulkane. Ich hatte ein Jahr lang Touren in dieser Gegend geführt, aber dorthin war ich nie gekommen. Wir erreichten die verlassene Hacienda, die von dreißig Zentimeter hohem, saftigem, dunkelgrünem Gras umgeben war. Einfach fantastisch!

Wir wollten vier Wochen bleiben. Die Pferde brauchten eine Pause und wir konnten zu den Maya Ruinen nach Tikal und auch zu den Ruinen nach Copan in Honduras fahren. Ich wollte an meinem Buch arbeiten und nach Costa Rica fliegen, um nach Gaucho zu sehen und zu prüfen, wie sich sein Huf entwickelt hatte. Für diese Zeit wollten wir in ein Appartement ziehen. Antigua ist mittlerweile weltbekannt für seine Spanischschulen, mittlerweile dürfte die Zweihundertste eröffnet worden sein. Jeder, der in Antigua einen Tisch und zwei Stühle besaß, verfügte somit über ein Klassenzimmer und wer Spanisch als Muttersprache sprach, war bereits als Lehrer qualifiziert. Deshalb waren Touristen, die für längere Zeit bleiben wollten, nicht so selten, und ein Appartement zu finden, war nicht allzu schwer. Wir wollten kein Hotel, denn erstens würden sie dort Liesl nicht akzeptieren, zweitens könnten wir es uns nicht leisten und drittens wollten wir selbst kochen, denn dreimal am Tag essen zu gehen war zu teuer. Caroline, eine Holländerin in unserem Alter, hatte ein großes Haus gemietet, wohnte selbst dort und vermietet vier Zimmer. Es gab eine Küche, ein Ess- und ein Wohnzimmer, einen kleinen Garten und sogar ein Telefon und alles wirkte sehr sauber und gepflegt.

Antigua hatte sich in den 13 Jahren sehr verändert. Der Verkehr hatte stark zugenommen, ein Restaurant reihte sich neben das andere, in denen gelangweilte Kellner auf ihre Gäste warteten. Ich traf kaum jemanden wieder, den ich von früher kannte. Ich hatte mich auf Antigua gefreut. Es war ein bisschen als käme ich nach Hause, aber nun war ich enttäuscht. Antigua hatte nichts mehr von dem Flair von damals.

Barbara und ich kamen wieder gut miteinander aus, wir ergänzten uns und planten die nächsten Tage. Sie fuhr zu den Maya Ruinen nach Copan in Honduras. Ich sah einmal am Tag gemeinsam mit Liesl nach den Pferden, schrieb an meinem Buch und erkundigte mich über einen One way Flug nach Costa Rica. Ich hatte bereits Kontakt mit einem Viehzüchter aus Costa Rica aufgenommen, der übernächste Woche seine Tiere zu einer Agrarmesse nach El Salvador bringen würde. Wenn ich die Papiere für Gaucho fertig hätte, würde er ihn für 300 US-Dollar mitnehmen.

Es war Sonntag, für den nächsten Tag hatte ich einen Flug nach Costa Rica gebucht und würde bald Gaucho wieder sehen. Am Abend gingen Barbara und ich gemeinsam essen. Gegenüber dem Restaurant war ein Internet Café.

„Komm, lass uns vor dem Essen schnell noch schauen, ob etwas Wichtiges anliegt."

Wir saßen gemeinsam vor einem Computer. Ich kann mich nicht mehr erinnern, ob ich überhaupt meine eigenen E-Mails abgerufen habe, ich weiß nur noch, dass ich über Barbaras Schulter auf den Bildschirm blickte und mir eine Betreffzeile auffiel, darin stand: „the answer is...."

„Ha, da macht aber jemand irgendetwas sehr spannend - wer ist das denn?" wollte ich wissen.

Barbara antwortete: „Magnus, der Schwede, den ich beim Spanischkurs in Malaga kennen gelernt hatte. Wir reiten zusammen."

„Wie - ihr reitet zusammen?" Ich fühlte mich, als hätte ich gerade einen Pferdetritt in den Magen bekommen.

„Du wolltest doch nicht mehr mit mir weiter reiten."

Das kam sehr überraschend für mich. Gleichzeitig schien es so unabänderbar zu sein, so eine in sich völlig abgeschlossen Sache. Wir gingen essen, aber ich brachte keinen Bissen runter. Die ganze Nacht lag ich neben Barbara und tat kein Auge zu, ich war so aufgewühlt, dass ich nicht eine Minute abschalten konnte.

Der Gefühlsaufruhr, den die E-Mail auslöste, überraschte mich selbst. Sollte ich Barbara bitten, dem Schweden abzusagen und ihr sagen, dass es mir leid tat und ich eigentlich doch mit ihr weiter reiten möchte? Sollte ich vor ihr auf die Knie fallen? Unmöglich, das war nicht mein Ding. Sie hatte gehandelt, konsequent wie sie war. Nein, ich musste nicht vor ihr auf die Knie fallen, eine Entschuldigung würde reichen.

Fehler eingestehen und einzusehen, gerade wenn es um Gefühle geht, ist nicht einfach. Es ist leichter, später zu sagen, dass man Fehler gemacht und daraus gelernt hat. Nun, diesen Schritt zu tun und Barbara gegenüber zu treten und sie um Verzeihung bitten, dazu war ich zu feige oder zu stolz. Über all die Jahre habe ich immer versucht, nach vorne zu blicken. Es wurde zu einem meiner Prinzipien, dass - egal in welcher schmerzhaften Situation ich war - ich nie anfing zu klagen, sondern immer versuchte, das Positive darin zu finden. Für irgendetwas würde es schon gut sein. Ohne diese optimistische Sichtweise hätte ich keine 16.000 km mit den Pferden geschafft. Verdammte Prinzipien!

Ich flog nach San Jose in Costa Rica. Ich war völlig durch den Wind. Am Flughafen stieg ich in ein Taxi.

„Zur Haltestelle der Busse nach Nicoya, bitte."

Der Fahrer kämpfte sich durch den Stau: „Dort ist dein Bus. Er fährt gerade los."

Der Taxifahrer fuhr vor den anfahrenden Bus und bremste ihn aus. Ich griff nach meiner Tasche, sprang raus, die Türe flog zu, Reifen quietschten, das Taxi war weg - und mit ihm meine Fototasche.

Meine Fototasche! Ich hatte meine Fototasche im Taxi liegen lassen. Ich konnte es nicht fassen. Ich glaubte es einfach nicht. Meine nagelneue Kamera mit zwei sehr guten Objektiven im Wert von 3000 Euro. Einfach weg! Verdammt!

Gauchos kranker Huf war erstaunlich gut nachgewachsen, das Hornmaterial war aber noch ganz weich. Ich beschlug ihn, beschränkte mich aber am erkrankten Huf auf lediglich vier Nägel. Ich wollte sehen, ob er gehen konnte, aber ein wirklicher Belastungstest, bei dem ich mir sicher sein konnte, dass er auch schmerzfrei gehen konnte, würde erst in einem halben Jahr möglich sein. Ich war immer noch optimistisch, er würde es schaffen.

Mir ging so viel durch den Kopf, ich wusste nicht, wie und was ich alles machen sollte und schon gar nicht in welcher Reihenfolge. Ich entschied mich, das zu tun, was ich nach Gauchos Krankheit gemacht hätte, wenn ich nicht mit Barbara unterwegs gewesen wäre. Ich würde nicht weiter reisen, sondern auf Gaucho warten und mir Arbeit in Costa Rica suchen.

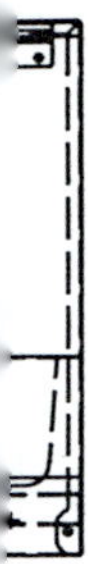

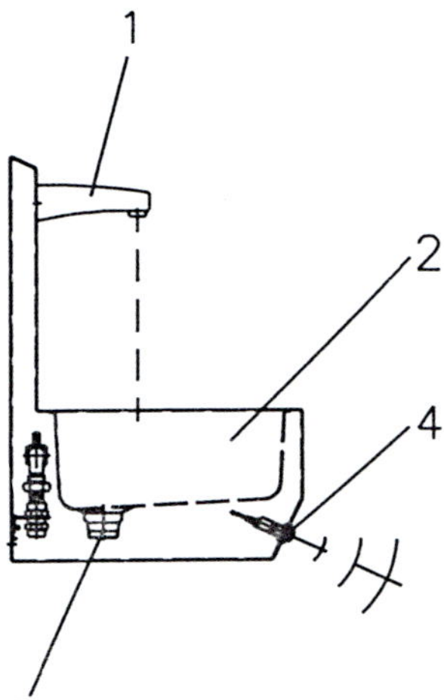
1
2
4
5

Grundaufbau

1 Systemauslauf

2 Handwaschbecken

3 Befestigungsschiene

4 Näherungssensor

5 Abfluß

Wir leben in einer Zeit, in der das Pferd längst von wesentlich schnelleren und bequemeren Fortbewegungsmitteln abgelöst wurde. Die Zeichen stehen auf Fortschritt, technischer Entwicklung und Beschleunigung. Gleichzeitig gibt es aber immer mehr Menschen, die das Besondere an der Langsamkeit wieder für sich entdecken und Sehnsucht nach Muße haben. Sie wollen die Natur spüren, sehen und riechen. Sie haben das langsame Vorankommen im Schritttempo wieder entdeckt, sie wollen die Seele mitnehmen, nicht das Ankommen ist wichtig, sondern das Unterwegssein. Durch die Langsamkeit erkennt man nicht nur großartige Landschaften, sondern sie ermöglicht auch den Blick auf die grandiosen Details. In der Langsamkeit liegt eine höhere Erlebnisdichte.

Diesem Trend tragen bereits einige Reiseveranstalter Rechnung und entwickeln entsprechende Angebote. Man kann nun schon beinahe die ganze Welt zu Pferd bereisen.

Ich hatte in den letzten Jahren immer Ausschau nach Wegen oder Gebieten gehalten, die etwas Besonderes hatten und wo es einem pferdebegeisterten Touristen gefallen würde. Vielleicht würde ich, nachdem ich in Alaska angekommen sein würde, darin eine Herausforderung sehen, solche Touren auszuarbeiten und anzubieten. Mit diesem Hintergedanken sammelte ich Informationen darüber, wo es für Touren besonders schön, spannend und reizvoll sein könnte und knüpfte bereits Kontakte. Ich hatte es mir zu einer Art Steckenpferd gemacht, in allen Ländern, die ich durchritt, in Gedanken Touren zu entwickeln und ihnen auch Namen zu geben. In Argentinien war es der „Gaucho-Trail", in Chile der „Condor-Trail", in Bolivien der „Che Guevara-Trail", in Peru der „Alpaka-Piranha-Trail", der von den Anden bis zum Amazonas führen würde, in Ecuador der „Inka-Trail", in Panama der „Bananen-Trail" und in El Salvador der „Kaffee-Trail".

Gaucho war seit etwa sechs Monaten auf der neuen Ranch von Helmut und Andrea in Nicoya. Die beiden wollten dort auch eine Reitschule für den europäischen und amerikanischen Markt eröffnen und vielleicht auch Ausritte in die Umgebung anbieten. Innerhalb von zwei Stunden hatte ich ein Konzept erstellt und ihnen vorgelegt. Ich würde für sie verschiedene Reittouren von drei Tagen bis drei Wochen Länge ausarbeiten, die Wege besichtigen und Kontakte knüpfen. Im Gegenzug dazu bekämen meine Pferde und ich Kost und Logis und wenn die Touren fertig ausgearbeitet wären, würden Helmut und Andrea mir einen Bonus geben, den sie selbst festlegen könnten. Außerdem würde ich die ersten Touren selber führen, einen Nachfolger, den sie mir benennen würden, einarbeiten und auf meiner nächsten Vortragstournee Werbung für ihre Touren machen. Mein Konzept barg eigentlich kein finanzielles Risiko für die beiden und ich hatte eine Herausforderung und einen Platz für meine Tiere. Wir trafen eine Vereinbarung und ich war bereit, den finanziellen Aufwand auf mich zu nehmen und meine Pferde und auch Liesl aus Guatemala nach Costa Rica zurückzubringen. Ich telefonierte mit Barbara und fragte sie, was sie von der Idee hielt.

„Gut, mach das", ermutigte sie mich zu dieser Lösung, bei der ich mit meinen Tieren zusammen bleiben konnte.

Mitten in der Nacht traf ich mich mit dem Viehzüchter, der nach El Salvador unterwegs war und erklärte, dass ich jetzt kein Pferd von Costa Rica nach El Salvador, sondern zwei Pferde und einen Hund von Guatemala nach Costa Rica transportieren möchte. Er meinte, in zwei Wochen sei die Agrarmesse in El Salvador zu Ende und wir würden sicher eine Möglichkeit finden. Ich müsste nur rechtzeitig in El Salvador auf der Landwirtschaftsmesse sein. Ich fuhr mit dem Bus drei Tage lang zurück nach Guatemala.

Barbaras Partner aus Schweden würde erst in ein paar Wochen kommen, ich hatte noch ein paar Tage Zeit, bevor ich nach El Salvador aufbrechen musste und so suchten Barbara und ich bereits ein Pferd für ihn. Da ich von Schweden nur Volvo, Ikea und Smörrebröd kannte, war Barbaras Partner für mich „Smörrebröd".

Barbara und ich teilten unsere Ausrüstung auf. Es war offensichtlich, dass ich in den nächsten Monaten davon nichts brauchen würde, also hatte Barbara die Wahl: alles was sie glaubte brauchen zu können, durfte sie haben.

„Denk daran, ihr habt nur ein Packpferd."

Barbara überraschte mich, mit wie wenigen Dingen sie bereit war auszukommen. Das einzige, was mir wirklich viel bedeutete, war natürlich Liesl. Wie würden wir uns da verhalten?

„Wenn du der Meinung bist, dass du sicherer unterwegs bist, wenn du einen Hund dabei hast, kannst du Liesl gerne mitnehmen. Aber wenn es dir irgendwann zuviel mit ihr wird, rufst du mich an, ich komme, egal wo ihr seid, und hole sie", bot ich Barbara an. Barbara war in den letzten Tagen auch sehr intensiv mit Liesl zusammen gewesen, gemeinsam waren sie zum Amatitlan See und zur Küste gefahren und sie waren sogar auf den Vulkan Agua gestiegen. Die Trennung von Liesl schmerzte Barbara sicher mehr als von mir. Sie wusste aber auch, dass mit Hund zu reisen nicht so einfach war, vor allem wenn man wie wir den Anspruch hatte, Liesl nicht einmal eine Nacht alleine zu lassen. Wie würde Smörrebröd reagieren, wenn er drei Tage auf Liesl aufpassen müsste, weil Barbara sich irgendwelche Ruinen ansehen wollte?

„Liesl kannst du mitnehmen, sie ist bei dir besser aufgehoben."

Mir fiel ein Stein vom Herzen. Ich durfte behalten, was mir im Moment am meisten bedeutete, ohne mich streiten zu müssen. Ich holte Rebelde und Maxl von der verlassenen Hacienda in Antigua mit einem Lkw, wir kamen wieder an meinem früheren Stall vorbei und plötzlich durchfuhr mich der Gedanke: „Eigentlich habe ich die Strecke Alaska - Argentinien abgeschlossen. In den 80er Jahren kam ich vom Norden mit dem Motorrad bis hierher und jetzt vom Süden mit den Pferden."

Barbara war ebenfalls mitgekommen, die Pferde abzuholen. Sie stieg in Antigua aus, wir verabschiedeten uns, sie weinte, ich wünschte ihr viel Glück.

Die Trennung von Barbara ging nicht spurlos an mir vorüber, es traf mich stärker als ich bereit war zuzugeben. Ich stellte fest, dass während der ganzen Zeit der Schmerz unter der Oberfläche konserviert blieb. Auch Barbara wurde erst nach der Trennung bewusst, was sie an mir gehabt hatte. Jahre später gab sie mir ihre Tagebücher zum Lesen. Über die ersten Wochen alleine schrieb sie:

„Wir hatten uns getrennt. Zuerst spürte ich nicht viel, nur Erleichterung, dass unsere Uneinigkeiten vorbei waren und einiger Stress von mir abfiel. Der Abschied war kurz und traurig. Günter fuhr mit seinen Pferden und mit Liesl zurück nach Costa Rica, ich blieb in Antigua.

Die Reise mit Magnus war nicht einfach für mich. Plötzlich lag die ganze Verantwortung bei mir. Er konnte kaum Spanisch, auch vom Umgang mit Pferden hatte er ein eher rudimentäres Verständnis. So lag alles bei mir, Weidesuche, Futterkauf, soziale Kontakte und die ganze Verantwortung für die Pferde. Magnus fotografierte viel, genoss die Landschaft, schrieb Tagebuch und sandte die Texte und Bilder fast täglich nach Schweden, für seine Website.

Da merkte ich erst, was mir Günter mit seinem hohen Verantwortungsgefühl die ganze Zeit abgenommen hatte. Immer war er derjenige gewesen, der nachts aufstand, wenn die Pferde an langen Stricken zum Grasen angebunden waren, um zu checken, ob sich keines verheddert oder losgerissen hatte, er hatte meist das Futter besorgt, die Verhandlungen mit den Männern geführt, er hatte sich um die Route gekümmert, den Weg ausgekundschaftet, unterwegs gefragt usw...

Jetzt musste das alles ich machen.

Magnus hatte sich das Ganze einfacher und weniger anstrengend, eher wie einen langen, sorgenfreien Urlaub, vorgestellt. Die Realität war mühsamer, als er sich das von den schönen Fotos her erträumt hatte. Die Mücken, das oft regnerische oder kalte Wetter, die anstrengenden Tage, wenn wir auf bergigen Wegen viel zu Fuß gingen, die Müdigkeit am Abend, wenn man am liebsten sofort schlafen gehen möchte, aber erst noch die Pferde abpacken und versorgen, das Zelt aufbauen und das Essen kochen muss.

Nach drei Wochen meinte Magnus, er hätte jetzt genug vom Reiten – ich kam mir vor wie ein Reiseführer.“

Auch wenn Barbara jetzt erst bewusst wurde, was ich ihr abgenommen hatte, so muss ich fairerweise an dieser Stelle erwähnen, dass sie von mir sicher sehr viel über sich ergehen lassen musste.

Welch einen Aufwand, zeitlich und auch finanziell, hatte ich mit dem Transport der Pferde von Guatemala zurück nach Costa Rica auf mich genommen. All der Aufwand, damit Gaucho wieder in der Gruppe dabei sein konnte. All der Aufwand, um einen Weggefährten zu gewinnen - und dabei einen zu verlieren.

Wir waren seit zwei Tagen in Costa Rica. Die Ranch von Andrea und Helmut lag an einem Hang, der nach oben hin immer steiler wurde und deshalb nicht als Rinderweide gerodet wurde. „Von dort oben müsste man eine gute Aussicht haben", dachte ich. Liesl und drei weitere Hunde von Helmut und Andrea begleiteten mich. Es war heiß, die Hunde hechelten. Der Wald war Primärwald und zugewachsen, ich musste mir immer wieder meinen Weg mit der Machete frei schlagen.

Plötzlich taumelte Liesl und brach zusammen. Ich richtete sie auf, stützte sie ab, sie konnte nicht mehr alleine stehen, ihre Zunge verfärbte sich blau, an der Zungenspitze hatte sie Blutstropfen. Ein Schlangenbiss! Ich wuchtete sie auf meinen Nacken, hielt ihre Füße links und rechts vor meiner Brust und wollte zur Ranch laufen. Ich lief durch das Gestrüpp, stürzte nach vorne, wir überschlugen uns. Liesl lag neben mir, bewegte sich nicht. Alles um uns herum war plötzlich still, kein Vogel war zu hören, kein Zirpen, nichts.

„Das ist nur ein schlechter Traum. Wenn ich aufwache, ist es vorbei. Ich muss nur aufwachen." Es war kein Traum. Ich saß auf dem Boden, zog Liesls schweren Körper auf meinen Schoß, hielt ihren Kopf in meinen Armen, ihr Atem wurde schwächer und schwächer bis er ganz aussetzte, dann schloss ich ihre Augen und begann zu weinen. Ich saß in einem tropischen Wald voller farbprächtiger Blüten und alles erschien schwarz und grau. Völlig unerwartet überrollte mich dieses dumpfe Gefühl von Leere, Traurigkeit und Abschied.

Wir waren hier nicht zu Hause, ich wollte Liesl nicht begraben, nicht zurücklassen in diesem Land. Ich verbrannte Liesl. Der Wind würde ihre Asche verwehen und so würde sie auch weiterhin unterwegs sein.

In mein Tagebuch notierte ich:

„Ob ich wohl eines Tages, wenn ich diese Notizen wieder lese, wirklich den Schmerz beschreiben kann, den ich jetzt empfinde? Die Erschöpfung, diese Ohnmacht?“

An diesem Tag dachte ich das erste Mal daran, die Reise abzubrechen. Ich konzentrierte mich auf meine Arbeit. Ich fuhr verschiedene Strecken mit einem Motorrad ab, ritt sie ab und ging zu Fuß. Ich suchte interessante Alternativrouten und besprach mit Ranch- und Hotelbesitzern, wie ich sie in das Tourpaket integrieren könnte. Immer wieder kam ich durch Gegenden, wo wir damals gemeinsam vorbeigekommen waren. Barbara, Liesl – unsere Truppe.

Immer wieder war ich starken Gefühlsschwankungen ausgesetzt. Die Trennung von Barbara, der Tod von Liesl, meine Seele schmerzte, mein Herz war angeschlagen, ich war einsam. Warum musste es so kommen?

Barbara bereitete ihre Abreise mit Smörrebröd vor. Wir telefonierten einige Male. Barbara fragte: „Wie geht's euch?“

„Gut.“

Ich konnte ihr die Wahrheit nicht sagen. Helmut meinte: „Sag es ihr, dann hast du es hinter dir.“ Ich konnte es nicht. Am Tag bevor Barbara in Guatemala mit ihrem neuen Partner aufbrach, rief sie noch einmal an und fragte: „Wie geht es Liesl?“ Ich wünschte, ich hätte es ihr bereits vorher gesagt.

Ich erinnerte mich an Anna, die blonde Frau, die ich in München nach einem Vortrag kennen gelernt hatte. Eigentlich hatte ich sie nie vergessen. Bei den wenigen Malen, die wir uns damals in Deutschland trafen, schwärmte sie von Costa Rica. Ich schrieb ihr eine E-Mail und lud sie ein, nach Costa Rica zu kommen. Ich würde sie gerne wieder sehen. Sie antwortete nicht.

Von Barbara bekam ich aus Guatemala die Nachricht, dass sie die Reise mit Smörrebröd beendet hatte. Sammy und Pumuckl standen wieder in Antigua und sie würde in den nächsten Tagen nach Deutschland fliegen. Barbara hatte eine Abmachung mit dem Pferdepfleger getroffen: Sie hatte für ihre Pferde für das nächste halbe Jahr Futter und Pflege bezahlt. Wenn sie nicht innerhalb dieser Zeit zurück kehren würde, dürfte der Pfleger die Pferde behalten.

Ich versuchte weiterhin, Kontakt mit Anna aufzunehmen. Sie war in den letzten Jahren gleich ein paar Mal umgezogen, doch irgendwie bekam ich sie ans Telefon. Auf meine E-Mail bekam ich keine Antwort, weil diese Adresse seit Jahren schon nicht mehr existiert hatte. Ihre Stimme klang so süß, mit diesem dezenten bayrischen Akzent. Ihre Beziehung war gerade in Brüche gegangen, sie war aber trotzdem gut gelaunt und gut drauf. Ich lud sie nach Costa Rica ein. Sie sagte spontan zu. Anna war Feuer und Flamme von dieser Idee.

Die Ausarbeitung der Tour ging gut voran und ich war zufrieden. Eine fünftägige und eine zehntägige Tour stand fest. Bei Helmut wusste ich nicht wirklich, woran ich war. Unsere Ideen, alleine schon was die Distanzen betrafen, die Pferd und Gästen zumutbar waren, lagen zu weit auseinander. Seine Vorstellungen waren aus meiner Sicht nicht realisierbar. Helmut war Pferdetrainer, mit internationalen Erfolgen und was er sagte, das durfte ich nicht anzweifeln. „Meine Pferde können das! Meine Reitschüler können das auch, das sind keine Anfänger." Deshalb war mir wichtig, dass Helmut und Andrea mit ihren Pferden mindestens zwei Tage mitkämen und sich die Gegebenheiten vor Ort anschauten. Sie mussten letztendlich entscheiden, es waren ihre Pferde.

Die Erkenntnis, die die beiden aus dem Zweitagesritt zogen, war ernüchternd und eindeutig, kam für mich aber nicht überraschend. Sie wollten ihre zum Westernreiten ausgebildeten Pferden doch lieber nur auf dem Reitplatz sehen und nicht draußen den Strapazen aussetzen. Es würden keine Pferdetouren stattfinden. Sie wollten sich jetzt wieder auf das konzentrieren, was sie ursprünglich vor gehabt hatten: Unterricht und Reitausbildung in Westerndisziplin. Ich hatte bereits über dreißig Interessenten für diese Touren, denen ich leider absagen musste.

Barbara hatte sich in der Zwischenzeit in Deutschland häuslich niedergelassen und eine Wohnung in der Nähe von Ulm gemietet. Sie unterrichtete Yoga in eigenen Kursen. Barbara informierte sich über die Einfuhr von Pferden nach Deutschland. Aus allen mittelamerikanischen Ländern bestand Pferdeimportverbot. Nur von Mexiko aus war es möglich. Ich versprach Barbara, mich in etwa zwei Monaten in Guatemala mit ihr zu treffen und ihr zu helfen, die Pferde über die mexikanische Grenze zu bringen. Zuvor wollte ich zwei Wochen durch Costa Rica reiten, meine Pferde wieder trainieren und vor allem Gaucho testen. Ich wollte feststellen, ob er auch unter Belastung über mehrere Tage hinweg, schmerzfrei gehen konnte. Von der wochenlangen Ausarbeitung der Tour sollte jetzt wenigstens ein Gast profitieren, ein besonderer Gast: Anna.

Am Flughafen von San Jose holte ich Anna spät abends ab und brachte sie in ein Hotel in der Stadt. Wir schliefen im selben Zimmer, in getrennten Betten. Am Morgen beobachtete ich sie, sie schlief noch, ihre blonden Haare leuchteten golden in den warmen Sonnenstrahlen, die durch das Fenster fielen. Nach dem Frühstück machten wir uns auf den Weg nach Rio Grande, zu meinen Pferden. Im Bus berührten sich unsere Hände, sie zog ihre Hand nicht zurück. Am Abend, nach einem Regen unternahmen wir unseren ersten gemeinsamen Ausritt. Anna strahlte. Sie schien glücklich zu sein. Ich war es auch. Wir kamen uns näher.

Drei Tage waren wir unterwegs nach Cobano, dort fanden Reiterfestspiele statt, zu denen ich eine Einladung hatte. Wir übernachteten an ruhigen, idyllischen Orten, es war heiß und wir konnten in natürlichen Becken baden. Leider hatten wir uns überall Zecken aufgelesen und uns im Zelt gegenseitig am ganzen Körper abgesucht. Dass ich mich mal über Zecken freuen würde?!

Dann endete der tropische Wald und vor uns lag ein Strand. Welcher Reiter, welche Reiterin träumt nicht von einem Galopp entlang eines Strandes im Schaum der Brandung? In Cobano gingen wir in ein schönes Hotel mit Swimmingpool und Bar. Die Pferde brachten wir in eine Pferdepension, wo sie versorgt wurden. Wir mussten uns um nichts kümmern.

Unser weiterer Weg führte uns über großartige Pfade durch einzigartige Natur, an Stränden entlang, dann wieder in Wälder. Wir übernachteten in angenehmen, komfortablen Hotels mit Pools oder an idyllischen, einsamen und abgelegenen Zeltplätzen.

Wir kamen an einen Fluss, der wegen der Flut nicht passierbar war. Barbara und ich waren ebenfalls hier gewesen, hatten aber einen Umweg gemacht, weil wir uns wegen der Strömung nicht trauten durchzuschwimmen. Nun aber wusste ich, wie man so einen ins Meer strömenden Fluss passiert. Ich wusste, wo ich Informationen über die Gezeiten fand und wann ich den ersten Fluss durchqueren musste, um auch den nächsten Fluss noch rechtzeitig zu erreichen.

Wir sattelten ab. Ein zurückkehrender Fischer verkaufte uns von seinem frischen Fang und wir grillten uns Fisch. Dann überquerten wir den Fluss. Dazu mussten wir erst auf das Meer zureiten, denn dort, wo ein Fluss ins Meer fließt, ist das Flussbett ganz flach. Es war ein komisches Gefühl, als die Wellen neben uns brachen, das zurückfließende Wasser unter den Pferdehufen den Sand hervorspülte und die Pferde einzusinken schienen. Der Blick auf das zurückfließende Wasser machte uns schwindelig.

Wir verbrachten eine schöne Zeit. Rosamunde Pilcher hätte kein schöneres Drehbuch schreiben können. Manchmal wünsche ich mir, ich könnte die Zeit stoppen, einen besonderen Moment oder diesen einmaligen Zeitabschnitt mit Anna einfangen, festhalten wie in meinen Fotos, um ihn dann bei passender Gelegenheit, wenn die Stimmung danach schreit, wieder herauszukramen.

Die letzten zwei Reittage verbrachten wir im strömenden Regen. Ich fürchtete, völlig durchzudrehen, denn selbst den Regen genoss ich. Nicht einmal der Regen konnte unserer guten Laune etwas anhaben.

Barbara war in der Zwischenzeit in Guatemala eingetroffen. Wir hatten besprochen, dass sie Pumuckl und Samurai täglich trainieren sollte, damit alle unsere Pferde eine gleiche Grundkondition besäßen.

Barbara sollte die Einreisepapiere ihrer Pferde für Mexiko selbst besorgen. Ich würde meine Papiere von Costa Rica mitbringen und bis zur mexikanischen Grenze durchfahren. Dort würden wir uns treffen und gemeinsam über die mexikanische Grenze gehen.

Ich kam aber in Costa Rica mit den Papieren nicht weiter. Kein Tierarzt besaß genug Selbstvertrauen um die Papierformalitäten zu erledigen. „Unmöglich, die Mexikaner ändern wöchentlich ihre Gesetze, da weiß man nie was man braucht – bis nach Guatemala, no Problem!"

Also änderten wir den Plan: Ich würde bis Antigua, Guatemala fahren, wo Barbara und ihre Pferde sich befanden. Dort würden wir uns treffen und das erforderliche Papierprozedere gemeinsam erledigen. Barbara wollte sich erkundigen, welchen Tierarzt wir damit beauftragen könnten und Kontakt zu ihm aufnehmen.

Ich fragte Anna, ob sie noch etwas alleine unternehmen mochte. Ich wollte nicht aufdringlich sein und sie die ganze Zeit für mich beanspruchen. Sie reagierte beleidigt und fragte, ob ich sie denn los sein wollte?

Die letzten beiden gemeinsamen Tage liehen wir uns ein Fahrzeug und fuhren zum See Arenal. Anna begann, mir Fragen zu stellen:

"Was ist unsere Beziehung – eine Affäre? Wirst du Barbara davon erzählen?"

„Ja, das werde ich."

Früh morgens brachte ich Anna zum Flughafen. Sie hatte beim Abschied Tränen in den Augen.

„Bist du denn nicht traurig, wenigstens ein bisschen?" fragte sie mich unsicher.

„Nein."

Ich habe ein Talent im entscheidenden Moment immer das Falsche zu sagen.

Was war schon dabei zu sagen: „Ja, ich bin sehr traurig." Aber was sagte ich, einfach: „Nein." Manchmal bin ich mit meinen Gedanken schon weiter, kann aber das Einfachste nicht ausdrücken. Was sich in den gemeinsamen drei Wochen zwischen Anna und mir entwickelt hatte, davon hatte ich nicht einmal zu träumen gewagt. Ich weiß, dass ich mit positivem Denken etwas bewegen und verändern kann, ich weiß aber auch, dass, wenn ich etwas erwarte und es nicht eintritt, sehr enttäuscht sein kann, so habe ich gelernt, nichts zu erwarten. Gewünscht hatte ich es mir natürlich schon. Anna war mir vom ersten Augenblick an sympathisch gewesen und das hatte sich nun über drei fantastische Wochen bestätigt. Ich war in sie verliebt. Ihre Rückreise war für mich nicht das Ende eines Liebesabenteuers, es war der Anfang einer Beziehung mit einer interessanten Frau und darüber war ich nicht traurig und darauf bezog ich das „Nein".

Anna hatte schon als kleines Kind davon geträumt, an die chinesische Mauer zu reiten. „Falls du mit deinen Pferden nicht in die USA einreisen darfst, reiten wir zusammen an die chinesische Mauer!"

Wir standen am Anfang einer völlig chaotischen Zukunft – das war mir schon klar. Wir lebten in zwei komplett verschiedenen Welten. Meine war das Unterwegssein, mein Ziel Alaska, etwas Wichtigeres konnte es im Moment in meinem Leben nicht geben. Ihre Welt war ein gemeinsames Geschäft, ein Buchladen in München, den sie mit ihrer Schwester betrieb. Aber das alles sollte kein Hindernis sein, im Gegenteil, vielleicht würde es ganz spannend werden, wir mussten nur Geduld haben.

Anna und ich hatten drei wunderschöne Wochen Urlaub verbracht. Doch in einem Urlaub ist alles ganz anders, man ist offen für Gefühle, es gab keine Probleme, alles war perfekt organisiert. Ich kannte die Strecke und die Unterkünfte. Mit der Wirklichkeit einer Expedition hatten diese drei Wochen nichts zu tun. Wer von uns beiden sollte nun sein Leben umkrempeln für den anderen?

Anna mochte das Reisen, liebte Pferde und träumte vom Unterwegssein mit Pferden, davon musste ich sie nicht erst überzeugen, darüber hatten wir uns ja kennen gelernt. Ich malte mir aus, wie wir ein- oder vielleicht zweimal im Jahr einige Wochen gemeinsam unterwegs wären. Wir würden uns weiter kennen lernen und keiner ginge ein Risiko ein. Ich konnte mein Leben weiter führen, sie brauchte weder Wohnung,

Arbeit noch Freunde aufzugeben. Beim Abschied fragte ich sie, ob sie mich nicht in ihrem nächsten Urlaub begleiten wollte. Da würde ich dann schon in den USA auf dem Continental Divide Trail unterwegs sein. „Schau dir's mal an, darüber gibt's eine Webseite."

Ich bereitete die Abfahrt aus Costa Rica vor. Mit einem Lkw brachte ich meine drei Pferde in Richtung Norden, nach Guatemala. Wenn man mit einem Lkw voller Pferde durch die Länder reist, ist das viel unproblematischer als wenn man sie zu Fuß über die Grenze bringen will, da die Pferde nur „im Transit" sind. Allerdings muss man jedes Land innerhalb einer vorgegebenen Zeitspanne, meist sind das 72 Stunden, wieder verlassen. Nach drei Tagen erreichen wir die guatemaltekische Grenze, hier fehlte eine Unterschrift, so lud ich die Pferde ab und José, der Fahrer aus Costa Rica, fuhr zurück.

Von der Grenze Guatemalas ritt ich nach Antigua. Das erste Mal seit Jahren war ich wieder alleine. Am Fuße des Vulkans Pacaya traf ich mich mit Barbara, sie kam mir entgegen. Ich war überrascht, wie sehr ich mich doch freute, sie zu sehen. Und sie hatte noch eine Überraschung für mich.

„Mein Gott, was ist das dann?"

Um ihre Füße herum streifte ein kleines Hündchen. Es bestand nur aus Haut und Knochen, das rosa Halsband leuchtete auffällig in dem struppigen gelben Fell. Ich konnte es nicht glauben, wieso hatte sie sich diese hässliche Kreatur angetan! Ich wollte das Hündchen nicht einmal anfassen.

„Darf ich vorstellen: Das ist Chapina."

Zwei Dollar hatte Barbara für diesen kleinen Mischlingswelpen bezahlt. Chapina – so nennen sich die Guatemaltekinnen selbst. Ich selbst hatte noch nicht den Mut oder die Kraft, erneut die Verantwortung für einen Hund zu übernehmen. Der Tod von Liesl schmerzte noch zu sehr.

Ich überlegte, wie ich Barbara die Geschichte mit Anna erzählen sollte. Aber diese Entscheidung wurde mir abgenommen. Wir waren erst wenige Stunden wieder zusammen, da holte Barbara etwas aus meinem

Kulturbeutel und fand dabei ein angefangenes Päckchen Kondome, der Rest war auch schnell erzählt.

Ich wollte keinen Tag länger in Antigua bleiben als nötig. Diesmal wollte ich erstmals nicht selbst an die Grenze fahren, um zu fragen, welche Papierformalitäten wir zu erfüllen hätten, diesmal wollte ich von Anfang an einen Tierarzt beauftragen und mich um nichts kümmern. Ich hatte nach den vielen Jahren Reisen in Lateinamerika schließlich eingesehen, dass ich zwar nie begreifen würde, wie diese Bürokratie funktionierte, dass ich das aber auch gar nicht begreifen musste. Außerdem brauchten wir offizielle Papiere, Barbara für den Import ihrer Pferde nach Deutschland, ich für die Einreise in die USA. Dr. Ates Arevalo, der vielleicht bekannteste guatemaltekische Pferdearzt, erklärte mit seiner Vertrauen erweckenden, tiefen Stimme: „Die Blutuntersuchungen für eure Pferde für den Grenzübergang nach Mexiko müsst ihr in den USA machen lassen. Die Kosten liegen bei 90 Dollar pro Pferd und es wird fünf Tage dauern, bis die Ergebnisse wieder da sind."

Die mexikanischen Behörden verlangten einige Tests, die sie selbst nicht durchführen konnten, geschweige denn jemand hier in Guatemala. Die Blutproben mussten in die USA. Mexiko verlangte bei Pferdeimport die gleichen Test wie auch die USA, mit einer Ausnahme: die USA verlangten einen zusätzlichen Test über Piroplasmose-Antikörper. In Mexiko, wie auch in allen anderen Ländern, wird nur kontrolliert, ob die Pferde im Moment Piroplasmose haben, in den USA wird auch getestet, ob sie jemals diese Krankheit hatten. Dr. Arevalo fragte, ob wir auch diesen Test machen lassen wollten. Für die Einreise nach Mexiko und für die Einreise von Barbaras Pferden nach Europa war er nicht erforderlich. Bis ich an die Grenze der USA kommen würde, wären die Testergebnisse nicht mehr gültig. Ich überlegte, ob ich das Ergebnis dieses Tests wirklich bereits hier in Guatemala wissen wollte. Was würde es für mich bedeuten zu wissen, dass meine Pferde Antikörper gegen Piroplasmose haben? Die Gefahr bestand, denn sie waren ja an Piroplasmose erkrankt gewesen. Dann wüsste ich bereits 4000 Kilometer vor der US-amerikanischen Grenze, dass ich nicht mit meinen Pferden in die USA einreisen dürfte. Wie sollte ich mich dann noch motivieren? Der weitere Ritt wäre zum Scheitern verurteilt und alle Probleme – selbst die kleinsten -, die auftauchten, würden schon zur Qual werden. Trotz all dieser Überlegungen entschied ich mich, den Test machen zu lassen. Um die Gefahr einer Verwechslung so gering wie möglich zu halten, sollte der Test für alle unsere Pferde gemacht werden.

Dr. Arevalo nahm allen Pferden Blut ab und malte detaillierte Zeichnungen und Beschreibungen der Fellfarben, Abzeichen und Fellwirbel auf ein Dokument.

„In zwei Wochen sind alle Papiere fertig und ihr könnt über die Grenze."

„Das wäre ja prima."

Ich kalkulierte, dass wir von Antigua an die Grenze ca. fünf Wochen benötigten, das würde ihm mehr als das Doppelte an Zeit geben.

Barbara hatte nun fast zwei Monate in Antigua verbracht und einige Freundschaften geschlossen. So gab es noch eine lustige Abschiedsparty am Stall, mit viel Gegrilltem, Guacamole, Tortillas und Salaten. Wir brachen auf, zum ersten Mal mit fünf Pferden und Barbaras viermonatiger Hündin Chapina. Wir hatten ihr auf Barbaras Gepäck ein Bettchen aus Kissen und einer Decke eingerichtet, auf dem sie liegen konnte, sobald wir merkten, dass sie müde wurde. Sie hüpfte dann nicht mehr so wie morgens, wenn sie ausgeruht war, fröhlich vor uns her, jedem Schmetterling und jeder Eidechse hinterher jagend, sondern trottete mit etwas müdem Blick hintendrein. Dann war es Zeit für sie. Sie schlief dann trotz des unsanften Geschaukels meist sofort ein.

Wir wollten Richtung Cuchumatanes-Berge reiten und uns diese eindrucksvolle Landschaft, die von einer kargen, felsigen Hochebene auf über 3000 Metern dominiert wird, nicht entgehen lassen. Die ersten Tage führte unser Ritt noch über mehr oder weniger ebenes Gelände und ich hatte Zeit, mich auf das Unterwegssein mit drei Pferden einzustellen. Da Gaucho und Rebelde doch schon etwas älter waren, war ich froh, dass ich sie ein wenig entlasten konnte und jeden Tag einer der beiden ohne Gepäck mitlaufen durfte. Nicht, dass ich Schwäche festgestellte hätte, aber es war einfach eine Art Respekt vor dem Alter. Alle Pferde waren gut in Form und wir kamen zügig voran. Von Gauchos Hufkrankheit war nichts mehr zu spüren.

Die ersten Tage bestimmte Barbara den Weg. Sie war mit Smörrebröd hier durchgeritten und kannte den Weg mehr oder weniger, auch wenn sie sich nicht immer daran erinnerte, und ich musste nichts entscheiden. Ich genoss es und Barbara blühte auf.

Etwa einmal die Woche kamen wir an einem Internetcafe vorbei und ich freute mich, E-Mails von Anna zu lesen:

„Liebster, ich vermiss dich grad, komm nach Hause und wir reiten an die chinesische Mauer."

Oder ein andermal:

„Musst du nicht wegen dem Buch mal heimkommen?"

Oder einfach nur:

„Lass dir was einfallen, komm doch einfach!"

Diese E-Mails taten immer wieder gut.

Sacapulas liegt in einem breiten Flusstal. Auf der Nordseite ragt steil die Cuchumatanes-Bergkette wie eine Wand auf. In langen Serpentinen zieht sich die Strasse hoch nach Nebaj. Auf dieser Strasse wollten wir nicht reiten. Sie war zwar nicht geteert, doch es fuhren viele Autos, es staubte den ganzen Tag, die Pferde erschraken sich und vor allem Chapina war noch nicht verkehrssicher. Wir hatten von einem kleinen Pfad gehört, der direkt und ziemlich steil hoch führen sollte bis kurz vor Nebaj, wo er dann auf die Strasse treffen würde. Wir kauften ein paar Erdnüsse und Mangos als Wegverpflegung, dann starteten wir auf einer breiten Carretera, einer unbefestigten Strasse, sanft aufwärts. Bauern mit Eseln und Ziegen kamen uns entgegen. Chapina blieb jedes Mal weit zurück, sie traute sich vor allem an den Ziegen nicht vorüber.

Der erste Bauer, den wir nach dem Weg fragten, meinte: „Ja, dort oben wird der Weg schmäler, ein kleiner Pfad nur noch, aber ihr kommt mit euren Pferden weiter." Der nächste, der mit seiner Frau und einigen mit Brennholz beladenen Eseln unterwegs war, meinte: „Nein, unmöglich, dort, wo die Strasse aufhört, kommt ihr nicht weiter; zu Fuß vielleicht, aber mit Pferden auf keinen Fall." Der dritte zeigte auf die andere Seite der Schlucht: „Seht ihr dort drüben den Weg? Auf den müsst ihr kommen, durch diesen tiefen Taleinschnitt hindurch. Das Stück durch das Tal ist etwas steil und schwierig, aber es geht, wahrscheinlich auch mit Pferden."

Drei Menschen, drei Meinungen – so war es immer. Man musste erst genügend Menschen fragen, dann konnte man einen statistischen Querschnitt bilden und vielleicht die Wahrheit herausfinden. Wir gingen also weiter und hofften, dass die beiden optimistischeren Aussagen richtig waren. Die Strasse endete. Alles noch einmal kontrolliert und das Gepäck festgezurrt, führten wir unsere Pferde einen steilen, glitschigen Pfad bergab, dann über einen kleinen Fluss und auf der anderen Seite ebenso steil bergauf, Stunden um Stunden. Am Anfang trafen wir noch auf ein Haus und einen alten Mann, der die steinige Erde beharkte, dann begegnete uns niemand mehr. Meistens gingen wir zu Fuß, es wurde steiler, steiniger, trockener, aber auch angenehm kühler. Unser Weg führte uns aus tropischer Vegetation in schier endlose Kiefernwälder, nur gelegentlich öffnete sich der Blick hinunter ins Tal. Es duftet nach Harz und frischen Kräutern.

Nebaj gehört zum Ixil-Dreieck, einer abgelegenen, schwer zugänglichen Bergregion mit tragischer Geschichte. Die Bewohner hatten während der 80er Jahre mehr als alle anderen in Guatemala unter der Grausamkeit und Willkür der Armee gelitten, die alles daran gesetzt hatte, die indigene Bevölkerung zu spalten: Viele Männer waren zwangsrekrutiert oder als Mitglieder der so genannten Zivilpatrouillen gegen Freunde und Verwandte gehetzt worden. Heute leben ehemalige Gewalttäter neben ihren Opfern in einem ewigen Spannungsfeld.

Ende der achtziger Jahre, als ich hier gelebt hatte, besuchte Bundespräsident Weizsäcker Guatemala und übergab der guatemaltekischen Regierung 300 VW Golf, 50 BMW Motorräder und 50 Mercedes Geländewagen, als Symbol der Anerkennung dafür, dass sich das Land auf dem Weg der Demokratisierung befand. Nur wenige Wochen vor seinem Besuch war in dieser Bergregion wieder ein ganzes Dorf vernichtet und seine Menschen massakriert worden. Die ganze Welt wusste, dass das Militär dahinter steckte. Was würde ich antworten, wenn mich ein Guatemalteke, der damals seine Familie verloren hatte, fragte: „Warum war dein Land der Meinung, dass wir auf dem Weg der Demokratisierung waren, wenn doch immer noch Gewalt und Unterdrückung herrschte? Warum schenkt ihr uns Fahrzeuge, wo wir doch nicht mal vernünftige Strassen haben und es viel zu gefährlich ist, sich auf diesen zu bewegen?"

In Nebaj telefonierte ich mit Dr. Arevalo.

„Wie weit sind denn die Papiere?"

„Die Originale aus den USA sind noch nicht da, aber ich habe die Testergebnisse. Mit dem Zoll wird es ein Problem geben, aber ich kenne einen Pferdeimporteur aus Mexiko City und ich bin noch dran."

„Und...?" wollte ich wissen, was sagten die Ergebnisse?

„Alles in Ordnung, nur mit den Antikörpern sind folgende Pferde positiv getestet: Sammy, Pumuckl und Maxl."

„Und Gaucho und Rebelde?"

„Die beiden Argentinier sind negativ."

Ich wiederholte langsam und deutlich:

„Also Gaucho und Rebelde dürfen demnach in die USA einreisen, die anderen nicht?"

„Korrekt."

Für Barbaras Pferde hatte das keine Konsequenzen. Um Maxl tat es mir schon leid, trotzdem war ich überglücklich: meine beiden alten argentinischen Helden durften in die USA einreisen. Mir fiel ein Stein vom Herzen, all der Aufwand und das Warten auf Gaucho hatten sich gelohnt. Ich freute mich und das wollte ich dem Menschen, den ich liebte, mitteilen. Ich schrieb eine E-Mail an Anna: „Gaucho und Rebelde dürfen in die USA einreisen! Für Maxl allerdings muss ich eine Unterkunft im Norden Mexikos finden. Möchtest du nicht vorher noch ein Stück mit uns durch Mexiko reiten?"

Nach einem Tag Erholung in Nebaj brachen wir wieder auf. Es ging immer noch höher hinauf. Auf der Hochebene besuchten wir Pauline und Fernando Mejia, ein französisch-guatemaltekisches Paar, das Barbara schon von ihrer Reise mit dem Schweden kannte. Sie hatten dort oben eine rustikale Hacienda mit Gästehaus und Stall gebaut und boten auf ihren zehn gepflegten Quarter Horses und Appaloosas mehrtägige Touren durch die einzigartige Landschaft an. Nach ein paar schönen Tagen im kalten Hochland ging es weiter nach Todos Santos, das durch die besondere Tracht seiner Bewohner, vor allem der Männer, bekannt ist. Sie tragen rot-weiß gestreifte Hosen mit einem schwarzen Latz über der Hose, der aussieht wie eine schwarze Windel über einer Schlafanzughose. Darüber tragen sie ein weißes Hemd mit roter Knopfleiste und einen kleinen runden Strohhut, der mit einem rot gemusterten Band verziert ist. Leider konnten wir nicht über Nacht bleiben, da es im und um das Dorf herum keine einzige Weide gab. Jedes Fleckchen Erde war mit Mais bepflanzt. Wir staunten immer wieder, welch steile Hänge hier noch mühsam per Hand beackert und bepflanzt wurden.

In San Antonio Huista, einem kleinen Bergdorf kurz vor dem guatemaltekisch-mexikanischen Grenzort La Mesilla, lernten wir Dr. German Aldana kennen, einen pferdebegeisterten Arzt und Menschenfreund, der es sich zur Lebensaufgabe gemacht hatte, den Menschen hier in dieser abgelegenen Gegend medizinisch zu helfen. Wir konnten unsere Pferde auf seinem Grund unterbringen, dort fanden sie reichlich Gras. Seine gut genährten, glänzenden Andalusier standen in Ställen. Maxl und Pumuckl mussten sich natürlich jeden einzelnen ansehen und sorgten gleich einmal für Unruhe. Eines seiner Pferde hieß Bin Laden und sein Hund Bush und beide kamen gut miteinander aus. Hier planten wir so lange zu bleiben, bis wir alle Papiere für die Einreise nach Mexiko zusammen haben würden.

Ich freute mich, wieder eine E-Mail von Anna in meinem Posteingang vorzufinden, aber diesmal war es eine ganz giftige und es drehte sich mir der Magen:

„....Hast du Barbara überhaupt von uns erzählt? Warum hast du dich für sie und gegen mich entschieden? Ihr hattet ohnehin geplant weiter ge-

meinsam zu reiten, warum hättet ihr sonst die Papiere für die USA machen lassen? Und jetzt, wo Barbaras Pferde nicht in die USA einreisen dürfen, ist wieder Platz auf der Abenteuer-Isomatte....warum fühle ich mich Scheiße? Du solltest dich Scheiße fühlen!"

Ich konnte nicht sofort auf die E-Mail eingehen. Nach dem Ende der Beziehung mit Barbara stand für mich fest, dass ich wieder alleine reisen wollte, aber nach der gemeinsamen Zeit mit Anna in Costa Rica war ich ins Schwanken geraten, ich war wieder offen, mit einer Partnerin zu reisen. Aber jetzt war ich mir nicht mehr sicher. Wollte ich mir das wirklich antun? Musste ich mich derart beschimpfen und beleidigen lassen? Ich war wütend und wollte ihr das einige Tage später mitteilen. Aber sie hatte bereits eine weitere E-Mail geschrieben und sich entschuldigt. Gott sei Dank! Ich versuchte ihr zu erklären, warum der Test in den USA gemacht wurde und dass ich Barbara versprochen hatte, ihre Pferde nach Mexiko zu bringen und ihr beim Transport nach Europa zu helfen und daran würde ich mich halten. Außerdem erklärte ich Anna, dass ich im Moment weder nach Deutschland noch an die Chinesische Mauer wollte, sondern nach Alaska, ob das nun drei oder noch fünf Jahre dauern würde. Wir telefonierten, aber wie kann man über eine derartige Strecke an Gefühlen arbeiten. Anna tat mir leid, ich wollte sie in den Arm nehmen.

Ich telefonierte wieder mit Dr. Arevalo. „Wie weit sind wir denn mit den Papieren?"

„Alles o.k., no Problem."

Da wurde ich hellhörig: Wenn ein Lateinamerikaner sagt „No Problem", spätestens dann weißt du, dass du eines hast. Er hätte eine Kollegin, eine Ärztin in Mexiko City, sie würde für die Pferde bürgen. Ihr Mann besaß eine internationale Pferdespedition. Mit ihrer Hilfe würden wir die Erlaubnis bekommen, die Pferde innerhalb von 72 Stunden durch Mexiko zu bringen. Eine andere Möglichkeit gäbe es nicht, aber das würde sehr viel Geld kosten.

Das allerdings war weit untertrieben, wir sprachen von 10.000 US-

Dollar. Dass er sich das überhaupt zu sagen traute! Mit diesen Zahlen hatte ich ein Problem: die Kosten für die Spedition waren mir zu hoch und die Zeit von 72 Stunden, um Mexiko zu durchqueren, definitiv zu wenig.

„Bitte, machen Sie die Ausreisepapiere fertig, um die mexikanischen Papiere kümmere ich mich selbst. Ich komme nächste Woche am Montag in die Hauptstadt und dann hole ich die Papiere ab und bezahle auch unsere Rechnung. Wie viel muss ich denn mitbringen?"

Er hatte jetzt dreimal soviel Zeit gebraucht als am Anfang genannt und auch die Kosten waren um das Dreifache gestiegen. Barbara versorgte die Pferde und Chapina, während ich nach Guatemala City fuhr, um die Papiere zu holen und an den Hauptgrenzübergang nach Mexiko im Süden, Hidalgo, reiste, um alle veterinärmedizinischen sowie die Zoll-Papiere für die Einreise unserer Pferde zu organisieren.

„Ich komme erst zurück, wenn ich die Einreisepapiere nach Mexiko habe. Lauf mir ja nicht weg, egal wie lange das dauert!" verabschiedete ich mich von Barbara.

„Bleib ruhig, behalte die Nerven."

Montag früh wartete ich schon vor Dr. Arevalos Büro.

„Tja, das mit dem mexikanischen Zoll und den Einreisebestimmungen ist wirklich ärgerlich!" begrüßte er mich.

„Kein Problem, kümmern Sie sich nicht darum, das erledige ich persönlich an der Grenze. Ich brauche nur die Ausreisepapiere, damit ich Guatemala verlassen kann."

„Fijate..., stell dir vor...", wenn ein Guatemalteke einen Satz mit „Fijate" begann, konnte ich schon aus der Haut fahren, denn nach diesem Wort kamen immer die unglaublichsten Erklärungen für die merkwürdigsten Gegebenheiten.

„Deine Papiere sind so weit fertig, aber Barbaras Pferde sind quasi nie eingereist."

„Was machen wir jetzt?"

„Wir brauchen eine guatemaltekische Rechnung, dass Barbara ihre Pferde hier gekauft hat", erklärte er: „Außerdem brauchen wir noch einzige zusätzliche Papiere und dann müssen wir nur noch die Steuern bezahlen und bekommen die Ausreisegenehmigung. Das ist alles."

„Ja, aber ich dachte, die Papiere sind heute fertig? Ich bin gekommen, um sie abzuholen. Wie lange dauert das noch?"

„Na ja, vielleicht bis Mitte nächster Woche."

„Nein", sagte ich bestimmt: „Morgen möchte ich zur Grenze, solange will ich nicht mehr warten. Das muss heute fertig werden."

„Heute? Unmöglich!"

Er beruhigte mich mit einer lateinamerikanischen Gelassenheit, die ich über all die Jahre nicht erlernen konnte. Meiner Meinung nach kann man diese nicht erlernen, man kann sie nur über die Gene erben. Dr. Arevalo meinte: „Schau mal, heute ist schon Montag..."

„Ich weiß, und die Woche ist schon so gut wie vorbei", unterbrach ich ihn: „...Und deshalb müssen wir sofort beginnen!"

Es war ein anstrengender und ein langer Montag, bis wir mit dem letzten zu besorgenden Papier aus dem Amtsgebäude traten und der ebenfalls genervte Sicherheitsbeamte endlich hinter uns abschließen konnte.

Zwei Dinge zur gleichen Zeit können nicht gleich wichtig sein

Während der Busfahrt zur guatemaltekisch-mexikanischen Grenze fand ein „bewaffneter Überfall“ statt. Es gab zwei Typen von Banditen in Guatemala: die einen versteckten sich hinter Tüchern, die sie bis über die Nasen zogen, die anderen hinter Sonnenbrillen, den dunkelsten und undurchsichtigsten, die es gab und trugen Polizei- oder Militäruniformen mit Bügelfalten. Zwei Uniformierte stiegen mit einer Maschinenpistole im Anschlag in den Bus ein.

„Alles aussteigen! Kontrolle!“

„...ohne Gepäck!“ fügte er hinzu, als würde er uns mit dieser Großzügigkeit eine Menge Unannehmlichkeiten ersparen wollen.

Mir fiel auf, dass ich der einzige Gringo im Bus war und ich war auch der einzige, der sein Gepäck mitnahm.

„Das Gepäck muss drinnen bleiben!“ bellte mich der vom Staat legitimierte Bandit an.

„Mein Gepäck muss niemand durchsuchen, wenn ich nicht persönlich dabei bin!“ fauchte ich zurück.

„Männer hier hin, Frauen dort hin.“

Meine Mitreisenden kuschten, ließen sich alles gefallen. Es war für sie nicht das erste Mal. Sie wussten auch gleich, wie, wo und welche Position sie einzunehmen hatten. Wir standen aufgereiht wie Perlen an einer Schnur entlang des Busses mit dem Gesicht zum Bus, Handinnenfläche an das Fahrzeug angelegt, Beine gespreizt. Während sie der Reihe nach alle abtasteten, beobachte ich, wie sich zwei Uniformierte im Bus durch das Gepäck wühlten. Genau deshalb hatte ich meine Tasche mit heraus genommen.

Einer der Bewaffneten befragte zwei Männer vor mir:

„Woher?“

„Nicaragua."

„Dokumente?"

„Wir haben keine."

"Mitkommen!"

„Wohin sollten die beiden mitkommen, hier draußen in der Mitte von Nirgendwo?" dachte ich. Dem Ton entsprechend gab es gar keinen Zweifel. Jetzt würde man sie erschießen, im gnädigsten Fall nur ausrauben. Das Gefährlichste für die Indocumentados, die Menschen ohne Ausweispapiere, waren die Polizisten und das Militär. Nicht etwa, weil diese sie zurück in ihr Land schickten, sondern weil sie sie ausraubten, ihnen alles wegnahmen, was sie hatten, sogar ihre Schuhe. Diese Menschen hatten keinen Schutz und keine Rechte, darum war der Weg in die USA für sie auch so teuer.

Ich wurde in meinen Gedanken unterbrochen: Jetzt war ich an der Reihe. Abtasten.

„Dokumente!"

Ich reichte ihm meinen Pass. Er schubste mich wie einen Kartoffelsack wieder an den Bus.

„Woher?"

„Von der Hauptstadt."

„Ich meine, welche Nationalität?"

„Deutschland."

„Wann geboren?"

Ich erlaubte mir, mich von meiner erzwungenen Position zu lösen, drehte mich zu ihm hin, brachte mein bärtiges Gesicht nahe an sein bärtiges Gesicht, riss ihm meinen Pass aus der Hand und zeigte mit dem Finger auf die Seite:

„Hier steht alles, was du wissen willst!"

„Das ist eine Kontrolle und du musst die Daten auswendig wissen."

„Nein, muss ich nicht, weil ich lesen kann."

Ich war überzeugt, dass er nicht wirklich mit der Übereinstimmung der Zahlen die Echtheit meines Passes überprüfen wollte. Zu viele unglaubliche Geschichten hatte ich schon über die Polizei und das

Militär im Land gehört und selbst erlebt, so dass ich ihnen gegenüber einfach keinen Respekt aufbringen konnte. Sie boten keinen Schutz oder garantierten Frieden, sondern die Bevölkerung hatte Angst vor ihnen. Wir beide wussten, er konnte mich zwar erschießen, aber bei jeder Diskussion würde er den Kürzeren ziehen und selbst die unterwürfigen Indigenas konnten ein Grinsen nicht zurückhalten, als ihm jemand Paroli bot. Sie ließen mich in Ruhe, auch an meine Tasche traute sich keiner mehr heran. Wir saßen bereits alle wieder im Bus, als die beiden Nicaraguaner zurück kamen. Arme Jungs, was die wohl hatten zahlen müssen?

So gelangte ich schließlich doch noch zur mexikanischen Grenze. Um mich nicht ständig zu wiederholen und die unverständlichen und nicht nachvollziehbaren Grenzprozedere aufzuzählen, beschreibe ich an dieser Stelle einmal meinen Gefühlszustand beim Versuch, die Grenzformalitäten für die Einreise nach Mexiko zu erledigen: Nach dem ersten Tag war ich völlig verzweifelt und dachte: „Das schaffe ich nie." Nach dem zweiten fiel ich fast in Ohnmacht, wollte mich irgendwo zurückziehen und einfach nur weinen und aufgeben. Noch so ein Tag und ich hätte durchgedreht, aber ich hatte rechtzeitig noch die Kurve gekriegt. Ich kehrte in mich und sprach mir selbst gut zu: „O.k., Junge, das ist schon der dritte Tag ohne Nahrung, jetzt wird erst einmal gegessen." Danach nahm ich mir ein Blatt Papier und notierte: *Grenze Mexiko: Grenzübertritt unmöglich!*

Unmöglich – das hatten andere von meiner Reise auch behauptet und trotzdem war ich bis an die mexikanische Grenze gelangt. Was konnte ich also tun? Welche Möglichkeiten hatte ich? Ich zeichnete einen kleinen Pfeil nach unten, er bedeutete zurückgehen. Was wollte ich? Ich wollte über die Grenze und ich zeichnete einen Pfeil nach oben. Ich zeichnete den Pfeil gleich viel größer und fuhr nochmals und nochmals – immer wieder – darüber, und es wurde ein ganz dicker, fetter Pfeil. Würde jemand dieses Blatt Papier betrachten, mit diesen wenigen Worten und dem kleinen Pfeil nach unten und dem großen fetten Pfeil nach oben, man würde mich für verrückt halten.

Aber was da vor mir lag, war die Lösung und gleichzeitig ein Schlachtplan. Er zeigte mir nicht nur die Richtung an, in die ich gerne wollte, sondern als ich den Pfeil immer wieder nachzeichnete, hatte ich im Unterbewusstsein bestimmt, in welche Richtung ich auch gehen würde – so einfach war das. Der Pfeil drückte nichts anderes aus als: „Mexiko, wir kommen – ich nehme es mit dir auf, du nennst mir die Probleme und ich zeige dir die Lösung." Das Ganze wollte ich natürlich erreichen, ohne Schmiergeld zu zahlen.

Und nun zog ich das volle Register, nutzte all meine Erfahrungen der vielen Grenzübergänge der letzten Jahre und die Beobachtungen während der vielen Monate, in denen ich mich um Beamte herum aufgehalten hatte. Ich war selbstbewusster geworden, hatte Selbstvertrauen entwickelt, hatte gekämpft, mich durchgesetzt, jede Menge Fehler gemacht und daraus gelernt. Ich hatte ein Gefühl dafür bekommen, wie, was, wann ging, wo ich mit der Faust auf den Tisch knallen und herumschreien musste und wo ich mich mit Engelsgeduld vor den Schreibtisch des Beamten setzen und einfach nur warten musste, wie zum Beispiel in diesem Fall:

„Die Unterschrift, das dauert noch bis heute Nachmittag. Wenn sie morgen kommen, ist es fertig." Aber am nächsten Tag würde es nicht fertig sein. Darum hieß es eben warten: „Nein, nein, ist ja nur eine Unterschrift, ich habe Zeit, ich warte." Die meisten Beamten wollten irgendwann auch pünktlich Feierabend machen und nach Hause zu ihren Frauen und Kindern, aber da sie sich vorher noch mit ihren Freundinnen treffen wollten, hatten sie es eilig.

Manchmal half auch eine andere Strategie: Bei dieser zog ich eine Fotokopie eines großen Zeitungsberichtes über uns heraus und schrieb eine schmalzige Widmung darauf: „Für meinen guten Freund ...., aus Dankbarkeit für die Hilfe und Unterstützung. Ohne dich wäre unsere Expedition gescheitert. Möge Gott dich immer beschützen." Dann fragte ich so nebenbei: „Ach, entschuldige, wie buchstabierst du deinen Namen?" „Pedro", und fügte den Namen Pedro der Widmung hinzu.

Manchmal kam ich mit diesem ganz einfachen Satz weiter: „Du, Pedro, was hältst du davon, wenn wir einmal mit deinem Chef telefonieren? Weißt du, Pedro, vielleicht hatte er ja schon mal so ein ähnliches Problem gehabt und weiß eine Lösung."

Das wirkte oft besser als den armen Kerl anzubellen:

„Ich will auf der Stelle ihren Chef sprechen!"

Wenn sie Lügen hören wollten, musste man seine gute Erziehung eben vergessen und ihnen diesen Wunsch erfüllen. Ich wollte mit meinen Tieren über die Grenze. Ich hatte alle anderen Grenzen überquert und diese würde mich auch nicht zurückhalten. Ich war nervlich so fertig, dass ich froh war meinen Namen noch am Stück aufsagen zu können und zur gleichen Zeit fand ich eine E-Mail in meinem Posteingang von Anna, in welcher sie von mir eine Stellungnahme über meine Gefühle ihr gegenüber erwartete.

Nach drei weiteren Tagen hatte ich alle Papiere in der Hand. Ich ging zurück zur Bushaltestelle, erwischte gerade noch den letzten abfahrenden Bus und ließ mich in den unbequemen Sitz mit viel zu wenig Beinfreiheit nieder. Eine tonnenschwere Last schien von mir zu fallen. Ich wollte laut schreien, alle sollten es hören: „Hey Leute, ich habe diese verdammten Papiere für die Einreise nach Mexiko!"

Ich saß aber nur ruhig in meinem Sitz und fühlte mich dabei wie ein Bergsteiger, der gerade einen Achttausender im Sologang bestiegen hatte und zurückkehrte und keiner in der Welt wusste, was er gerade Übermenschliches geleistet hatte, nur er. Ich hatte vier Kilogramm abgenommen, dabei bestand ich zu dieser Zeit nur aus Haut und Knochen. Keine Frage, ich war mächtig stolz – 16.000 km durch Lateinamerika zu reiten, das war eigentlich schon eine Sache, aber richtig stolz war ich darauf, dass ich mich von dieser Bürokratie nicht unterkriegen hatte lassen.

Wenn bei dieser Rückfahrt nun unser Bus überfallen werden würde und jemand versuchte mir die Papiere abzunehmen, ich bin mir nicht sicher, aber ich denke, ich wäre bereit gewesen einen Mord zu begehen.

Zurück in San Antonio Huista traf ich Barbara.

„Und?“

„Am Dienstag um zehn Uhr müssen wir pünktlich an der Grenze sein. Irgendwie konnte ich die Behörden überzeugen, sie machen eine Ausnahme und wir müssen nicht runter nach Hidalgo, eigentlich ist dort der einzige Grenzübergang für Tiere. Es werden zwei Beamte des Landwirtschaftsministeriums kommen und uns empfangen, ein von der Regierung unabhängiger Tierarzt kommt ebenfalls. Er wird unterschreiben und ist dann dreißig Tage lang verpflichtet, jede Erkrankung der Tiere zu melden. Mit dem Zoll habe ich mich geeinigt und unsere Pferde nationalisiert, das heißt, es sind jetzt alles mexikanische Pferde. Den Wert je Pferd legte ich mit 80 US Dollar fest, so blieb der Einfuhrzoll gering. Für dich hatte es sogar den Vorteil, dass dich beim Import der Pferde nach Europa keiner auf ein Pferdeeinfuhrverbot von Mittelamerika ansprechen wird.“

„Das ist ja prima - scheint ja doch nicht so schwierig gewesen zu sein wie alle erzählten! Aber du schaust müde aus.“

„Du weißt ja - die langen Busfahrten sind recht anstrengend.“

Mexiko, das Land, das so unerreichbar schien - nun waren wir hier, ich konnte es fast nicht glauben. Wie immer waren meine Sinne besonders wach und aufmerksam, wenn ich ein neues Land betrat, um alles Neue und Unbekannte in mich aufzunehmen. Jedes Land riecht anders. Aber noch nie war mir das so bewusst aufgefallen wie bei Mexiko. Die topografischen Karten von Chiapas, dem ersten Bundesstaat, durch den wir ritten, waren veraltet - nicht mal ein Staudamm, der bereits seit 25 Jahren existierte, war in der erst in diesem Jahr neu aufgelegten Karte eingetragen. So hatte sich ein kleiner Bach, den wir einfach hätten durchreiten können, in einen breiten, tiefen, dunklen Fluss verwandelt. Wir sattelten am Ufer ab, kochten uns erst mal etwas zu essen und besprachen die Möglichkeiten, die wir hatten: zurück gehen und woanders reiten - wir konsultierten die Karten, das würde einen großen, zeitraubenden Umweg bedeuten - also schwimmen. Ich ging mit jedem Pferd einzeln am Strick ein paar Runden schwimmen, um zu sehen, ob sie das hinbekommen würden. Wir hatten zwar regelmäßig mit unseren Pferden gebadet und waren auch geschwommen, aber bis ans andere Ufer waren es sicherlich hundert Meter, so weit waren sie noch nie geschwommen. Rebelde und Gaucho, die beiden „alten Hasen", und auch Samurai schwammen beim Probeschwimmen recht gut, mit gebleckten Zähnen, was ihnen einen Furcht einflößenden Gesichtsausdruck verlieh. Unsere Sorgenkinder waren Maxl und Pumuckl. Sie versuchten, jeweils so lange die Luft anzuhalten, wie sie keinen festen Boden unter den Füssen spürten und verschlossen ihre Nasenlöcher, um dann unter großem Gepruste eine Wasser-Luft-Fontäne auszustoßen – der eines Wales nicht unähnlich. Alle Pferde atmeten nach den paar Runden, die ich mit ihnen gedreht hatte, heftig.

Unsere Skepsis war nicht beseitigt, aber wir mussten es versuchen. Also riefen wir ein am anderen Ufer liegendes, kleines Ruderboot herbei und erklärten dem Ruderer unser Vorhaben. Wir wollten sicherheitshalber jedes Pferd einzeln schwimmen lassen. Als erster war Rebelde dran. Ich hakte ihm den Führstrick am Nasenteil des Halfters ein, so dass ich ihn etwas dabei unterstützen konnte, den Kopf aus dem Wasser zu halten. Er schwamm zügig, unser freundlicher Helfer musste kräftig rudern und ich hielt Rebeldes Nase so gut es ging über Wasser. Wohlbehalten kamen wir am anderen Ufer an. Nach und nach holten wir so ein Pferd nach dem anderen herüber. Als vorletzter war Pumuckl dran, nur noch Sammy stand angebunden da. „Mach ihn los, ich glaube, Sammy schwimmt frei mit, den brauchen wir nicht anzubinden", rief Barbara mir zu. Und tatsächlich, als wüsste er, was von ihm erwartet wurde, war er noch vor Pumuckl im Wasser und schwamm wiehernd dem anderen Ufer entgegen.

Wir waren im tropischen Tiefland unterwegs: Ameisen, Mücken, Zecken und sonstiges tropisches Ungeziefer, schweißtreibende feuchte Hitze, in der nichts trocknete, Schimmelpilze überall, schlaflose Nächte bei 35 bis 40 Grad im Zelt. Wir wollten wieder etwas weiter ins Hochland, in die Berge kommen, dort ließ es sich angenehmer leben, für Mensch und Tier.

Durch Medias Aguas verlief eine Bahnlinie. Es verkehrten nur noch Güterzüge. Wir wunderten uns zunächst über die vielen jungen Männer, die neben den Gleisen zu lagern schienen.

„Das sind Indocumentados, Bürger ohne Ausweispapiere, aus Honduras, El Salvador, Guatemala, teilweise auch aus Südamerika, die hier auf den Güterzug aufspringen, mit dem sie bis Mexiko City fahren. Alle zwei Tage kommen hier bis zu hundert Menschen durch", erzählte uns ein Taxifahrer. Schon einige Tage zuvor hatten wir sieben junge Männer in den Bergen getroffen, die zu Fuß in der brennenden Mittagssonne über staubige Straßen Richtung Norden gezogen waren. Ihr einziges Gepäck war eine Plastiktüte oder ein kleiner Tagesrucksack mit etwas Wasser und wahrscheinlich einer Menge Geld, für den Coyote, den Menschenschmuggler, der sie dann schlussendlich über die Grenze in die USA bringen sollte, in das Land, in dem man viel Geld verdienen konnte und wo angeblich alles besser war. Voller Energie, jung und körperlich gut in Form wollten sie ihr Glück in North Carolina suchen, wo schon Familienangehörige und Freunde auf sie warteten. Sie hatten genaue Informationen darüber, wo sie nicht mit dem Bus fahren durften, weil es zu viele Kontrollen gab, und wo es sicher war.

„Wenn wir erwischt werden, bezahlen wir etwas Schmiergeld, aber wir dürfen weiter reisen", erzählten sie uns, als wir ihnen ein paar Flaschen Cola spendierten. In Medias Aguas waren sie als Schwarzfahrer geduldet, nur wenn eine Kontrolle käme, müssten sie abspringen. Diese Jungs reisten nicht aus Spaß an der Reise, so wie wir, sie waren unterwegs nach Norden, um im Leben eine bessere Chance zu haben. Uns wurde wieder einmal deutlich vor Augen geführt, welch bessere Ausgangssituation wir allein dadurch hatten, zufällig in einem reichen Land geboren worden zu sein, und wir waren sehr dankbar dafür.

Heute gibt es ein Gesetz und auch Polizisten, die die Rechte der Indocumentados in Mexiko schützen.

Wir kamen gut voran und – viel wichtiger – gut miteinander aus. Fast möchte ich behaupten, besser denn je. Wir lachten und stritten uns wie eh und je, und trotzdem war es angenehm, nicht alleine unterwegs zu sein. Und langsam veränderte ich mich. Obwohl ich weiterhin nach Norden ritt, galoppierte mir mein Ziel Alaska aus den Augen. Es verschwand. Ich erkannt es und sträubte mich dagegen. Ich spürte es. Alaska war mir nicht mehr wichtig. Aber ich wollte es nicht wahrhaben.

Ich hatte bei Interviews immer gesagt, zwei Dinge zur gleichen Zeit könnten nie gleich wichtig sein. Sollte eine Frau mir wichtiger sein als meine Reise? Das konnte doch gar nicht sein. Ich brauchte noch etwas Zeit, dachte die verschiedensten Möglichkeiten durch und mit Barbara hatte ich jemanden, der einfach zuhörte. Auch in dieser Zeit war mir die Nähe von Barbara sehr wichtig.

Mit der Einreise nach Mexiko war mein Versprechen Barbara gegenüber noch nicht eingelöst, es beinhaltete auch die Hilfe und Unterstützung beim Transport der Pferde nach Europa. In den nächsten Monaten wäre ein Transport mit dem Schiff über den Atlantik wegen dem Wetter weniger günstig gewesen und so eilte es nicht und wir konnten noch ein Stück gemeinsam nach Norden reiten. Unsere sofortige Trennung war aus meiner Sicht nicht nötig, auch wenn Anna das nicht verstand und eifersüchtig auf Barbara war.

Außerdem spielte ich immer mehr mit dem Gedanken, die Reise zu beenden und meine Pferde ebenfalls nach Deutschland zu bringen. War das überhaupt möglich? Ich war drei Mal mit einem Containerschiff über den Atlantik gefahren. Wenn ich selbst mitfahren würde, könnte ich das verantworten. Ich kannte verschiedene Containertypen und überlegte mir, wie ich sie umbauen würde, damit die Pferde genügend Platz und Auslauf hätten, wo ich Futter, Wasser und Einstreu lagerte, wieviel Futter ich pro Tag bräuchte und wie ich im Notfall bei Sturm jeden einzeln festklemmen könnte.

Wir waren unterwegs Richtung Pico de Orizaba, einem Vulkan wie aus dem Bilderbuch und mit 5700 Metern Höhe der höchste Berg Mexikos. Wir befanden uns auf einem schmalen Pfad, links ging es steil hinab. An einer schmalen, steinigen Stelle lag der Kadaver eines Maultiers oder Esels quer über den Weg und verweste vor sich hin. Meine Pferde wurden von dem Gestank ganz aufgeregt, Gaucho gab ein prustendes

Schnauben von sich, schüttelte die Mähne und stampfte mit einem Vorderhuf auf den Boden. „Sorry Jungs", ich sah keine Alternative, „da müssen wir daran vorbei." Ich hielt die Luft an und ritt vorbei, es summte und brummte und eine Wolke Fliegen stieg auf. So viele Maden in einem Tier hatte ich noch nie gesehen – das tote Tier bewegte sich schon wieder. Ich war nahe dran mich zu übergeben.

Auch Barbaras Reitpferd Sammy scheute, ging dann aber weiter, gleichzeitig scheute Pumuckl, er war jedoch mit einem festen Knoten am Sattel von Sammy festgebunden. Die Pferde konnten sich nicht mehr einigen, der eine zog, der andere bremste und Barbara balancierte direkt über der stinkenden, sich bewegenden Masse. Sammy stieg, Barbara stürzte fast, blieb aber am Führstrick hängen, rutschte runter und zog ihre Pferde zu Fuß vorbei. Kreidebleich kam sie an:

„Ich dachte schon, ich fall da rein."

„Ja, stell dir vor, und ich hätte dir nicht mal helfen können, wir haben keine Waffe dabei!"

„Wieso Waffe, wolltest du das tote Tier noch mal erschießen?"

„Ne, ich hatte eher an dich gedacht."

In Portrero Nuevo, auf 3400 Metern Höhe, konnten wir im Puesto de Salud, dem Gesundheitsposten, schlafen. Auf dem gestampften Erdboden standen einige Tische und Stühle und es gab sogar eine Glühbirne – für uns der pure Luxus, vor allem, da es mal wieder die ganze Nacht vor sich hin regnete. Das Satteln am Morgen war ein Dorfereignis.

„Zur Hütte ist es nur eine Stunde und man kann mit dem Auto hinfahren."

So einfach war es dann doch nicht. Bald mussten wir erkennen, dass es zwei verschiedene Hütten gab und wir zu der weiter entfernten, höher liegenden reiten wollten. Der Weg endete bald in Schleifspuren von Holztransporten. Wir versuchten, einigen dieser Spuren zu folgen, waren aber immer wieder „auf dem Holzweg", im wortwörtlichen Sinne. Nieselregen setzte ein, der Nebel senkte sich tiefer und tiefer und die Sicht sank auf wenige Meter. Wir hatten schon fast alle möglichen Wege versucht und standen ratlos an einer Kreuzung. Da kam ein Mann von unten herauf, gerade zum rechten Zeitpunkt. Er lief ein Stück mit uns und zeigte uns, wo wir weiter mussten. Wir gaben ihm unseren Vorrat an Keksen und Erdnüssen zum Dank.

Ein steiler, steiniger Pfad ging bergauf, um uns herum wuchsen Paramogras und Kiefern. Es war nass und kalt. Falls wir uns in dieser Steinwüste verirren sollten, gäbe es zwar Gras für die Pferde, jedoch kein Wasser. Wir waren schon über vier Stunden unterwegs, doch von der Hütte war noch weit und breit nichts zu sehen. Der dichte Nebel nahm uns auch jede Sicht. Wieder verloren wir den Weg. Barbara war schon ziemlich verzagt. Wir vereinbarten, dass einer rechts, der andere links suchen sollte und wir uns nach einer viertel Stunde wieder bei den Pferden treffen würden. Die Pferde konnten wir einfach so stehen lassen, sie waren auch kaputt und müde und bewegten sich keinen Schritt vom Fleck. Ich hatte etwas gefunden, das wie ein Pfad aussah, Barbara war nur an eine Felswand gestoßen. Steil und steinig ging es anfangs bergauf, dann tief in eine Rinne hinunter. Barbara war so fertig, dass sie sich bergauf an Samurais Schweif festhielt, damit er sie ein wenig zog. Das Gelände war so unwegsam und die Pferde sichtlich müde und durch die dünne Höhenluft belastet, dass wir sie schonen wollten und abgestiegen waren. Vor uns lag öde, baumlose Geröllandschaft. Der Wind konnte ungehindert scharf über die kargen Höhen streichen. Barbara band ihr Tuch, das gleichzeitig Rock, Handtuch und Stirnband war, um den Kopf. Nochmals mussten wir eine Rinne und noch einen Bergrücken überqueren.

Dann sah ich die Hütte! Endlich, wir waren auf dem richtigen Weg. Mir fiel ein Stein vom Herzen. Wir atmeten erleichtert auf, die Anspannung und die Unsicherheit, ob wir noch jemals an unser Ziel gelangen würden, wichen von uns. Jetzt konnte ich mich auch an den Lupinen, Glockenblumen und kugelköpfigen Disteln erfreuen, die schon seit einiger Zeit unseren Weg säumten. Leider sahen wir den Gipfel des Pico de Orizaba an diesem Tag nur kurz, da immer wieder Nebel und Wolken die Sicht verdeckten. Auch die Sonne hatte keine Chance, uns ein wenig zu wärmen.

Wir campten unterhalb der Hütte, da es schon später Nachmittag war und wir sie an diesem Tag nicht mehr erreichen konnten. Unser Abendessen bestand aus einer Tasse Reismehl in Milch mit Zucker, das wärmte und stärkte uns. Die Nacht war beißend kalt. Chapina schlief zwar, wie immer zusammengerollt auf einem Pferdepad, aber immer wieder liefen Kälteschauer über ihren kleinen Körper. Sie tat mir leid, und Barbara deckte sie mit einem Pullover zu, was sie mit einem zufriedenen Brummen und einem einzigen Augenschlag quittierte.

Am nächsten Tag stiegen wir mit den Pferden weiter zur Hütte auf, entschieden aber, mit den Pferden nicht über Nacht zu bleiben, da es kein Futter für sie gab. Wir wollten jedoch zu Fuß auf den Pico de Orizaba aufsteigen. In Tlachichuca, einem kleinen gemütlichen Städtchen weiter unten im Tal, konnten wir die Pferde gut unterbringen und uns Ausrüstung, Steigeisen und Pickel für den Aufstieg leihen. Joaquin, ein alter, zäher Kerl, der immer einen Scherz auf den Lippen hatte, erzählte uns, dass er hier die meisten ausländischen Bergsteiger ausstattete und zur Hütte brachte. Auch uns fuhr er mit seinem alten Pickup über von Sturzbächen tief ausgewaschenen Wegen bis zur Hütte. Nachts um zwei Uhr starteten wir im Licht unserer Stirnlampen und wurden morgens um sieben Uhr mit einem herrlichen Sonnenaufgang am Gletscher belohnt. Der Gipfel war zum Greifen nah, entschwand aber plötzlich in bedrohlich wirkenden, aufziehenden Wolken und blieb uns somit verwehrt.

In Tlachichuca wollten wir eigentlich nur einige Tage bleiben. Gaucho hatte seit ein paar Tagen Fieber, das wir hier auskurieren wollten. Kaum war er wieder gesund, lahmte Maxl auf einem Vorderbein. So waren wir gezwungen, doch ein paar Tage länger zu bleiben. Wir wollten jedoch weiter, hatten uns einen bestimmten Zeitplan und ein bestimmte Route vorgestellt. Immer wieder mussten wir feststellen, dass eigentlich die Unterbrechungen der Reise die eigentliche Reise waren, nicht das Vorwärtskommen von Ort zu Ort. Wir hatten in Tlachichuca eine sehr nette Familie, die Garcilazos, kennen gelernt, und immer wieder gab es neue interessante Ereignisse und Familienfeiern in der großen Familie, zu denen wir eingeladen wurden. Florencio Garcilazo und seine Brüder begeisterten sich für Pferderennen: Parejas, hierbei laufen zwei Quarter Pferde nebeneinander. Die Besitzer wetteten untereinander um hohe Geldbeträge. Florencio und sein Bruder Martin besaßen einige sehr wertvolle Quarter Pferde, aus den besten Linien der USA importiert, die sie für diese Rennen trainierten.

Wir lernten Homero kennen, einen überaus sympathischen und hilfsbereiten Tierarzt, der auf Pferde spezialisiert war. Nachdem er die Rennpferde unserer Gastgeber betreut hatte, schaute er sich auch unsere an, es war schon nach Mitternacht. Er wohnte in der Hafenstadt Veracruz am Atlantik und bot uns an, uns nach den Feiertagen in Veracruz zu helfen, eine Reederei zu finden.

Am mexikanischen Unabhängigkeitstag, dem 15. September, wurde auch in Tlachichuca abends der Grito de la Independencia, der Unabhängigkeitsruf, ausgerufen. Dieser Ruf findet jedes Jahr zur Erinnerung an den 15. September 1810 statt. An diesem Tag wurde er zum ersten Mal von Padre Miguel Hidalgo ausgerufen, als der geplante Aufstand verraten worden war: „Mexicanos! Viva Mexico! – Mexikaner! Es lebe Mexiko!"

Die ganze Stadt war versammelt und rief mit. Mir lief ein kalter Schauer über den Rücken. Das Land hatte Nationalstolz, fühlte sich zusammengehörig und stark. So einen Ausdruck gemeinschaftlicher Gefühle kenne ich in Deutschland nicht. Am Nachmittag fanden Aufmärsche aller Schulklassen statt, die in zackigem Tempo und Schritt wie beim Militär marschierten. Für uns war das ein sehr ungewohntes und negativ besetztes Bild. Am meisten erstaunte mich, wie viele Kinder es hier gab! Tlachichuca war ein kleines Städtchen und trotzdem marschierten Kinder über Kinder, fast den ganzen Tag lang. Wo sollten diese Kinder alle Arbeit und Brot finden? Würde das Land Mexiko das erwirtschaften? Oder würden sie in Armut leben müssen mit der einzigen Alternative, illegal in die USA auszuwandern? Tlachichuca war da kein Einzelfall, in allen Dörfern waren fünf bis acht Kinder pro Familie nicht unüblich.

Ich reiste in die Hafenstadt Veracruz, ging gleich in die Hafenmeisterei und besorgte mir eine Liste aller hier ansässigen und zugelassenen Reedereien, Speditionen und Agenturen.

Ich schrieb Anna und teilte ihr mit, dass ich dabei war, die Vorbereitungen dafür zu treffen, nach Deutschland zu kommen. Ich freute mich immer wieder auf eine E-Mail von ihr, obwohl auch immer ein ungutes Gefühl dabei war, denn je nachdem, wie sie gerade gelaunt war, konnte die E-Mail verletzend oder sehr lieb sein.

„Du schreibst, Du vermisst mich. Ich habe dich schrecklich vermisst, habe Nächte nicht geschlafen. Jetzt vermisse ich dich nicht mehr. Ich hatte nicht das Gefühl, du hättest Interesse daran, wie es mir geht, in Bezug auf unsere Gefühle füreinander. Ich habe dich sehr gerne. Ich bin gespannt was zwischen uns ist, wenn wir uns wieder sehen."

Nach drei Tagen Recherche und stundenlangen Telefonaten mit den Reedereien in Deutschland gab ich frustriert auf. Keine Reederei wollte Pferde auf ihrem Frachter akzeptieren. Anscheinend war es heute Dank der technologischen Komplexität des Seefrachttransportwesens nicht mehr möglich, Pferde auf dem selben Weg wie sie damals zu Konquistadorenzeiten nach Amerika gekommen waren und den ganzen Kontinent bevölkert hatten, wieder zurück nach Europa zu bringen. Gleichzeitig hatten wir uns erkundigt, was es kosten würde, die Pferde zu fliegen: Mindestens 8000 US-Dollar pro Pferd, zuzüglich Zoll auf den Wert des Pferdes und unverständlicherweise zusätzlich auf den Flugpreis.

Enttäuscht schrieb ich Anna, dass ich im Moment auch nicht wusste, wie es weiter gehen würde und dass ich die Heimfahrt erst mal verschieben musste. Dr. Homero hatte mir seine Weiden gezeigt, wenn wir wollten, könnten wir unsere Pferde jederzeit dorthin bringen.

Nördlich von Mexiko City liegt die Stadt San Miguel de Allende. In ihrer Nähe wohnte mein alter Freund Claudius. Mit ihm war ich vor 15 Jahren durch Guatemala geritten. Während ich damals in der Gegend von Antigua Pferdetouren angeboten hatte, hatte Claudius eine fantastisch funktionierende Kneipe eröffnet. Wir hatten zusammen gewohnt. Mit Claudius hatte ich seither eine intensive Freundschaft bewahrt, wir beide hatten uns trotz beiderseitigem turbulenten Leben nicht aus den Augen verloren. Ihn wollte ich besuchen. Bis dorthin wollten wir uns Zeit lassen und dann endgültig entscheiden, was wir machen würden.

Die Wegsuche und das Orientieren war nach so vielen Jahren Erfahrung ein Leichtes. Ich hatte einen Orientierungssinn entwickelt, der mir erlaubte, schon aus der Entfernung zu erkennen, wo Abkürzungen waren. Dadurch konnte ich mich auf die anstehenden Entscheidungen konzentrieren. Machte es Sinn, die Pferde mit nach Deutschland zu nehmen?

Die Gegend war eben und wir kamen gut voran, vierzig bis fünfzig Kilometer am Tag.

Claudius kleines Adobehäuschen lag auf einem idyllischen, von Kakteen bewachsenen Grundstück am Ufer einer Lagune in der Nähe von San Miguel de Allende, die von hunderten von Wasservögeln besiedelt war. Dort konnten wir einige Wochen bleiben.

Im bunten, von Kunstgalerien dominierten Städtchen San Miguel de Allende hatten wir einige neue Freundschaften geschlossen, so z.B. zur Familie von Basilio Morin, die eine Ranch in der Nähe hatte. Sechs Familien lebten zusammen und züchteten auf ihren großen Weiden in der Nähe der Schlucht „Cañada de la Virgen“ ihre Rinder. Basilio war im Film „Zorro“ neben dem Schauspieler Antonio Banderas geritten und zeigte mir stolz einige Drehorte.

Am St. Martins Tag ist es Tradition, dass viele Reiter aus der Umgebung nach St. Martin, einem kleinen Dörfchen, reiten, um dort auf dem großen Platz eine Messe zu Pferd zu besuchen und sich an diesem Tag des Schutzheiligen der Reiter, segnen lassen. Wir wollten gerne mitreiten, auch Claudius und seine Lebensgefährtin Yolanda ritten auf zwei von unseren Pferde mit. Früh morgens ging es los, zusammen mit einer kleinen Gruppe Reiter der Familie Morin. Ein Hund der Ranch, Joshi, lief auch mit. Zuerst ging es auf Ranchgelände steinig bergauf und bergab. Dann mussten wir ein Stück auf einer befahrenen Strasse reiten, die durch viele Kurven und bergiges Gelände uneinsichtig und nicht ungefährlich für uns war. Barbara und ich sorgten uns um den Hund, die anderen schienen sich keine größeren Gedanken zu machen. Immer wieder brausten Autos knapp an ihm vorüber, ich sah jedes Mal weg. Hoffentlich passierte ihm nichts.

„Das kann nicht gut gehen!", rief ich, „Passt denn hier keiner auf den Hund auf?" Rosalia, die Schwester von Basilio, pfiff ihm ein paar Mal.

„Venga, Joshi, venga aqui! - Joshi, komm hierher!"

Doch wenig später war es schon geschehen. Wir hörten nur ein Jaulen und einen Knall, jedoch keine quietschenden Autoreifen - der Fahrer hatte wegen dem Hund nicht einmal gebremst. Joshi lag gekrümmt und jaulend auf der Strasse. Keiner der Gruppe hielt an, sie drehten sich kaum um. Barbara standen die Tränen in den Augen: „So ein schöner, lieber Hund!"

Er hatte den Vater von Basilio, der etwas später nachgeritten kam, freudig und Schwanz wedelnd begrüßt, und nun ließen sie ihn einfach liegen, ritten einfach weiter! Fast hatte ich den Eindruck, einige grinsten auch noch. Ich wollte umkehren, nicht mehr mitreiten ob soviel Herzlosigkeit einem Tier gegenüber. Doch wir waren mit Claudius und Yolanda unterwegs und wollten ihnen nicht den Tag verderben. Immer mehr Reiter gesellten sich zu uns, bald waren wir eine riesige Gruppe von über hundert Reitern. Der Anblick bei der Ankunft in St. Martin war überwältigend: Ungefähr 800 Personen zu Pferd hatten sich auf dem Platz versammelt, um die Messe zu hören. Die Reiter saßen in der brütenden Mittagshitze andächtig auf ihren Pferden. Viele hatten um das Dorf herum ihr Lager aufgeschlagen. Sie waren von weit her gekommen und konnten nicht mehr am gleichen Tag zurückreiten, so wie wir es vorhatten. Wir banden unsere Pferde an einem schattigen Platz fest und gaben ihnen zu trinken, während wir ein paar Tortillas mit Chicharrones, frittierten Schweineschwarten, verspeisten. Doch bald schon ging es wieder heimwärts. Wir mussten ja noch dreißig Kilometer zurückreiten, ein langer Tag. Auf dem Heimweg ritten wir eine andere Strecke, ohne auf der Strasse zu reiten, so konnten wir nicht sehen, was mit dem überfahrenen Hund inzwischen geschehen war.

Einige Tage später kamen wir wieder auf die Ranch. Wir wollten noch einige Fotos in der Cañada de la Virgen aufnehmen, einem dramatischen Canyon mit hoch aufragenden Felsen. Als wir ankamen und die ganze Familie begrüßten, kam gleich Rosalia auf mich zugestürzt:

„Joshi ist wieder zurück gekommen! Schau, hier! Er war nach drei Tagen wieder da!"

Und tatsächlich, der dunkle Schäfermischling sprang um uns herum. Er hinkte ein wenig und hatte einen Kratzer über dem Auge. Barbara und ich waren glücklich. Anscheinend hatte ihn das Auto nur gestreift und obwohl es über ihn drüber gefahren war, war ihm nichts passiert, und er hatte alleine wieder zurück gefunden, zurück zu seiner Familie, die ihn schon aufgegeben und dort auf der Straße liegen gelassen hatte.

Wir spielten nun immer mehr mit dem Gedanken, die Pferde nach Europa zu fliegen. Den regulären Flugpreis von über 40.000 US-Dollar für fünf Pferde konnten wir uns nicht leisten, so waren wir auf Sponsorensuche. Wir hatten eine kleine Mappe mit Informationen über unsere Reise erstellt und hofften so, etwas Unterstützung zu bekommen. Wir telefonierten mit den meisten großen in Mexiko ansässigen deutschen und mit einigen internationalen Firmen, doch bekamen nur Absagen: die Wirtschaftslage sei schlecht. Der wirkliche Grund aber war: Ich hatte mich noch nie verkaufen können, weder in Deutschland noch Lateinamerika. So hoch motiviert ich meine Reise plane, so dilettantisch hatte ich sie bisher vermarktet. Es ist eine Einstellungssache, wo das „sich Verkaufen" endet und wo „Prostitution" anfängt. Aerocharter, die Vertretung der holländischen Fluggesellschaft Martinair Cargo in Mexiko, offerierte uns einen Flugpreis, der 50 % geringer war als bei den anderen. Dies war ich bereit zu zahlen. Barbara zögerte noch, stimmte dann aber auch zu. Und wir legten den Flugtag fest und begannen mit den entsprechenden Papieren.

Nachdem nun die Entscheidung gefallen war, schrieb ich Anna, dass ich mich freute sie wieder zu sehen. Ich ging auch auf ihren Vorwurf ein, dass ich ein Talent hätte, ihre Fragen nie zu beantworten und fragte sie, welche Fragen ich noch beantworten müsste? Ich nannte den Ankunftstag in Holland und fragte:

„Willst du von Holland mit nach Deutschland reiten?"

Annas Antwort kam prompt zurück:

„Ich habe darüber nachgedacht, ob ich diese Unklarheiten von vor drei Monaten noch mal durchkauen soll, aber ich habe keine Lust, mich noch mal damit auseinander zu setzen. Ich habe das für mich abgehakt. Wenn du eines der diversen E-Mails noch hast, kannst du das ja noch mal nachlesen. Ich möchte keine Energie mehr reinstecken. Schreib mir bitte, wann und wo ihr ankommt und ob ich eventuell was für euch tun kann."

Man sagt mir nach, dass ich sehr sachlich sei, doch scheinbar ist das nichts im Vergleich zu Anna.

Wir kontaktierten Homero, unseren befreundeten Tierarzt aus Veracruz. Er hatte uns angeboten, die Pferdepapiere für die Ausreise zu erledigen. Er stellte den Kontakt zu einem Labor in Mexiko City her, das mit den staatlichen Behörden zusammenarbeitete. Es musste wieder Blut abgenommen werden und gekühlt ins Labor nach Mexiko City gebracht werden. Bei allen Tests mussten genaue Terminvorgaben eingehalten werden, einige Tests mussten sogar zwei Mal in einem gewissen Abstand gemacht werden. Chapina bekam einen Mikrochip. Die mehrseitigen Gesundheitszeugnisse für die Tiere wurden mehrsprachig erstellt.

Es war fünf Tage vor dem geplanten Flugtermin. Wir saßen gerade mit unserem Freund Homero über einem Berg von Papieren – er hatte eine aufwändige Anreise auf sich genommen, um mit uns persönlich die letzten Papiere auszufüllen – da kam ein Anruf von Martinair Cargo. Sie hätten plötzlich im Dezember in ihrer Flugroute drei Stop-over, und deshalb könnten sie keine Pferde mitnehmen.

Wir waren frustriert. Wir hatten uns doch schon sehr auf unser Zuhause gefreut und vor allem darauf, dass wir unsere lieb gewonnenen Pferde mitnehmen konnten, außerdem hatten wir bereits mindestens 1000 US-Dollar für Labortests und offizielle Papiere bezahlt. Für nichts! Wir waren verärgert und enttäuscht.

Unser Freund Homero verabschiedete sich unverrichteter Dinge und bot uns noch einmal an, dass wir unsere Pferde auf seinen Weiden zurücklassen könnten. Er hatte mein vollstes Vertrauen und ich war dankbar für sein Angebot, aber das Klima und die vielen Insekten waren eine Qual für die Tiere, dort durfte ich meine Pferde nicht hinbringen.

In der Zwischenzeit hatten wir Kontakte zu einigen Ausländern, die in San Miguel lebten, geknüpft und Barbara hatte schnell zwei Pferdeliebhaber gefunden, die Interesse an Sammy und Pumuckl hatten. Claudius Lebensgefährtin Yolanda besaß in der Nähe von Chihuahua, im Norden Mexikos, hundert Kilometer südlich der Grenzstadt Ciudad Juarez eine ca. 10.000 Hektar große Ranch. Yolanda hatte mir die Ranch beschrieben und das hörte sich nach einem idealen Platz für meine Pferde an.

Sie telefonierte mit ihrem Ex-Mann, Andrés, der die Ranch führte und fragte ihn, ob es möglich wäre, dass ich meine Pferde dort unterstellen könnte. Ich würde in den nächsten Tagen kommen, um mir die Ranch anzusehen und mit ihm zu sprechen. Ich fuhr mit dem Bus in den Norden, traf mich mit Andrés. Die Ranch lag im Schnee, doch die Tiere waren wohlgenährt und gepflegt. Andrés hatte nichts dagegen einzuwenden, noch fünf weitere Pferde zu versorgen, wenn er die drei jüngeren, das waren Samurai, Maxl und Pumuckl, ab und zu zur Rinderarbeit verwenden dürfte. Ich hatte vorausschauend gleich für Barbaras Pferde mitgefragt, ich konnte mir nicht vorstellen, dass sie mich alleine in den Norden reiten lassen würde.

Die Pferdeliebhaber, die sich darauf gefreut hatten Samurai und Pumuckl zu kaufen, wurden enttäuscht, wir alle waren wieder unterwegs, weiter Richtung Norden zu Andrés Ranch. Alle unsere Pferde waren gut in Form. Sie bekamen regelmäßig Kraftfutter und Vitamine. Gaucho trug wegen seinem brüchigen Hornmaterial an beiden Vorderhufen Klebschuhe statt Hufeisen. Der Hinterhuf, auf dem er vor einem Jahr ausgeschuht hatte, hatte sich sehr gut entwickelt, das Hufmaterial war wieder robust und hart und ich konnte ihn wieder ganz normal beschlagen. Alle fünf Pferde hatten inzwischen ein langes Winterfell, die beiden „Tropenpferdchen" Maxl und Pumuckl etwas kürzeres, so dass sie gut auf die kalten Wüstennächte vorbereitet waren. Wir hatten noch etwa 1500 km bis zur Ranch zu reiten.

In der Zwischenzeit hatte ich mich entschlossen, die Reise auf jeden Fall zu unterbrechen. Die Tragweite der Entscheidung war mir bewusst. Wenn ich nach Hause ginge, dann musste ich auch Vorträge halten, um Geld zu verdienen. Das lohnte aber nur, wenn ich zwei Jahre bliebe. Das bedeutete, ich musste mich sofort festlegen und den Veranstaltern mitteilen, dass ich für die nächste und übernächste Vortragssaison buchbar sei, denn diese planten und stellten ihr Programm ein Jahr im voraus zusammen. Eigentlich hatte ich die Reise bis Alaska nicht mehr unterbrechen wollen, um Vorträge zu halten. Mein Geld würde zwar nicht ausreichen, aber in den USA oder in Kanada gäbe es sicherlich Möglichkeiten, etwas dazuzuverdienen.

Mit der Unterbrechung würde ich mich auch von Rebelde und Gaucho als Weggefährten trennen, denn nach einer zweijährigen Pause in einem Alter von 20 und 21 Jahren hätten sie ihren Ruhestand mehr als verdient. Zwei Jahre Unterbrechung würden mir die Chance geben, Anna besser kennen zu lernen und an einer gemeinsamen Zukunft zu arbeiten. Meine Entscheidung, die Reise zu beenden, war mit keiner logischen Denkweise zu begründen, es war ein Risiko, vielleicht sogar ein Fehler, aber Anna war es mir wert, ihn zu begehen.

Barbara wollte über Weihnachten kurzfristig für zwei bis drei Wochen nach Deutschland fliegen. Ihre Mutter lag im Krankenhaus. Mit fünf Pferden wollte und konnte ich nicht alleine reiten. Dann könnte ja Anna mitreiten.

„Ja, das wäre prima, dann könntet ihr mal endlich eure Kommunikationsprobleme aufarbeiten“, ermutigte mich Barbara.

Aber ich traute mich nicht mehr, sie zu fragen. In den letzten Wochen hatte ich schon so viel angekündigt und versprochen und dann doch wieder umgeschmissen. Barbara schrieb Anna und lud sie ein, mich für ein paar Wochen auf ihren Pferden zu begleiten. Barbara erläuterte auch unsere Beziehung und versicherte Anna, dass sie keinen Grund zur Eifersucht hätte.

Anna lehnte in einem Antwort-Mail an Barbara ab. Es war ihr zum einen zu kurzfristig, das Weihnachtsgeschäft stand vor der Tür und sie hatte auch schon die Neujahrfeier geplant und

„...zum anderen haben sich meine Gefühle Günter gegenüber seit Mai sehr – sagen wir – verändert, so dass ich, ohne unsere Beziehung geklärt zu haben, nicht zu einem Ritt aufbrechen werde, bei dem ich nicht in die nächste U-Bahn steigen kann, wenn´s mir zu viel wird. Ich bin in dieser Hinsicht leider etwas sensibel und hätte keinen Spaß an dem Ritt, wenn schlechte Stimmung herrschen würde.“

Gaucho gefiel mir immer besser. Er war ganz der Alte, gesund und fit, es war nicht erkennbar, dass er eine schwere Hufkrankheit hinter sich hatte. Die Ranch lag zufällig genau auf dem Weg, den ich ursprünglich ohnehin gehen wollte, denn nur wenige Kilometer weiter, auf der US-amerikanischen Seite beginnt der Continental Divide Trail, ein 5000 Kilometer langer Trail, der entlang der Wasserscheide von der mexikanischen bis zur kanadischen Grenze führt.

An manchen Tagen spielte ich wieder mit dem Gedanken, meine Reise doch fortzusetzen, an anderen musste ich wieder viel an Anna denken. Ich versuchte, mich abzulenken, aber es gelang mir nur sehr oberflächlich. In Gedanken verfasste ich einen Brief an sie, Wort für Wort entstand er in meinem Kopf. Ich wollte ihr erklären, warum ich mich nicht gleich zu Beginn von Barbara getrennt hatte. Barbara und ich hatten vieles gemeinsam durchgemacht, das bindet und ich fühlte mich verantwortlich ihr zu helfen, nicht zuletzt auch ihren Pferden.

Ich bat Barbara um einen Tag Rast. Am Morgen schrieb ich drei Stunden an dem Brief. Ich schrieb ihn mit der Hand, trampte in das nächste Dorf mit Internet-Anschluss und tippte den Brief ab. Ich war mir sicher, alles angesprochen und ausgesprochen zu haben.

Doch Annas Reaktion war ernüchternd:

„...das kommt für meinen Geschmack ein wenig zu spät. Als wir uns kennen gelernt haben, fand ich Dich und das was du tust sehr interessant. In Costa

Rica habe ich mich in dich verliebt und es war eine wunderschöne Zeit für mich (mit dem Mann, den man liebt, das zu tun, was man liebt). Lieber Günter, ich bin sehr froh und dankbar für unsere Zeit in Costa Rica. Leider kann ich keine konkreten Vorschläge machen, wie wir weiter verfahren sollen. Vielleicht können wir uns irgendwann wieder sehen und dann feststellen, was noch übrig ist. So, aus der Ferne, kann ich das nicht sagen."

Steine, nichts als Steine befanden sich auf dem Weg zur Ranch von Andrés. Das ganze Gebiet bestand aus lichtem Wald, Felsen und einem kleinen Bach, in dem klares Wasser floss. „Hier sollten unsere Pferde bleiben? Was sollen sie hier fressen?" fragte ich mich. Ein aufgeregt schreiender Eselhengst rannte auf uns zu, dann erblickte ich eine Herde Pferde. Keines davon war mager, alle sahen sie gepflegt und gesund aus. Meine Bedenken zerstreuten sich vollständig, als ich die riesigen Weidegebiete sah.

Wir verbrachten noch zwei Tage mit unseren Pferden und bekamen eine kleine Vorstellung über die riesigen Ausmaße der Ranch. Dann fotografierten wir unsere Freunde zum letzten Mal. Als der Abschied näher rückte, umarmte Barbara ihren Sammy und Pumuckl. Sie wandte sich von ihnen ab, als schämte sie sich ihrer Tränen.

Mir ging es nicht anders. Mit einem dicken Kloß im Hals sprach ich leise mit Maxl, Rebelde und Gaucho, kraulte jeden einzelnen an der Stelle, wo sie es am liebsten hatten. Ich bedankte mich bei ihnen dafür, dass sie mich über all die Jahre durch alle Höhen und Tiefe begleitet und mich nie im Stich gelassen hatten, und am Ton, in dem ich zu ihnen sprach, hatten sie verstanden, dass ich sehr stolz auf sie war.

Ich öffnete das Gatter und scheuchte sie hinaus. Es war kein Abschied mit wehenden Mähnen, nicht wie in den Pferdefilmen. Die Pferde eroberten nicht im Galopp ihre Freiheit zurück. Die Wirklichkeit sah anders aus: Da sich niemand um die Hufpflege kümmern konnte, hatte ich die Hufeisen entfernt, die Hufe waren noch zu kurz und zu empfindlich, als dass sie auf dem harten Boden hätten schnell laufen können.

Das Ziel vor Augen

Ich kehrte zurück nach Hause und wollte mich sofort mit Anna treffen, der Frau, für die ich bereit war, mein Leben zu ändern. Sie aber schob den Termin immer weiter hinaus, weil sie gerade sehr viel Arbeit hätte. Im Kopf hatte ich noch ihre Worte: „Schauen wir mal, was noch von den Gefühlen für einander übrig ist, wenn wir uns wieder sehen...“. Das war kein Versprechen, aber ich sah darin eine Chance. Wir trafen uns und sprachen uns aus. Anna hatte seit Monaten einen Freund. Das wusste ich nicht, sonst wäre ich gar nicht erst nach München gefahren, um sie zu treffen. Vielleicht aber war es auch gut so, denn so konnten wir uns wenigstens aussprechen. Sie erzählte mir, dass der Mann an ihrer Seite nicht ihre große Liebe war, aber er teilte das gleiche Hobby: Western Turnier Reiten.

Ich dachte über meine außergewöhnliche Reise nach. Ich sah mir meine Dias, Videos und Notizen an und wünschte mir, dass noch nicht alles zu Ende wäre. Warum nur hatte ich die Reise unterbrochen? Ich wurde wehmütig und träumte davon, unterwegs zu sein. War das Nachhausekommen früher nicht der größte Lohn jeder Reise gewesen? Diese Beruhigung, die ich fand, wenn ich meine Familie, meine alten Freunde und Bekannten wieder gesehen und mich in meiner vertrauten Umgebung bewegte hatte? Früher war ich nach Hause gekommen, wurde willkommen geheißen, war vor einem Berg Post gestanden, hatte die Briefe geöffnet, einige beantwortet, hatte Rechnungen bezahlt und versucht, die Mahnungen zu entschärfen. Das dauerte fünf bis sieben Tage, dann war ich wieder angekommen, hatte den Anschluss gefunden, der Alltag hatte mich wieder gehabt.

Meine Freunde waren mir jetzt fremd. Ich fand keinen Anschluss mehr, trotz Bemühen konnte ich den Gesprächen nicht mehr folgen. Barbara und ich gingen privat getrennte Wege, arbeiteten aber weiterhin zusammen. Sie half mir bei der Vortragsorganisation. Am Anfang schien es, als wären wir bei allen Dia-Vortrag-Veranstaltern zu spät dran, als hätten sie alle ihr Programm schon abgeschlossen.

Ich konnte mich nicht auf die Vorbereitung meines Vortrages konzentrieren. Immer wieder unterbrachen Gedanken an die Reise meine Arbeit. „Vor einem Monat", träumte ich, „standen wir in Mexiko am Fluss und überlegten, wie wir ihn durchqueren sollten. Was waren wir doch für ein starkes Team! Und vor zwei Monaten, da hatten wir diese schöne Begegnung mit den Dorfbewohnern im Kupfer Canyon ..." Und ich bekam immer wieder eine Gänsehaut.

Zu einem Redakteur des Magazins „Stern" hatte ich über Jahre hinweg Kontakt. Er hatte Interesse daran, über meine Geschichte zu schreiben, wenn die Reise zu Ende wäre. Von Mexiko aus hatte ich ihn nochmals kontaktiert. Ein Artikel im Stern wäre die perfekte Werbung für meine Vortragstournee.

„Sofort melden, wenn Sie in Deutschland sind!"

Doch dann plötzlich bekam ich eine Absage. Er hatte kein Interesse mehr. Irgendwie hatte ich einfach keine Glückssträhne, alles schien schief zu gehen.

Nur drei Wochen später las ich den Grund für das plötzliche Desinteresse: eine Reportage über die Panamericana! Auch von den Veranstaltern hörten wir dasselbe: „Ach, die Panamericana – das Thema hatten wir schon!"

Dennoch stellten wir beide eine Vortragstournee in Deutschland, Schweiz, Österreich und Italien mit 141 Terminen zusammen und waren stolz darauf. Ich hatte jede Menge Arbeit mit der Vortragsorganisation. Eigentlich hätte ich jemanden gebraucht, der mir geholfen hätte. Barbara erledigte einen großen Teil der Organisation, aber ich hätte noch jemanden für die Erledigung der Büroarbeit beschäftigen können. Aber ich hatte nicht den Mut, Geld, das ich nicht hatte, und das ich erst durch die Vorträge verdienen würde, in eine Bürokraft zu investieren, also machte ich alle anfallenden Arbeiten selbst. Ich war überfordert, arbeitete 18 Stunden am Tag, dachte immer wieder an die Frau, für die ich die Reise unterbrochen hatte. Der Liebeskummer nahm mir sehr viel Energie und Lebensfreude.

Ich wollte Anna vergessen, aber es ging nicht. Nach sechs Wochen schrieb ich sie wieder an. Ich wollte wissen:

„Finden wir nicht mehr zusammen, weil du einen Freund hast, oder weil du Angst hast, durch mich noch einmal verletzt zu werden? Wenn es nicht wegen deinem Freund ist, lass es uns doch bitte noch einmal versuchen."

Doch Annas Antwort war für mich ernüchternd:

„Leider ist es nicht so einfach..... um konkret auf deine Frage einzugehen: Es ist eine Mischung aus beidem. Ich habe mir mein Leben – gezwungenermaßen ohne Dich – so schön wie möglich eingerichtet und möchte es nicht einfach wieder aufgeben. Mit meinem jetzigen Freund (der keine große Liebe ist) würde ich einen Mann aufgeben, der in meiner Nähe ist und meine Interessen teilt. Ich kann es dir leider nicht so leicht machen. Du musst Deine Entscheidung selbst treffen. Ich habe auch keine Lösung für dieses Dilemma. Die Chance, uns in Mexiko besser kennen zu lernen, ist halt leider vorbei. Vielleicht kann ich nächstes Jahr ein Stück mit Dir in den USA reiten und wir sehen, was dann mit uns wird."

Die Enttäuschung und die Traurigkeit, die die E-Mail bei mir hervorrief, verwandelten sich in Wut. Ich warf Anna vor, dass sie launisch und egoistisch wäre und eigentlich nicht wüsste, was sie wirklich wollte.

Sie schrieb zurück, erklärte, meine E-Mail wäre beleidigend, sie hatte Recht und ich entschuldigte mich auch. Doch zu den weiteren Vorwürfen, die sie mir machte, wollte ich keine Stellung mehr nehmen. Wir traten auf der Stelle, an diesem Punkt kamen wir nicht mehr weiter.

Ich hielt einen Vortrag nach dem anderen, 141 Termine, dazwischen gab ich Interviews. Ich fuhr von Stadt zu Stadt, quer durch Deutschland, Österreich, die Schweiz und Italien. Die Tournee war körperlich sehr anstrengend, ich ging bis ans Limit. Manchmal wusste ich nicht mehr, in welcher Stadt ich mich gerade befand.

Ich bin ein zurückhaltender, schüchterner Mensch und genieße es gar nicht, vor einem Publikum zu stehen, im Gegenteil, es ist mir unangenehm, manchmal hasse ich es sogar. Ich mag den ganzen Öffentlichkeitsrummel eigentlich nicht, und doch muss ich zugeben, es hat auch etwas. Für kurze Zeit in einem Saal vor 800 oder 1000 Zuschauern der Held zu sein, das ist wie eine Droge. Manche Zuschauer himmeln mich an, sie haben Hemmungen, mich nach dem Vortrag anzusprechen. Dann geben sie sich einen Ruck, stellen ihre Frage und ich spüre, wie ihnen ein Stein vom Herzen fällt. Dabei hätte ich umgekehrt nicht den Mut, sie anzusprechen, und schon gar nicht, wenn es sich um eine hübsche Frau handelt. Andere Zuschauer bewundern mich dafür, was ich alles geleistet hätte. Dabei habe ich über all die Jahre nur das getan, was ich gerne mache. Was hatte ich wirklich geleistet? Manche Zuschauer kommen mit ihren Kindern zum Vortrag. Ich selbst habe noch kein Kind großgezogen, bin nicht einmal fähig, eine Frau an mich zu binden.

Und doch habe ich auch Verantwortung. Die Verantwortung meinen Zuschauern gegenüber, deren Träume ich lebe, die mich beneiden, die ich unbewusst motiviere und inspiriere, ihre eigenen Träume zu leben. Meine Zuschauer erkennen nur die Spitze des Eisberges. Solch eine Reise ist kein Urlaub, sie ist über all die Jahre meine Art zu leben geworden, mit allen Höhen und Tiefen, wie im normalen Leben auch. Arbeit, Beharrlichkeit, Ausdauer, Leid und viele Kompromisse; Weinen und Lachen, alles liegt ganz nah beieinander. Durch das Reisen gewann mein Leben an Intensität.

Was passiert, wenn die Droge nachlässt? Man fällt tief. Nach dem Vortrag stehe ich noch eine halbe Stunde im Vortragssaal und baue meine Technik ab. Die Leere erdrückt mich, die Decke scheint über mir einzustürzen. Es gibt überall noch einen letzten Zuschauer, eine letzte Zuschauerin. „Ich hab mal eine Frage..." Aber es sind keine Fragen, es sind Menschen auf der Suche nach einem Zuhörer: „So eine Reise habe ich auch schon mal gemacht, nicht ganz so wie Sie, aber ..."

Gleichzeitig drängt mich ein unfreundlicher Hausmeister, mich zu beeilen und versucht, mir ein schlechtes Gewissen einzureden. „Das ist in dieser Woche schon das fünfte Mal, dass ich Überstunden machen muss." Dann sitze ich im Auto und fahre durch die Nacht, bin innerlich aufgewühlt und denke an meine Liebste, mit der ich nicht mehr zusammen finde. Das Schlimmste für mich wäre, jetzt noch in einem anonymen, emotional kalten Hotelzimmer zu schlafen, ich würde durchdrehen. So schlafe ich in meinem Auto, dem mir vertrauten, auch wenn mir bei jeder kleinsten Bewegung irgend etwas von der Vortragstechnik ins Kreuz stößt.

Ich versuchte, aus meiner Situation das Beste zu machen und nicht den Kopf hängen zu lassen, auch wenn es nicht leicht fiel. Ich war der Stimme meines Herzens gefolgt. Ich musste die Reise unterbrechen, hätte ich es nicht getan, würde ich mir lange Vorwürfe machen. Die Reise war nicht mehr das Wichtigste für mich, ich stand nicht mehr hundertprozentig dahinter, eine Frau war mir wichtiger gewesen und darum war es konsequent gewesen, die Reise zu unterbrechen, egal wie es ausging.

Zu Anna hatte ich mittlerweile jeden Kontakt abgebrochen. Es war eine schmerzliche Enttäuschung, eine große Niederlage. Manchmal passieren schon seltsame Dinge. Anna und Barbara, die einmal eifersüchtig aufeinander waren und einander immer noch nicht kannten, hatten denselben Traum: beide wollten sie einen größeren Ritt von Deutschland durch Osteuropa machen. Ich brachte die beiden zusammen und sie planen nun einen gemeinsamen Ritt.

Auch ich brauchte wieder Träume und ein Ziel. Und je weiter sich der Liebeskummer in ein hinteres Eck meines Herzens verzog, umso mehr Platz wurde wieder für neue Ideen und Träume frei. Ich hatte Anna nicht vergessen, doch ich war des Leidens müde und wollte wieder leben und glücklich sein. In meinem Kopf formte sich langsam eine neue Idee: eine Reise mit Pferden über Nordamerika, Alaska und Asien, von Sibirien bis Europa. Und noch bevor ich mir darüber richtig bewusst wurde, was ich tat, kaufte ich die entsprechenden Karten, suchte hier und da nach Informationen und eh ich mich versah, war ich schon wieder am Planen. Ich erfreute mich wieder am Leben und blühte wieder auf. Ich hatte eine neue Herausforderung, ein Ziel, eine Vision, an der ich arbeitete und die mich beschäftigte. Der Stress, das nächtelange Durcharbeiten, Geld verdienen und Klinkenputzen, all das war keine Plage mehr, sondern ein Privileg.

Die Ereignisse der vergangenen Monate hatten gezeigt, dass ich dazu gelernt hatte, aber nicht schnell genug, dass ich die Warnsignale nicht erkannt hatte, dass Liebeskummer vorprogrammiert war. Vielleicht muss ich mich aber auch erst hundert Mal verlieben, ehe ich es verstehen kann. Vielleicht war es nicht mehr als nur einfach das Gefühl, dass es gepasst hätte.

Der Liebeskummer verstärkte mein Verlangen, fort zu sein. Ich wollte wieder in die Ferne und das tun, was ich am liebsten tat. Wenn ich schon nicht mit der Frau zusammen sein konnte, in die ich mich verliebt hatte, dann wollte ich doch wenigstens meinen Traum verwirklichen, und zwar so schnell wie möglich.

Und während ich die letzten Zeile schreibe, denke ich an meine Pferde. Wie es ihnen wohl gerade geht? Manchmal frage ich mich, ob sich meine Pferde noch an ihr hartes Leben, an unsere Reise erinnern? Aber es spielt auch gar keine Rolle. Die Treue, die Freundschaft und das Vertrauen, das sich zwischen uns entwickelt hatte, war unzerbrechlich.

Leni, eine einjährige Parson Jack Russell Hündin liegt unter meinem Schreibtisch. Sie hat meine Füße als Kopfkissen entdeckt und ihr zierliches Köpfchen darauf gelegt. Zu allem Überfluss ist sie auch schon eingeschlafen und schnarcht vor sich hin. Sie wird mich auf der nächsten Reise begleiten.

In Gedanken bin ich schon wieder unterwegs, unterwegs nach Alaska. Das Ziel, das ich kurzfristig aus den Augen verloren hatte, steht nun wieder klar vor mir. Da fällt mir ein Zitat von Charles de Gaulle ein, das ich einmal gelesen habe: „Man muss sich einfach ein Ziel setzen, dann kann man sich auch komplizierte Umwege erlauben.“

Epilog

Der Traum wird weiter gelebt – die Reise fortgesetzt. Mit Mustangpferden in den Rocky Mountains durch die USA nach Kanada und Alaska. Und dann? Vielleicht über die Beringstraße nach Asien, über Sibirien, Russland nach Europa. Ist das überhaupt möglich? – Vielleicht. In diesem Wörtchen „vielleicht" liegt das Abenteuer.

Begleiten Sie die weitere Reise unter: www.abenteuerreiter.de

Günter Wamser hält Vorträge über seine Reisen, aktuelle Vortragstermine finden Sie unter: www.abenteuerreiter.de

3. Auflage Januar 2010

Aus Gründen der Rücksichtnahme wurden einzelne Namen geändert.

ISBN 978-3-00-021527-8
Das Buch entstand unter Mitarbeit von
Barbara Kohmanns und Sonja Endlweber
Text: Günter Wamser
Fotos: Archiv Abenteuerreiter
Lektorat: Gabriele Stoßfellner
Kartografie: Enrico Scholz
Satz: Rudi Krammer
Grafik: Ingrid Hornig, Manfred Scheurich
Druck und Bindung: GGP Media GmbH, Pößneck
Printed in Germany

Verlag Abenteuerreiter, Rauenberg, Germany
e-mail: info@abenteuerreiter.de
www.abenteuerreiter.de

ABENTEUERREITER

Das neue Buch zum Abenteuer

Günter Wamser & Sonja Endlweber
Im Wilden Westen
Die Abenteuerreiter unterwegs in den Rocky Mountains
432 Seiten mit 32 Seiten Farbbildteil
ISBN 978-3-00-027702-3

Die Fortsetzung seiner faszinierenden Reise auf dem Pferderücken von der Südspitze Argentiniens bis in den hohen Norden Alaskas führt den Abenteuerreiter Günter Wamser nun durch die wunderbar wilde Bergwelt der Rocky Mountains. Zusammen mit seiner Partnerin Sonja Endlweber ritt er über drei Jahre und 5.000 Kilometer von der mexikanischen zur kanadischen Grenze. Aus Sonja Endlwebers Feder stammt der humorvolle und philosophische Bericht über diese außergewöhnliche Reise quer durch den Wilden Westen.
Die Erzählung ist nicht nur ein packendes Leseabenteuer - sie zeichnet auch ein Portrait der Vielfältigkeit und Schönheit der Landschaft, erzählt von der Sehnsucht nach dem naturnahen Leben, von der intensiven Nähe zu Hund und Pferden und von Begegnungen mit außergewöhnlichen Menschen.

Erhältlich über: www.abenteuerreiter.de

ABENTEUERREITER

Günter Wamser & Sonja Endlweber
Abenteuer Rocky Mountains
3000 Meilen mit Pferden durch die Wildnis Amerikas
128 Seiten, 230 Abbildungen,
Format 24 × 30
ISBN 978-3-8003-1935-0

Die Bergwelt der Rocky Mountains ist einer der wenigen Orte dieser Welt, an dem man noch wirkliche Abenteuer erleben kann. Die beiden Abenteurer Günter Wamser und Sonja Endlweber waren mit ihren vier Reit- und Packpferden und ihrem Hund in dieser Bergwelt unterwegs. „Abenteuer Rocky Mountains“ zeigt in über 250 Bildern ein Porträt dieser Reise im Takt der Hufe durch die wilde Bergwelt und lässt mit seinen Reportagen teilhaben an einem außergewöhnlichen Abenteuer.

Erhältlich über: www.abenteuerreiter.de

110°
100°
90°
30°
20°
10°
0°
VEREINIGTE STAATEN
Nuevo Casas Grandes
Ankunft 2005
MEXIKO
Golf von M
PAZIFISCHER OZEAN
Mexiko City
Guatemala
GUATEMALA
San Salvador
EL SALVAD
N
W
O
S
GALÁPAGOS-INSELN
(Ecuador)
MITTELAMERIKA
0
1000 km
© Enrico Scholz